VOLTAIRE

AUX DÉLICES

OUVRAGES DU MÊME AUTEUR

VOLTAIRE ET LA SOCIÉTÉ FRANÇAISE
AU XVIIIᵉ SIÈCLE

1ʳᵉ série. — La Jeunesse de Voltaire. 1 vol. in-8°. (*Épuisé.*)
2ᵉ série. — Voltaire au château de Cirey. 1 vol. in-8°. . . 7 50
3ᵉ série. — Voltaire a la Cour. 1 vol. in-8°. 7 50
4ᵉ série. — Voltaire et Frédéric. 1 vol. in-8°. 7 50

LA MUSIQUE FRANÇAISE AU XVIIIᵉ SIÈCLE
GLUCK ET PICCINNI
1774-1800
Un vol. in-8°. — Prix : 7 fr. 50.

LES COURS GALANTES
ÉTUDES HISTORIQUES SUR LA DERNIÈRE MOITIÉ DU RÈGNE DE LOUIS XIV
Dentu, 1860-1864. — 4 vol. in-12.

Paris. — Imp. Viéville et Capiomont, 6, rue des Poitevins.

VOLTAIRE ET LA SOCIÉTÉ FRANÇAISE
AU XVIIIᵉ SIÈCLE

VOLTAIRE

AUX DÉLICES

PAR

GUSTAVE DESNOIRESTERRES

PARIS
LIBRAIRIE ACADÉMIQUE
DIDIER ET Cⁱᵉ, LIBRAIRES-ÉDITEURS
35, QUAI DES AUGUSTINS, 35

1873
Tous droits réservés.

VOLTAIRE
AUX DÉLICES

I

VOLTAIRE EN ALSACE. — L'HISTOIRE UNIVERSELLE. — L'ABBAYE DE SENONES.

Voltaire et Collini roulaient vers Mayence où ils arrivaient dans la soirée (7 juillet 1753). Le séjour de l'auteur de la *Henriade* dans cette ville fut une succession d'ovations ; toute la noblesse l'y vint voir et s'efforça, par son empressement, ses respects, de lui faire oublier les traitements odieux auxquels il était à peine échappé. Il passa trois semaines à Mayence « à sécher ses habits mouillés par le naufrage. » La maison de Stadion lui fit l'accueil le plus distingué ; et, pour être sans désirs comme sans regrets, il ne lui manquait que d'être aux pieds de l'incomparable Altesse. « Ce n'est pas qu'il n'y ait ici de belles messes ; mais il n'y a point de duchesse de Gotha[1]. » Il se consolait en travaillant, pour lui plaire, aux tristes *Annales* qu'il avait menées, tant bien que mal, jus-

1. *Voltaire à Ferney* (Didier, 1860), p. 92. Lettre de Voltaire à la duchesse de Gotha; à Mayence, 22 juillet 1753.

qu'à Charles-Quint. Il se remettait en route, le 28 juillet, pour Manheim, où il savait qu'il serait bien reçu. Ce n'eût pas été son titre de Français qui l'eût recommandé en un pays, où les souvenirs des dévastations commises par Turenne dans le Palatinat étaient loin d'être éteints. Disons, toutefois, que, s'il s'avisa de se faire passer pour un gentilhomme italien à Worms, où il coucha, ce fut plutôt pour se divertir que par une raison de prudence. L'aubergiste parlait un peu le toscan; le poëte, auquel sa gaieté naturelle était complétement revenue, s'amusa à lui faire mille contes extravagants, qui rendirent le souper des plus réjouissants. Le lendemain, de bon matin, il faisait son entrée dans la ville capitale de l'électorat.

L'électeur palatin, Charles-Théodore, était à son château de Schwetzingen; il envoya chercher aussitôt l'illustre voyageur dans une de ses voitures, et l'on ne songea plus qu'à lui témoigner par les soins les plus raffinés le plaisir qu'on avait de le posséder. « Cette cour, nous dit Collini, était alors une des plus brillantes de l'Allemagne. Les fêtes se succédaient, et le bon goût leur donnait un agrément toujours nouveau. La chasse, l'opéra-bouffon, les comédies françaises, des concerts exécutés par les premiers virtuoses de l'Europe, faisaient du palais électoral un séjour délicieux pour les étrangers de distinction ou de mérite, qui y trouvaient en outre l'accueil le plus cordial et le plus flatteur[1] ». Dans sa lettre à madame de Gotha, datée de Schwetzingen, Voltaire se loue des bontés de

---

1. Collini, *Mon séjour auprès de Voltaire* (Paris, 1807), p. 106.

l'électeur [1]. Rien ne fut négligé, en effet, de tout ce qui était capable de divertir ou d'intéresser cet esprit ouvert à toutes les curiosités. « L'électeur palatin, ajoute-t-il dans une autre lettre à d'Argental, m'a fait la galanterie de faire jouer quatre de mes pièces. Cela a ranimé ma vieille verve ; et je me suis mis, tout mourant que je suis, à dessiner le plan d'une pièce nouvelle toute pleine d'amour. J'en suis honteux ; c'est la rêverie d'un vieux fou [2]. » C'est de l'*Orphelin de la Chine* qu'il entend parler. Le prince voulut qu'il inventoriât ses richesses, qu'il examinât ses tableaux, sa belle collection d'antiques et de médailles. Le poëte, en reconnaissance de cet accueil, offrit à la bibliothèque l'exemplaire des *Mémoires pour servir à l'histoire de Brandebourg*, que lui avait donné Frédéric. Les quinze jours qu'il passa à Schwetzingen laissèrent dans son esprit la meilleure impression. Charles-Théodore lui avait fait promettre, à son départ, de le revenir voir, et, cinq ans après, l'auteur de *Zaïre*, fidèle à sa parole, reparaîtra dans Manheim, sans doute attiré par cette cordiale et splendide hospitalité, mais avant tout pour le succès d'affaires qu'il avait fort à cœur. Voltaire couchait, le 15 août, à Rastadt, et, le lendemain, il arrivait par Kehl à Strasbourg : il était enfin sur les terres de France.

Il ne manquait pas de bons hôtels à Strasbourg, et

1. *Voltaire à Ferney* (Didier, 1860), p. 93. Lettre de Voltaire à la duchesse de Saxe-Gotha ; à Schwetzingen, près de Manheim.
2. Voltaire, *OEuvres complètes* (Beuchot), t. LVI, p. 342. Lettre de Voltaire à d'Argental ; Strasbourg, le 10 août 1753. Cette date est fautive, puisque Voltaire n'arriva dans cette ville que le 16 du même mois.

lorsqu'on connut sa présence, l'on fut plus qu'étonné du gîte qu'il s'était choisi. L'auberge de l'*Ours blanc*, situé dans un des plus laids quartiers de la ville, semblait mériter médiocrement l'honneur que lui faisait ce poëte grand seigneur, pérégrinant avec un train de prince ; et l'on voulut voir, dans ce bizarre parti, une arrière pensée d'économie et de lésine.

« J'avoue que cette auberge de l'*Ours blanc*, dit Collini, contrastait un peu avec la dignité qu'il mettait dans ses voyages ; mais on va voir combien l'on a tort d'ajouter foi aux apparences, et à quel point on doit être circonspect à juger les actions des hommes sur de simples conjectures. Ce qui passait pour un trait d'avarice n'était dans le fond qu'un effet de la bonté de son cœur. Un des garçons de l'auberge de l'*Empereur*, à Mayence, nous avait servis avec une extrême attention. Son zèle et ses manières lui avaient gagné les bonnes grâces de Voltaire. Ce garçon était de Strasbourg. Il nous dit que son père tenait dans cette ville l'auberge de l'*Ours blanc*, et nous supplia d'y aller loger. Cette attention d'un fils pour l'auteur de ses jours toucha mon illustre compagnon de voyage, il promit ce qu'on lui demandait. Il espérait en outre achalander l'auberge de cette famille en y séjournant. »

Voltaire resta dans la rue des Charpentiers cinq jours, après lesquels il alla s'établir à peu de distance de la ville, proche la porte des Juifs, dans une petite maisonnette appartenant à une dame Léon qui la lui céda de fort bonne grâce. On ne l'y laissa pas longtemps seul. Les personnages les plus considérables de la ville se firent un devoir de lui souhaiter la bienvenue, et le maréchal de Coigni mit à sa disposition un appartement dans son hôtel, dont au reste il ne profita point[1]. Il se lia avec le célèbre Schœpflin, dont l'érudition et les vastes connaissances lui furent d'une grande utilité pour ses *Annales*. Les occupations de ce dernier ne lui permirent pas, toutefois, de revoir le travail du poëte; mais le professeur Lorentz, que Schœpflin indiqua à son défaut, voulut bien se charger de cette tâche ingrate et s'en acquitta avec une conscience et un zèle dont l'auteur n'eut qu'à se louer[2].

A quelque distance de sa retraite, dans l'île Jar, sur le Rhin, vivait une ancienne connaissance de Voltaire, une amie de madame de Pompadour, qui, bien que correspondant avec la favorite sur le pied de la plus parfaite intimité, ne semble pas avoir tiré d'elle un grand appui dans des passes difficiles où elle eût eu bon besoin de son crédit — la comtesse de Lutzelbourg, un moment l'une des étoiles de la cour de Lorraine, la tante enfin de ce M. Klinglin, dont on ne s'occupait que trop alors en Alsace. Lorsque Voltaire arriva à Strasbourg, la comtesse était à Colmar, près de son neveu malade; mais elle revint assez à temps pour le recevoir dans son île. C'est de cette époque encore que datent les relations du poëte avec un avocat au conseil souverain de Colmar, M. Dupont, qui

1. Voltaire, *Œuvres complètes* (Beuchot), t. LVI, p. 352. Lettre de Voltaire à la comtesse de Lutzelbourg; 14 septembre 1753.
2. S'il fallait en croire Luchet, Schœpflin n'aurait pas laissé à d'autres une mission ingrate et qui exigeait autant de savoir que de dévouement. Luchet, *Histoire littéraire de M. de Voltaire* (Cassel, 1781), t. II, p. 14, 15.

sera, dans la suite, l'un de ses correspondants les plus actifs.

Mais, s'il ne devait qu'au caprice de son étoile vagabonde d'être venu chercher un abri momentané sur cette terre hospitalière, au moins, à sa grande surprise, apprenait-il que sa présence en Alsace n'était pas pour ses affaires une chose complétement indifférente. Ce constituteur maniaque, dirons-nous presque, de rentes viagères, en avait précisément une assise sur un bien du duc de Wurtemberg, à Horbourg [1], et qui n'était pas payée, ajoutons-le en passant, avec une extrême exactitude [2]. Il était naturel, étant sur les lieux, d'aller visiter le gage et de le fouler du pied. Mais le moindre voyage alors avait ses obstacles; et il n'est pas étonnant que Voltaire y regardât à deux fois avant de se mettre en chemin. « Je ne sais pas, dit-il, quand j'irai dans le voisinage de ces vignes sur lesquelles j'ai une bonne hypothèque. Elles appartiennent au duc de Wurtemberg. Il y a des gens qui veulent me persuader que ce sera la vigne de Naboth [3] et que mon hypothèque est *le beau billet qu'a La Châtre;* mais je n'en crois rien. Le duc de Wurtemberg est un honnête homme, Dieu merci; il n'est pas roi, et je pense qu'il croit en Dieu, quoiqu'il n'ait jamais voulu baiser la mule du pape [4]. »

---

1. Sur la route de Neuf-Brisach.
2. Voltaire, *Œuvres complètes* (Beuchot), t. LXIV, p. 377, 396, 413; t. LXX, p. 173, 319, 405.
3. *Sainte Bible*, avec commentaires de dom Calmet et de l'abbé de Vence. 3ᵉ édit. (Toulouse, 1779), t. IV, p. 692 à 695; liv. III des Rois, ch. xxi.
4. Voltaire, *Œuvres complètes* (Beuchot), t. LVI, p. 351. Lettre

Après avoir vécu jusqu'ici sans gîte propre, l'auteur de la *Henriade* allait sentir le besoin du chez soi, et il commence à regarder autour de lui, à s'enquérir. Il est incertain, il flotte ; bien des choses pourront concourir à le rendre hésitant, mais désormais il aura assez des hospitalités, mêmes royales : il est d'âge à commander sous le toit qui l'abrite, à n'avoir plus à disputer à un intendant parcimonieux ou malveillant la bougie et le sucre, à être enfin le maître de tailler, de rogner et d'en agir à sa guise. Cette disposition d'esprit est sensible, et elle se révélera à tout instant. A l'heure même, d'Argental, qui eût tout fait pour rapprocher les distances, lui proposait l'acquisition du château de Sainte-Palaie, à quatre lieues d'Auxerre. Quand il se verra forcé d'abandonner l'idée de bâtir dans les vignes du duc de Wurtemberg, Voltaire s'informera de son côté auprès de madame de Lutzelbourg si le château de feu son frère, à Oberkerghein, pouvait lui être cédé, sinon vendu. « Je ferai un bail ; je payerai un an d'avance pour faire plaisir à la famille ; et, pour pot de vin, je vous ferai un petit quatrain... » Mais ses déterminations étaient soumises à bien des éventualités avec lesquelles il avait à compter et que l'on soupçonne, quoique, à l'entendre, il ne dépendit que de son caprice d'aller planter sa tente où bon lui semblerait. « Ma santé et les bontés de ma

---

de Voltaire à la comtesse de Lutzelbourg ; auprès de vous, le 14 septembre 1753. Le prince de Wurtemberg, dont il est question ici, est Charles-Eugène, qu'il ne faut pas confondre avec le prince Louis-Eugène, qui ira s'établir en Suisse et rompra tous rapports avec Voltaire, après avoir été l'un de ses correspondants, pour se jeter dans les bras de Rousseau.

cour m'ont rappelé en France, » écrivait-il de Schwetzingen au landgrave de Hesse-Cassel [1]. S'il le pensait alors, ce qui est douteux, deux mois s'étaient écoulés depuis, et, sûrement, sans avoir perdu toute espérance de se fixer dans sa patrie, sentait-il déjà qu'il ne fallait pas trop dépasser la frontière. Mais au moment même où il paraissait si confiant, le marquis d'Argenson consignait dans ses mémoires la note suivante : « L'on refuse au poëte Voltaire la permission de rentrer en France. On cherche par ce petit article à plaire au roi de Prusse, en lui déplaisant comme on fait pour les choses principales [2]. »

Les *Annales de l'Empire* étaient à peu près terminées. Le professeur Schœpflin avait à Colmar un frère imprimeur; sollicité de lui confier le soin de l'édition, Voltaire se décida à se transporter dans cette dernière ville, qui avait encore l'avantage de le rapprocher des administrateurs des domaines du duc de Wurtemberg. Il prenait congé, après une halte de six semaines, le 2 octobre, de Strasbourg et de ses habitants, et arrivait pour la couchée à Colmar, à ce que nous assure Collini [3]. Il descendit à l'hôtel du *Sauvage* [4]; mais, bientôt après, il échangeait ce provisoire contre un appartement au rez-de-chaussée, dans la maison

---

1. Voltaire, *OEuvres complètes* (Beuchot), t. LVI, p. 339. Lettre de Voltaire à Guillaume, landgrave de Hesse-Cassel ; à Schwetzingen, le 4 août 1753.
2. Marquis d'Argenson, *Mémoires* (Jannet), t. IV, p. 146, 8 août 1753.
3. M. Clogenson pense qu'il n'arriva que le 4 ou le 5.
4. Cette auberge a disparu depuis longtemps. Sur son emplacement l'on construisit un hôtel uniquement séparé du palais, où siégeait la cour, par une très-petite promenade.

d'un M. Goll, rue des Juifs, qui semble lui avoir été indiquée par l'avocat Dupont. Madame de Lutzelbourg l'avait chargé pour son frère, le premier président, d'une lettre que son état de santé ne lui avait pas permis de remettre, et M. de Klinglin, écartant tout cérémonial, eut la bonne grâce de le prévenir et de lui présenter son fils aîné. Il vit également le marquis de Voyer qui était lieutenant général à Colmar, mais sans l'entretenir de ses affaires. Son retour dépendait de la décision du père du marquis, de cet ancien camarade de Louis-le-Grand à qui jusque-là l'on n'avait ménagé ni les flatteries ni les caresses, et sur la bienveillance duquel on avait quelques raisons de ne point trop compter ; il jugea plus convenable de ne pas sortir de la réserve la plus absolue avec le fils de M. d'Argenson.

Apprenant que Schœpflin avait une papeterie à six lieues de Colmar, au pied des Vosges et à une demi-lieue de la petite ville de Munster, dans le village de Luttenbach, Voltaire allait s'y cantonner malgré la saison avancée, malgré le peu de commodité d'un bâtiment exposé aux quatre vents, sans autre voisinage que celui des ouvriers des deux sexes employés à l'établissement. Il nous faut excepter, pourtant, un Français du nom de Bellon, placé là par le gouvernement pour surveiller la quantité de papier que fournissait cette manufacture pour la fabrication des cartes à jouer. Ce M. Bellon était un joueur d'échecs passable, et, à ce point de vue, il ne laissait pas d'avoir son importance. Luttenbach était à peu de distance du château d'Horbourg, dont il a été question plus haut par anticipation, et il est à croire que l'envie d'inspecter une propriété qu'il n'était pas éloigné d'acquérir, s'il la trouvait à sa convenance, fut pour beaucoup dans ce déplacement du poëte, bien que le papier qu'il lui fallait pour l'impression des *Annales de l'Empire* fût la raison principale de cette étape d'un médiocre agrément. « Je reste tranquillement, écrit-il à madame de Lutzelbourg, dans une solitude entre deux montagnes, en attendant que les papiers arrivent[1]. » Il alla visiter son gage le 23 octobre, et cette inspection ne fût rien moins que favorable à ce château en ruines qu'il n'eût pas été sûr d'ailleurs d'acquérir. Le duc de Wurtemberg soutenait au Conseil privé un procès pour cette vénérable masure, et cela était de nature, en effet, à rendre hésitant. Toute réflexion faite, Voltaire abandonna son projet. « Je n'irai pas, dit-il, bâtir un hospice qui aurait un procès pour fondement[2]. »

Après quinze jours de résidence dans ces lieux sauvages[3], Voltaire reprenait la route de Colmar où il rentrait le 28, résolu à y attendre ce que décideraient de lui et les dieux et les hommes. Collini fut chargé du gouvernement du petit ménage. Une fillette de Montbéliard, parlant également le français et l'allemand, fut installée à l'office, et, dès l'abord, se mon-

---

1. Voltaire, *OEuvres complètes* (Beuchot), t. LVI, p. 362. Lettre de Voltaire à la comtesse de Lutzelbourg; dans les Vosges, le 14 octobre 1753.

2. *Ibid.*, t. LVI, p. 364. Lettre de Voltaire à la comtesse de Lutzelbourg; dans mes montagnes, ce 24 octobre 1753.

3. Il y a une lettre de Voltaire au marquis de Thibouville ainsi datée : « Près de Colmar, le 9 novembre ». Cela donnerait à penser, comme c'est le sentiment de M. Clogenson, que le poëte dut retourner de temps à autre à Luttenbach.

tra pleine de soins et de dévouement pour son nouveau maître, animant de sa pétulance et de sa belle humeur un intérieur qui, sans elle, eût été quelque peu morose. « Babet avait de la gaieté, nous dit Collini, de l'esprit naturel, aimait à causer et avait l'art d'amuser Voltaire. Elle avait pour lui des attentions et des prévenances que les serviteurs n'ont point ordinairement pour leurs maîtres; il la traitait avec bonté et complaisance. Je plaisantais souvent Babet sur son empressement, elle répondait en riant et passait[1]. »

Cet intérieur, que Collini nous fait si calme, ne pouvait être le bonheur pour cet esprit inquiet que l'avenir devait préoccuper; au moins offrait-il ce bien-être relatif et transitoire que trouve le naufragé en abordant un rivage hospitalier. Une chose qu'on ne saurait trop admirer chez le poëte, c'est cette faculté merveilleuse de s'accommoder de tous les temps et de tous les lieux : laissez-lui le travail, et il vous tient quitte du reste, même de la santé. Mais le moyen de travailler au milieu des perplexités de toutes sortes qui l'assiégent? Nous parlions de tranquillité et d'apaisement; tout cela s'est enfui déjà. Il apprend qu'un libraire de La Haye et de Berlin, Jean Néaulme, était parvenu à se procurer un manuscrit informe de l'*Abrégé de l'Histoire universelle*, et l'avait publié sans lui en demander l'agrément. Comment se trouvait-il dans ses mains? Le roi de Prusse, l'Électeur palatin, la duchesse de Gotha en avaient des copies; d'autres existaient à Paris : d'où partait l'infidélité ou l'indis-

---

[1] Collini, *Mon séjour auprès de Voltaire* (Paris, 1807), p. 118.

crétion? « Qui aurait cru, écrivait-il à d'Argental, que mes dépouilles seraient prises à la bataille de Sohr[1], et seraient vendues dans Paris? On prit l'équipage du roi de Prusse, dans cette bataille, au lieu de prendre sa personne; on porta sa cassette au prince Charles. Il y avait dans cette cassette grise-rouge de l'avare force ducats avec cette *Histoire universelle* et des fragments de la *Pucelle*. Un valet de chambre du prince Charles a vendu l'histoire à Jean Néaulme, et les papillotes de la *Pucelle* sont à Vienne. Tout cela compose une drôle de destinée[2]. » Mais, après plus ample informé, le spolié ajoutait le *post-scriptum* qui suit à une lettre au maréchal de Richelieu. « On m'assure que le prince Charles rendit au roi de Prusse sa cassette prise à la bataille de Sohr, dans laquelle Sa Majesté prussienne prétend qu'il avait mis mon manuscrit. Je sais qu'on lui rendit jusqu'à son chien. Il me demanda depuis un nouvel exemplaire; je lui en donnai un plus correct et plus ample. Il a gardé celui-là; son libraire, Jean Néaulme, a imprimé l'autre[3]. » Cela veut-il dire que Frédéric, pour se venger du poëte, ne recula point devant une petite noirceur qui n'aurait eu d'autre résultat comme d'autre but que de lui fermer la route de France? Convenons-en, les antécédents du roi autorisaient de tels soupçons; l'on n'a

---

1. Le 30 septembre 1745.
2. Voltaire, *OEuvres complètes* (Beuchot), t. LVI, p. 380. Lettre de Voltaire à d'Argental; de la grande ville de Colmar, le 21 décembre 1754,
3. *Ibid.*, t. LVI, p. 385. Lettre de Voltaire au maréchal de Richelieu; à Colmar, le 30 décembre 1753.

pas oublié certaines lettres au comte de Rottembourg[1]; et ce n'avait pas été l'unique tentative du prince dont Voltaire eût eu vent[2]. Cependant, sans abandonner absolument l'accusation, le poëte, ostensiblement du moins, semblait accepter la version du libraire lui-même sur la façon dont le livre était tombé dans ses mains. « J'ai reçu ce matin votre lettre du 23 décembre, avec le paquet de la prétendue *Histoire universelle*, imprimée chez Jean Néaulme à la Haye. Il prétend avoir acheté ce manuscrit cinquante louis d'or d'un domestique de monseigneur le prince Charles de Lorraine. C'est un ancien manuscrit très-imparfait que j'avais pris la liberté de donner au roi de Prusse sur la fin de 1739, dans le temps qu'il était prince royal. Cet ouvrage ne méritait pas de lui être offert; mais comme il s'occupait de toutes les sortes de littérature, et qu'il me prévenait par les plus grandes bontés, je ne balançai pas à lui envoyer cette première esquisse, tout informe qu'elle était[3]. » Disons, toutefois, qu'il

---

1. *OEuvres complètes de Frédéric le Grand* (Berlin, Preuss), t. XXV, p. 523, 525. Lettre de Frédéric au comte de Rottembourg; Potsdam, 17 août 1743; *ibid.*, 27 août.

2. Voltaire écrivait à sa nièce, en 1755, à propos de la *Pucelle*, dont il courait des copies : « La personne qui m'avait juré que la copie qu'elle avait ne sortirait jamais de ses mains l'a pourtant confiée à Darget, dans le temps que j'étais en France, croyant que Darget ne manquerait pas de l'imprimer, et qu'alors je serais forcé de lui demander un asile; voilà sa conduite, voilà le nœud de tout. Darget m'a assuré lui-même, dans la lettre qu'il vient de m'écrire, que cette personne lui avait donné ce malheureux manuscrit. » *OEuvres complètes* (Beuchot), t. LVI, p. 657. Lettre de Voltaire à d'Argental; 5 juin 1755.

3. *Ibid.*, t. LVI, p. 385, 386. Lettre de Voltaire à Walther; Colmar, 13 janvier 1754.

ne pouvait s'exprimer en d'autres termes avec un libraire qui n'était pas tenu, comme d'Argental et Richelieu, à lui garder le secret.

Ainsi, au seul point de vue de la correction et de la valeur de l'édition, Voltaire ne pouvait-être que très-chagrin de se voir imprimé dans de telles conditions ; mais, si quelque chose à cet égard eût été capable de le consoler, c'eût été l'énormité même des inepties qui s'y rencontraient. « Comment, s'écriait-il dans une lettre qu'il adressait à Néaulme, votre éditeur a-t-il pu prendre le huitième siècle pour le quatrième, le treizième pour le douzième, le pape Boniface VIII pour le pape Boniface VII ? Presque chaque page est pleine de fautes absurdes... Vous avez gagné de l'argent ; je vous en félicite. Mais je vis dans un pays où l'honneur des lettres et les bienséances me font un devoir d'avertir que je n'ai nulle part à la publication de ce livre, rempli d'erreurs et d'indécences[1]... » Mais c'étaient là les moindres de ses soucis. Il n'y avait pas que des incorrections dans cette édition incorrecte à plaisir ; il y avait autant et plus qu'il ne fallait d'apports étrangers, de suppressions perfides donnant aux choses les plus innocentes un air frondeur, agressif, qui n'était pas le fait du pur hasard. Une transposition, un mot oublié, forment tout aussitôt un sens absurde ou odieux, dont la malignité saura faire son profit. Ainsi, dans le manuscrit avoué par l'auteur, on lisait cette phrase : « Les historiens ressemblent en cela à quel-

---

1. Collini date cette lettre du 28 février. C'est une erreur. Cette lettre porte la date du 28 décembre 1753, dans le *Mercure* de février 1754, p. 56, où elle fut publiée pour la première fois.

ques tyrans dont ils parlent; ils sacrifient le genre humain à un seul homme. » A « tyrans » l'on avait substitué « rois, » dans l'édition de Néaulme[1]. L'on conçoit tout le parti que les ennemis de Voltaire pouvaient tirer de cette seule phrase, et quelle couleur on pouvait donner à cela pour décourager ou désarmer ses protecteurs et achever de gâter ses affaires, qui n'étaient déjà que trop compromises.

Le poëte sentit tout ce qu'il y avait de grave, de menaçant dans cette publication tronquée, falsifiée, s'il ne détournait pas le coup par le désaveu le plus énergique. Il convoque, sans perdre de temps, deux notaires, devant lesquels confrontation était faite de l'abrégé de Jean Néaulme avec un manuscrit in-4°, venant de sa bibliothèque de Paris, « usé de vétusté, relié en un carton, qui paraît aussi fort vieux, intitulé : *Essai sur les révolutions du monde et sur l'histoire de l'esprit humain*, depuis le temps de Charlemagne jusqu'à nos jours, 1740. » Le procès-verbal de cette confrontation est à la date du 22 février. Par les citations seules que fait Voltaire, l'on est à même d'apprécier non-seulement la précipitation, mais encore l'esprit qui ont présidé à l'édition. Ce travail n'avait pu être fait que sur le premier volume, l'auteur n'ayant alors reçu que cette partie du manuscrit; mais c'était plus que suffisant pour édifier sur le soin et la bonne foi des éditeurs. Les notaires déclaraient,

---

[1]. Collini, *Mon séjour auprès de Voltaire* (Paris, 1807), p. 121 à 124. Procès-verbal concernant un livre intitulé : *Abrégé de l'histoire universelle*, attribué à M. de Voltaire, chez Jean Néaulme, libraire à La Haye et à Berlin, 1753. Mais la copie que donne Beuchot dans son édition (t. 1, p. 412 à 415) est beaucoup plus ample.

en effet, n'avoir pas trouvé une seule page qui n'eût subi des altérations plus ou moins considérables. L'acte parachevé, il ne s'agissait plus qu'à rendre publique une protestation dont le caractère d'authenticité était incontestable, et Voltaire y avait trop intérêt pour qu'il ne fît pas toute la diligence possible.

Il était informé que l'apparition de cette édition à intentions perfides avait soulevé tout le clergé de France; il s'adresse, par l'entremise de M. de Malesherbes, à l'archevêque de Paris, ce Christophe de Beaumont contre lequel Rousseau, huit ans plus tard, décochait un de ses pamphlets les plus incisifs (1762)[1]. M. de Malesherbes, si bienveillant, si serviable, est supplié lui-même de se constituer son avocat auprès du roi dont on a pu tromper la religion, et auquel on envoyait humblement un placet. Le poëte n'a garde d'oublier une ancienne amie, une protectrice un peu refroidie sans doute, mais qui ne peut être devenue son ennemie, madame de Pompadour. Sa lettre à la marquise est soumise, pressante, attendrie. Sa nièce, qu'il avait chargée de négocier près des puissances, était mourante d'une maladie causée « par les violences qu'elle avait essuyées à Francfort[2], »

---

1. Voltaire, *Lettres inédites* (Didier, 1857), t. I, p. 229. Lettre de Voltaire à M. de Malesherbes; à Colmar, 7 février 1754.

2. La souffrance n'avait pas été la vraie cause du peu d'activité et de succès des démarches de madame Denis, comme Voltaire nous l'apprend lui-même : « Je conjurai ma nièce d'exiger la suppression du livre, dès qu'il parut; elle eut la faiblesse de croire ceux qui en étaient contents; elle me manda que M. de Malesherbes le trouvait très-bon, et aujourd'hui M. de Malesherbes croit ne me pas devoir le témoignage que je demande. » *OEuvres complètes* (Beuchot), t. LVI, p. 395. Lettre de Voltaire à d'Argental; à Colmar, 7 février 1754.

et complétement hors d'état de prendre en main ses intérêts : que faire dans une telle conjoncture, et quelle résistance pouvait-il opposer aux efforts des misérables qui avaient conjuré sa perte? « S'il m'était seulement permis, madame, de venir à Paris, pour arranger, pendant un court espace de temps, mes affaires bouleversées par quatre ans d'absence, et assurer du pain à ma famille, je mourrais consolé et pénétré pour vous, madame, de la plus respectueuse et la plus grande reconnaissance. C'est un sentiment qui est plus fort que tous mes malheurs[1]. » On voit que, quelles qu'aient été d'abord ses illusions, il savait bien, dès lors, qu'il n'y avait pas lieu pour lui de rentrer en France sans une autorisation expresse, qu'il implorait comme une grâce, comme une faveur précieuse, et qu'il n'était rien moins qu'assuré d'obtenir.

Il fallut bien se rendre à l'évidence, et convenir que le livre avait été imprimé et répandu à l'insu et contre la volonté de Voltaire, dont l'amour-propre n'avait qu'à souffrir d'une telle publication. Mais, innocent ou coupable, il n'en demeurait pas moins un personnage dangereux, embarrassant en tous cas, et que l'on trouvait bien où il était.

Comme je n'ai reçu aucun ordre positif du roi, écrivait-il au marquis de Paulmi, et que je ne sais ce qu'on me veut,

---

M. de Malesherbes était très-sympathique aux gens de lettres et aux philosophes. Mais ceux-ci, par leur étourderie et leur audace, le mettaient parfois dans de sérieux embarras, dont il ne se tirait pas toujours en homme très-énergique, comme le lui reproche d'Alembert avec amertume.

1. Voltaire, *OEuvres complètes* (Beuchot), t. LVI, p. 383, 384. Lettre de Voltaire à madame de Pompadour ; à Colmar, 1753.

je me flatte qu'il me sera permis de porter mon corps mourant où bon me semblera. Le roi a dit à madame de Pompadour qu'il ne voulait pas que j'allasse à Paris : je pense comme Sa Majesté; je ne veux point aller à Paris, et je suis persuadé qu'elle trouvera bon que je me promène au loin. Je remets le tout à votre bonté et à votre prudence; et si vous jugez à propos d'en dire un mot au roi, *in tempore opportuno*, et de lui en parler comme d'une chose simple qui n'exige point de permission, je vous aurai réellement obligation de la vie. Je suis persuadé que le roi ne veut pas que je meure dans l'hôpital de Colmar [1].

Voltaire était dans une de ces passes cruelles où tout vous accable, où le découragement vient à bout des natures les plus énergiques. Après s'être flatté un instant, sur la parole de madame de Pompadour et de M. d'Argenson, d'être au moins toléré [2], il se voyait interdire tout retour, et sa sécurité était menacée jusque dans le refuge où il s'était blotti. L'influence des jésuites en Alsace était plus considérable que dans beaucoup d'autres pays, qu'à Lyon, notamment, où ils se montraient plus modérés et plus doux [3]. Quatre ans auparavant, en 1750, à la suite d'un sermon d'un père Aubert, l'on faisait, sur la place publique de Colmar, un auto-da-fé du *Dictionnaire* de Bayle, et un avocat-général, nommé Muller, s'empressait de jeter son exemplaire dans le bucher [4].

---

1. Voltaire, *Œuvres complètes* (Beuchot), t. LVI, p. 404. Lettre de Voltaire au marquis de Paulmi; à Colmar, le 20 février 1754.
2. *Ibid.*, t. LVI, p. 415. Lettre de Voltaire à d'Argental; Colmar le 3 mars 1754.
3. *Ibid.*, t. LVI, p. 544. Lettre de Voltaire à Dupont; Lyon, 6 décembre 1754.
4. *Ibid.*, t. LVI, p. 403, 410. Lettres de Voltaire au marquis de Paulmi et d'Argens; des 20 février et 3 mars 1754.

Cette petite aventure donna à réfléchir à Voltaire, quand il en eut connaissance, et ne contribua pas peu à lui faire prendre l'alarme aux premières rumeurs; mais c'était bien ce qu'on voulait. Il se plaint d'un père Mérat, qui se serait acharné contre sa personne et aurait mis tout en œuvre pour ameuter contre lui l'univers. Dans sa détresse, il n'hésite pas à s'adresser à un homme qu'il n'aime guère, tout en le flagornant à l'occasion, et qu'il n'a pas trop bien traité dans ses Mémoires, comme on le sait déjà.

S'il y avait quelqu'un au monde dont je pusse espérer de la consolation, écrivait-il au père Menoux, dont le père Mérat était la créature, ce serait d'un de vos pères et de vos amis que j'aurais dû l'attendre. Je l'espérais d'autant plus que vous savez combien j'ai toujours été attaché à votre société et à votre personne. Il n'y a que deux ans que je fis les plus grands efforts pour être utile aux jésuites de Berlin. Rien n'est donc plus sensible ici pour moi que d'apprendre, par les premières personnes de l'Église, de l'épée et de la robe, que la conduite du P. Mérat n'a été ni selon la justice, ni selon la prudence. Il aurait dû bien plutôt me venir voir dans ma maladie, et exercer envers moi un zèle charitable, convenable à son état et à son ministère, que d'oser se permettre des discours et des démarches qui ont révolté ici les plus honnêtes gens, et dont M. le comte d'Argenson, secrétaire d'État de la province, qui a de l'amitié pour moi depuis quarante ans, ne peut manquer d'être instruit. Je suis persuadé que votre prudence et votre esprit de conciliation préviendront les suites désagréables de cette petite affaire. Le père Mérat comprendra aisément qu'une bouche, chargée d'annoncer la parole de Dieu, ne doit pas être la trompette de la calomnie, qu'il doit apporter la paix et non le trouble, et que des démarches peu mesurées ne pourront inspirer ici que l'aversion pour une société respectable qui m'est chère, et qui ne devrait point avoir d'ennemis. Je vous supplie de lui écrire; vous pourrez même lui envoyer ma lettre[1].

Le père Menoux était trop adroit pour se laisser prendre à ces protestations et ne pas savoir à quoi s'en tenir sur leur sincérité. Ce qu'il y avait de moins douteux dans tout cela, c'est que l'on avait besoin de lui et que l'on implorait son intervention pour tempérer le zèle du père Mérat, qu'on accusait d'intolérance et de pis encore. Sa réponse est curieuse, elle est aussi spirituelle et mesurée que nous pouvions l'attendre d'un des plus habiles gens de son ordre.

Je suis flatté, monsieur, de l'honneur de votre souvenir. L'état de votre santé me touche et m'alarme. Ce que vous me mandez du père Mérat me surprend d'autant plus que, pendant deux ans que je l'ai vu ici, il s'est toujours comporté en homme sage et modéré. Depuis qu'il n'est plus de ma communauté, je n'ai aucune autorité sur lui. Je vais pourtant lui écrire, et je lui communiquerai votre lettre. Peut-être vous a-t-on fait des rapports peu fidèles, ou peut-être lui sera-t-il revenu à lui-même quelque chose qui l'aura indisposé contre vous; et, de bonne foi, monsieur, comment voulez-vous que des gens dévoués comme nous à la religion, par conviction, par devoir, par zèle, se taisent toujours, quand ils entendent attaquer sans cesse la chose du monde qu'ils envisagent comme la plus sacrée et la plus salutaire? Voilà cependant ce que l'on voit surtout dans les écrits répandus sous votre nom, et récemment dans le prétendu *Précis de l'Histoire universelle*. Je me suis toujours étonné qu'un aussi grand homme que vous, qui a tant d'admirateurs, n'ait pas encore trouvé un ami. Si vous m'a-

---

1. Voltaire, *OEuvres complètes* (Beuchot), t. LVI, p. 401, 402. Lettre de Voltaire au père Menoux ; à Colmar, le 17 février 1754.

viez cru, vous vous seriez épargné cette foule de chagrins qui ont troublé la gloire et la douceur de vos jours. Je sens quelquefois couler mes larmes en lisant vos ouvrages; plus je les admire, plus je vous plains. Ah! si Dieu pouvait exaucer mes vœux... Que ne puis-je vous estimer autant que je vous aime [1]!

Le poëte devait être aussi peu content de sa démarche que de la réponse de Menoux; il le fut encore moins quand il apprit que le père n'avait pu résister à l'envie de montrer leur correspondance. Il en témoigne son dépit dans sa lettre à la comtesse de Lutzelbourg, du 26 mars, et plus catégoriquement dans celle qu'il écrivait à d'Argental, le 16 du mois suivant. « Vous savez que tout est contradiction dans ce monde. C'en est une assez grande que celle du P. Menoux, qui m'écrit lettre sur lettre pour se plaindre de la trahison qu'on nous a faite à tous deux de publier et de falsifier ce que nous nous étions écrit dans le secret d'un commerce particulier, qui doit être une chose sacrée entre honnêtes gens. » Le procédé, en effet, était médiocre, il devait blesser profondément Voltaire; et la façon dont il s'exprimera en toute occasion sur le compte du missionnaire, soit dans sa correspondance intime, soit ailleurs, décèlera un implacable ressentiment contre le confesseur du roi de Pologne. Mais il n'avait pas à se tirer des mains du seul Mérat. Il y avait le père Kroust, dont il ne pouvait prononcer le nom sans horreur [2]; il y

---

1. *Le dernier volume des œuvres de Voltaire* (Paris, Plon, 1862), p. 337, 338. Réponse du P. Menoux à Voltaire; Nancy, le 23 février 1754.

2. Professeur de théologie de la maison de Strasbourg et collabo-

avait le père Ernest, son pire ennemi, sans qu'il le sût, la cheville-ouvrière du complot, car il y avait complot, complot de se débarrasser à tout prix d'un pareil voisin ; et le père Ernest avait pris, avec ses supérieurs, l'engagement formel d'expulser d'Alsace cet hérésiarque.

Ces manœuvres, en effet, ne durent pas faiblement contribuer à désenchanter Voltaire sur les agréments d'un pays pour lui si peu sûr; mais s'il renonça à acheter le château de Horbourg, nous savons déjà, quoiqu'on en ait dit [1], que la cause en fut tout autre.

Je cours risque d'être brûlé, moi qui vous parle, écrivait-il à l'ange gardien, avec la belle *Histoire* de Jean Néaulme. Nous avons un évêque de Porentru (qui eût cru qu'un Porentru fût évêque de Colmar?); ce Porentru est grand chasseur, est grand buveur de son métier, et gouverne son diocèse par des jésuites allemands qui sont aussi despotiques parmi nos sauvages des bords du Rhin, qu'ils le sont au Paraguai. Vous voyez quels progrès la raison a faits dans les provinces... [2].

Ce « Porentru », comme il est appelé ici assez incongrument, était le prince-évêque de Bâle, qui avait dans la ville de Porentruy, à deux pas de notre frontière, un château où il résidait, et d'où, comme on le voit, il lançait contre Voltaire les jésuites de son col-

---

rateur du *Journal de Trévoux*, en attendant que la confiance du roi l'élevât à la dignité de confesseur de la Dauphine. Backer, *Bibliothèque des écrivains de la Compagnie de Jésus* (Liége, 1869), 5ᵉ série, p. 393.

1. *Archives littéraires de l'Europe*, t. XIV, p. 364.
2. Voltaire, *Œuvres complètes* (Beuchot), t. LVI, p. 406. Lettre de Voltaire à d'Argental ; à Colmar, le 24 février 1754.

lége. Ils n'étaient pas toujours commodes ces « Porentru », et, s'ils n'étaient que platoniquement évêques de Bâle, tant au temporel qu'au spirituel [1], ils prenaient leur revanche dans leur bonne ville, où ils entendaient être les maîtres et seigneurs, et n'être point discutés. Ainsi, le « Porentru » de 1735 faisait condamner à mort (après avoir eu la langue percée, portait l'arrêt), un orfèvre du nom de Petit-Maître, pour avoir demandé la révision des statuts de la bourgeoisie. Hâtons-nous d'ajouter que la clémence du prince-évêque s'étendit sur le coupable, qui subit la sentence, mais sans être mutilé [2]. Nous ignorons si Voltaire était au fait de cette petite page d'histoire féodale.

L'auteur de la *Henriade*, toute honte bue, n'eut pas à regretter sa requête au père Menoux. Ce dernier s'empressa, comme Neptune, d'apaiser les vents déchaînés et de les faire rentrer dans leurs antres. « Le père missionnaire (le père Mérat) est venu chez moi et j'ai reçu ses excuses, parce qu'il y a des feux qu'il ne faut pas attiser. » La lettre dont nous extrayons ces lignes est du 25 mars; mais depuis longtemps l'on avait rendu la paix à Voltaire qui l'annonce, d'ailleurs, au même d'Argental, dès le 10. « J'ai fait évanouir entièrement la persécution que le fanatisme allait exciter contre moi jusque dans Colmar; mais j'aurais mieux aimé être excommunié que d'essuyer les injus-

---

1. L'*Art de vérifier les dates* (Paris, 1787), t. III, p. 593.
2. Gaullieur, *Études sur l'histoire littéraire de la Suisse française* (Genève, Cherbuliez, 1856), p. 48, 49. La rébellion arrivée dans la Neuveville, terre de S. A. Mgr l'évêque de Bâle, prince du Saint-Empire.

tices qu'une nièce, qui me tenait lieu de fille, a ajoutées à mes malheurs. »

A tous ces ennuis, en effet, vinrent se joindre des chagrins contre lesquels il n'était point armé et qui l'affectèrent profondément. Le rôle de nièce, à Paris, n'était pas pour madame Denis une sinécure ; le soin des intérêts de cet oncle tapageur que l'âge n'avait point assagi était une tâche lourde et épineuse, exigeant autant de continuité que de souplesse et d'habileté. Des lettres mêmes de Voltaire on pourrait augurer que, dans cette dernière crise, elle ne fit pas tout ou qu'elle fit autre chose que ce qu'elle eût dû faire. Bref, Voltaire, qui ne laisse pas, devers les tiers, de mettre sur le compte de la maladie certaines négligences, ne lui cacha pas probablement son mécontentement, et en des termes apparemment assez vifs. Mais il avait d'autres griefs. Madame Denis était de forte dépense, comme l'on en a pu juger par ce que nous en a dit Longchamp, qu'il ne faudrait pas, toutefois, trop croire sur parole. Elle était glorieuse, elle aimait à briller ; sa condition de nièce de M. de Voltaire faisait d'elle un personnage, et il est à supposer qu'elle exagéra à ses yeux ce qu'exigeait un pareil titre. Au moins est-ce ce que l'on peut conjecturer notamment des lignes peu respectueuses qui suivent, à la date du 20 février.

Le chagrin vous a peut-être tourné la tête ; mais peut-il gâter le cœur ? l'avarice vous poignarde[1] ; vous n'avez qu'à

---

1. « L'avarice vous poignarde » avait paru, à la réflexion, un peu vif ; elle l'avait raturé et y avait substitué ce reproche mitigé, mais encore assez énergique : « l'amour de l'argent vous tourmente. »

parler... Je n'ai pris de l'argent chez Laleu que parce que j'ai imaginé à tout moment que vous reveniez, et qu'il aurait paru trop singulier, dans le public, que j'eusse tout quitté, surtout ayant dit à la cour et à la ville que vous doubliez mon revenu. Ne me forcez pas à vous haïr... Vous êtes le dernier des hommes par le cœur. Je cacherai autant que je pourrai les vices de votre cœur.

Que l'on juge comme on voudra Voltaire, ce n'est pas à madame Denis à l'accuser d'avarice. Si l'on peut lui reprocher quelque chose, c'est, au contraire, de lui avoir fait la part trop grosse et de n'avoir pas tenu la balance assez égale entre elle et madame de Fontaine. Mais madame Denis, la meilleure femme du monde, en somme, ne voulait rien entendre quand il s'agissait d'apporter quelque peu de mesure et de retenue dans ses dépenses les moins justifiées; et l'on voit jusqu'à quel point elle pouvait s'oublier à l'égard d'un oncle, qui était aussi un bienfaiteur.

Mais Voltaire, que dira-t-il ? quelle sera sa contenance devant des emportements aussi outrageants que peu mérités ? C'était bien le cas de prendre au mot cette nièce irrespectueuse ; et peut-être s'attend-on à quelque détermination violente. Eh bien ! point. On l'injurie grossièrement ; et, loin de parler haut et fort, loin de récriminer, il se résigne, il s'enveloppe dans sa douleur, et, tout en acceptant l'*ultimatum* qui lui a été décoché, il ne modifie en rien ses premiers desseins.

Vous devinez aisément par ma dernière lettre, écrivait-il à d'Argental, ce que je dois souffrir. Je n'ai autre chose à vous ajouter, sinon que je continuerai jusqu'à ma mort la pension que je fais à la personne que vous savez, et que je l'augmenterai dès que mes affaires auront pris un train sûr et réglé. Je lui en ai assuré, d'ailleurs, bien davantage ; et j'avais espéré, quand elle me força de revenir en France, la faire jouir d'un sort plus heureux. Je me flatte qu'elle aura du moins une fortune assez honnête ; c'est tout ce que je peux et que je dois, après ce que vous savez qu'elle m'a écrit... Je ne me plaindrai jamais d'elle : je conserverai chèrement le souvenir de son amitié ; je m'attendrirai sur ce qu'elle a souffert ; et votre amitié, mon cher ange, restera ma seule consolation [1].

L'oncle et la nièce se réconcilieront pourtant, et passeront l'éponge sur leurs griefs, comme ils en devaient éprouver le mutuel besoin. Voltaire, qui s'était enfui de Prusse comme l'on s'enfuit d'une prison, avait à peine posé le pied en France, qu'il était averti du peu de sécurité qu'il y avait pour lui à y séjourner. Ses ennemis ne l'avaient pas oublié, et ils avaient saisi le premier prétexte pour lui faire sentir ce qu'il avait à attendre d'eux. Paris lui était fermé ; mais cette interdiction, le bon vouloir d'un ministre, le zèle de ses amis pouvaient la faire lever, et Paris était, bien qu'il s'en défendît, le but ardent de tous ses rêves. Encore lui fallait-il donner des gages, et ne serait-ce qu'à bon escient qu'un certain parti se résignerait à ne le plus poursuivre. Voltaire, de l'humeur qu'on lui connaît, devait rouler plus d'un projet dans sa tête ; et, en de pareils moments, les choses les plus folles lui traversaient l'esprit, les unes chassées par les autres ; mais une dernière surnageait, et, parfois, ce n'était ni la moins extravagante ni la moins condam-

---

1. Voltaire, *OEuvres complètes* (Beuchot), t. LVI, p. 408. Lettre de Voltaire à d'Argental ; Colmar, 28 février 1754.

nable même, ainsi que cela se passait précisément à l'époque où nous sommes. Laissons parler Collini ; les commentaires viendront après.

C'était au mois d'avril ; Pâques approchait. Des espions étaient apostés pour examiner si Voltaire remplirait, dans cette fête, les devoirs imposés par l'Église. Ses amis de Paris furent informés de l'épreuve par laquelle on voulait le juger, épreuve plus propre à conduire un homme à l'hypocrisie et à la profanation qu'à en faire un bon catholique. Ils lui en firent part, et l'engagèrent à céder à la nécessité. Ils voyaient dans cette démarche un expédient pour rassurer les esprits et pour obtenir la permission de se rendre dans la capitale.

Voltaire me demanda un jour si je ferais mes pâques. Je lui répondis que c'était mon intention. « Eh bien, me dit-il, nous les ferons ensemble. » On prépara tout pour cette cérémonie. Un capucin vint le visiter ; j'étais dans sa chambre, lorsque ce religieux arriva. Après les premiers propos, je m'éclipsai et ne revins qu'après avoir appris que le capucin était parti. Le lendemain nous allâmes ensemble à l'église, et nous communiâmes l'un à côté de l'autre.

J'avoue que je profitai d'une occasion aussi rare pour examiner la contenance de Voltaire pendant cet acte important. Dieu me pardonnera cette curiosité et ma distraction, je n'en eus pas moins de ferveur. Au moment où il allait être communié, je levai les yeux au ciel comme pour l'exaucer, et je jetai un coup d'œil subit sur le maintien de Voltaire. Il présentait sa langue et fixait ses yeux bien ouverts sur la physionomie du prêtre. Je connaissais ces regards-là.

En rentrant, il envoya au couvent des capucins douze bouteilles de bon vin et une longe de veau. C'est à l'occasion de cette pâque que l'on se donnait, à Paris, comme nouvelle, que Voltaire venait de faire à Colmar sa première communion. On verra que, pour ses affaires temporelles et pour le but auquel cette communion tendait, elle fut en pure perte[1].

1. Collini, *Mon séjour auprès de Voltaire* (Paris, 1807), p. 127, 128.

Ce ne sera pas l'unique fois qu'il nous donnera ce spectacle affligeant à quelque point de vue qu'on l'envisage. Un peu auparavant, sans doute en prévision de ce qu'il allait faire, l'auteur de la *Henriade* écrivait au très-révérend père en diable Isaac Onitz, vulgairement appelé le marquis d'Argens : « Je conçois qu'un diable aille à la messe, quand il est en terre papale, comme Nanci et Colmar [1]. » Il a, à cet égard, sa morale toute faite. Il mandera, à la date du 16 février 1761, à ses anges : « Si j'avais cent mille hommes, je sais bien ce que je ferais ; mais comme je ne les ai pas, je communierai à Pâques, et vous m'appellerez hypocrite tant que vous voudrez [2]. » Et, sept ans plus tard, au philosophe d'Alembert, après répétition de la même comédie sacrilége : « Que doivent faire les sages quand ils sont environnés d'insensés barbares ? Il y a des temps où il faut imiter leurs contorsions et parler leur langage... il y a des gens qui craignent de manier des araignées, il y en a d'autres qui les avalent [3]. »

Appliquées aux choses physiques, de pareilles ré-

---

1. Voltaire, *OEuvres complètes* (Beuchot), t. LVI, p. 432. Lettre de Voltaire au marquis d'Argens ; Colmar, mars 1754.
2. *Ibid.*, t. LIX, p. 313. Lettre de Voltaire à d'Argental ; 16 février 1761.
3. *Ibid.*, t. LXV, p. 81. Lettre de Voltaire à d'Alembert ; 1er mai 1768. « Au sujet de cette haine qu'il vouait aux prêtres intolérants et fanatiques, raconte Wagnière, je lui demandais un jour ce qu'il aurait fait s'il était né en Espagne. « J'aurais eu, me dit-il, un grand « chapelet, j'aurais été à la messe tous les jours, j'aurais baisé la « manche des moines, et j'aurais tâché de faire mettre le feu dans tous « leurs couvents. » Longchamp et Wagnière, *Mémoires sur Voltaire* (Paris, 1826), t. I, p. 45. Additions au *Commentaire historique*.

pugnances peuvent être des petitesses; en morale, les répugnances sont des scrupules, et les scrupules, fussent-ils excessifs, ne laissent pas d'être honorables, quand cette aisance à s'accommoder des préjugés, à hurler avec les loups, n'est ni le fait d'un philosophe ni même celui d'un simple homme de bien. Que l'on n'ait de goût ni pour le martyre ni pour la persécution, nous le comprenons; qu'au lieu de confesser bien haut sa croyance, on garde discrètement dans son for intérieur des convictions qu'on ne pourrait afficher sans danger, si cela n'est pas héroïque, c'est un acte de prudence humaine, nous dirons de défense légitime. Mais la profanation, mais le sacrilége sont de trop, surtout quand ils sont inutiles; et comment Voltaire s'imaginait-il que ces grimaces impies seraient prises en bonne part et lui seraient de quelque profit pour ses projets futurs? Il se compromettait aux yeux des honnêtes gens, aux yeux de ses partisans mêmes, qui eussent souhaité plus de dignité dans un chef de secte, sans retirer le moindre avantage matériel de cette farce déplorable. Et nous n'avons pas de peine à croire Collini, lorsqu'il nous dit que « pour ses affaires temporelles, comme pour le but auquel cette communion tendait, elle fut en pure perte. » C'eût été le contraire assurément qui nous eût étonné. On verra pourtant Voltaire à diverses reprises, comme nous venons de le dire, avoir recours aux mêmes expédients aussi injustifiables qu'en tous points stériles, et que nous voudrions, pour son honneur, pouvoir révoquer en doute.

Mais il n'en sera pas de même d'une anecdote que

glisse l'abbé Barruel dans ses *Mémoires*, et qui eût été racontée au correspondant de l'abbé, à Gottingue, en décembre 1776, par M. Dièze, second bibliothécaire de cette université.

> Durant le séjour de Voltaire en Saxe, et M. Dièze lui servant de secrétaire, il tomba dangereusement malade. Dès qu'il connut son état, il fit demander un prêtre, lui fit sa confession, et le pressa de lui administrer le sacrement, qu'il reçut en effet, après des actes de pénitence qui durèrent autant que le danger ; mais dès qu'il en fut dehors, affectant de rire de ce qu'il nommait sa petitesse, il dit à M. Dièze : « Vous avez vu, mon ami, *la faiblesse de l'homme*[1]. »

Pour enlever tout prétexte à ses ennemis de le desservir, Voltaire était capable d'imaginer la triste comédie à laquelle nous avons assisté ; mais c'était un pur déiste, repoussant tout dogme, tout culte particulier, et ne voyant dans toute religion qu'un prétexte à l'intolérance et à la superstition. Il ne pouvait donc appeler le prêtre, *in articulo mortis*, que pour épargner à ses restes, comme il en manifesta souvent la crainte, d'être jetés à la voirie, et non par un retour à des sentiments chrétiens qu'il n'eut jamais. Et la phrase finale qu'on lui prête nous paraît bien invraisemblable. Mais si ce n'était qu'un jeu, où était l'urgence ? Bien que l'on ne nous dise pas en quelle Saxe cela se passait, nous n'avons point le choix, car Voltaire n'alla et ne séjourna qu'en Saxe-Gotha, où nous l'a-

---

[1]. L'abbé Barruel, *Mémoires pour servir à l'histoire du Jacobinisme* (Hambourg, 1803), t. III, p. vii. Lettre de M. Deluc sur la mort de Voltaire. — Ce Deluc doit être François Deluc, qui résida à Gottingue, l'auteur des *Observations sur les écrits de quelques savants incrédules* (Genève, 1762), où Voltaire est pris à partie.

vons vu accueillir à bras ouverts ; et ce n'est pas la princesse, d'ailleurs protestante, qui lui eût fait un devoir de cette pasquinade. Jean-André Dièze, duquel Deluc tenait l'anecdote, n'est pas, du reste, un personnage de pure invention ; c'est un écrivain qui ne fut pas sans mérite : il a laissé une *Histoire d'Espagne et de Portugal* et diverses traductions estimées de l'espagnol. Né à Leipzig, en 1729, il obtenait le diplôme de docteur en philosophie à cette université, en 1752, et y faisait ensuite des cours d'archéologie, d'histoire et de littérature, tant ancienne que moderne[1]. Il put donc rencontrer Voltaire, lorsque celui-ci, au sortir de Berlin, vint un instant s'abattre dans cette ville. Issu d'une famille riche, il se trouva d'abord à la tête d'un assez honnête patrimoine qu'il dissipa plus tard dans ses voyages à travers l'Allemagne[2] ; cela rendrait moins vraisemblable encore la situation qu'on lui attribue auprès de l'auteur de la *Henriade*, surtout si l'on songe que Collini ne se séparera de son maître qu'en 1756, époque où Dièze venait s'établir à Gottingue, à la suite d'un séjour plus ou moins long à Dresde. Voltaire ne parle de ce jeune homme en aucun endroit de sa correspondance. Nous nous sommes enquis auprès des successeurs de Dièze à la bibliothèque de Gottingue[3] ; mais l'on n'a rien trouvé qui pût faire penser qu'il eût été attaché un instant à l'ancien

---

1. Putter, *Gelehrten Geschitte Gœthingens.* I, p. 197.
2. Heeren, *Chris. Got. Heyne, biographisch dargestellt* (Gottingue, 1812), p. 84.
3. M. Hoeck, bibliothécaire en chef de la bibliothèque de Gottingue, dont l'empressement à nous satisfaire a droit à toute notre gratitude.

chambellan de Frédéric. Cette lettre de Deluc est-elle bien réelle, et ne serait-elle pas de l'invention pure de l'abbé Barruel? Nous avons eu occasion précédemment de nous convaincre combien peu il fallait se fier à cet écrivain passionné, et aussi combien peu lui coûtait de prêter à ses adversaires les actes les plus ridicules ou les plus odieux[1].

Le voisinage de Porentruy faisait quelque tort à Colmar dans l'esprit du poëte. Collini prétend qu'il prétexta le besoin des eaux pour dépister ses ennemis et échapper à l'espionnage qui l'entourait. Mais Voltaire, n'avait, à l'en croire, quitté Berlin que pour se rendre à Plombières; et c'était bien effectivement son intention quand un mot de son Esculape l'arrêta court. «Je m'en allais tout doucement à Plombières prendre les eaux, non par ordre du roi, mais par les ordonnances de Gervasi[2], qui est meilleur médecin que les plus grands rois; je reste quelque temps à Strasbourg. Je vise à l'hydropisie. Je n'en avais pas l'air; mais vous savez qu'il n'y a rien de plus sec qu'un hydropique. Gervasi a jugé que des eaux n'étaient pas trop bonnes contre des eaux, et il m'a condamné aux cloportes. J'ai été plus d'une fois dans ma vie condamné aux bêtes[3]. » Il fait allusion, quelque temps

---

1. Voir la seconde série de nos études, *Voltaire au château de Cirey*, p. 435 à 440.

2. Le même qui l'avait guéri de la petite vérole en novembre 1723; il paraîtrait qu'il était, en 1753, inspecteur des hôpitaux d'Alsace.

3. Voltaire, Œuvres complètes (Beuchot), t. LVI, p. 340, 341. Lettre de Voltaire à d'Argental; Strasbourg, le 10 août 1753. Date manifestement fausse, puisque Voltaire n'arriva dans cette ville que le 16.

après, à ce même traitement dans une lettre à la comtesse de Lutzelbourg : « Je dépeuple le pays des cloportes, auxquels on m'a condamné [1]. »

Voltaire s'est chargé lui-même de nous révéler l'unique cause de ce subit voyage dans les Vosges.

Il apprenait, au printemps suivant, que d'Argental songeait à aller demander aux eaux le rétablissement de sa santé délabrée, de concert avec sa femme qui y avait déjà fait, elle, une apparition, en 1748; et il leur écrivait aussitôt : « Il est bien certain que si vous venez à Plombières tous deux, je ne ferai aucune autre démarche que celle de venir vous y attendre [2]. » Madame Denis, déjà rentrée en grâce, mandait de son côté au poëte qu'elle pourrait bien aussi y aller : disons que c'était pour l'oncle et la nièce une occasion toute naturelle de se retrouver sans trop de gêne. Voltaire se faisait une fête de revoir ses deux anges après tant d'événements et de jours écoulés. « Je viendrai, mon cher ange, à Plombières, avec deux domestiques au plus, et je ne serai pas difficile à loger; peut-être même y serai-je avant vous, et, en tous cas, je vous demanderai vos ordres... Mon ange, Plombières est un vilain trou, le séjour est abominable, mais il sera pour moi le jardin d'Armide [3]. »

Il partait de Colmar, le 8 août, n'emmenant avec lui qu'un seul domestique et son copiste. Collini res-

---

1. Voltaire, OEuvres complètes (Beuchot), t. LVI, p. 352. Lettre de Voltaire à madame de Lutzelbourg; le 14 septembre 1753.
2. Ibid., t. LVI, p. 438. Lettre de Voltaire à d'Argental; Colmar, le 16 avril 1754.
3. Ibid., t. LVI, p. 456. Lettre de Voltaire au même; Colmar, 16 mai 1754.

tait pour surveiller l'impression des *Annales de l'Empire* dont son infatigable maître lui retournait, dès le lendemain, une feuille corrigée à Saint-Dié. Voltaire avait mesuré son temps de façon à faire une étape de trois semaines à l'abbaye de Senones, auprès de Dom Calmet. C'était là, si l'on s'en souvient, un projet conçu à Cirey, qu'il n'avait pas tenu à lui de réaliser plus tôt. Toutefois, ce n'était pas pour la simple joie d'être un des moines du bon abbé et d'avoir à sa disposition douze mille volumes précieux, qu'il ajournait d'autant à embrasser ses anges. Au moment du départ, il avait reçu une lettre de sa nièce qui lui mandait que Maupertuis et La Condamine étaient à Plombières, et qu'il ne fallait pas absolument qu'ils se rencontrassent[1]. En somme, comme toujours, il saura employer ce temps d'exil, et travaillera comme un bénédictin qu'il se trouve être d'aventure. Mais, ce qui est moins bénédictin, c'est qu'il est son maître et qu'il n'a pas là à redouter aucune de ces machinations que l'on ourdit contre lui à chaque instant à Paris et à Versailles. « Savez-vous bien que je ne suis pas en France, que Senones est terre d'Empire, et que je ne dépens que du pape pour le spirituel[2]? » Il s'occupe avec dom Mabillon, dom Martène, dom Thuillier, dom Ruinart, en attendant les ordres de ses divins anges. « Il y a dans ce désert sauvage une bibliothèque presque aussi complète que celle de Saint-Germain-des-Prés de Paris. Je parle

---

1. Voltaire, *OEuvres complètes* (Beuchot), t. LVI, p. 464, 465. Lettre de Voltaire à d'Argental; à Senones, le 12 juin 1754.

2. *Ibid.*, t. LVI, p. 467. Lettre de Voltaire à d'Argental; à Senones, le 16 juin 1754.

à un académicien; aussi il me permettra ces petits détails. Il saura donc que je me suis fait moine bénédictin pendant un mois entier. Vous souvenez-vous de M. le duc de Brancas qui s'était fait dévot au Bec? Je me suis fait savant à Senones, et j'ai vécu délicieusement au réfectoire [1]. »

Mais cette étape à Senones s'était ébruitée et avait naturellement donné lieu à plus d'une glose. « Son séjour à l'abbaye de Senones avec le célèbre dom Calmet avait fait débiter beaucoup de propos ridicules sur sa conversion, écrivait Darget au roi de Prusse, mais il a envoyé quelques articles très-bien faits pour l'*Encyclopédie* à M. d'Alembert et y a joint une lettre qui ne marque pas un homme subjugué par les préjugés [2]. » La nouvelle en alla jusqu'à Gotha, et Voltaire aura à donner des explications sur cette étrange démarche. « Il est vrai, répondait-il à la duchesse, que j'ai passé un mois chez les moines bénédictins; mais j'y ai cherché une belle bibliothèque dont j'avais besoin, et non pas vêpres et matines. Je voulais finir cette *Histoire universelle*, dont Votre Altesse sérénissime a un manuscrit, et c'est une assez bonne ruse de guerre d'aller chez ses ennemis se pourvoir d'artillerie contre eux [3]. » L'on en serait donc quitte pour la peur. « Comme on peut s'en assurer par les dates, Frédéric était encore plus vite désabusé que la

---

1. Voltaire, *Œuvres complètes* (Beuchot), t. LVI, p. 487. Lettre de Voltaire au duc de Richelieu; à Colmar, le 6 août 1754.
2. *Œuvres de Frédéric le Grand* (Berlin, Preuss), t. XX, p. 50. Lettre de Darget à Frédéric; Vincennes, 3 août 1754.
3. *Voltaire à Ferney* (Paris, Didier, 1860), p. 129, 130. Lettre de Voltaire à la duchesse de Saxe-Gotha; à Colmar, 24 octobre 1754.

princesse, car la lettre de Darget est du 3 août, tandis que celle du poëte à madame de Gotha n'est que du 24 octobre. Cependant, le 14 novembre, l'abbé de Prades écrivait à l'auteur de *Mérope*, sous la dictée de son maître, un billet qui se terminait par les lignes suivantes : « Le roi croyait que les conférences que vous avez eues avec dom Calmet à Senones vous avaient fait oublier la vieille affaire dont vous lui parlez encore [1], et que la grande dévotion dans laquelle vous aviez donné ne vous permettait plus que de penser à votre salut. M. de Maupertuis va à la messe, mais n'a point de crucifix pendu à sa ceinture, et sa dévotion ne fait pas de bruit dans le monde [2]. » Évidemment le roi de Prusse savait à quoi s'en tenir sur le séjour à Senones, et il feint une ignorance qu'il n'a pas. La dernière phrase est toutefois étrange et semble faire allusion à quelque circonstance sur laquelle il a des informations précises. En effet, il y a quelque chose de vrai dans cette horrible accusation, et Voltaire en fait l'aveu, bien que le corps du délit ait changé de place. « Le roi de Prusse, écrivait-il à M. Dupont, vient de me reprocher le crucifix que j'avais dans ma chambre ; comment l'a-t-il su ? J'ai prié madame Goll de le faire encaisser et de l'envoyer au roi de Prusse pour ses étrennes [3]. » Comment Voltaire avait-il un crucifix,

---

1. Voltaire, dans toutes ses lettres, ne manquait pas de rappeler l'affaire de Francfort et de réclamer pour sa nièce et pour lui de légitimes réparations.

2. *OEuvres de Frédéric le Grand* (Berlin, Preuss), t. XXIII, p. 6. Lettre de l'abbé de Prades à Voltaire ; 14 novembre 1754.

3. Voltaire, *OEuvres complètes* (Beuchot), t. LVI, p. 544. Lettre de Voltaire à M. Dupont ; Lyon, 6 décembre 1754.

même dans sa chambre? Nous voudrions pouvoir en laisser le mérite à sa dévotion; mais il était logé dans un appartement garni, et il est à penser que ce christ faisait partie du mobilier de madame Goll. Le plus curieux de tout cela, c'est cette espèce de police exercée par Frédéric à l'égard de son ancien chambellan, ce besoin de savoir ses moindres actes, ses plus insignifiantes démarches, tous symptômes décelant un esprit, nous nous garderons bien de dire un cœur, peu détaché et qui n'a pu combler le vide laissé par sa retraite.

La distance qui séparait Voltaire de ses anges n'était que de quinze lieues, ce qui n'empêchait pas que les lettres ne s'égarassent. Ainsi il écrit chaque jour, l'on est avec lui aussi ponctuel, et des missives datées des 9 et 16 ne lui parviendront que le 24 juin [1]. Mais enfin les anges ont parlé, il va partir: « J'arriverai peut-être avant ma lettre, peut-être après; mais il est très-sûr que j'arriverai, tout malingre que je suis. Ma santé est au bout de vos ailes [2]. » Il ne prendra pourtant congé de dom Calmet et de ses moines que le 2 juillet au plus tôt.

Voltaire trouvait à Plombières non-seulement madame Denis, mais madame de Fontaine, son autre nièce; il y trouvait le ménage d'Argental, et il comptait bien ne pas se laisser pénétrer ni envahir, en dépit des coquetteries et des caresses des baigneurs.

---

1. Il faisait adresser ses paquets à dom Pelletier, curé de Senones.

2. Voltaire, *Œuvres complètes* (Beuchot), t. LVI, p. 470. Lettre de Voltaire à d'Argental; Senones, le 27 juin 1754.

Mais il eut beau faire, il fallut bien répondre aux politesses dont on l'assaillit. Ce séjour de Voltaire à Plombières fit événement et eut ses chroniqueurs. Maupertuis, ce nous semble, avait déjà quitté les eaux, emmenant avec lui le chevalier de Cogollin, auquel il avait offert de le présenter à Frédéric et qui ne tardait pas à dépêcher à leur compagnon de bains, La Condamine, une relation de son itinéraire en vers et en prose (6 juillet)[1]. Quant à ce dernier, il était resté à Plombières, comme nous l'apprend sa lettre à Piron, du 14 du même mois, où il est question de l'auteur de *Mérope*, qu'il se dispensa d'aller voir[2]: « Voltaire a écrit au roi de Prusse lettre sur lettre pour tâcher d'en tirer une réponse qu'il puisse montrer. C'est à quoi il n'est pas encore parvenu[3]. » Il va sans dire que La Condamine tenait le fait de Maupertuis. Si Voltaire s'efforçait de faire croire à une réconciliation avec le Salomon du Nord, l'auteur de l'*Essai de Cosmologie*, de son côté, remuait des pieds et des mains pour empêcher tout rapprochement. Cette petite comédie n'échappait pas à la maligne et sceptique majesté, qui devait être heureuse de cette double occasion de se dérider, ce qui, de son aveu, ne lui arrivait plus guère. « Vous rirez, malgré votre hypocondrie, mande-t-il

---

1. *L'Année littéraire*, 1754, t. IV, p. 286, 287, 288 ; 28 juillet. Voltaire écrivait à la duchesse de Gotha, le 30 juillet : « On m'a envoyé de Berlin une relation, moitié vers et moitié prose, du voyage de Maupertuis et d'un nommé Cogollin, ce n'est pas un chef-d'œuvre. » *Voltaire à Ferney* (Paris, Didier, 1860), p. 125, 126.

2. Matter, *Lettres, pièces rares ou inédites* (1846). Lettre de La Condamine à Formey ; à Étouilli, 28 septembre 1759.

3. Laverdet, *Catalogue d'autographes* du 24 avril 1862, p. 80, n° 660. Lettre de La Condamine à Piron ; 14 juillet 1754.

à Darget un peu auparavant, en apprenant qu'au même jour je reçois des lettres de Maupertuis et de Voltaire, remplies d'injures qu'ils se disent. Ils me prennent pour un égout dans lequel ils font écouler leurs immondices. J'ai fait faire une réponse laconique au poëte, et je me suis contenté de faire souvenir le géomètre que son esprit sortait du centre de gravité au nom du poëte [1]. »

Nous sommes naturellement amené à entrer dans quelques détails sur cette réconciliation du poëte et du souverain, aussi étrange qu'avait été leur rupture, et qui tout d'abord ne plaide pas en faveur de la fierté et de la dignité de celui-ci. Certes, après les avanies de Francfort, le beau rôle n'est pas au Salomon du Nord. Cette répulsion, qu'inspirent l'injustice, la violence du fort contre le faible, devait profiter à l'opprimé qui, d'ailleurs, s'y était pris de façon à édifier toute l'Europe sur cet attentat contre le droit des gens que rien ne saurait pallier. Quelle devait être son attitude ? Mais y avait-il deux routes à suivre ? Son ennemi était une tête couronnée ; la colère cédait forcément au respect, et l'intimité seule pouvait être initiée aux ressentiments que l'on nourrissait au fond du cœur. L'opinion, le sentiment public lui tenaient compte de cette réserve ; et, encore une fois, Voltaire ne pouvait que gagner à un silence qui avait, en outre, le mérite de ne fournir aucun prétexte aux persécutions par voies diplomatiques. Mais c'est, précisément, la connaissance qu'il avait du caractère de Frédéric qui lui fit

---

[1]. *OEuvres de Frédéric le Grand* (Berlin, Preuss), t. XX, p. 47. Lettre de Frédéric à Darget ; le 13 mai 1754.

désirer, non pas une franche réconciliation qui n'était guère possible, du moins la cessation d'hostilités dont il ne pouvait sortir que battu. Il mourait d'envie de rentrer en France, de voir finir cette vie d'exilé, triste à tous les âges, mais plus dure, plus cruelle en raison du nombre croissant des années. Et il savait qu'un mot un peu pressant de l'ambassadeur de Prusse suffirait pour empêcher son retour. Lord Maréchal n'avait-il pas dit à madame Denis dans une curieuse épître que nous n'avons pas oubliée : « Il n'y a que la France qui lui convienne : et vous sentez bien, s'il lâchait des discours et des épigrammes offensantes envers le roi mon maître, un mot qu'il m'ordonnerait de dire à la cour de France suffirait pour empêcher M. de Voltaire de revenir, et il s'en repentirait quand il serait trop tard[1] ? »

C'était l'épée de Damoclès suspendue sur la tête du poëte, une menace incessante, qui troublait son sommeil et devait inexorablement lui inspirer l'idée au moins d'apaiser son terrible adversaire. Les premiers indices de tentatives de rapprochement se trouvent dans une lettre de Voltaire à la duchesse de Gotha, qui lui avait offert ses bons offices. C'est M. de Gotter, grand maréchal de la maison du roi, qui est chargé de la négociation[2]. Mais l'auteur du *Siècle de Louis XIV* pense avec raison que, si quelqu'un était capable de la mener à bien, c'était la margrave de Bayreuth, à

---

1. Varnhagen von Ense, *Denkwurdigkeiten und Vermischte Schriften* (Leipzig, 1859), t. VIII, p. 213. Lettre de milord Maréchal à madame Denis.
2. *Voltaire à Ferney* (Paris, Didier, 1860), p. 97. Lettre de Voltaire à la duchesse de Saxe-Gotha ; à Strasbourg, 22 septembre 1753.

laquelle il s'empressa d'écrire une belle lettre où il s'étudiait plus à être souple, conciliant que sincère. Pas de récriminations aigres, pas de fierté intempestive : l'on a eu tort et grand tort, et c'est le roi qui a eu raison. Mais encore ces rigueurs, cette prison de Francfort, quel crime les lui avait attirées? était-ce une affaire d'État? Non. C'était une puérilité de littérature, une querelle d'algèbre; c'était un minimum! un minimum, pas autre chose, qui lui avait valu cette ignominieuse et cruelle détention. Il en appelait au passé, à trois années de constante assiduité, d'un dévouement absolu, durant lesquelles il n'avait vécu que pour le roi et qui ne pouvaient être oubliées. « Le roi votre frère aime la véritable gloire, disait-il en finissant, et il la mérite; il vous aime, il doit vous croire; madame, il s'agit de signaler la grandeur de votre âme et de toucher la sienne. Faites tout ce qui vous plaira, je me mets entièrement entre vos mains respectables [1]. »

Son épître au comte de Gotter est d'un tout autre genre. Elle est grotesque. Évidemment elle sera lue à Berlin, et l'on pense que le meilleur moyen de fléchir, c'est de dérider son monde. Mais si cela est spirituel, ce n'est pas d'un goût attique, bien que l'on fasse passer la scène à Athènes entre une courtisane édentée (qui est Voltaire), Alcibiade-Frédéric, et un sophiste, « plus dur qu'un Scythe, homme à idées creuses, » qui n'est autre que Maupertuis [2]. C'était sans

---

1. *Revue française* (1ᵉʳ novembre 1865), t. XII, p. 347, 348. Lettre de Voltaire à la margrave de Bayreuth; sans date.
2. Formey, *Souvenirs d'un citoyen* (Berlin, 1789), t. II, p. 54, 55; également sans date.

doute beaucoup de peines et de soumissions pour n'obtenir que de n'être point persécuté, car il ne peut avoir aucune visée de reprendre ses chaînes à Potsdam. « On me lapiderait en France si je retournais à sa cour[1]. » Cependant il voudra que Frédéric le croie ; et nous allons voir ce dernier s'expliquer sur des démarches du poëte non-seulement pour être reçu à merci, mais encore pour préparer son retour à Berlin. En somme, toute rancune tenante, le Salomon du Nord s'occupe fort des agissements de l'Apollon de la France, non qu'il les redoute, mais, répétons-le, parce que le départ de celui-ci a fait trou dans sa vie. C'est fini de rire pour l'étrange grand homme ; la désertion, si elle n'est pas complète, est notable déjà, et ce qui survit des concertistes est plus ou moins éclopé.

La goutte est un grand mal, mon cher Darget, mais l'hypocondrie est le pire de tous... Vous m'avez fait grand plaisir de me donner des nouvelles de Paris et de celles du poëte ; son caractère me console des regrets que j'ai de son esprit. Cet hiver a été épouvantable ; vous avez fort bien deviné que je resterais enfermé dans ma chambre, où, à dire le vrai, je suis plus solitaire que je voudrais. Notre société s'en est allée au diable ; le fou est en Suisse, l'italien (Algarotti) a fait un trou à la lune, Maupertuis est sur le grabat, et d'Argens s'est blessé le petit doigt, ce qui lui fait porter le

---

1. *Voltaire à Ferney* (Paris, Didier, 1860), p. 100. Lettre de Voltaire à la duchesse de Saxe-Gotha; à Strasbourg, 27 septembre 1753. Il s'en défendra énergiquement dans une autre lettre adressée à la même princesse, le 30 juillet 1754 : « Ce que votre Altesse Sérénissime me dit d'une certaine personne qui se sert du mot *rappeler* ne me convient guère ; ce n'est qu'auprès de vous, Madame, que je peux jamais être appelé par mon cœur... » *Lives of men of Letters and science who flourished in the time of George III*, by Henry Lord Brougham (London, 1845), t. 1er, p. 137.

bras en écharpe, comme s'il avait été blessé à Philippsbourg d'un coup de canon[1].

Quels que soient ses ressentiments, ce diable d'homme ne lui sort pas de l'idée et ne saurait être effacé dans son esprit. Il faut qu'il parle de lui, et ses correspondants lui feront leur cour en l'édifiant sur ses faits et gestes. « Donnez-moi des nouvelles de Voltaire, lorsque vous en aurez, de quelque espèce qu'elles soient, » écrit-il à Darget, en mars 1754[2]. Et, une semaine après, il lui mandait cette énormité, qui dut faire sourire un courtisan au fait de l'humeur de son ancien maître : « Croiriez-vous bien que Voltaire, après tous les tours qu'il m'a joués, a fait des démarches pour revenir? mais le ciel m'en préserve ! il n'est bon qu'à lire et dangereux à fréquenter[3]. » La réponse de Darget, toute réservée qu'elle est, ne laisse pas d'avoir sa portée. « Je ne suis point surpris des démarches de M. de Voltaire pour retourner auprès de V. M., il a l'esprit trop beau pour ne l'avoir pas raisonnable une fois en sa vie. Mais votre répugnance, Sire, est également fondée, puisqu'il a eu le malheur de vous manquer essentiellement. Ce que V. M. a bien voulu m'écrire là-dessus m'a fait d'autant plus de

---

[1]. *OEuvres de Frédéric le Grand* (Berlin, Preuss), t. XX, p. 43. Lettre de Frédéric à Darget; 25 février 1754. Cette date est inévitablement erronée. « Le fou est en Suisse » ne peut s'appliquer qu'à Voltaire, qui, à cette date, était à Colmar. Il y a là anticipation de quelques mois; mais peu importe au fond des choses.

[2]. *Ibid.*, t. XX, p. 44. Lettre de Frédéric à Darget; Potsdam, 22 mars 1754.

[3]. *Ibid.*, t, XX, p. 45. Du même au même; Potsdam, 1er avril 1754.

plaisir, que l'on avait débité ici qu'elle avait marqué quelque envie de le revoir. Je sais même que le président en avait été fort effrayé [1]. » Voltaire avait envoyé au prince l'abrégé de l'*Histoire universelle*, et il était naturel qu'il en fût remercié. L'épître de Frédéric, qui précède d'une quinzaine de jours son dernier billet à Darget, est remarquable : si l'on énumère les griefs, c'est, au fond, moins pour récriminer que pour motiver les rigueurs. Le ton, comme on va voir, en est du reste plein de mesure, de mansuétude, avec une nuance même de bienveillance que nous voulons croire sincère.

Vous devez vous rappeler que lorsque vous vîntes prendre congé de moi à Potsdam, je vous assurai que je voulais bien oublier tout ce qui s'était passé, pourvu que vous me donnassiez votre parole que vous ne feriez plus rien contre Maupertuis. Si vous m'aviez tenu ce que vous me promîtes alors, je vous aurais vu revenir avec plaisir; vous auriez passé vos jours tranquillement auprès de moi, et en cessant de vous inquiéter vous-même vous auriez été heureux. Mais votre séjour à Leipzig retraça dans ma mémoire les traits que j'avais bien voulu en effacer; je trouvai mauvais que, malgré la parole que vous m'en aviez donnée, vous ne cessiez pas d'écrire contre Maupertuis, et que, non content de cela, malgré la protection que j'accorde et que je dois accorder à mon académie, vous voulussiez la couvrir du même ridicule que vous vous efforciez de jeter depuis si longtemps sur le président. Voilà les griefs que j'ai contre vous; car, quant à votre personne, je n'en ai aucun. Je désapprouverai toujours tout ce que vous ferez contre Maupertuis; mais je n'en reconnaîtrai pas moins votre mérite littéraire. J'admirerai vos talents comme je les ai toujours admirés. Vous honorez

---

1. *OEuvres de Frédéric le Grand* (Berlin, Preuss), t. XX, p. 45, 46. Lettre de Darget à Frédéric; Vincennes, 27 avril 1754.

trop l'humanité par votre génie, pour que je ne m'intéresse pas à votre sort [1].

Les amis du roi songèrent à combler le vide causé par le départ de Voltaire. M. de Gotter, lui-même, parla d'un Français, capitaine au régiment de Briqueville, comme d'un esprit prodigieux, et insista tellement sur ses rares mérites que Frédéric finit par se laisser persuader, et fit demander le chevalier Masson à Louis XV. Il lui fut accordé de bonne grâce, et, bientôt après, celui qui devait faire oublier l'auteur de la *Henriade*, admis dans l'intimité et à la table du prince, était à même de justifier la bonne opinion qu'on avait conçue de lui. Le chevalier, qui avait incontestablement de l'esprit, des connaissances, de l'originalité, n'était pas de force à soutenir le parallèle; plus on attendait de lui, moins on lui pardonna un mécompte qu'il n'était pourtant que trop aisé de prévoir. Il joua aussi de malheur; il n'était pas homme de cour, il commit des maladresses, des inconvenances, et se perdit irrémissiblement auprès du roi qui ne le fit plus appeler. Au moins était-ce un véritable philosophe, et endura-t-il sa disgrâce avec simplicité et noblesse. Il ne vit personne, se renferma avec ses livres dans une solitude si absolue que le bruit des événements les plus importants se perdait à sa porte. Après lui avoir fait vingt ans une pension de quatre mille francs que l'on s'était engagé à lui servir, un beau jour Frédéric lui fit dire, sans autre compliment, qu'il rayait son

---

1. *OEuvres de Frédéric le Grand* (Berlin, Preuss), t. XXIII, p. 3, 4. Lettre de Frédéric à Voltaire; Potsdam, 16 mars 1754. Tirée des archives du Cabinet de Berlin.

nom des états, et qu'il le laissait libre d'aller où il voudrait. « Je sais bien, dit le chevalier, que je suis absolument inutile au roi, mais ce n'est pas moi qui ai demandé à lui être attaché ; c'est lui qui m'a sollicité : il ne m'a donné que l'équivalent de ce que j'avais en France ; en me renvoyant comme il le fait, me donne-t-il seulement la pension de retraite que j'aurais eue chez moi ? Il ne me donne rien ; et je puis dire, sous tous ces rapports, qu'il commet une injustice manifeste, quelque inutile que je lui aie été [1]. » Cela était incontestable, mais aurait eu peu de poids auprès de l'étrange philosophe de Sans-Souci, si le pauvre homme eût eu l'ingénuité de faire valoir ses raisons.

---

1. Dieudonné Theibaud, *Souvenirs de vingt ans de séjour à Berlin* (Didot, 1860), t. II, p. 428 à 435. — Formey, *Souvenirs d'un citoyen* (Berlin, 1789), t. II, p. 55 à 60, 65 à 67, 74.

II

LES EAUX DE PLOMBIÈRES. — VOLTAIRE A LYON. —
PRANGINS. — ACQUISITION DES DÉLICES.

Rejoignons le poëte que nous avons laissé avec ses deux nièces et ses anges, et qui allait avoir à se défendre des avances de ce public des eaux, pour lequel son apparition devait être un hasard sans prix. Il ne se fit voir qu'une seule fois à la fontaine, et, malgré toutes les sollicitations de la bonne compagnie, on ne put le sortir de cet intérieur muré. Parmi les aimables et spirituels buveurs d'eau, figurait un jeune magistrat du parlement de Dijon, le président de Ruffey, alors plein de gaîté, d'entrain, même de feu poétique, et qui s'efforça, autant qu'il était en lui, de faire oublier à tout ce monde la tristesse et le peu d'agrément du lieu. Il a laissé une *Histoire lyrique des eaux de Plombières pour l'année* 1754, qui est la chronique des grands et petits incidents de cette saison exceptionnelle. « La présence de Voltaire, nous dit-il, qui, malgré les maux dont il est accablé, conserve dans un corps infirme toute la vivacité d'esprit qui a fait briller sa jeunesse, a répandu dans l'air de cette bourgade une influence poétique qui a fait naître un grand nombre de vers et de chansons¹.» Le vrai, c'est que le folâtre président se montra intarissable, et qu'il ne tint pas à lui que Voltaire ne prît quelque ombrage de tant de verve et de petits vers. L'on a même voulu voir une teinte d'humeur dans cette lettre du poëte à d'Argental, à la date du 26 juillet, où il lui dit au sujet de Ruffey : « J'ignore si ce billet vous trouvera à Plombières. Il n'y a que le président qui puisse y faire des vers². » Mais si Ruffey supplée au mutisme intentionné de l'auteur de *Zaïre*, ce dernier, en revanche, allant sur les brisées du jeune magistrat bourguignon, recevra des plaignants à sa barre et, à la requête et sollicitation des parties, prononcera ses arrêts. Un grand procès avait lieu entre la marquise de Belestat et le comte de Lorge, qui s'accusaient réciproquement de s'être volé au jeu deux contrats, ce qui pouvait monter au chiffre énorme de douze francs. Il y avait eu des assignations, des requêtes présentées au juge

---

1. Nous avons fait rechercher à Dijon des copies de ce petit livret dont M. J. Lamoureux, l'auteur de l'article Ruffey dans la *Biographie universelle*, première édition (t. LXXX, suppl. p 134, 135), possédait le manuscrit autographe, un in-fol. de 28 pages. M. Guignard, conservateur de la bibliothèque de la ville, a bien voulu s'enquérir pour nous auprès de M. le comte de Vesvrottes, petit-fils du président, et de MM. Foisset et Beaudot, mais sans succès. Il ne subsiste d'autres traces de cet opuscule que le procès-verbal de la lecture par l'auteur de cette *Histoire lyrique des eaux de Plombières*, à l'assemblée du 16 août 1765. Académie de Dijon. *Journal*, 1765-1767. Mss., in-f°, fol. 58 v°.

2. Voltaire, *Œuvres complètes* (Beuchot), t. LVI, p. 482. Lettre de Voltaire à d'Argental; Colmar, le 26 juillet 1754. M. Clogenson pense que ce président doit être le président Hénault. La lettre de Voltaire, du 15 octobre, eût dû l'avertir qu'il faisait fausse route. « Et quand le président de Ruffei devrait encore m'assassiner de ses vers, je risquerai le voyage... »

de Plombières. Après un long débat, des pourparlers sans fin, Voltaire fut choisi pour arbitre, et voici la sentence qu'il écrivit au-dessous du mémoire de madame de Belestat.

> Vous vous plaignez à tort, on ne vous a rien pris :
> C'est vous qui ravissez des biens d'un plus haut prix ;
> Qui sur nos libertés ne cessez d'entreprendre.
> Votre cœur attaqué sait trop bien se défendre ;
> Et la mère des Jeux, des Grâces et des Ris
>   Vous condamne à le laisser prendre [1].

Après une halte d'une quinzaine, Voltaire prenait congé de ses anges, qu'il laissait à Plombières, et regagnait l'Alsace avec madame Denis. « Cette nièce qui me fit partir de Gotha, et qui fit ce malheureux voyage de Francfort, vient encore avec moi tâter de l'Allemagne, mais c'est de l'Allemagne française. Elle m'a accompagné aux eaux, elle m'accompagne à Colmar [2]. » Le poëte passa ces trois mois dans un calme relatif, gémissant, travaillant, s'enquérant, indécis sur le parti auquel il s'arrêterait, mais ne considérant son installation en Alsace que comme des plus transitoires. Où aller? c'était la question qu'il se posait depuis son entrée en France, et la solution du problème était encore à trouver. Il savait au moins que Paris lui était interdit ; il savait en outre qu'au plus

---

1. Clément, *Les cinq années littéraires ou Nouvelles littéraires des années 1748-1752* (La Haye, 1754), t. IV, p. 290, 291, 292. P. S. du 8 septembre 1754.

2. Voltaire, *Lettres inédites* (Paris, Didier, 1857), t. I, p. 471. Lettre de Voltaire à la duchesse de Saxe-Gotha; à Plombières, 17 juillet 1754.

léger prétexte l'on était très-résolu à ne point lui laisser de relâche, et les petites chiffonneries que lui avait attirées la publication de Jean Néaulme étaient bien de nature à le refroidir sur sa première idée d'un établissement en France [1]. Moins sans doute à cause, comme il le dit, de son climat rigoureux, que de certains dégoûts qu'il ne voulait pas avouer, Voltaire, dès étant à Berlin, avait fait aux avoyers de Berne des avances qui durent les surprendre et dont on ne s'explique le motif que par la prévision de certaines éventualités [2]. Messieurs du Conseil répondirent à ses politesses de la façon la plus encourageante par la plume de leur chancelier. L'auteur de *Zaïre* convient, du reste, qu'il avait eu, précisément à cette époque, le dessein de se retirer à Lausanne, dont les habitants relevaient du canton de Berne [3]. Tout cela était alors fort en l'air, et cette lettre aux avoyers n'avait peut-être été dictée que par un ressentiment passager et bientôt oublié. Sans doute en avait-il été de même d'un projet plus récent de porter ses dieux lares en Pensylvanie, qui, sur les récits que l'on en entendait faire, devait être la terre promise des philosophes [4]. Mais les

---

1. Cependant une acquisition était presque décidée, car il mandait à madame de Fontaine, le 22 août, neuf jours après les premiers ordres donnés à M. de Brenles : « Ne faites nul usage, je vous en prie, du papier que vous savez : nous avons quelque chose en vue, madame Denis et moi, du côté de Lyon. »
2. Voltaire, *OEuvres complètes* (Beuchot), t. LVI, p. 213, 214. A leurs excellences MM. les Avoyers de Berne; au château de Potsdam, 5 novembre 1752.
3. *Ibid.*, t. LVI, p. 399. Lettre de Voltaire à M. de Brenles; Colmar, 12 février 1754.
4. *L'Évangile du Jour*, t. X, p. 107. Lettre de Thieriot à Deville.

circonstances allaient donner un corps à ces nuages ; et le proscrit, qui avait déjà des amis dans Lausanne, écrivait à M. de Brenles, l'un d'eux, qu'ayant appris qu'il y avait une assez belle terre à vendre dans son voisinage, il le priait de le renseigner avec le dernier scrupule sur les conditions qui seraient faites à un acquéreur étranger. Un plus ample informé ne faisait que l'encourager dans ces projets. La situation, qui lui avait été vantée de plus d'un côté, lui agréait : le vieux château d'Allaman, sur la route de Prangins à Lausanne, au bord du lac Léman, entre Rolle et Morges, ne convenait pas moins à sa nièce qu'à lui. « Je me suis fait une idée du territoire de Lausanne comme de celui de l'Attique... Je vous supplie, monsieur, en attendant que cet établissement puisse s'arranger, de vouloir bien me mander si un catholique peut posséder chez vous des biens-fonds ; s'il peut jouir du droit de bourgeoisie à Lausanne ; s'il peut tester en faveur de ses parents demeurant à Paris ; et, en cas que vos lois ne permettent pas ces dispositions, quels remèdes elles permettent qu'on y apporte [1]. »

Il en était là de ses projets, quand, un beau jour (le 23 octobre), un gentilhomme vient lui dire qu'il était attendu à souper à la *Montagne Noire*, « un cabaret borgne de la ville, » par madame la margrave de Bayreuth. Il y va en se frottant les yeux, se croyant le jouet d'un rêve, et il ne se rendait à l'évidence que devant les politesses des deux Altesses, car le margrave

---

[1]. Voltaire, *OEuvres complètes* (Beuchot), t. LVI, p. 520, 521. Lettre de Voltaire à M. de Brenles ; Colmar, 18 octobre 1754.

accompagnait sa femme. « Je vous avoue, écrit le poëte enchanté à madame de Lutzelbourg, que je ne m'attendais pas de passer huit heures de suite avec la sœur du roi de Prusse à Colmar. Elle m'a accablé de bontés et m'a fait un très-beau présent. Elle a absolument voulu voir ma nièce. Enfin elle n'a été occupée qu'à réparer le mal qu'on a fait au nom de son frère. Concluons que les femmes valent mieux que les hommes[1]. » Il l'écrit à Moncrif[2], il l'écrit à Richelieu[3] : toute la terre le saura. Cette démarche, en effet, bien que ce ne pût être dans la pensée de l'aimable princesse, semblait sinon un blâme des rigueurs dont l'auteur de *Mérope* avait été l'objet, du moins un témoignage éclatant d'affection et d'intérêt, en un moment où le renouvellement en était particulièrement précieux. Mais, à entendre le poëte, l'on fit plus que garder la neutralité. « Il n'y a sorte de bontés dont ils ne m'accablent ; ils veulent me mener sur les bords du Rhône, où ils vont passer l'hiver. Je crois qu'ils s'arrêteront quelques mois à Avignon... Madame la margrave de Bayreuth a voulu absolument voir ma nièce. Oui, madame, lui ai-je dit, elle aura hardiment l'honneur de se présenter devant vous, quoique vous soyez la sœur du roi de Prusse. Tout s'est passé le

---

1. Voltaire, *OEuvres complètes* (Beuchot), t. LVI, p. 523. Lettre de Voltaire à la comtesse de Lutzelbourg ; Colmar, le 23 octobre 1754.

2. Voltaire, *Lettres inédites* (Paris, Didier, 1857), t. I, p. 241, 242. Lettre de Voltaire à Moncrif ; Colmar, 24 avril (octobre) 1754.

3. Voltaire, *OEuvres complètes* (Beuchot), t. LVI, p. 524. Lettre de Voltaire à Richelieu ; Colmar, 27 octobre 1754.

mieux du monde ; la sœur a fait ce que le frère aurait dû faire : elle a excusé comme elle a pu, et avec une bonté infinie, l'aventure de Francfort. Enfin, madame, qui sait mieux que Votre Altesse Sérénissime que votre sexe est fait pour réparer les torts du nôtre [1] ? » Mêmes détails, même affirmation catégorique du désaveu et de la désapprobation de la sœur du coupable, dans une lettre à d'Argental [2]. Les choses se passèrent-elles tout à fait de la sorte, et les excuses furent-elles aussi complètes? C'est ce que nous ne saurions assurer. Il fallut bien, d'autre part, raconter à ce terrible frère une audience qu'il ne devait pas avoir pour agréable ; et il est à supposer, d'après une lettre de Frédéric à la margrave, que cette dernière, pour l'apaiser, fit un récit grotesque de l'entrevue où Voltaire était un peu sacrifié. « Je ne m'étonne pas de la scène que vous a donnée Voltaire ; je le reconnais à son introduction et à l'acte qu'il a joué [3]... » Nous avons vu déjà l'adroite princesse tourner les écueils par ces petites concessions, un peu cruelles pour l'ami qui en est la victime, s'il eût écouté aux portes. Mais ce qu'il faut dire, et ce qui démontre l'irrésistible attrait qu'il exerçait sur la spirituelle margrave, c'est qu'elle ne devait pas se contenter d'une première entrevue, et que, les circon-

---

1. *Voltaire à Ferney* (Paris, Didier, 1860), p. 129. Lettre de Voltaire à la duchesse de Saxe-Gotha; à Colmar, 24 octobre 1754.

2. Voltaire, *OEuvres complètes* (Beuchot), t. LVI, p. 525, 526. Lettre de Voltaire à d'Argental; Colmar, 29 octobre 1754.

3. *OEuvres de Frédéric le Grand* (Berlin, Preuss), t. XXVII, p. 251. Lettre de Frédéric à la margrave de Bayreuth; ce 21 novembre 1754. Date manifestement erronée.

stances aidant, elle ne laissera pas échapper l'occasion de reprendre, à Lyon, la conversation où on l'avait quittée à Colmar.

Les amis de Voltaire, depuis son départ pour Berlin, croyant à un établissement définitif, le considéraient comme mort pour eux. Quoique les événements eussent rompu ses liens, ceux-ci n'en étaient guère plus avancés, et le poëte demeurait, en somme, presque aussi éloigné d'eux. Le voyage à Plombières avait été une occasion de se retrouver, de s'embrasser, dont d'Argental avait seul profité. Sans avoir cet attachement chevaleresque sur lequel la mauvaise fortune ne peut rien, Richelieu, en dépit de sa nature si monstrueusement vaine et personnelle, ressentait pour Voltaire une véritable amitié, qui avait sans doute ses inégalités, qui ne fût pas allée jusqu'à l'abnégation et le sacrifice, mais qui pourtant (et cela est significatif dans un tel personnage) ne refusait pas ses bons offices à l'occasion, soit auprès de madame de Pompadour, soit à la Comédie française, où l'auteur de *Zaïre* avait bon besoin d'être protégé contre l'ingratitude d'acteurs arrogants et routiniers. Ces deux hommes, si différents et par la naissance et par le rang, avaient l'un pour l'autre des côtés attractifs qui les faisaient se rechercher, tout en médisant l'un de l'autre, sans trop de scrupule. Et, si leur liaison avait été traversée par plus d'un nuage, les moments d'aigreurs avaient été fugitifs et bien vite oubliés, et le charme avait toujours triomphé de l'humeur ou de l'amertume. Le secret de ce penchant irrésistible eût-il résidé dans certains rapports, certaines affinités, que constate d'une façon assez spécieuse un des observateurs les plus sagaces du dernier siècle?

Il y avait, nous dit Senac de Meilhan, dans les gestes et le ton de la voix, les plus grands rapports entre Voltaire et le maréchal de Richelieu, et ils étaient si frappants, qu'on ne peut se refuser à croire qu'ils s'étaient réciproquement imités. Le poëte avait sans doute copié les manières de l'homme qui avait le plus d'éclat et de succès dans le monde, et l'homme de la cour avait saisi quelques gestes expressifs d'un auteur célèbre qui réunissait les grâces de l'esprit et le ton du monde aux plus grands talents. On chercherait en vain, dans tous les siècles, un homme de lettres qui ait joint au savoir et aux talents une connaissance aussi approfondie du monde, qu'il devait à son génie et à sa fortune, qui l'avait mis à portée d'être reçu dans sa jeunesse dans les plus grandes sociétés [1]...

Quoi qu'il en soit, Richelieu, tout autant que Voltaire, tenait à la continuité d'une amitié où les avantages étaient réciproques; et, sachant celui-ci à Colmar, il avait fait tout ce qu'il avait pu pour le décider à venir le trouver aux États de Languedoc. Le poëte objecta la maladie, l'état dolent de madame Denis; et il fut arrêté, en dernier ressort, qu'ils se verraient à Lyon, *en bonne fortune* [2]. « Malgré ce que je vous ai

---

1. Senac de Meilhan, *le Gouvernement, les Mœurs et les Conditions en France avant la Révolution* (Poulet-Malassis), p. 292, 293. Voltaire affirme, de son côté, cette ressemblance d'une étrange façon. « Je me mêle aussi d'avoir une dartre. On dit que j'ai l'honneur de posséder une voix aussi belle que la vôtre; si j'ai, avec cela, un érysipèle au visage, me voilà votre petite copie en laid. » *OEuvres complètes* (Beuchot), t. LVI, p. 614, 615. Lettre de Voltaire à Richelieu; aux Délices, 2 avril 1755.

2. S'il faut en croire d'Argenson, Voltaire n'aurait pas eu le choix d'aller ou de ne pas aller rejoindre son héros aux États. « 30 no-

écrit, monseigneur, malgré l'état où je suis, malgré la mauvaise santé de ma nièce, nous partons... Madame Denis prétend que vous nous ferez tous deux enterrer en arrivant[1]. » Ils quittaient, en effet, Colmar, après un séjour de treize mois, le 11 novembre, avec Collini, une femme de chambre et un domestique. Mais il s'en était fallu de peu que le Florentin ne fût pas du voyage, comme il le raconte avec une acrimonie, une passion, un besoin de médire, que nous aurons à signaler en plus d'une rencontre, jusqu'au moment où il se séparera définitivement de son maître.

On allait partir de la ville, et les chevaux étaient prêts; la berline parut trop chargée au philosophe, et il ordonna sur-le-champ qu'on détachât tout, et qu'on n'y laissât que sa malle et que celle de sa nièce. Je ne portais avec moi qu'un petit porte-manteau où j'avais une douzaine de chemises et quelques hardes nécessaires. Il me fit dire de tout vendre. La proposition était d'un fou, et j'allai lui dire poliment que ses extravagances étaient insoutenables, que je lui demandais mon congé, et que je le priais d'arranger mon compte. « Je suis fâché, dit-il, que vous vouliez me quitter; et par rapport à notre compte, je vous dois 19 livres : tenez; et il met un louis d'or dans ma main, de la même façon que l'on ferait présent de dix mille pistoles, dont on veut paraître honteux. Monsieur, lui dis-je en regardant ce qu'il me donnait, je m'en vais vous faire rendre cent sous. — Non... non.... dit-il. — Je vous demande pardon, lui répliquai-je, il vous revient 5 livres. Je vous en prie, dit-il, acceptez cette petite ba-

---

vembre 1754. Le maréchal de Richelieu travaille à obtenir du roi la permission de faire venir *Voltaire* à Paris, promettant qu'il sera sage. Il avoit cru pouvoir l'amener avec lui aux États de Languedoc; mais depuis cela, on a pensé qu'il y feroit des frasques... » Marquis d'Argenson, *Mémoires* (Jannet), t. IV, p. 197.

1. Voltaire, *Lettres inédites* (Paris, Didier, 1857), t. I, p. 245. Lettre de Voltaire à Richelieu; à Colmar, 10 novembre 1754.

gatelle. L'occasion me parut trop belle, et je le remerciai en lui protestant qu'il avait trop de bontés pour moi. Je sortis immédiatement de sa chambre. Sa nièce était auprès de lui; elle lui en dit apparemment un mot : et comme j'allais gagner la chambre que j'occupais chez madame Goll, j'aperçus le philosophe courant après moi : « Tenez, me dit-il, comme je ne sais pas si vous avez de l'argent, ni ce que vous allez devenir, prenez encore cette bagatelle. — Monsieur, lui repartis-je, je ne suis nullement en peine de ce que je deviendrai, et je ne l'ai jamais été en matière d'argent. » Cependant il m'engagea à prendre encore un louis d'or, et à le remercier de sa générosité. Il se retira dans sa chambre, et moi dans la mienne. Au bout d'un quart d'heure, un des domestiques vint me dire que l'oncle et la nièce parlaient de cette aventure et qu'ils craignaient qu'elle ne fît du bruit. On m'avait à peine rendu ce compte, que je vis paraître le philosophe dans ma chambre. Il m'obligea à refaire mon paquet et à partir; je m'y rendis[1].

Collini a raconté un peu différemment cette aventure dans une lettre à Schœpflin, datée du 27 novembre. Sa détermination n'aurait pas été, comme il le dit ici, le résultat d'une crise imprévue; elle aurait été amenée par l'existence intolérable qui lui était faite. « Il ne m'est plus possible de rester auprès de la personne à laquelle je m'étais attaché. La façon singulière dont il faut vivre chez elle, plus forte que mon tempérament, la dureté dont on est continuellement traité, et la perte entière de la liberté, m'avaient déterminé à me séparer, à Colmar, de cet étrange philosophe, et à le laisser partir pour Lyon. Ses extravagances m'avaient forcé à cette démarche, et je lui en

---

[1]. *Lettres inédites de Voltaire, de madame Denis et de Collini* (Paris, Mongie, 1821), p. 174, 175, 176. Lettre de Collini à Dupont; à Lyon, novembre 1754.

parlai le jour même qu'il allait partir[1]... » Il y a là plus que de l'humeur, il y a un esprit de malveillance et de dénigrement qui n'est pas à la louange de Collini. Nous avons reproduit cette longue lettre pour que l'on ne pût nous accuser d'écarter les pièces à charge ; mais nous faisons plus que nos réserves, et nous nous inscrivons en faux, sans insister davantage, pour le moment, sur ces inculpations auxquelles Collini a donné le plus complet démenti lui-même. Disons encore que l'on s'étonne que M. Dupont, pour sa part, l'ait encouragé dans ces commérages. Voltaire avait témoigné à ce dernier beaucoup d'amitié et d'intérêt ; et nous le verrons, peu après, solliciter pour lui la prévôté de Munster, qu'il n'eut pas, mais que le poëte réclama chaudement et tenacement.

Les voyageurs traversèrent la Haute-Alsace, la Franche-Comté et la Bourgogne. Arrivé à Dijon, Voltaire, qui y avait plus d'un ami, dépêcha Collini au président de Ruffey, pour lui faire ses amitiés et s'excuser de n'être pas allé lui-même le voir. L'aimable magistrat s'empressa aussitôt de se rendre à l'auberge où le poëte était descendu, et le trouva tout prêt à se coucher.

Je vous diray, écrivait le président à l'abbé Le Blanc, quelques jours après leur entrevüe, que le 13 de ce mois Voltaire passa à Dijon avec sa nièce. Il arriva assez tard. Il m'envoya son secrétaire me faire des compliments et savoir de mes nouvelles, me mandant qu'il étoit au désespoir de ne pas

---

1. *Mélanges publiés par la Société des Bibliophiles français* (Paris, 1826), t. V. Lettre de Collini à M. Schœpflin (à Strasbourg) ; à Lyon, 27 novembre 1754.

venir me voir, mais qu'il étoit très-fatigué, aïant fait ce jour
là plus de trente lieues et devant partir pour Lion à quatre
heures du matin. J'alay le chercher et le trouvay prest à se
mettre au lit, il me retint et nous soupâmes ensemble très-
gayement, il m'a promis, en repassant, de séjourner à Dijon
et de prendre son logement chez moy. Son voïage a été très-
précipité, je crois qu'il s'agit d'afaires d'intérest, aïant de
l'argent placé de tous costés. Il est peut-être menacé de
quelque banqueroute à Lion. Il compte y rester trois mois.
Il fit l'éloge de la Bourgogne en buvant de son vin assez amplement, dont je luy envoïay chercher chez moy six bouteilles pour son voïage. Je lui fis voir des vers que vous trouverez ci-joints. Il en fut content, mais quand il lut le sujet
de l'ouvrage du roi de Pologne, il s'écria : « Ah ! c'est contre
moi qu'il a fait cela. » Je l'assurai fort du contraire, l'ouvrage
du roi n'étant qu'un tissu de maximes générales. Un autre
motif du voïage de Voltaire à Lion, à ce que je soupçonne,
est une entrevue avec M. de Richelieu, qui doit y passer en
alant en Languedoc tenir les États[1].

Voltaire arrivait le 15 novembre à Lyon. « C'est
une plaisanterie trop forte pour un malade, écrivait-il,
trois jours après, à l'avocat Dupont, de faire cent
lieues pour venir causer, à Lyon, avec M. le maréchal
de Richelieu. Il n'a jamais fait faire tant de chemin à
ses maîtresses, quoiqu'il les ait menées toujours fort
loin[2]. » Mais tout s'oublie devant la gracieuseté de
l'accueil ; et le duc, qui était passé maître en coquetteries, pendant les cinq jours qu'ils vécurent ensemble,
fut aussi aimable, aussi charmant que possible. Et,

1. Lettre inédite de M. de Ruffey à l'abbé Le Blanc ; à Dijon, ce
18 novembre 1754.
2. Voltaire, *OEuvres complètes* (Beuchot), t. LVI, p. 534. Lettre
de Voltaire à Dupont ; à Lyon, au Palais-Royal, ce 18 novembre
1754.

quand on se sépara, le regret fut égal des deux parts. « Mon *héros*, on vous appelait *Thésée* à la bataille de Fontenoi; vous m'avez laissé à Lyon comme Thésée laissa Ariane dans Naxos. Je ne suis ni aussi jeune ni aussi frais qu'elle, et je n'ai pas eu recours comme elle au vin pour me consoler. Je resterai à Lyon, si vous devez y repasser [1]. » Il était descendu à l'auberge du Palais-Royal, située au coin de la rue du Plat, où il était logé, nous dit-il, très-mal à son aise; et c'est là qu'il reçut son *héros*. Le cardinal de Tencin, le frère de cette madame de Tencin, la voisine de cellule d'Arouet à la Bastille, était à la tête de l'église de Lyon. Voltaire le connaissait de vieille date; c'était, d'ailleurs, l'oncle de ses anges. Il eût cru manquer à tous ses devoirs s'il ne fût allé lui présenter ses respectueux hommages. Il s'habille, fait une toilette de cérémonie et monte avec Collini dans un beau carrosse de remise qui les mène à l'église primatiale de Saint-Jean.

Nous trouvâmes, raconte ce dernier, une longue enfilade de pièces: sa goutte le rendait faible, et je lui donnais le bras pour le soutenir. Enfin nous arrivons dans l'antichambre de Monseigneur; elle était pleine de courtisans de toute espèce. On annonce Voltaire au cardinal; il entre seul; un instant après il sort, me reprend le bras, et nous regagnons au plus vite et en silence notre carrosse: « Voilà, disais-je en moi-même, une plaisante visite. » Quand nous fûmes dans la voiture, Voltaire, un peu rêveur, ne m'adressa que ces mots: « Mon ami, ce pays n'est pas fait pour moi. » Il m'apprit, peu de tems après, que Son Excellence lui ayant dit

---

1. Voltaire, *OEuvres complètes* (Beuchot), t. LVI, p. 537. Lettre de Voltaire à Richelieu; Lyon, 29 novembre 1754.

qu'il ne pouvait lui donner à dîner, parce qu'il était mal à la cour, cette phrase ridicule et digne d'un esclave lui avait fait tourner le dos au prélat et sortir à l'instant [1].

Voltaire a dit son mot aussi sur cette étrange réception, qui ne fait que corroborer le récit de Collini, avec quelques traits de plus et un crayon du cardinal auquel il n'y a rien à ajouter. « En qualité de ministre, il m'avoua confidemment qu'il ne pouvait me donner à dîner en public, parce que le roi de France était fâché contre moi de ce que je l'avais quitté pour le roi de Prusse. Je lui dis que je ne dînais jamais, et qu'à l'égard des rois j'étais l'homme du monde qui prenais le plus aisément mon parti, aussi bien qu'avec les cardinaux [2]. » Voltaire n'avait garde de parler des rois avec ce laisser-aller en pays ennemi, et il dut en dire infiniment moins, tout en se retirant la rage dans le cœur. La petite note biographique qui précède les quelques lignes que nous venons de citer prouve qu'il n'avait pas pardonné. Mais, quelque passionné qu'il fût, Voltaire était prudent et politique, et on verra jusqu'à quel point il savait dissimuler, quand il le jugeait utile. Il ne cacha pas, toutefois, son dépit aux neveux de l'Éminence, dans le secret de l'intimité; mais, s'il s'en explique, c'est avec une mesure à laquelle il n'était pas homme à manquer. « Je vous avouerai, écrivait-il à d'Argental, que je n'ai pas trouvé dans M. le cardinal les bontés que j'espérais de votre oncle; j'ai

---

1. Collini, *Mon séjour auprès de Voltaire* (Paris, 1807), p. 143, 144.

2. Voltaire, *OEuvres complètes* (Beuchot), t. XL, p. 96, 97. Mémoires pour servir à l'histoire de la vie de M. de Voltaire, écrits par lui-même.

été plus accueilli et mieux traité de la margrave de Bayreuth, qui est encore à Lyon [1]. » La princesse et le poëte se retrouvaient effectivement dans cette ville et se revoyaient avec le même empressement, la même joie que s'ils ne vinssent pas de se quitter. « J'avais, sans le savoir, l'air de courir après elle comme un héros de roman [2]. » Ainsi, les amabilités de la margrave fermaient les blessures faites par le froid accueil de ce prêtre simoniaque, l'éternel opprobre, avec Dubois, de l'épiscopat français.

L'officier qui commandait à Lyon crut devoir imiter la réserve de l'archevêque, et ne reçut guère mieux l'auteur de *Mahomet*. En revanche, Voltaire ne se présentait pas au théâtre qu'il ne se vît l'objet de l'enthousiasme d'une population ivre dont les acclamations durent lui faire oublier les dédains de ce monde officiel, impitoyable pour les disgraciés et les vaincus : c'étaient des applaudissements à faire crouler la salle, un délire auquel rien n'était comparable, pas même les transports frénétiques du parterre parisien, le premier jour de *Mérope* [3]. Mais c'est ce qu'il veut que l'on sache ; et, dans ses lettres, il ne tarit pas sur les bontés de ce peuple sympathique. « Je vais terminer mon séjour à Lyon, mande-t-il aux

---

1. Voltaire, *OEuvres complètes* (Beuchot), t. LVI, p. 536. Lettre de Voltaire à d'Argental ; Lyon, au Palais-Royal, 20 novembre 1754.

2. *Voltaire à Ferney* (Paris, Didier, 1860), p. 130. Lettre de Voltaire à la duchesse de Saxe-Gotha ; à Prangins, 16 décembre 1754.

3. Voltaire, *OEuvres complètes* (Beuchot), t. LVI, p. 538, 539. Lettres de Voltaire à d'Argental ; à Lyon, le 2 décembre. — A Thiériot, Lyon, le 3 décembre 1754.

anges, le 9 décembre, en allant voir jouer *Brutus*. Si j'avais de l'amour-propre, je resterais à Lyon [1]... » Il est toute bienveillance pour ses interprètes qu'il égale à leurs confrères de la Comédie-Française, quand il ne fait pas plus. « Je vous dirai, en passant, qu'il est plaisant que vous ayez à Paris Drouin et Bellecour, tandis qu'il y a à Lyon trois acteurs très-bons, et qui deviendraient à Paris encore meilleurs [2]... » Ces revanches, loin de les éviter, Voltaire courait au devant d'elles; il faisait des visites, allait, se montrait partout. Il était depuis longtemps honoraire de l'Académie lyonnaise; il demanda, à titre d'ancien membre, à prendre séance parmi ses confrères, ce qui lui fut accordé de grand cœur. Cette cérémonie publique, qui eut lieu le 26 novembre, fut une fête pour le poëte, qui témoigna en entrant sa reconnaissance à l'Académie, et combien il était sensible à l'honneur de lui être associé [3]. La réponse de M. Borde, le directeur [4], fut ce qu'elle devait être, une longue glorification de l'auteur du *Siècle de Louis XIV*, qui affronta ces tour-

1. Voltaire, *Œuvres complètes* (Beuchot), t. LVI, p. 545. Lettre de Voltaire à d'Argental; Lyon, le 9 décembre 1754.
2. *Ibid.*, t. LVI, p. 551. Lettre de Voltaire au même; Prangins, le 19 décembre 1754. Parmi ces acteurs hors ligne, que Voltaire ne nomme pas, se trouvait Dauberval, qui joua plus tard à la Comédie-Française. Voir aussi la lettre de Guyot de Merville à Voltaire; Lyon, 15 avril 1755. Même tome, p. 619.
3. Noms des académiciens présents : MM. Borde, directeur, de Parcieux, l'abbé Greppo, Gay, La Tourette, de Bory, Duperron, de Charly, de Regnaud, l'abbé Lacroix, Pernetti, de Voltaire, honoraire, Deville, Ballioud, de Pravieux, Boutillier, Mathon, l'abbé de Pusigneux, le P. Bimet, Tolosan, de Fleurieu, secrétaire.
4. Borde avait, en 1753, adressé des vers à Voltaire, qui l'en remerciait, de Colmar, par une lettre en date du 26 octobre.

billons d'encens sans en paraître incommodé. La séance se poursuivit et se termina par des communications des membres de l'Académie; M. de Fleurieu lut une dissertation sur le genre d'écrire en dialogue; l'abbé Lacroix, des recherches historiques sur les parfums; et M. de Bory, la traduction en vers d'une ballade anglaise. Puis l'on se retira satisfait, enchanté les uns des autres [1].

Après une réception dont le poëte était à bon droit sorti furieux, il semblerait que l'on eût dû souhaiter médiocrement une nouvelle rencontre. Eh bien! quelque invraisemblable que cela soit, ils se revirent. La margrave, sans se départir de son *incognito*, obtenait une audience du cardinal, quoique Voltaire n'en dise mot [2]; et il n'est pas admissible que ce dernier ne trempa point dans cette petite démarche, qui ne devait pas être par la suite sans utilité pour la princesse. Et, probablement aussi, fut-ce la circonstance qui rapprocha le poëte et l'archevêque. Leur seconde entrevue, loin d'être contrainte, fut pleine de politesse, d'apparente cordialité, et finit par des assurances de dévouement de la part de Voltaire. Tencin ne lui avait pas offert à dîner parce qu'il n'était pas bien en cour. C'était là une raison; mais il avait, d'ailleurs, ses griefs personnels. Comment! en parlant du concile d'Em-

---

1. *Mélanges biographiques et littéraires pour servir à l'histoire de Lyon*, par M*** (Breghot de Lut), Lyon, 1828, p. 60, 61, 62. Procès-verbal de l'Assemblée publique de l'Académie de Lyon, du 26 novembre 1754.

2. Bibliothèque nationale. Manusc., F. F., n° 2134. *Correspondance de l'abbé de Bernis et de M. de Choiseul en* 1757, t. I, p. 58. Lettre de l'abbé de Bernis à M. de Choiseul; Versailles, le 30 janvier 1758.

brun, présidé par l'Éminence, Voltaire l'avait appelé, dans son *Siècle*, le petit concile d'Embrun[1]! Tencin ne put se tenir de lui en témoigner son chagrin, et ce fut l'occasion d'explications qui se terminèrent à la satisfaction de tous les deux. Le poëte prenait l'engagement, en se retirant, de réparer sa maladresse dans sa plus prochaine édition. « Je vous supplie, écrivait-il à d'Argental, en cas que Lambert réimprime le *Siècle de Louis XIV*, de bien lui recommander de retrancher le *petit* concile. J'ai promis à M. le cardinal, votre oncle, de faire supprimer cette épithète de *petit*[2], quoique la plupart des écrivains ecclésiastiques donnent ce nom aux conciles provinciaux. Je voudrais donner à M. le cardinal de Tencin une marque plus forte de mon respect pour sa personne et de mon attachement pour sa famille[3]. » Mais ce n'est pas tout : Voltaire, dans le fort de son indignation, a pu tenir des propos imprudents; il croit devoir les démentir et insister sur son profond dévouement. Madame Denis est chargée, en conséquence, d'en écrire à M. Tronchin, banquier de Lyon, avec lequel son oncle s'était lié, et qui, quoique calviniste, était l'homme de confiance du cardinal.

Je vous jure que mon oncle n'a point de fiel contre la personne dont vous me parlez; il en a même été *bien plus content* à la deuxième entrevue qu'à la première. Je puis

---

1. Le *Siècle de Louis XIV*, publié par M. de Francheville (Berlin, 1752), t. II, p. 298.
2. Cette suppression ne se fit pas, et le terme de *petit* fut maintenu.
3. Voltaire, Œuvres complètes (Beuchot), t. LVI, p. 588, 589. Lettre de Voltaire à d'Argental; Prangins, 6 février 1755. Voir également une lettre du 13 du même mois à Richelieu.

même vous répondre qu'il n'en a parlé à Lyon et à Genève que dans des termes très-convenables, et qu'il a la plus grande envie du monde de mériter son amitié. Je me flatte toujours que vous nous la ménagerez. Je ne suis point étonnée que dans une grande ville comme Lyon on l'ait fait parler ; la crainte même que cela n'augmente nous a fait prendre la résolution de quitter Lyon plus tôt que nous ne l'avions projeté. Mon oncle est tendrement attaché à toute sa famille, et est bien loin de vouloir déplaire à un chef aussi respectable [1]...

Rien ne le retenant plus à Lyon où il se trouvait sans livres, mal logé, avec tous les désagréments d'une installation de passage, il se décidait à partir, avec son monde, le 10 (et non le 21 décembre, comme le veut Collini [2]), et arrivait le troisième jour à Genève où l'on célébrait l'anniversaire de l'*Escalade*; ce qui n'eût pas dû rendre accommodant à l'égard des retardataires [3]. Mais le poëte était attendu, et Tronchin, le conseiller d'Etat, avait fait garder les portes jusqu'à

---

1. Voltaire, *Lettres inédites* (Paris, Didier, 1857), t. I, p. 473. Lettre de madame Denis à M. Tronchin, banquier à Lyon; 14 décembre 1754.

2. « On comptait qu'il attendrait le retour du duc de Richelieu, qui sera le 10 janvier; mais le 10 de ce mois-ci, il est parti au moment qu'on s'y attendait le moins, toujours accompagné de madame Denis... » *OEuvres complètes de Frédéric le Grand* (Berlin, Preuss), t. XX, p. 56. Lettre de Darget à Frédéric; le 24 décembre 1754.

3. Il faut savoir que, le 12 décembre 1602, le duc de Savoie, Charles-Emmanuel, tenta, pendant la nuit, de s'emparer par escalade de Genève, avec un corps de 5,000 hommes. Mais les assaillants furent vigoureusement repoussés. C'est le souvenir de cette victoire que les Genevois fêtent encore dans des banquets de famille d'une primitive simplicité : un plat de poisson et un dindon au froment, tel est le menu invariable de ces agapes patriotiques. Gaberel, *Rousseau et les Genevois* (Genève, Cherbuliez, 1858), p. 117.

six heures. « Nous soupâmes hier chez M. votre cousin[1], écrivait-il au Tronchin de Lyon, et nous les avons tous quittés avec bien du regret[2]. » Genève n'était pas, en effet, le but du voyage, bien qu'il fût presque atteint, et ce ne sera que plus tard que l'on tâtera de son voisinage. On se remettait donc en route après cette trop courte halte, et l'on prenait pied bientôt après en plein pays de Vaud, au château de Prangins, que son propriétaire, M. Guiguer, avait mis courtoisement à la disposition du poëte. La terre d'Allaman avait séduit Voltaire et il semblait regretter de ne pouvoir en devenir acquéreur. « Je crois qu'il ne peut plus être question d'Allaman, ni d'aucune autre terre seigneuriale, puisque les lois de votre pays ne permettent pas ces acquisitions à ceux qui sont aussi attachés aux papes que je le suis. J'ai donc pris parti de me loger, pour quelque temps, au château de Prangins, dont le maître est ami de ma famille. J'y suis comme un voyageur, ayant du roi mon maître la permission de voyager[3]. » — « La permission de voyager, » le mot est plaisant. Disons, toutefois, que Voltaire, qui n'entend être considéré ni comme un exilé ni comme un proscrit, avant de quitter Lyon, avait prévenu madame de Pompadour et le comte d'Argenson de son dessein d'aller attendre en Suisse que la saison plus douce lui permît de prendre les bains

---

1. Le docteur Tronchin.
2. Voltaire, *Lettres inédites* (Paris, Didier, 1857), t. I, p. 474. Lettre de Voltaire à Tronchin, de Lyon; 14 décembre 1754.
3. Voltaire, *Œuvres complètes* (Beuchot), t. LVI, p. 552. Lettre à M. de Brenles; Prangins, 20 décembre 1754.

d'Aix, que les médecins lui conseillaient [1]. Le château était une construction imposante, offrant treize fenêtres de façade ; et l'appartement de Voltaire était situé dans l'aile gauche, du côté de Lausanne [2]. S'il fallait en croire Collini, ce séjour de Prangins n'avait rien de trop réjouissant, et l'on s'en apercevait à la disposition d'esprit du maître.

Que fesons-nous donc à ce château? 1° On s'ennuie un peu ; 2° on est de mauvaise humeur plus qu'à l'ordinaire ; 3° on fait beaucoup d'histoire ; 4° on mange fort peu, comme de coutume, car on veut être sobre ; 5° on y philosophe tout aussi mal que dans les grandes villes ; et en dernier lieu, on ne sait pas ce qu'on deviendra. Voilà en raccourci le tableau de la vie des nouveaux hôtes de Prangins, et ce tableau doit vous paraître tant soit peu gothique. J'ai oublié un trait à la miniature : c'est un jeune homme triste, toujours écrivant à côté d'un mourant qui roule des yeux pleins de vie et de colère. Vous le connaissez, monsieur, ce jeune homme ; il se recommande toujours à vos bontés, et il voudrait pouvoir, à son tour, quitter le lac, le château, et tous ceux qui l'habitent, pour venir vous revoir [3]...

On pourrait dire à Collini : Parlez pour vous. Il n'y a de vrai dans ce tableau que l'ennui qui le dévore et l'amertume dont il est plein. Ce même jour, Voltaire donnait au même Dupont, sur son établissement, quelques détails qui ne laissent percer rien de cette

---

1. Voltaire, *OEuvres complètes* (Beuchot), t. LVI, p. 545. Lettre de Voltaire à d'Argental ; Lyon, le 9 décembre 1754.
2. Ce fut ce même château qu'habita, en 1815, Joseph Bonaparte, mais dans l'aile opposée.
3. *Lettres inédites de Voltaire, de madame Denis et de Collini* (Paris, Mongie, 1821), p. 181. Lettre de Collini à M. Dupont ; à Prangins, 26 décembre 1754.

humeur maussade qu'on lui attribue. « Je n'ai pas trouvé dans le pays de Vaud le brillant et le fracas de Lyon, mais j'y ai trouvé les mêmes bontés. Les deux seigneurs de la Régence de Berne m'ont fait tous deux l'honneur de m'écrire et de m'assurer de la bienveillance du gouvernement [1]. » N'était l'embarras pour un papiste (un papiste comme Voltaire) de posséder ostensiblement un chez-soi, ce pays serait le paradis terrestre; et encore, en dépit de ces réserves, ne s'en faut-il guère. « Nous resterons à Prangins jusqu'à ce que nous puissions nous orienter. Je vois qu'il est très-difficile d'acquérir; qu'importe, après tout, pour quatre jours qu'on a à vivre, d'être locataire ou propriétaire? La chose vraiment importante est de passer ces quatre jours avec des êtres pensants [2]. » Cela n'empêchait pas, pourtant, de se remuer, de chercher : Voltaire n'était à Prangins que l'hôte de M. Guiguer, et il devait être impatient de mettre fin à ce provisoire.

Deux mois après, il proposait à M. Giez, son banquier, de lui louer sa maison de Monrion, située entre Lausanne et le lac Léman. Le bâtiment était convenable; mais ce n'était pas l'idéal pour un frileux comme nous connaissons Voltaire, et une parisienne comme Madame Denis, à laquelle il fallait de jolies maisons et de beaux jardins. « Il n'y a dans cette maison ni jardin pour l'été, ni cheminée, ni poêle pour

---

1. Voltaire, *Œuvres complètes* (Beuchot), t. LVI, p. 557. Lettre à M. Dupont; Prangins, 26 décembre 1754.
2. *Ibid.*, t. LVI, p. 560. Lettre de Voltaire à M. de Brenles; Prangins, 31 décembre 1754.

l'hiver¹. » Mais alors pourquoi y songer? c'est que cette maison dont on exagère les imperfections est à deux pas de M. et de madame de Brenles, et que c'est bien là l'important. « Je n'aurai besoin l'hiver que de vous et de bons poêles. Être chaudement avec un ami, c'est tout ce qu'il faut². » Voilà pour l'hiver ; car Monrion devait être l'habitation d'hiver du poëte. Restait à trouver la résidence d'été avec ces dépendances, ces belles promenades, ces parterres qu'il fallait à madame Denis de nécessité absolue. Une occasion magnifique se présente : une maison charmante, toute meublée, trop chère, mais avec des jardins délicieux, à laquelle rien ne manque. Voltaire veut la faire sienne ; toutefois, le marché ne peut être conclu et signé que lorsque les difficultés résultant des lois du pays auront été complétement levées. « Le Conseil d'État donne toutes les facilités qu'il peut donner, mais il faut encore bien d'autres formalités pour assurer la pleine possession d'une acquisition de 90 mille livres. » Il n'avait rien négligé pour se gagner les souverains d'un pays où il ne semblait, du reste, rencontrer que des visages amis. Il avait imploré une autorisation de séjourner qui lui fut accordée avec un flatteur empressement. Les registres du Conseil d'État de Genève portent la mention suivante à la date du 1ᵉʳ février :

On a lu une lettre de M. de Voltaire adressée à noble Tronchin³ par laquelle il prie *Messieurs* de lui permettre d'habi-

1. Voltaire, *OEuvres complètes* (Beuchot), t. LVI, p. 579. Lettre de Voltaire à M. de Brenles; à Prangins, le 27 janvier 1755.
2. *Ibid.*, t. LVI, p. 591. Lettre de Voltaire au même; à Prangins, 9 février 1755.
3. Voltaire, *Lettres inédites* (Paris, Didier, 1857), t. I, p. 475,

ter le territoire de la République, alléguant l'état de santé et la nécessité où il est de se rapprocher de son médecin, spectable Tronchin : l'avis a été de permettre audit sieur de Voltaire d'habiter le territoire de la République sous le bon plaisir de la Seigneurie¹.

Cette requête, qui n'était pas indispensable, n'était qu'une entrée en matière pour obtenir plus. Il ne s'endort point. Le marché pendant peut se rompre, ou toutes les garanties d'achat peuvent ne pas se rencontrer, et il faut être logé. Aussi continue-t-il ses recherches, et le voyons-nous encore en pourparlers avec les propriétaires de maisons situées, l'une dans le voisinage de Vevay, l'autre à une demi-lieue de Lausanne². C'était plus que de la prévoyance, c'eût été presque de la monomanie, si l'on en devait croire ce Florentin aliéné qui se vengeait sur son maître du déplaisir de se sentir fiché à demeure sur le sol helvétique. A première vue, Prangins avait médiocrement souri à ce frondeur ; et l'on comprend que le mauvais temps, le froid, la pluie, ne fussent pas de nature à le faire changer de manière de voir. Voici ce qu'il écrivait à son ami Dupont, à la date du 31 janvier. Mais alors, du moins, il venait d'apprendre qu'ils en avaient fini, ou peu s'en fallait, avec Prangins.

Ce lac Léman est terrible ; les vents y règnent et battent le château de Prangins de façon que le philosophe qui y est enfermé et calfeutré en est tout ébahi. La dame parisienne,

---

476. Lettre de Voltaire au conseiller d'État F. Tronchin ; à Prangins, 30 janvier ; réponse de Tronchin, le 1ᵉʳ février.

1. Gaberel, *Voltaire et les Genevois* (Paris, 1857), p. 5.
2. Voltaire, *OEuvres complètes* (Beuchot), t. LVI, p. 553, 585. Lettres à M. de Brenles, des 20 décembre 1754 et 31 janvier 1755.

peu accoutumée au lac et aux vents, meurt continuellement de peur au bruit des aquilons, et moi je n'ai à craindre que le bruit et la fureur d'*Apollon*. Tout cela m'amuse un peu. J'entends crier d'un côté: faites bon feu; de l'autre: fermez bien toutes mes fenêtres. L'un demande son manteau fourré, l'autre s'affuble la tête de cinq ou six bonnets; et moi je viens, je vas, j'écris, je me meurs de froid et de rage. Mais je vais vous apprendre une nouvelle. Nous allons quitter ce château. Nonobstant la rigueur de la saison, notre philosophe a fait un voyage à Genève; on lui a fait voir une très-jolie maison de campagne aux environs de cette ville; il l'a trouvée de son goût, il l'a marchandée, et on la lui a laissée : on en signera le contrat au premier jour. Nous voilà donc genevois : j'en suis fâché; ce n'est pas là le Paris qu'on m'avait promis, et dont je m'étais toujours flatté[1]...

Voilà le grand mot lâché : Paris! et le secret de cette irritation sourde, mais permanente, contre Voltaire, qui n'y peut rien, et eût bien voulu lui donner satisfaction. En effet, tout était aplani, parachevé : « J'apprends dans ce moment, s'écrie le poëte transporté, que le marché de Saint-Jean est entièrement conclu... j'appelle Saint-Jean *les Délices*, et la maison ne portera ce nom que quand j'aurai eu l'honneur de vous y recevoir : les Délices seront pour l'été, Monrion pour l'hiver; et vous pour toutes les saisons. Je ne voulais qu'un tombeau, j'en aurai deux[2]. »

1. *Lettres inédites de Voltaire, de madame Denis et de Collini* (Paris, Mongie, 1821), p. 187, 188. Lettre de Collini à Dupont ; à Prangins, 31 janvier 1755.
2. Voltaire, *OEuvres complètes* (Beuchot), t. LVI, p. 593. Lettre de Voltaire à M. de Brenles ; à Prangins, 9 février 1755. Les Délices furent vendues par son propriétaire, le conseiller Mallet, 87,000 livres, à condition que l'acquéreur récupérerait 38,000 livres quand il quitterait. Lettre de Voltaire au chevalier Taulès, du 1er mai 1766.

Dès la première heure, Voltaire a baptisé sa nouvelle acquisition du nom des Délices, cela dit assez son enchantement. Tout est à faire au bâtiment pour l'approprier à ses besoins et à ceux de tout son monde. Mais ce qui fait de Saint-Jean une situation unique, ce sont ses jardins dignes des beaux environs de Paris ; c'est le lac de Genève, c'est le Rhône, qui baigne le pied de sa terrasse. « Le grand malheur de cette maison, c'est qu'elle a été bâtie apparemment par un homme qui ne songeait qu'à lui, et qui a oublié tout net de petits appartements commodes pour les amis[1]. » Notez que cet homme, contre lequel on laisse échapper cette aigreur, est le fils de la souveraine de Gotha ; et il n'est pas besoin de dire qu'on le prendra sur un tout autre mode, quand on annoncera à la princesse ce changement de domicile. « C'est du moins une consolation pour moi, lui écrivait-il, d'être dans un lit que monseigneur le prince, votre fils, a mieux occupé que moi ; je crois qu'il dormait mieux. J'ai acheté toute meublée la maison où il a passé un été ; mais j'ai fait abattre un trône qu'on lui avait fait pour avoir la vue de Genève et de son lac. Votre Altesse Sérénissime me dira que depuis quelque temps je n'aime pas les trônes : je les aimerais si Votre Altesse Sérénissime avait un royaume. Mais si je détruis les trônes de sapin peints en vert, j'abats les murailles qui cachent la vue, et monseigneur le prince ne reconnaîtrait plus sa maison[2]. » Le nouveau pro-

1. Voltaire, Œuvres complètes (Beuchot), t. LVI, p. 603. Lettre de Voltaire à Thiérot ; à Prangins, 27 février 1755.
2. Voltaire à Ferney (Paris, Didier, 1860), p. 136. Lettre de

priétaire, dans l'enthousiasme de sa récente conquête, passe sa vie au milieu des maçons, des charpentiers, des jardiniers. Il fait tailler ses vignes et ses arbres, il construit des basses-cours. Mais tout ne va pas aussi vite qu'on le voudrait, et l'on s'impatiente, et l'on se dépite. « Ces Délices sont à présent mon tourment. Nous sommes occupés, madame Denis et moi, à faire bâtir des loges pour nos amis et pour nos poules. Nous faisons faire des carrosses et des brouettes; nous plantons des orangers et des oignons, des tulipes et des carottes; nous manquons de tout; il faut fonder Carthage... » En réalité tout ce travail, tous ces soins le ravissent, et il a de la peine à contenir son allégresse. « J'ai la plus jolie maison, et le plus beau jardin dont on puisse jouir auprès de Genève: un peu d'utile s'y trouve joint même à l'agréable. Je suis occupé à augmenter l'un et l'autre [1]. »

Au milieu de toute cette fièvre, il reçoit de Dijon, à la date du 18 mars, une lettre de l'acteur Lekain, qui lui mande sa prochaine arrivée à Lyon, et il lui écrit tout aussitôt de pousser jusqu'aux Délices : il lui enverra un carrosse [2]. Voltaire se faisait une fête de revoir le Roscius parisien et de l'héberger à deux pas de la protestante Genève. « J'attends Lekain ces jours-ci, mande-t-il à Thiériot; nous le coucherons dans une galerie, et il déclamera des vers aux enfants de Calvin.

Voltaire à la princesse de Saxe-Gotha; aux Délices, 25 mars 1755.
1. Voltaire, OEuvres complètes (Beuchot), t. LVI, p. 613. Lettre de Voltaire à M. de Brenles; aux Délices, 29 mars 1755.
2. Voltaire, Lettres inédites (Paris, Didier, 1857), t. I, p. 248. Lettre de Voltaire à Lekain; aux Délices, le 24 mars 1755.

Leurs mœurs se sont fort adoucies; ils ne brûleraient pas aujourd'hui Servet, et ils n'exigent point de *billets de confession* [1]. » Sans doute ; mais, bûchers à part, Voltaire est-il bien certain qu'on le laissera tailler en plein drap et façonner à sa guise des mœurs que les rigoristes ne trouvent déjà que trop relâchées ? L'intolérance n'est pas toute dans cette tyrannie des billets de confession à laquelle il fait allusion ; et, tout en les exigeant, là où elle s'exerce, on laisse les comédiens jouer paisiblement ces œuvres d'enfer, que vont siffler ou applaudir les honnêtes gens. L'auteur de *Mérope* et de *Zaïre* rencontrera-t-il les mêmes facilités dans sa patrie d'aventure et la même indulgence auprès des pasteurs genevois fort peu endurants en pareille matière ? C'est ce qu'un avenir prochain nous dévoilera. Quelque temps après cette lettre à Thiériot, il recevait déjà un avertissement qui devait lui donner à réfléchir : on ne lui cachait point, bien qu'avec des ménagements, que l'on avait les yeux sur lui, et que sa présence était même l'objet d'une préoccupation qui allait jusqu'au souci. Le pasteur Vernet, dont il ne sera que trop question plus tard, mais en bons termes alors avec Voltaire, lui écrivait :

Monsieur, la seule chose qui trouble la satisfaction générale de voir arriver parmi nous un homme aussi célèbre que vous êtes, c'est l'idée que des ouvrages de jeunesse ont donnée au public sur vos sentiments par rapport à la religion : Je ne vous dissimulerai point que les gens sages qui nous gouvernent et la bonne bourgeoisie ont manifesté, dans

1. Voltaire, *OEuvres complètes* (Beuchot), t. LVI, p. 611. Lettre de Voltaire à Thiériot ; aux Délices, le 24 mars 1755.

leurs discours, de graves inquiétudes à ce sujet : j'espère que vous les dissiperez complétement. Si chez nous les théologiens, les jurisconsultes et les philosophes sont d'accord sur la religion, c'est que les pasteurs ont la sagesse de s'en tenir au pur Évangile, et les gouvernants savent que l'Évangile est nécessaire. Ainsi, monsieur, nous espérons que vous entrerez dans nos vues, et que vous vous unirez à nous, quand l'occasion s'en présentera, pour détourner notre jeunesse de l'irréligion, qui conduit au libertinage. Soyez sûr qu'alors vous serez honoré, chéri de tous, et craint de personne [1].

Cela était significatif et le parut tel à Voltaire, qui se hâta de répondre :

Mon cher monsieur, ce que vous écrivez sur la religion est fort raisonnable. Je déteste l'intolérance et le fanatisme ; je respecte vos lois religieuses ; j'aime et je respecte votre république.

Je suis trop vieux, trop malade, et un peu trop sévère pour les jeunes gens.

Vous me ferez plaisir de communiquer à vos amis les sentiments qui m'attachent tendrement à vous [2].

C'était s'en tirer par de belles paroles. Mais il avait à faire à un corps vigilant, peu flexible, et qui ne regardera pas à croiser le fer, que l'ennemi s'appelle Jean-Jacques ou Voltaire. Pour le moment du moins, ce dernier était au mieux avec ses patrons. S'il était dans l'enchantement d'avoir acquis une résidence dont il allait faire un paradis terrestre, les Genevois n'étaient pas insensibles aux avantages que devait retirer le

---

1. La lettre de Vernet est sans date ; mais la réponse de Voltaire, probablement du même jour, en précise suffisamment l'époque.
2. Voltaire, *OEuvres complètes* (Beuchot), t. LVI, p. 593, 594. Lettre de Voltaire à Jacob Vernet ; 9 février 1755.

pays du séjour d'un étranger qui annonçait une grande dépense. « Voltaire étale enfin ses richesses, nous dit d'Argenson. Il a loué à vie une belle maison auprès du lac de Genève où il arbore une grande représentation et invite ses amis. Les magistrats de Genève l'y considèrent et le favorisent comme un homme qui vaudra beaucoup à la ville par l'illustration et par le monde qu'il y attirera. On lui attribue plus de 100 mille livres de rentes, avec beaucoup d'argent comptant [1]. » Cette considération avait, en effet, sa valeur ; et, lorsque Stanislas songera à fixer le poëte dans ses états, à part le charme d'un tel voisinage, il aura devant les yeux ces revenus considérables dont ses peuples ne laisseraient pas de bénéficier.

Nous ne saurions préciser l'arrivée de Lekain, qui toutefois dut avoir lieu du 25 au 27 avril. Voltaire le reçut à bras ouverts, comme son propre fils, et comme on accueille un artiste célèbre auquel on doit personnellement plus d'un succès. « Un grand acteur est venu me trouver dans ma retraite, écrit-il à Richelieu : c'est Lekain, c'est votre protégé, c'est Orosmane ; c'est d'ailleurs le meilleur enfant du monde. Il a joué à Dijon, et il a enchanté les Bourguignons ; il a joué chez moi, et il a fait pleurer les Genevois [2]. » Il mandait le même jour à d'Argental : « Lekain a été, je crois, bien étonné ; il a cru retrouver en moi le père d'Orosmane et de Zamore, et il n'a trouvé qu'un maçon, un charpentier et un jardinier. Cela n'a pas empêché pour-

---

1. Marquis d'Argenson, *Mémoires* (Jannet), t. IV, p. 211.
2. Voltaire, *OEuvres complètes* (Beuchot), t. LVI, p. 615. Lettre de Voltaire à Richelieu ; aux Délices, 2 avril 1755.

tant que nous n'ayons fait pleurer presque tout le Conseil de Genève. La plupart de ces messieurs étaient venus à mes Délices ; nous nous mîmes à jouer *Zaïre* pour interrompre le cercle. Je n'ai jamais vu verser plus de larmes ; jamais les calvinistes n'ont été si tendres... » Notre poëte ne savait plus où il en était ; tout ce succès l'avait mis hors de lui. « Nous avons joué, écrivait-il encore, le même jour, à Tronchin de Lyon, presque toute la pièce de *Zaïre* devant les Tronchin et les syndics : c'est un auditoire auquel nous avons grande envie de plaire. Calvin ne se doutait pas que des catholiques feraient un jour pleurer des huguenots dans le territoire de Genève. Le fameux acteur Lekain, qui nous est venu voir, nous a bien aidés ; il a plus de sentiment que de voix. Madame Denis a lu *Zaïre* à merveille, et j'ai fait le bonhomme Lusignan. Monsieur, je vous sais bon gré d'aimer la tragédie. Les Tronchin ont leur raison pour cela, et tous les beaux-arts sont de leur ressort[1]. »

Voltaire fait allusion ici au goût pour le théâtre et les arts de l'un des Tronchin, François, l'auteur d'une *Marie Stuart* imprimée à Paris en 1735, et qui travaillait alors à une tragédie dont Nicéphore III (le Botoniate) devait être le héros[2] : curieux et collectionneur distingué, qui parvint à former deux cabinets de tableaux

---

1. Voltaire, *Lettres inédites* (Paris, Didier, 1857), t. I, p. 482. Lettre de Voltaire à Tronchin, de Lyon ; aux Délices, le 2 avril 1756. Lisez : 1755.

2. Il a laissé *Mes Récréations dramatiques* (Genève, 1779-84, 5 vol. in-8), qui contiennent vingt tragédies, dont huit lui appartiennent en propre ; le reste n'est qu'un remaniement des pièces de P. Corneille, Rotrou et du Ryer.

des plus grands maîtres, dont le premier fut acquis même par l'impératrice de Russie. Toute cette famille, frères et cousins, aimait les lettres, et nous verrons l'un de ses membres, à un certain moment, entrer en lutte avec Rousseau, et manier la plume et les idées avec une supériorité à laquelle son redoutable adversaire rendra pleine justice. Voltaire qui sait leur force, leur influence dans la République, les courtise, leur fait fête, les attire à ses Délices, qui, sont bien un peu les leurs [1]. Mais, s'il ne néglige rien pour les gagner, c'est surtout avec le docteur qu'il se fait onctueux et séduisant. Sa vie n'est-elle pas dans les mains de cet habile homme? n'est-il pas venu en Suisse pour être plus près de ses soins? Ce Tronchin est, à coup sûr, une des figures les plus saillantes du siècle dernier; et la vogue qu'il eut en France, le bruit qu'il fit à Paris, la haine qu'il inspira à nos médecins, l'importation parmi nous de l'inoculation à laquelle se montrèrent également contraires et la Faculté et la Sorbonne, son esprit, son originalité, son indépendance en un pays où chacun attendait le mot d'ordre de son voisin, tout cela eut le plus complet succès et fit du docteur genevois une puissance [2].

Cette souveraineté ne s'était pas établie d'elle-même,

---

[1]. *Lettres inédites de Voltaire, de madame Denis et de Collini* (Paris, Mongie, 1821), p. 195. — Voltaire, *Lettres inédites* (Paris, Didier, 1857), t. I. p. 474, 476. — Gaberel, *Voltaire et les Genevois* (Paris, 1857), p. 6.

[2]. Comme Rousseau après l'*Émile*, il exercera une influence presque sans bornes sur la Parisienne; il lui imposera une hygiène, il agira jusque sur le vêtement. Et les femmes porteront, pour les promenades du matin, une robe d'une forme particulière, conseillée par lui et qui s'appellera une *Tronchine*.

sans combat, sans l'effet d'une volonté tenace aidée d'une santé de fer. Le père de Théodore Tronchin, riche banquier, ruiné par le système de Law, l'avait laissé sans fortune. A l'âge de seize ans, on l'envoyait en Angleterre, auprès de lord Bolingbroke, son parent, qui, disgracié et isolé, ne put lui rendre d'autres services que de le faire entrer à l'université de Cambridge et de le présenter à ses amis Swift, Pope et Addison. Mais sa vocation ne demeura pas longtemps indécise. Il sentit un goût invincible l'appeler vers les études médicales auxquelles il se livra dès lors avec un zèle passionné. Il se décida à aller à Leyde suivre les leçons du savant Boerhaave, dont il devint le disciple et l'ami. L'on cite une anecdote qui n'est pas seulement piquante et paraîtra caractéristique : il avait une belle et longue chevelure, à laquelle il semblait tenir fort. Cette recherche ne pouvait être du goût de Boerhaave, qui remarqua, non sans malice, que les soins qu'exigeait pareille coiffure devaient lui prendre bien du temps. Le jeune homme n'a pas un instant d'hésitation : il se rase la tête et se présente le lendemain dans cet état aux leçons du maître, qui ne fut pas médiocrement émerveillé de la métamorphose. Ses cours terminés, il partit pour Amsterdam, où son mérite, les recommandations, l'amitié de Boerhaave ne tardèrent pas à le mettre hors de pair. Il devint président du Collége de médecine et inspecteur des hôpitaux ; et, durant près de vingt ans, il exerça avec une considération, une omnipotence qu'il devait à son caractère comme à son rare savoir. Il avait épousé la petite fille du grand pensionnaire Jean de Witt, et ce ne fut pas sans chagrin qu'il vit sa patrie adoptive, en rétablissant le stathoudérat, se donner un maître. Le prince d'Orange lui offrit la place de son premier médecin; mais il refusa, quitta la Hollande et revint à Genève où il fut accueilli avec transport : le titre de professeur honoraire, et, bientôt après, celui de directeur de la bibliothèque publique, lui prouvèrent l'estime que ses concitoyens faisaient de ses connaissances et de sa valeur.

Il s'était constitué l'avocat, le propagateur de l'inoculation; il n'avait pas craint d'affirmer sa foi en opérant sur ses propres enfants : la confiance succéda à une terreur presque superstitieuse, et le nom de Tronchin était déjà célèbre, quand Voltaire se remettait en ses mains. Cette démarche devait être la consécration de la renommée du docteur genevois, que l'on vint voir et consulter en même temps que l'on venait voir et admirer son illustre malade. Tronchin avait des avantages extérieurs qui ne pouvaient faire tort au mérite du praticien. « C'est un homme haut de six pieds, savant comme Esculape et beau comme Apollon, » s'écrie Voltaire. Mais c'était aussi un discoureur plein de charme et de persuasion : « Personne ne parle mieux et n'a plus d'esprit, » et de toute sorte d'esprit, d'esprit de conduite et d'à-propos; nous ne dirons pas d'esprit d'intrigue, qui se comprendrait difficilement dans le sens que nous entendons, mais de cet esprit pénétrant, insinuant, sous les dehors austères du Genevois et du républicain. Rien ne démontre mieux ce que nous avançons que ses rapports avec le poëte et leur mutuelle attitude. Voltaire, dès l'abord, lui a livré sa vie, et il le caresse comme quelqu'un dont notre sort dépend. Tronchin se laissera faire, il usera et abusera de son empire pour amener ce grand enfant à plus de sagesse, de modération et de calme. Y parviendra-t-il? il ne s'en flattait pas lui-même. Mais, en tous cas, son influence était considérable; on l'écoutait presque avec du respect et on l'aimait plus sincèrement que bien des amis auxquels on semblait fort attaché. Ajoutons que Tronchin, plus froid, plus circonspect, prenait sans beaucoup donner du sien : Voltaire était pour lui un sujet intéressant au physique, et plus encore au moral, qu'il jugeait avec moins de tendresse que d'équité. Il n'avait pas eu besoin de longues heures pour mesurer l'homme et le philosophe; et son sentiment sur son étrange client se trouve au complet dans une curieuse lettre à Rousseau, encore en bons termes alors avec l'auteur de la *Henriade*. Citons cette pièce, bien que les partisans du poëte n'aient pas trop à se louer du portrait, qui, s'il n'a rien de flatté, n'est pas calomnieux. Pourquoi l'eût-il été, puisque Voltaire était « l'ami » de tous les deux?

> J'ai reçu, mon respectable ami, vos lettres avec l'empressement qui précède et qui suit tout ce qui vient de vous, et avec le plaisir qui accompagne tout ce qui est bien. Je voudrais pouvoir vous répondre du même effet sur notre ami; mais que peut-on attendre d'un homme qui est presque toujours en contradiction avec lui-même, et dont le cœur a toujours été dupe de l'esprit. Son état moral a été dès sa plus tendre enfance si peu naturel et si altéré, que son être actuel fait un tout artificiel qui ne ressemble à rien. De tous les hommes qui coexistent, celui qu'il connaît le moins,

c'est lui-même. Tous les rapports de lui aux autres hommes et des autres hommes à lui sont dérangés. Il a voulu plus de bonheur qu'il n'en pouvait prétendre; l'excès de ses prétentions l'a conduit insensiblement à cette injustice que les lois ne condamnent pas, mais que la raison désapprouve. Il n'a pas enlevé le blé de son voisin, il n'a pas pris son bœuf ou sa vache, mais il a fait d'autres rapines, pour se donner une réputation et une supériorité que l'homme sage méprise, parce qu'elle est toujours trop chère. Peut-être n'a-t-il pas été assez délicat sur le choix des moyens. Les louanges et les cajoleries de ses admirateurs ont achevé ce que ses prétentions immodérées avaient commencé, et, croyant en être le maître, il est devenu l'esclave de ses admirateurs, son bonheur a dépendu d'eux. Ce fondement trompeur y a laissé des vides immenses, il s'est accoutumé aux louanges; et à quoi ne s'accoutume-t-on pas? Si l'habitude leur a fait perdre un prix imaginaire, c'est que la vanité en fait l'estimation et qu'elle-même compte ensuite pour rien ce qu'elle s'approprie, et pour trop ce qu'on lui refuse; d'où il arrive enfin que les injures de La Beaumelle font plus de peine que les acclamations du parterre n'ont jamais fait de plaisir. Et qu'en résulte-t-il? la crainte de la mort (car on en tremble) n'empêche pas qu'on ne se plaigne de la vie, et, ne sachant à qui s'en prendre, on se plaint de la Providence, quand on devrait n'être mécontent que de soi-même[1]...

Si ce portrait manque de bienveillance, il est impartial, un peu grossi comme ce que l'on regarde à la loupe. Quand il écrivait ces lignes, Tronchin, on l'a dit, avait eu le loisir de tâter son homme et de surprendre plus d'une faiblesse; mais il ne lui avait pas fallu tout ce temps pour le bien connaître. Tissot, lorsqu'il publia l'*Inoculation justifiée* (1754), l'en-

[1]. *J.-J. Rousseau, ses Amis et ses Ennemis*, correspondance publiée par M. Streckeisen-Moultou (Paris, Lévy, 1865), t. I, p. 322, 323, 324. Nous aurons à revenir sur cette lettre, qui est de septembre 1756.

voya au poëte qui venait d'arriver en Suisse et lui répondit par une lettre pleine d'éloges pour lui, pleine de gémissements aussi sur sa santé, et qu'il signait : « le malade Voltaire. » Le docteur, ignorant que c'était là une formule, s'en alarma, et en écrivit à Tronchin qui le rassura par cette laconique et significative réplique : « Une bile toujours irritante et des nerfs toujours irrités ont été, sont et seront la cause éternelle de ses maux[1]. » On ne saurait dire plus en moins de termes; et l'auteur de l'*Essai sur la santé des gens de lettres*, avec ces seuls renseignements, était au fait de l'individu moral. Mais tout cela ne peint pas seulement Voltaire et aide au portrait du peintre lui-même.

Nous avons vu celui-ci, en août 1753, annoncer à d'Argental qu'il avait la folie, bien que mourant, de travailler encore à une tragédie « toute pleine d'amour ». Cette pièce était l'*Orphelin de la Chine*, « ses magots, » comme il affectera de les nommer. Si, à Plombières, il reste si bien enfermé que les baigneurs, dépités, se demandent pourquoi on le voit si peu et pourquoi il est si sauvage, c'est qu'il travaille, c'est qu'il discute le plan avec d'Argental. Dans la pensée première de l'auteur le sujet ne comportait que trois actes; mais l'Ange ne l'entend pas ainsi : c'est cinq actes qu'il lui faut et non pas trois, et Voltaire devra s'arranger en conséquence. Il promet d'essayer, de faire preuve de bonne volonté; au demeurant, il finira tôt ou tard par être de l'avis de ses anges. Mais tout est arrêté, suspendu. Sans l'avoir

---

1. Eynard, *Essai sur la vie de Tissot* (Lausanne, 1839), p. 28, 29.

cherché, il y a là matière à allusions à l'égard de gens à qui l'on avait tant et de si puissants motifs de ne pas déplaire. « Les personnes sur lesquelles on ferait ces applications injustes se garderaient bien, je l'avoue, de les prendre pour elles, de s'en fâcher, d'en parler même; mais, dans le fond du cœur, elles seraient très-piquées et contre moi et contre ceux qui auraient donné la pièce... Qui jamais approuvera un ouvrage dont on a fait des applications qui condamnent notre conduite? Je vous demande donc en grâce que cet avorton ne soit vu que de vous et de vos amis[1]. » L'œuvre terminée, Voltaire et madame Denis s'étaient imaginé qu'il y avait, dans cette tragédie tartare, prétexte pour la malignité à des allusions au commerce adultérin du prince avec une femme sous puissance de mari. Mais d'Argental triompha de ces appréhensions; et, tout en dessinant, tout en bâtissant ses jardins, Voltaire achevait et parachevait ses *magots*, qu'il remettait à Lekain, avec des conseils dont il ne tint qu'à celui-ci de faire son profit. « Mon ami, vous avez les inflexions de la voix naturellement douces; gardez-vous bien d'en laisser échapper quelques-unes dans le rôle de Gengis. Il faut bien vous mettre dans la tête que j'ai voulu peindre un tigre qui, en caressant sa femelle, lui enfonce ses griffes dans les reins. » Au fond, cela s'adressait moins à l'intelligence qu'aux moyens de Lekain, dont le génie eut toute sa vie à lutter contre des organes insuffisants et des désavantages physiques qu'il réussit dans la suite à corriger ou

---

1. Voltaire, *Œuvres complètes* (Beuchot), t. LVI, p. 504, 505. Lettre de Voltaire à d'Argental; Colmar, le 21 septembre 1754.

à faire oublier; et le poëte n'avait pas tort, comme l'événement le prouvera, d'insister sur les défectuosités d'une voix sourde, sans grande sonorité.

En s'installant aux Délices, Voltaire allait retrouver établi à Genève une ancienne connaissance, nous nous garderons bien de dire un ancien ami, Guyot de Merville, dont il a été question, quoique brièvement, au commencement de cette histoire. « Il étoit le fils du maître de poste de Versailles, raconte l'abbé de Voisenon; il voyagea en Italie, en Allemagne, en Angleterre, en Hollande; il fit plus de chemin que les chevaux de M. son père. Il fut libraire à la Haye, mauvais auteur à Paris... Il entendoit assez bien le théâtre; mais il écrivoit comme s'il ne fût jamais sorti des écuries de son père[1]. » L'abbé de Voisenon, qui a laissé quelques croquis de ce genre, ne se noie pas dans les phrases; il est malveillant, mais court; il ne faut pas lui demander la preuve de ce qu'il avance, il compte être cru sur parole, et il n'a pas tort, car la malveillance est toujours la bien accueillie. Du reste, s'il enlaidit le portrait, il ne ment pas tout à fait; Guyot de Merville se chargera lui-même de compléter ce que la biographie de l'abbé a d'insuffisant. Il était depuis deux ans à Genève; il apprend que Voltaire vient prendre pied aux portes de la ville, non pas comme lui en poëte crotté, et il se demande quelle figure il fera, quand l'occasion le mettra en présence de ce haut et puissant seigneur. Il a eu des torts, de grands torts envers l'auteur de la *Henriade* qu'il a attaqué

---

1. L'abbé de Voisenon, *OEuvres complètes* (Paris, 1781), t. IV, p. 74.

gratuitement; mais il n'a été que faible, il s'est laissé entraîner. « Mon attachement à Rousseau, ma complaisance pour l'abbé Desfontaines, sont les seules causes du mal que j'ai voulu vous faire et que je ne vous ai point fait. La mort vous a vengé de leurs inspirations, et le peu de fruit des sacrifices que je leur ai faits m'a consolé de leur mort. »

Il y a aussi une autre cause que Guyot ne dit pas, mais que Voltaire n'a pas oubliée, et qu'il révèle avec un profond ressentiment, en un moment où ses ennemis se sont réunis pour le poursuivre à toute outrance. Ils avaient eu la même maîtresse; Guyot avait succédé à Voltaire dans le cœur d'Olympe Dunoyer, de cette inconsidérée *Pimpette*, les premières amours du jeune Arouet, et il s'était acharné sur son prédécesseur, comme si, bien loin de le remplacer, il eût été délogé par lui[1]. Quoi qu'il en soit, après bien des années et des vicissitudes, il demandait à capituler, ne fût-ce qu'afin d'échapper à la gêne, pour deux compatriotes, de se rencontrer sans s'aborder et s'adresser la parole : « Je sais que je vous ai offensé; mais je ne l'ai fait par aucune de ces passions qui déshonorent autant l'humanité que la littérature[2]. » Du reste, il donnera des arrhes. « J'ai fait, en quatre volumes manuscrits, la critique de vos ouvrages; je vous la remettrai. Il y a à la tête de ma première comédie une lettre, dont Rousset m'écrivit autrefois, que vous aviez été cho-

---

1. Voltaire, *OEuvres complètes* (Beuchot), t. LIII, p. 169. Lettre de Voltaire à Thiériot; le 23 juin 1738.

2. *Ibid.*, t. LVI, p. 620. Lettre de Guyot de Merville à Voltaire; à Lyon, le 15 avril 1755.

qué¹ ; je la supprimerai dans l'édition que je prépare de mes œuvres. L'abbé Desfontaines a fait imprimer deux pièces de vers qu'il m'avait suggérées contre vous ; je les supprimerai aussi. C'est à ce prix que je veux mériter votre amitié. » Il offrait encore de lui dédier son théâtre en quatre volumes, et il se chargerait de la révision matérielle des ouvrages du poëte, comme cela avait eu lieu, il y avait plus de trente ans, à La Haye, pour la correction des épreuves de la *Henriade*. Mais ces soumissions tardives du pauvre Merville n'eurent pas sur Voltaire l'effet qu'il en attendait. Ce dernier fut inexorable. Sa réponse est polie et froide comme l'acier :

> La vengeance, monsieur, fatigue l'âme, et la mienne a besoin d'un grand calme. Mon amitié est peu de chose, et ne vaut pas les grands sacrifices que vous m'offrez. Je profiterai de tout ce qui sera juste et raisonnable dans les *quatre volumes* de critiques que vous avez faites de mes ouvrages, et je vous remercie des peines infinies que vous avez généreusement prises pour me redresser. Si les deux satires que Rousseau et Desfontaines vous suggérèrent contre moi sont agréables, le public vous applaudira. Il faut, si vous m'en croyez, le laisser juge.
>
> La dédicace de vos ouvrages que vous me faites l'honneur de m'offrir n'ajouterait rien à leur mérite... Je ne dédie les miens qu'à mes amis. Ainsi, monsieur, si vous le trouvez bon, nous en resterons là ².

Voltaire était dans son droit, et il n'y avait, sans doute, rien à gagner pour lui à introduire dans son

---

1. *Les Mascarades amoureuses.* Cette lettre était une préface à la louange de J.-B. Rousseau, et dans laquelle, par contre, Voltaire était attaqué.

2. Voltaire, *Œuvres complètes* (Beuchot), t. LVI, p. 622, 623. Lettre de Voltaire à Guyot de Merville ; avril 1755.

intimité un personnage dont le caractère offrait si peu de garanties. Mais on sent que le souvenir des attaques et des offenses est toujours aussi vif; on le sent dans ce médiocre souci d'exaspérer un ennemi qui peut porter encore plus d'un coup. Est-ce l'écrivain, est-ce l'amant de Pimpette, qui demeure inflexible et repousse les avances de ce pauvre diable aux abois? Nous ne saurions trop dire. Quant à Merville, il est à croire qu'il ne s'était à toute extrémité résigné à cette démarche, que dans l'espérance de tirer quelques avantages de celui qu'il avait si peu épargné à une autre époque. Il hasarda même, à ce qu'il paraîtrait, une visite qui n'eut pas un résultat plus heureux, et dont il revint humilié et désespéré. Quinze jours après, l'on apprenait qu'il s'était jeté volontairement dans le lac de Genève (4 mai 1755)[1]. Nous ne pensons pas qu'il vienne à l'idée de personne de rendre l'auteur de la *Henriade* responsable de la fin lamentable de cet infortuné dont la vie n'avait été qu'une succession d'aventures et de folies de toute nature.

1. *Histoire anecdotique et raisonnée du théâtre italien* (Paris, 1769), t. V, p. 72 à 77. Guyot était sorti de chez lui, vêtu, contre son habitude, d'une mauvaise capote et sans épée. On trouva sur son bureau diverses lettres, dont l'une était à l'adresse d'un ami qu'il chargeait d'exécuter ses dernières volontés. Il avait établi le bilan de ses dettes, que la vente de ses effets devait suffire à acquitter. Quant à ses projets, il n'y faisait aucune allusion. Les uns dirent qu'il était mort d'une colique de *Miserere* près de Capponet, et qu'il fut enterré dans ce village; d'autres assurèrent qu'il s'était retiré dans un couvent du pays de Gex, où il était mort peu après. L'agent de France fit une enquête; l'on sut alors qu'à l'époque même de sa disparition un cadavre avait été trouvé auprès de la petite ville d'Evian, et l'on ne put douter que l'infortuné n'eût mis fin par le suicide à toutes ses traverses.

Montesquieu venait de s'éteindre (10 février 1755). Voltaire a dit des mots aimables sur l'aimable président. Entre autres louanges, il a écrit ces remarquables paroles qui rachètent amplement les petites incongruités qu'on a pu se permettre : « Ce sera à jamais un génie heureux et profond, qui pense et fait penser. Son livre devrait être le bréviaire de ceux qui sont appelés à gouverner les autres. Il restera, et les folliculaires seront oubliés [1]. » Mais, en réalité, Voltaire et Montesquieu se jalousaient et ne s'aimaient guère. Nous verrons qu'il en sera de même de Buffon ; tant il est vrai que les plus grands hommes sont, à certains égards, aussi petits que les plus petits. L'auteur du *Temple de Gnide* affectait une grande estime pour le vieux Crébillon, et son goût était trop sûr pour ne pas faire la différence entre les *Electres* des deux poëtes. Les quelques allusions que l'on peut découvrir dans ses lettres à l'abbé de Guasco sont celles d'un homme sur le qui-vive, qui serait étonné que Voltaire ressentît pour lui plus de bienveillance qu'il n'en éprouve lui-même pour ce bel esprit dont les ouvrages ne laissent pas un instant de repos à la renommée. « Quant à Voltaire, il a trop d'esprit pour m'entendre : tous les livres qu'il lit, il les fait, après quoi il approuve ou critique ce qu'il a fait [2]. » Cela est fin et joli, mais ne ressemble pas à Voltaire, qui est aussi injuste qu'aucun homme,

---

1. Voltaire, *OEuvres complètes* (Beuchot), t. LVIII, p. 5. A M*** ; aux Délices, 5 janvier 1759.
2. Montesquieu, *OEuvres complètes* (Paris, de Bure, 1827). Lettre de Montesquieu à l'abbé de Guasco ; de Raymond, en Gascogne, le 8 août 1752.

lorsqu'il a des raisons de haïr, mais qui, lorsqu'il est désintéressé, a le goût le plus délicat, le plus net, le plus exquis. Là, toutefois, Montesquieu ne fait que manifester une crainte, celle d'un jugement sévère et peu équitable. Nous le trouvons franchement malveillant dans une autre lettre au même abbé, au sujet de la rupture du poëte avec le maître de Sans-Souci. « Voilà donc, écrivait-il de La Brède, à la date du 28 septembre 1753, Voltaire qui paraît ne savoir où reposer sa tête : *Ut eadem tellus, quæ modo victori defuerat, deesset ad sepulturam.* Le bon esprit vaut mieux que le bel esprit. » Voltaire, de son côté, ne se sentait au cœur rien de bien tendre pour un écrivain dont on opposait la profondeur à son génie séduisant, mais également superficiel. Aussi, madame d'Aiguillon fut-elle mal avisée en réclamant du poëte des vers pour l'ami auquel elle venait de fermer les yeux. « Madame la duchesse d'Aiguillon m'a commandé quatre vers pour M. de Montesquieu, comme on commande des petits pâtés; mais mon four n'est point chaud, et je suis plutôt sujet d'épitaphes que faiseur d'épitaphes. D'ailleurs, notre langue, avec ses mauvais verbes auxiliaires, est fort peu propre au style lapidaire. Enfin, l'*Esprit des lois* en vaudra-t-il mieux avec quatre mauvais vers à la tête? Il faut que je sois bien baissé, puisque l'envie de plaire à madame d'Aiguillon n'a pu encore m'inspirer[1]. » Ce cri d'impuissance est-il bien sincère? Six mois plus tôt, à la prière de la comtesse de Lutzelbourg, le poëte rimait, préci-

---

1. Voltaire, *OEuvres complètes* (Beuchot), t. LVI, p. 630. Lettre de Voltaire à Thiériot; aux Délices, le 9 mai 1755.

sément, une épitaphe de quatre vers en l'honneur de
M. de Klinglin[1]; et l'on nous persuaderait malaisément que ce dernier y prêtât plus que l'auteur de
l'*Esprit des lois*. Mais à quoi bon des vers pour le
contempteur de toute poésie, pour celui qui, « n'ayant
pu réussir en vers, s'avisa, dans ses *Lettres persanes*,
de n'admettre nul mérite dans Virgile et dans Horace[2]? » C'est un tort que Voltaire ne saura pardonner et sur lequel il reviendra cent et cent fois avec
la même vivacité. « Si Montesquieu, dit-il, avait eu
autant de justice que d'esprit, il aurait senti malgré
lui que plusieurs de nos belles odes et de nos bons
opéras valent infiniment mieux que les plaisanteries de
Riga à Usbeck, imitées du *Siamois* de Dufresni, et que
les détails de ce qui se passa dans le sérail d'Usbeck à
Ispahan[3]. » Et voilà pourquoi le président n'eut pas
d'épitaphe.

1. Voltaire, *OEuvres complètes* (Beuchot), t. LVI, p. 523. Lettre de Voltaire à madame de Lutzelbourg; Colmar, le 22 octobre 1754.
2. *Ibid.*, t. XXXII, p. 435. *Vers et poésie*.
3. *Ibid.*, t. XXVII, p. 120. *Art poétique*.

III

LA PUCELLE. — L'ORPHELIN DE LA CHINE. — LE POÈME SUR LE DÉSASTRE DE LISBONNE.

Voltaire a plus d'un souci, il ne sait où donner de la tête; il est en même temps, comme il le répète à satiété, et maçon, et charpentier, et jardinier, ce qui ne l'empêche pas de refaire, de retoucher incessamment ses *magots*, heureux s'il n'eût pas eu d'autres objets de préoccupation. Hélas! peut-être n'a-t-il jamais été plus agité, plus troublé, et n'a-t-il moins joui de cette paix, de cette sérénité qui hante peu les grands et tous ceux dont la vanité, l'amour de la gloire font l'existence. Force est bien, tôt ou tard, de rendre ses comptes, d'expier ses fautes; et le moment était venu où l'auteur de *Jeanne d'Arc* allait avoir à répondre devant l'opinion, devant le pouvoir, d'erreurs de jeunesse trop caressées par l'âge mûr et même la vieillesse. Est-il besoin de redire verbeusement ce qu'on a dit avec trop de raison de cet étrange poëme, dont on ne peut nier l'esprit, la verve inépuisable. S'il a jamais été poëte, c'est dans cette malheureuse *Pucelle*, qui, pourtant, est demeurée loin et bien loin de l'*Orlando* de l'Arioste. Aussi, est-ce et sera-ce son œuvre de prédilection, l'enfant de ses entrailles. Plus elle lui causera de chagrin, d'inquiétudes, plus il l'affectionnera, quoi qu'il en dise; car il sent bien que, plus la somme des années arrive, plus cette étrange paternité devient embarrassante. Dès le début, il est averti que cette *Jeanne* le perdra; mais le moyen de ne pas la communiquer aux intimes et de n'en pas rire avec eux? il l'avait faite pour eux. « Je veux que cet ouvrage serve quelquefois à divertir mes amis; mais je ne veux pas que mes ennemis puissent jamais en avoir la moindre connaissance[1]. »

Nous avons vu, en effet, comment l'idée de cette débauche lui était venue : ç'avait été une gageure, un gant jeté à cet esprit alerte et relevé avec l'ardeur d'entreprise qu'il mettait dans tout[2]. Mais restreindre ses faveurs à une demi-douzaine de privilégiés dont on est sûr, était-ce bien sérieux; et ne connaissons-nous pas assez Voltaire pour apprécier la vanité de pareilles résolutions? Tant que madame Du Châtelet fut là, elle fit bonne garde; et le prince royal, tout prince royal qu'il fût, dut en rester sur son envie. Malgré toute sa vigilance, que d'alertes encore lui donna ce terrible inconsidéré, qu'il fallait à tout instant empêcher de se perdre[3]! La mort de la docte Uranie livrait à lui-même l'auteur de *Jeanne*, que l'on pilla à qui mieux mieux. La duchesse de Wurtemberg passait tout

---

1. Voltaire, *Œuvres complètes* (Beuchot), t. LI, p. 513. Lettre de Voltaire à Formont; ce 27..... (1734).

2. Longchamp et Wagnière, *Mémoires sur Voltaire* (Paris, 1826), t. II, p. 184 et suiv.

3. *Lettres inédites de madame du Châtelet à d'Argental* (Paris, 1806), p. 40, 62; 13 janvier et février 1735.

une nuit à transcrire le manuscrit que lui avait confié le poëte [1], et le prince Henri tenait sans scrupules une copie de la *Pucelle*, des mains d'un secrétaire infidèle. Il était naturel de faire aux amis des lectures d'un poëme composé à leur intention; leur accorder des copies était autrement grave, autrement périlleux. Pourtant était-il bien aisé de répondre par une marque de défiance à un empressement obligeant? Il arriva ce qui était inévitable : un beau jour, *Jeanne* sillonnait la ville, plus ou moins court-vêtue, perdant, à chaque carrefour, nous ne dirons pas de sa pudeur, mais de son esprit, pour l'échanger contre le jargon des halles. Elle devint la *Jeanne* de tous les rimailleurs grouillants dans Paris, qui s'imposèrent la tâche d'ajuster, chacun son lambeau, aux haillons sous lesquels bientôt elle disparut presque. Ce fut là la plus cruelle expiation de ce père coupable.

A Colmar, à la date du 15 octobre 1754, Voltaire a des soupçons; des rumeurs inquiétantes sont parvenues jusqu'à lui. « L'un mutile l'*Histoire générale*, s'écrie-t-il, l'autre estropie *Pandore*, et, pour comble d'horreur, il y a grande apparence que la *Pucelle* va paraître. Un je ne sais quel Chevrier [2] se vante d'avoir eu ses faveurs, de l'avoir tenue dans ses vilaines mains, et prétend qu'elle sera bientôt prostituée au public [3]... » Tout cela n'est que trop vraisemblable,

1. *Revue française* (1er novembre 1865), t. XII, p. 343. Lettre de Voltaire à la margrave de Bayreuth; Berlin, 28 mars 1752.
2. L'auteur du *Colporteur*.
3. Voltaire, *OEuvres complètes* (Beuchot), t. LVI, p. 517. Lettre de Voltaire à d'Argental; Colmar, le 15 octobre 1754. Voir celle du 29, au même.

et les nouvelles qui lui viennent de toutes parts ne font que confirmer ces premiers bruits, avec les détails les plus navrants. Thiériot aurait vu des feuilles imprimées de *Jeanne*; un conseiller au Parlement, M. Pasquier, l'aurait lue tout entière chez un haut personnage. L'ancienne confidente de madame Du Châtelet, dont on n'a pas oublié l'intervention dans les négociations du poëte avec Benoît XIV, mademoiselle Du Thil, en avait trouvé une copie dans les papiers de la marquise; et c'était même, à ce qu'il paraîtrait, avec cet exemplaire, que s'était faite cette lecture à laquelle avait assisté notre conseiller[1]. Dans ces conditions, sous le coup de charges qui peuvent amener des recherches et des poursuites, le séjour de Lyon, où il était allé embrasser Richelieu, ne semble pas des plus sûrs à Voltaire qui s'inquiète et supplie d'Argental de l'avertir à temps, car la perspective de finir ses jours à Pierre-Encise avec Thalouet[2], ne lui sourit que médiocrement.

Mais il a quitté Lyon. Six semaines se sont écoulées sans autre alerte, quand il est réveillé, un matin, par les plus tristes nouvelles. « On me mande que la *Pucelle* est imprimée, et qu'on la vend un louis à Paris[3]. » Si sa *Jeanne* était à qui la voulait acheter, cela ne peut s'entendre que des copies manuscrites; et près

---

1. Voltaire, *OEuvres complètes* (Beuchot), t. LVI, p. 538, 539. Lettre de Voltaire à d'Argental; Lyon, 2 décembre 1754.
2. Condamné à mort en 1723 comme prévaricateur. Sa peine fut par suite commuée en une prison perpétuelle. Voir ce que dit de lui Barbier dans ses *Mémoires* (Paris, Charpentier), t. I, p. 258, 273, 298.
3. Voltaire, *OEuvres complètes* (Beuchot), t. LVI, p. 577. Lettre de Voltaire à d'Argental; à Prangins, 23 janvier 1755.

de l'année s'écoulera encore avant qu'elle ne soit publiée. A tout événement, Voltaire envoie à son ami les quatre derniers chants, et il voudrait bien que l'on transigeât avec cette demoiselle Du Thil, afin de retirer de ses mains ce dix-neuvième chant de l'*Ane*, qui l'inquiète à si juste titre : on lui donnerait cinq chants pour un, et il serait délivré de la crainte de voir paraître à sa mort l'ouvrage défiguré[1]. Mais l'échange était encore à traiter en mai 1755. D'Argental n'avait pas d'accès près de la demoiselle, ce qui étonne un peu; Voltaire lui-même, chose non moins surprenante, ne croit pas devoir hasarder de démarches directes. « Mais comment et par qui lui faire cette proposition? Peut-être M. de La Motte, qui a pris ma maison et qui est le plus officieux des hommes, voudrait bien se charger de cette négociation; mais voilà de ces choses qui exigent que l'on soit à Paris[2]. » Chaque courrier ravive, accroît le désespoir du poëte qui, hors d'atteinte, devrait prendre les choses plus froidement. Il en écrit à madame de Fontaine, il en persécute d'Argental, qui est impuissant à servir son ami; il fait écrire par madame Denis au comte d'Argenson et à M. de Malesherbes, et cherche par tous les moyens à intimider les misérables qui, pour gagner quelques louis, sont gens à tout risquer.

C'est alors qu'apparaît sur la scène un certain

---

1. Voltaire, *OEuvres complètes* (Beuchot), t. LVI, p. 588. Lettre de Voltaire à d'Argental; Prangins, 6 février 1755.

2. *Ibid.*, t. LVI, p. 628. Lettre de Voltaire à d'Argental; aux Délices, 4 mai 1755. Ce M. de La Motte lui avait succédé, rue Traversière-Saint-Honoré.

Grasset, qui est sur le point d'acheter un manuscrit de *Jeanne*, et qui eût écrit au libraire Corbi, pour s'entendre avec lui sur le débit de l'édition à Paris. La lettre de Grasset est envoyée à Voltaire, qui s'adresse directement à celui-ci et lui déclare que ce qu'on veut lui vendre mille écus n'est pas sa *Jeanne*, mais un ramassis d'absurdités et d'inepties, dont il n'écoulerait pas cent exemplaires. « J'espère que vous profiterez de l'avis que je vous donne; je serai d'ailleurs aussi empressé à vous rendre service qu'à vous instruire du mauvais marché qu'on vous propose[1]. » Mais, s'il cherche à négocier, il sent bien la faiblesse de l'argument; contrefaite ou non, il était clair que l'édition serait aussitôt enlevée que parue. Il se débat comme le lion dans des mailles inextricables, décidé à tout tenter, roulant cent projets qui ne le sortent pas de peine. Mille fragments altérés, falsifiés, circulent de salon en salon, et ce qu'on applaudit le plus aux lectures que l'on en fait, c'est, cela va sans dire, ce dont Voltaire est innocent, les plaisanteries au gros sel, l'ordure, les obscénités. Tout le monde n'est pas dupe; mais, parmi les délicats, il y a les ennemis dont la mission n'est pas de dessiller les yeux et d'éclairer le goût de ce public trop nombreux qui s'en tient à l'étiquette du sac. En définitive, l'homme habile tire parti de tout, et l'auteur de *Jeanne* allait mettre à profit ces circonstances mêmes, pour démontrer, avec la malice des gens acharnés à sa perte, sa complète et parfaite innocence.

1. Voltaire, *OEuvres complètes* (Beuchot), t. LVI, p. 636. Lettre de Voltaire à Grasset; aux Délices, le 26 mai 1755.

Bientôt cependant une idée moins singulière qu'heureuse lui rendit tout son courage. Il imagina d'employer, à Paris même, un grand nombre de copistes occupés jour et nuit à répandre dans le public des manuscrits de la *Pucelle*. Tous ces manuscrits différaient les uns des autres; tous étaient plus ou moins chargés de vers détestables ou de turpitudes révoltantes que lui-même y faisait insérer à dessein. L'empressement qu'on avait à jouir de ce poëme, quelque défectueux qu'il pût être, faisait acheter toutes ces copies. Chacun se flattait d'avoir la meilleure. Quelques-unes même furent enrichies d'ornements de luxe, et payées à un prix exorbitant : ce bénéfice, ajouté au salaire des copistes, multiplia les exemplaires, au point qu'il n'était guère de société qui n'eût son manuscrit [1].

Ce singulier moyen de défense, qu'on ne peut guère reprocher à un vieillard menacé d'une persécution si cruelle, lui fournissait un prétexte plausible de désavouer hautement un ouvrage qui semblait être devenu l'objet des spéculations d'une foule de corsaires. « Ce n'est point ma *Pucelle*, disait l'auteur appuyé de tous ses amis. Qui pourrait me reconnaître à de pareils vers? qui oserait me soupçonner d'avoir écrit ces infamies [2]? »

En même temps qu'il se livre à cette étrange profanation de son œuvre, il dépêche à ses amis, aux gens en place, le plus de copies qu'il peut de la vraie *Pucelle*, de la seule qu'il veuille avouer, puisque son étourderie, son impardonnable légèreté le forcent

---

1. En octobre, Collé parle de plus de douze mille copies manuscrites répandues dans Paris, les unes en douze chants, d'autres en quatorze, d'autres en quinze, quelques-unes en dix-huit. « La plus grande partie de ces copies, ajoute-t-il, est défigurée; les chants y sont confondus, transposés; les fautes des copistes y fourmillent; il y a des vers qui manquent; beaucoup qui ne peuvent pas être de Voltaire, tant ils sont mauvais... » *Journal* (Paris, 1807); t. II, p. 117; octobre 1755.

2. Palissot, *Le Génie de Voltaire* (Paris, 1807), p. 188, 189.

de se reconnaître le père de cette terrible fille. Mais l'autorité, instruite de ces envois, était très-excusable de se méprendre sur ses véritables desseins ; et nous avons sous les yeux l'autographe même d'une lettre du comte d'Argenson à Berrier, qui accuse le peu de confiance du ministre dans les déclarations et les actes de son ancien camarade de Louis-le-Grand.

J'ay, monsieur, des avis certains de Genève que Voltaire doit envoyer incessamment à Thiériot une copie manuscrite et complète du poëme de la *Pucelle*[1] ; vous sçavez toutes les craintes affectées que Voltaire et madame Denis marquent depuis longtemps que cet ouvrage ne perce dans le public par l'infidélité prétendue d'un domestique chez qui nous avons eu la complaisance d'envoyer faire des recherches infructueuses[2]. Aujourd'hui, c'est Voltaire luy-même qui en envoye une copie. Peut-on présumer que ce soit à autre intention que pour la faire imprimer par celui qui a déjà été plus d'une fois le complice de ses friponneries littéraires ? C'est ce qu'il est, je crois, important d'approfondir ; en usant à cet effet de la prudence et des précautions dont vous êtes capable. Faites donc examiner Thiériot avec soin et vous découvrirez par là dans ses allures l'usage qu'il fera

---

1. Voltaire, dix-sept jours après cette lettre de d'Argenson, mandait à Thiériot : « Les curieux, mon ancien ami, se sont saisis, à ce que je vois, de votre paquet, et ma toile cirée est perdue... Pour comble de bénédiction, on dit que je vous envoyais l'ouvrage, afin de l'imprimer ; c'est bien assurément tout le contraire. » On voit que, si M. d'Argenson avait sa police, Voltaire était aussi prestement informé, à Genève, de ce qui se passait à Paris. *OEuvres complètes* (Beuchot), t. LVI, p. 676, 677. Lettre de Voltaire à Thiériot ; Genève, le 22 juillet 1755.

2. Dans la préface de la *Pucelle*, dont Beuchot lui avait laissé le soin, M. Ravenel parle d'un rapport de d'Hemery, en date du 19 juin, au lieutenant de police qui l'avait mis en campagne, rapport peu bienveillant dans lequel il donne à entendre que l'impression de l'ouvrage n'aura lieu que du consentement de l'auteur.

du mss. en question, qu'il doit ou avoir maintenant reçeu, ou qu'il recevra certainement dans peu de jours. Je ne doute pas qu'il ne voye à cette occasion quelque libraire, vous connoissez ceux qui sont capables de se charger d'une pareille besogne, soit Lambert, qui a été l'impr de confiance de Voltaire, soit quelque autre. Peut-être aussy Thiériot, avant de donner l'ouvrage à l'imprimeur, voudrat-il en faire faire une seconde copie, et, en ce cas, les démarches qu'il faudra qu'il fasse pour avoir un copiste n'échapperont pas à votre vigilance. Si vous faites quelques découvertes dans ce genre, je suis persuadé que vous ne laisserez pas échapper l'occasion de saisir l'ouvrage et de faire mettre à la Bastille ceux qui s'en trouveroient chargés. Comme je compte toujours que nous nous verrons dimanche, si d'icy là vous ne parvenez pas au but que je vous propose, nous nous entretiendrons alors des mesures que vous aurez prises et de ce que vous espérez de leur succès [1].

Malgré les caresses, le comte d'Argenson ne partage pas le faible de son aîné pour son ancien condisciple, il juge Voltaire un peu capable de tout, aussitôt que sa vanité d'auteur est engagée. Il supposait, d'ailleurs, assez vraisemblablement que, quelles que fussent ses protestations, son indignation grande à l'égard de ces écumeurs de la librairie, auxquels tout est propre, il dût souhaiter la publicité d'une œuvre maniée et remaniée depuis trente ans, affectionnée entre toutes; et qu'au fond il n'eût pas demandé mieux de prêter les mains à une édition subreptice, pour peu que sa responsabilité demeurât à couvert. La police avait les ordres les plus formels, et elle n'épargna ni ses recherches ni ses peines. Mais elle donnait à faux, et ses

---

1. Lettre inédite du comte d'Argenson à M. Berrier, lieutenant de police; à Compiègne, ce 7 juillet 1755.

investigations furent en pure perte, comme le démontre, vingt jours après, le curieux rapport que nous avons trouvé joint à la lettre de M. d'Argenson.

J'ay l'honneur de vous rendre compte que, malgré tout ce que j'ai pu faire jusqu'à présent pour constater quelque chose au sujet de l'impression que le sieur Thiériot pourroit faire faire du poëme de *la Pucelle*, de Voltaire, je n'ai pu encore y parvenir. Il est certain cependant, monsieur, qu'il a cet ouvrage complet; mais il ne paroît point présentement dans les sentimens de le faire imprimer, ce qui ne manquera pourtant pas d'arriver, soit par lui, soit par quelques autres, par la quantité de copies qu'il y a eu dans Paris, qui ne peuvent certainement venir que de l'auteur : 1° parce que le libraire de Genève en a voulu vendre à Paris une copie pour l'imprimer; 2° parce que tous les amis ou les gens liés avec Voltaire en ont aussi des copies très-exactes, entre autres M. Dargental, made de Graffigny, le sieur Thiériot, made Denis, made la comtesse de La Marck et M. le duc de Lavallière, qui n'aura sûrement pas manqué d'en donner une expédition à madame la marquise[1].

La situation était grave pour Voltaire. A chaque courrier, c'étaient les rapports les plus alarmants; chaque correspondant lui mandait ce qu'il avait découvert, et l'on conçoit les perplexités du poëte qui était loin de songer à brûler ses vaisseaux. L'oncle et la nièce résolurent d'envoyer Collini à Paris, avec des lettres qui l'accréditassent auprès de leurs amis et des

---

1. Lettre inédite de d'Hemery, 25 juillet 1755. M. d'Argenson recevait lui-même un exemplaire pour sa « belle et rare bibliothèque » avec une lettre d'envoi, qui n'a pas été publiée, et où Voltaire n'a garde de ne point se plaindre des additions ridicules ou odieuses dont l'ouvrage est farci. Bibliothèque de l'Arsenal. Manuscrits B. L. 20,740. Lettre de Voltaire à d'Argenson; aux Délices, ou prétendues Délices, près Genève, 8 aoust.

puissances. Intelligent, adroit, Collini pouvait leur être très-utile. Il partait, le 27 juillet, de Genève. A peine arrivé, il remettait les paquets dont il était chargé à d'Argental et à madame de Fontaine qui, l'un et l'autre, devaient l'éclairer sur le véritable état des choses. Il alla rendre visite au président Hénault, placé mieux que personne pour venir en aide à l'auteur du *poëme de Fontenoi* auprès du comte d'Argenson ; il alla trouver également M. de Malesherbes, qui avait l'inspection de la librairie, et dont la bienveillance pour Voltaire n'était pas douteuse. Le poëte ne soupçonnait pas jusqu'à quel point cette bienveillance lui était nécessaire ; car on lui cachait la vérité sur un fait qui inculperait gravement tout au moins la prudence de madame Denis. Nous avons dit quelle intimité avait existé entre la nièce de Voltaire et le marquis de Ximénès. Si les liens étaient relâchés, l'on se voyait toujours, et madame Denis l'aimait encore assez pour se préoccuper de ses faits et gestes. « Dites-moi, écrivait-elle à M. de Thibouville, si Ximénès demande encore la place vacante à l'Académie ; j'en serais fâchée.... si j'étais à Paris, je ferais l'impossible pour l'en empêcher. Il se presse trop, et détruit la petite fortune d'*Amalazonte*, par un amour-propre mal entendu qu'on veut humilier [1]. » Quant à Voltaire, il le traitait en confrère et l'encourageait de son mieux dans cette noble ambition du théâtre et des lettres. Mais tout cela nous importe peu, et nous eussions laissé

---

1. Voltaire, *OEuvres complètes* (Beuchot), t. LVI, p. 496. Lettre de madame Denis au marquis de Thibouville, dans une lettre de Voltaire, datée de Colmar ; le 27 août 1754.

en paix notre marquis, s'il ne se rattachait point à ce récit par une démarche inqualifiable et à laquelle on se refuse à croire. L'auteur d'*Epicharis* et d'*Amalazonte*, ayant mis la main sur une copie des *Campagnes de Louis XV*, les aurait vendues à un libraire du nom de Le Prieur, pour quelques louis! Madame Denis venait d'apprendre cette infamie par madame de Fontaine; elle ne perd pas un instant, écrit à Collini de faire diligence de son côté, et de raconter ce qui se passait à M. de Malesherbes.

> Vous savez que je n'ai jamais eu les campagnes du roi en ma disposition. Mon oncle les emporta lorsqu'il partit de Paris pour la Prusse. Il restait dans son cabinet de vieux brouillons sans suite, sans aucun ordre; c'étaient des feuilles déchirées; des chapitres entiers manquaient, il n'y avait pas le quart de l'ouvrage. Je sortis ces brouillons de ce cabinet, mes femmes me proposèrent de s'en servir pour emballer mes caisses. Il faut donc que ce..... en ait attrapé quelque cahier. Je vous supplie de voir M. de Malesherbes sur-le-champ; je lui écrirai par la première poste. Montrez-lui l'horreur de ce procédé..... Je crains qu'il ne conte cette affaire à mon oncle, et, sans avoir le moindre tort, je suis perdue[1]!

Ce billet de madame Denis n'est pas daté. Celui qui suit est du 15 août, et l'inquiétude n'a pas dû lui laisser mettre entre eux l'intervalle de plus d'un jour.

> Je ne reviens pas encore, disait-elle à Collini dans ce dernier, d'un homme qui vole chez moi une parcelle de brouillon pour la vendre! moi, amie intime de sa mère, et lui, venant très-souvent me voir. J'ai caché cette horreur à mon oncle, et je ne la lui dirai que lorsque nous aurons réparé le mal.

1. Collini, *Mon séjour auprès de Voltaire* (Paris, 1807), p. 154, 155. — Laverdet, *Catalogue d'autographes* du 2 juin 1856. Lettre de madame Denis à Lambert, ce 26 août.

En attendant, elle écrit, comme elle le dit, des volumes. Elle s'adresse à madame de Pompadour, qui avait, ainsi qu'on l'a vu plus haut, quelque motif de s'intéresser à l'ouvrage[1]; elle s'adresse à M. d'Argenson, les suppliant, l'un et l'autre, de ne pas permettre d'imprimer l'histoire du roi régnant sur des brouillons volés. La requête à cet égard était superflue; et le crime n'eût pas paru moindre, lors même que la composition se fût faite sur le manuscrit revu et corrigé de l'auteur. Du reste, la police avait l'éveil, et d'Hemery fut dépêché au libraire, dont il tira les renseignements que l'on joint ici, mais qui ne confirment point les inculpations de madame Denis à l'égard de Ximénès.

J'ai l'honneur de vous rendre compte que Le Prieur a acheté le manuscrit des campagnes de Louis XV, du s^r Richer, auteur de l'*Abrégé chronologique des Empereurs*, et frère de Richer l'avocat, qui vient de donner un *Traité sur la Mort civile*.

Il a présenté ce manuscrit à Le Prieur, comme appartenant à un M. de Venozan, officier dans le régiment de Picardie; Le Prieur l'a acheté comme tel, et Richer pour l'en convaincre lui a produit une quittance d'une écriture toute contrefaite signée dudit sieur de Venozan, que Le Prieur n'a cependant pas voulu accepter qu'après avoir été endossée par ledit sieur Richer.

Cette conduite a paru suspecte à Le Prieur, avec d'autant plus de raison, que Richer avoit échapé dans la conversation les noms du chevalier de La Morlière; mais, comme Le Prieur achetoit d'un homme qu'il connoissoit et qu'il avoit envie de l'ouvrage, il n'a pas cherché à approfondir ce qui en étoit.

J'ay engagé Le Prieur (qui m'a dit les choses de la meilleure

---

1. Voir le troisième volume de ces études, *Voltaire à la cour*, p. 263, 264.

grâce du monde, sous la promesse que je lui ai faite qu'il ne seroit point compromis) à me confier ce billet, et j'ay reconnu que l'écriture, quoique contrefaite, du prétendu Venozan, est précisément celle du chevalier de La Morlière, ainsi qu'il est aisé de s'en convaincre en la vérifiant avec son écriture, que je joins icy avec ce billet[1]. Il n'est donc pas douteux, monsieur, que ce manuscrit ne vienne du chevalier de La Morlière, et par conséquent, de la part de Voltaire, non-seulement par les raisons que je viens de dire, mais encore parce que c'est une de ses âmes damnées, qu'il emploie à ces sortes de manœuvres, aussi bien que dans celles du poëme de *la Pucelle*, que La Morlière a répandu des premiers et qu'il a vendu fort cher. Corbie m'ayant assuré qu'il lui en avoit acheté un exemplaire cinquante louis, quand ce ne seroit que vingt-cinq, cela seroit fort honnête, et La Morlière a pu en tirer beaucoup d'argent. Je suis même presque sûr que le voyage que j'ay sçu qu'il venoit de faire à Rouën n'a été que pour y vendre cet ouvrage, ou peut-être pour l'y faire imprimer[2].

D'Hemery, qui croit à une manœuvre de Voltaire pour l'impression de son *Histoire de la Campagne de 1741*, semble ne pas soupçonner d'intermédiaire entre le poëte et La Morlière, et ignorer complétement l'inqualifiable procédé de Ximénès. Il avait bien fallu ap-

---

1. Voici ce billet : « Je cède et transporte au sieur Prieur, libraire, un manuscrit en forme de mémoire sur la guerre dernière, pour le prix de six cents livres; à Paris, le 18 juillet 1755. De Venozan. » Et derrière : « Je reconnois avoir reçu de monsieur Prieur, imprimeur-libraire, à Paris, la somme de six cents livres que ledit sieur de Venozan m'avoit chargé de recevoir pour lui, en livrant ledit manuscrit audit M. Prieur. Fait à Paris, le 18 juillet 1755. Richer. » Suivait la déclaration de Le Prieur : « Je déclare que le manuscrit de l'*Histoire de la guerre de 1741* m'a été remis par le sieur Richer, auteur de l'*Abrégé chronologique de l'Histoire des Empereurs*. A Paris, ce 1er septembre 1755. Le Prieur. »
2. Lettre inédite de d'Hemery, ce 30 juillet 1755.

prendre au principal intéressé cette insigne félonie ; et, de quelques ménagements qu'on usât, l'on ne put empêcher l'explosion de cette chaudière en perpétuelle ébullition. Sa colère fut terrible. Que se passa-t-il entre lui et sa nièce? Que pensa-t-il de l'aventure? Dans le premier moment, il paraît n'avoir que médiocrement ajouté foi au récit qui lui était fait, et bien plutôt croire à une complicité de madame Denis. Du moins c'est ce que l'on serait autorisé à conjecturer de ces deux lignes énigmatiques, empreintes d'une profonde amertume : « Votre sœur ne m'a avoué qu'aujourd'hui sa tracasserie avec *Chimène*. Cette nouvelle horreur d'elle me plonge dans un embarras dont je ne peux plus me tirer[1]. » Mais voici ce qu'il écrivait à Thiériot, quatre jours après, et où l'on retrouve quelques particularités du rapport de d'Hemery : « Plût à Dieu qu'on eut saisi la *Pucelle*, l'infâme prostituée de la *Pucelle*, à Paris, comme vous me l'écrivez, et comme je l'ai demandé ! mais ce n'est point sur elle qu'est tombée l'équité du ministère ; c'est, à ma réquisition, sur une édition de la *Guerre de* 1741. Un homme de condition avait, à ce qu'on prétend, volé chez madame Denis les minutes très-informes des matériaux de cette histoire, et les avait vendus vingt-cinq louis d'or à un libraire nommé Prieur, par les mains du chevalier de La Morlière, dont ce Prieur a la quittance. Je ne crois point du tout que le jeune marquis qu'on accuse de s'être servi de ce chevalier soit coupable d'une si infâme action. Je suis très-loin de l'en soupçonner, et je suis

---

1. Voltaire. *OEuvres complètes* (Beuchot), t. LVI, p. 721. Lettre de Voltaire à madame de Fontaine; aux Délices, 6 septembre 1755.

persuadé qu'il se lavera d'une accusation si odieuse [1]. »
C'était manière de dire. Voltaire croyait savoir à quoi
s'en tenir, et il s'exprimera en toute franchise avec
d'Argental et Richelieu. « Manger six cent mille francs,
écrivait-il à ce dernier, et vendre six cents francs un
manuscrit dérobé, voilà un singulier exemple de ce
que la ruine traîne après elle [2]. »

Soit qu'il ait senti l'injustice de ses soupçons, soit
que son affection lui ait fait tout pardonner, il semble
avoir complétement oublié ce qui lui est échappé contre
madame Denis dans la lettre à sa sœur, et il ne parle
d'elle qu'avec presque de la reconnaissance. « Elle
m'avait tout caché pendant un assez violent accès de
ma maladie. Il me paraît qu'elle s'est conduite avec le
zèle et la fermeté de l'amitié [3]. » Mais on voudrait
avoir sur tout cela d'autres éclaircissements. Il était
impossible que le marquis ignorât les bruits qui couraient sur son compte, et il en témoigna son indignation avec plus que de la vivacité, ce qui lui aurait été
bien permis, si l'accusation eût été calomnieuse. « Et
que pensez-vous de la belle lettre de Ximénès à madame
Denis, et de la manière dont ce misérable ose parler
de vous ? Toutes ces horreurs, toutes ces bassesses,
toutes ces insolences sont-elles concevables ? » Et,
deux jours après, à d'Argental encore : « Quoi ! Un

---

1. Voltaire, OEuvres complètes (Beuchot), t. LVI, p. 729, 730. Lettre de Voltaire à Thiériot; aux Délices, le 10 septembre 1755.

2. Ibid., t. LVI, p. 752. Lettre de Voltaire à Richelieu; aux Délices, 27 septembre 1755.

3. Ibid., t. LVI, p. 731. Lettre de Voltaire à d'Argental; aux Délices, 10 septembre 1755.

Ximénès vole des manuscrits, et ce lâche insulte ! Et il vous traite d'*espèce !* Et M. de Malesherbes a protégé ce vol ! Contre qui ? Contre celui que ce vol pourrait perdre[1]. » M. de Malesherbes, en effet, semble avoir agi un peu précipitamment. Ne soupçonnant pas la fraude, il avait autorisé l'édition[2]; et, se trouvant compromis par les démarches de madame Denis et, par suite, de Voltaire, il conçut un moment de l'humeur et le manifesta avec quelque vivacité, comme cela semble résulter de la correspondance du poëte, qui s'était trop hâté d'écrire à la favorite et au ministre.

Tandis qu'il agissait par ses amis, à Paris, Voltaire requérait et obtenait personnellement des poursuites contre Grasset. Il avait essayé d'abord de l'ébranler par la considération seule du peu d'honneur et de profit à tirer du brigandage qu'il méditait. Sa lettre à ce dernier est du 26 mai; deux mois après, jour pour jour, Grasset arrivait de Lausanne où il s'était vu relancer à sa requête et avait l'impudence d'offrir à l'auteur de *Jeanne*, en présence de madame Denis et d'un M. Cathala, négociant de Genève, une copie dont il voulait cinquante louis, ajoutant que, s'il ne la lui achetait point, il n'était pas embarrassé pour trouver acquéreur : il laissait une feuille du manuscrit, écrite de sa main, qu'il priait qu'on lui rendît

---

1. Voltaire, *OEuvres complètes* (Beuchot), t. LVI, p. 738. Lettre de Voltaire à d'Argental ; aux Délices, 12 septembre 1755.
2. « On a porté tout simplement le manuscrit à M. de Malesherbes, qui donne aussi tout simplement son privilége... » *OEuvres complètes* (Beuchot), t. LVI, p. 689. Lettre de Voltaire à d'Argental ; 31 juillet 1755.

après l'avoir fait transcrire. Cette candeur, du reste, assez étrange en pareil cas, fut mal récompensée. Voltaire le chassa avec tous les dehors de l'indignation et fit tout aussitôt remettre cette pièce de conviction aux magistrats de Genève qui ordonnèrent l'arrestation de Grasset[1]. « Le Conseil a fait tout ce que j'ai demandé à ma réquisition, et contre les distributeurs et contre la feuille qu'ils étalaient pour vendre le reste de l'ouvrage. Grasset, au sortir de prison, a été admonesté vertement, et conseillé de vider la ville[2]. » Mais de qui tenait-il la copie incriminée? La crainte des rigueurs qu'il s'était attirées lui délia la langue. « Il dit alors qu'il la tenait d'un nommé Maubert, ci-devant capucin, auteur de je ne sais quel *Testament politique du cardinal Alberoni*[3] dans lequel le ministère de France et M. le maréchal de Belle-Isle sont calomniés avec cette impudence qu'on punissait autrefois et qu'on méprise aujourd'hui; enfin on a banni de Genève le nommé Grasset. On a interrogé le sieur Maubert, et on lui a signifié que, si l'ouvrage paraissait, on s'en prendrait à lui. Voilà tout ce que j'ai pu faire, dans un pays où la justice n'est pas rigoureuse[4]. » Est-ce un éloge, est-ce un regret qu'ex-

---

1. Voltaire, *OEuvres complètes* (Beuchot), t. LVI, p. 690, 691. Lettre de Voltaire à M. le premier syndic du Conseil de Genève; le 2 août 1755.
2. *Ibid.*, t. LVI, p. 695. Lettre de Voltaire à M. Polier de Bottens; 5 août 1755.
3. Maubert de Gouvest, né à Rouen en 1721. Ancien capucin, ancien officier d'artillerie, écrivain famélique dont il est question plus d'une fois dans la correspondance.
4. Voltaire, *OEuvres complètes* (Beuchot), t. LVI, p. 697, 698. Lettre de Voltaire à Darget; le 5 août 1755.

prime là Voltaire? Tel est le récit dé l'auteur effaré de la *Jeanne*. Grasset a aussi fait le sien qu'il est juste de reproduire.

J'avais séjourné deux ans à Paris, comme représentant de la maison Bousquet, j'allais partir pour l'Espagne, quand M. de Voltaire me fit l'honneur de m'écrire à Lausanne plusieurs lettres obligeantes et amicales. Il me marquait qu'il avait des avis certains que je me disposais à imprimer la *Pucelle*, ouvrage dont j'avais entendu parler vaguement à Paris. Je lui répondis qu'il était mal informé, et qu'il suffisait qu'il y eût dans ce livre des infamies pour me faire renoncer à l'imprimer; que, d'ailleurs, j'allais partir pour l'Espagne, où l'on n'entendait pas raison sur ces sortes d'articles. Malgré ces protestations, M. de Voltaire me fit écrire, le 10 juin 1755, par M. Colini, son secrétaire :

« M. de Voltaire sait qu'il y a à Lausanne une copie extrêmement incorrecte de ce manuscrit. Si ceux qui le possèdent avaient voulu avoir le véritable ouvrage, qui est du double plus considérable, j'aurais pu le leur procurer avec la permission de l'auteur. »

Le 18 juillet suivant, M. Colini m'écrivait encore :

« Vous ferez fort bien de venir vous présenter vous-même à une personne satisfaite de vos procédés, et qui vous rendra tous les bons offices qui dépendront d'elle. »

Enfin, le 22 juillet, M. Colini me mandait : « Si vous pouvez venir ici sur-le-champ, et apporter les papiers que vous savez, vous ne serez pas mécontent de votre voyage. »

Je partis deux jours après pour mon grand voyage d'Espagne, et je passai par Genève, où j'allai rendre mes devoirs à M. le premier syndic, Chouet. Je lui fis part de ce que m'avait écrit M. de Voltaire. « Prenez garde, me dit-il, que ce ne soit un piége. Ne vous pressez point de l'aller voir. » Mais M. Colini vint chez moi, me priant de me rendre aux *Délices*. La curiosité l'emporta sur la prudence. Je fus très-bien reçu par M. de Voltaire, et cette séance finit par un déjeuner avec madame Denis, sa nièce. M. de Voltaire fut très-content de ce que je lui dis sur la prétendue impression du livre qui lui donnait tant d'inquiétude. Il m'invita à dîner pour le lendemain, en me priant de lui rendre un service en ville, qui concernait ce malheureux manuscrit. Je m'en défendis longtemps, et je m'en chargeai enfin fort imprudemment. Je vins lui en rendre compte le lendemain, et, après m'avoir admis à sa table, il me fit une scène fort désagréable chez lui[1], se rendit en ville, de là chez le magistrat, qui me fit emprisonner le soir du même jour, et libérer le lendemain. M. Fatio, alors seigneur-lieutenant et ancien syndic, vint lui-même me délivrer. Je courus chez les quatre syndics régnants : MM. Chouet, Favre, Cramer et Trembley, pour les remercier de la prompte justice qu'ils m'avaient rendue. Deux jours après, je partis pour Marseille, où je m'embarquai pour Alicante, et je ne sus plus ce qui se passait à Genève[2].

Ce récit diffère sur plus d'un point de ce que rapporte Voltaire, et, si ce dernier grossit de beaucoup les choses, comme ce n'est que trop son penchant, il est difficile d'admettre qu'il ait inventé tout ce qu'il raconte. En somme, il n'a devant les yeux que l'impression de la *Pucelle* dont il est incessamment menacé; il croit savoir que Grasset se prépare à la publier, et il est résolu à tout tenter pour l'empêcher. Les menaces, chez lui, ne viennent jamais qu'après

1. S'il fallait en croire un récit de madame Dufournet, la fille de Grasset, publié dans le *Journal de Lausanne* du 16 février 1793 (n° 7, p. 28), le mot *désagréable* serait bien modeste. Voltaire « gonflé de fureur » nous dit-elle, sauta à la gorge du libraire, et, comme celui-ci faisait quelques efforts pour se dégager, il se mit à crier au vol, à l'assassin, ce qui fit accourir tous ses gens armés de pelles et de bâtons, des mains desquels Grasset eut toutes les peines à sortir sain et sauf.

2. Gaullieur, *Études sur l'Histoire littéraire de la Suisse française* (Genève, Cherbuliez, 1856), p. 215, 216, 217. Ces détails sont extraits des mémoires manuscrits de Grasset, qui sont entre les mains de sa famille.

les prières; il ne montre les dents qu'après s'être convaincu de l'inefficacité de la douceur et des caresses. Il fera écrire à trois reprises à Grasset par Collini : il espère, en attirant celui-ci aux Délices, obtenir plus aisément de le faire renoncer à son projet. L'accueil est des plus cordiaux, Grasset, subjugué, consent, non sans s'en être longtemps défendu, à lui rendre « un service en ville » ce dont il fut récompensé, le lendemain, « par une scène désagréable » et un emprisonnement immédiat à la requête de l'auteur de la *Henriade*. A coup sûr, tout cela pourrait être plus clair. L'intention de Grasset est apparemment de nous édifier sur sa conduite, d'écarter toute équivoque, de démontrer avec la fausseté des accusations sa parfaite innocence, et il demeure mystérieux comme un sphinx. C'était le cas, pourtant, d'entrer dans tous les détails de sa mission et d'en spécifier catégoriquement la nature.

Voltaire nous a fait assister à cette scène du 26 juillet, qu'il raconte avec sa passion habituelle. Grasset apportait un échantillon d'un manuscrit transcrit de sa main, et qui était ce qu'il pouvait y avoir de plus abominable; au point que les cheveux en dressèrent d'épouvante sur la tête du poëte. « Je fus saisi d'horreur à la vue de cette feuille, qui insulte, avec autant d'insolence que de platitude, à tout ce qu'il y a de plus sacré. Je lui dis, en présence de M. Cathala, que ni moi, ni personne de ma maison, ne transcririons jamais des choses si infâmes, et que si un de mes laquais en copiait une ligne, je le chasserais sur-le-champ. » La maison Bosquet, qui avait intérêt à savoir le vrai sur les agissements d'un de ses membres, fit, à ce qu'il paraît, de son côté, une enquête [1], et reçut une lettre de M. P. Covelle (qu'il ne faut pas confondre avec Robert Covelle, le héros du poëme de la *Guerre de Genève*), dans laquelle il certifiait que c'était lui-même qui avait remis à Grasset dix-sept vers de la *Pucelle d'Orléans*, et qu'il les avait copiés du quatrième chant « que je tenais, ajoutait-il, du sieur Maubert de Gouvest et que je fis lire à M. Grasset. » Mais la lettre de Covelle prouve uniquement qu'il trempait dans cette affaire ténébreuse, et n'apporte rien, ce nous semble, à la décharge de Grasset qui devait bien tenir ces vers de quelqu'un. Ce dernier ne fait aucune allusion à la présence de ce négociant de Genève, M. Cathala, dont le témoignage aurait été précieux, s'il eût été aussi innocent qu'il le prétend. Il insiste, en revanche, sur sa prompte délivrance. S'il faut l'en croire, l'on parut honteux d'avoir cédé avec autant de précipitation à une requête qui n'avait de fondement que dans l'imagination surexcitée du poëte. Ce n'est pas ce que dit Voltaire, qui est intarissable sur ce chapitre dans ses lettres à ses divers correspondants, à MM. Polier et de Brenles, qu'il n'eût pu tromper longtemps sur des faits passés à Genève, à dix ou douze lieues de Lausanne. « Je courus sur-le-champ de ma campagne à la ville, mande-t-il aussi à madame de Fontaine, et, aidé du résident de France, je déférai le coquin : il fut mis en prison, et banni, son bel échantillon lacéré et brûlé, et le Conseil m'a écrit pour me remer-

---

1. « Bousquet se plaint qu'on ait mis en prison son associé; qu'il juge à quel associé il a affaire.,.. » écrivait Voltaire à Polier de Bottens, le 8 août 1755.

cier de ma dénonciation [1]. » Nous n'en avons pas fini avec Grasset, qui reparaîtra sur l'eau, et, malgré tous ces dégoûts, ne renoncera pas à être l'éditeur de M. de Voltaire en dépit de lui.

Mais cela n'obviait à rien. Chassé de Genève, Maubert livrait la *Pucelle* à un libraire de Bâle, à ce que prétend le poëte, bien que Louvain figure sur le titre comme le lieu où elle fut imprimée et mise en vente. Bientôt la Hollande [2] et l'Allemagne en furent infestées : les éditions allaient pulluler. Mais, contrairement à ce qui était à craindre, la publication n'aggrava point la situation de l'auteur de *Jeanne*. Les copies circulaient dans Paris depuis si longtemps, que l'œuvre n'était plus une nouveauté, quand cette première édition parut. Elle n'était d'ailleurs point comparable, pour la correction et l'ensemble, aux copies très-nombreuses que le poëte avait dépêchées à ses amis, et dont on avait fait des lectures à tous les coins. Elle n'avait donc pour elle que la difficulté que l'on avait à se la procurer; car la police veillait avec un soin extrême à ce qu'elle ne franchît point la frontière, et l'on ne pouvait guère l'obtenir que sous le couvert des mi-

---

1. Voltaire, *OEuvres complètes* (Beuchot), t. LVI, p. 705. Lettre de Voltaire à madame de Fontaine ; 13 août 1755.

2. L'attention de la police était tournée particulièrement vers la Hollande, où l'on disait que La Beaumelle préparait une édition, comme cela résulte d'une lettre de M. de Saint-Sauveur, notre ministre à La Haye, écrite à M. Berrier et datée du 6 novembre 1755. *OEuvres complètes* (Beuchot), t. I, p. 410, 411, 412. Nous avons également entrevu dans les ventes sept notes et minutes de lettres, au nom du lieutenant de police, toutes relatives à la *Pucelle*. Laverdet, *Catalogue d'autographes*, du 16 février 1859, p. 76, 77, nos 634, 635.

nistres et des fermiers généraux qui, comme on le pense bien, ne s'étaient fait faute d'en enrichir leurs collections.

Mais Voltaire était indemnisé de toutes ces traverses par un succès auquel il fut plus sensible qu'il n'affecta de le paraître. Il s'agit de ses *Magots*, qui lui avaient coûté tant de mal et pour lesquels il avait eu tant à batailler avec le doux mais tenace d'Argental. Toute la correspondance de cette époque est pleine de changements, de versions différentes, dans le but de perfectionner l'ouvrage et de contenter l'inflexible aristarque. Le cénacle s'assemblait, rue de la Sourdière, et l'on décidait telle modification dont on faisait aussitôt parvenir le vœu au poëte. Mais il advenait souvent que, lorsque la requête arrivait, la correction n'était plus à faire.

Il y a sur cet ouvrage, écrit Darget au roi de Prusse, une anecdote singulière, et qui prouve bien la justesse d'esprit de l'auteur dans ces matières. A la lecture qui en fut faite chez M. d'Argental, pour quelques comédiens et des gens de lettres et de goût, on convint qu'il fallait nécessairement changer le quatrième acte, dont on fit sur-le-champ l'arrangement, avant le départ du courrier. L'auteur qui, de son côté, avait fait les mêmes réflexions, envoya un quatrième acte changé d'après ces remarques, et comme si elles lui eussent été communiquées. Marmontel revendique, dit-on, le canevas, comme étant celui de son *Egyptus*[1]...

Ce dernier propos était plus que ridicule, si l'on songe qu'*Egyptus*, joué deux années auparavant,

---

1. *OEuvres de Frédéric le Grand* (Berlin, Preuss), t. XX, p. 62. Lettre de Darget à Frédéric; Vincennes, 22 août 1755.

n'avait eu qu'une représentation et avait été retirée par l'auteur même. On affirmait aussi que Voltaire avait dérobé son sujet à l'abbé Métastase. Il en eût eu le droit, car ce dernier lui avait fait plus d'un emprunt, sans qu'il s'en affligeât, tout au contraire ; à ceux qui lui disaient que Métastase l'avait bien volé, il répondait : « Ah ! le cher voleur ! il m'a bien embelli[1]. » Mais tous deux avaient puisé le germe de leur poëme dans l'histoire de la Chine, et l'idée de l'*Orphelin*, à ce que Voltaire nous apprend lui-même, lui était venue à la lecture d'un drame chinois, l'*Orphelin de Tchao*, traduit par le P. Prémare et publié dans le recueil du P. du Halde[2].

L'*Orphelin de la Chine* fut représenté le 20 août et eut un succès comme l'auteur n'en n'avait point obtenu depuis *Mérope*. Mademoiselle Clairon, qui jouait Idamé, y fut admirable. Lekain, tout au contraire, parut au-dessous du rôle et au-dessous de lui-même : on n'entendit pas un mot de ce qu'il disait[3]. Du reste, il en convient avec une noble franchise.

Mon oncle, écrivait madame Denis à d'Argental, a reçu aujourd'hui une lettre de M. Le Kein, dont-il est enchanté, il lui avoue qu'il a mal joué la première fois, et qu'il joue bien actuellement. Toutes les lettres que nous recevons le confirment. J'étais bien sûre de lui, et je ne doute pas qu'il ne fasse sentir à merveille tous les contrastes du rôle. C'est

1. *Lettres sur quelques écrits de ce tems* (Genève, 1751), t. IV, p. 275, 276.
2. Épître dédicatoire de l'*Orphelin de la Chine* au duc de Richelieu.
3. Collini, *Mon séjour auprès de Voltaire* (Paris, 1807), p. 161. Lettre de madame Denis à Collini ; des Délices, 26 août 1755.

le meilleur garçon du monde et tout plein de talent; je me flatte que vous aimez à la folie Melle Cleron; je suis sûre que vous et moi nous pensons de même, qu'en je dis à mon oncle que, pour avoir un grand succès, il faut de grands rôles de femmes : il commence à être de cet avis et est bien résolu de faire de beaux rôles à mademoiselle Cleron[1].

C'est à l'*Orphelin*, pour la première fois, que l'on vit sur la scène des actrices sans paniers[2]. Il fut joué douze à treize fois, et ne fut interrompu que pour le voyage de Fontainebleau, où il faillit n'être pas donné. La veille de la représentation, la reine était allée trouver le roi : on l'avait assurée qu'il y avait dans l'ouvrage quelques endroits suspects sur la foi et aussi sur l'indépendance. Une heure après, M. de Saint-Florentin lui était dépêché pour lui demander ce qu'elle désirait qui fût supprimé. La pauvre reine fut fort embarrassée; elle répondit qu'elle n'avait pas lu la pièce et que tout ce qu'elle souhaitait c'est que l'on retranchât ce qu'il pouvait s'être glissé d'équivoque et de téméraire sur la religion et l'autorité du roi[3]. A coup sûr, la petite coterie de la princesse lui avait fait faire une démarche inconsidérée. La pièce avait passé à la police où elle avait été examinée de près; l'on avait même fait difficulté un moment de laisser le couplet suivant, comme étant l'apologie du déisme :

1. *L'Amateur d'autographes*, 1er décembre 1864, 3e année, p. 364. Lettre de madame Denis à d'Argental; les Délices, 9 septembre 1755.
2. Grimm, *Correspondance littéraire* (Paris, Furne), t. I, p. 379, 15 août 1755.
3. Duc de Luynes, *Mémoires* (Paris, Didot), t. XIV, p. 276. Fontainebleau, 7 octobre 1755.

La nature et l'hymen, voilà les lois premières,
Les devoirs, les liens des nations entières :
Ces lois viennent des dieux : le reste est des humains[1].

L'on comprit, toutefois, le ridicule et l'absurdité de pareilles inculpations, et ces trois vers furent maintenus. La malveillance est opiniâtre, et, battue à Paris, elle crut avoir plus de faveur à Fontainebleau ; mais, quoique les ennemis de Voltaire eussent beau jeu, ils échouèrent complétement, et l'*Orphelin* fut applaudi à la cour aussi chaleureusement qu'à Paris. Comme on le voit, si le roi n'aimait pas Voltaire, la reine ne l'affectionnait guère plus, et sa réputation d'irréligion le lui avait rendu tout à fait odieux. Cette répulsion se manifestera même, une fois au moins, par un emportement qui n'était pas dans sa nature. Mais le petit fait que nous allons rapporter est postérieur à l'époque où nous sommes de près de deux années. C'était en juillet 1757. Marie Leczinska, en allant à la messe, aperçut sur un étalage de libraire la *Religion naturelle*. Elle en fut indignée. Elle ne s'arrêta point, pourtant ; mais, au retour, elle se saisit de la brochure et la déchira, en disant à la marchande que, si elle s'avisait de débiter de pareilles œuvres, on lui ôterait sa boutique. La pauvre femme était loin de se croire si coupable. Le titre de *Religion* l'avait trompée : elle pensait vendre un livre d'édification[2].

---

1. *Lettres inédites de Voltaire, de madame Denis et de Collini* (Paris, 1821), p. 199. Lettre de Collini à M. Dupont ; aux Délices, 7 novembre 1755.
2. Duc de Luynes, *Mémoires* (Paris, Didot), t. XVI, p. 108. Extrait d'une lettre du 19 juillet 1757.

Collini, qui était encore à Paris et s'y divertissait de son mieux, assistait, à la Comédie française, à la première représentation de l'*Orphelin*, et il nous dit que la pièce fut d'un bout à l'autre applaudie à tout rompre. Il faut l'en croire ; car, dans sa correspondance, il est loin d'être bienveillant et juste, comme on l'a pu voir. Les années et les circonstances le rendront plus équitable, et il nous apprendra, dans ses Souvenirs, que son maître, en cédant à Lambert la permission d'imprimer la tragédie nouvelle, lui fit l'abandon de la rétribution qu'il était en droit d'exiger [1] : que l'on rapproche ce fait de l'historiette racontée par le même Collini au sujet de leur retraite de Colmar. Collini s'indigne, à ce propos, des calomnies dont Voltaire fut l'objet incessant ; mais cela doit-il beaucoup surprendre de la part de ses ennemis, quand ceux qui lui appartiennent sont les premiers à le noircir et à le diffamer ? La lettre de rappel de son maître, après un séjour de six semaines dans la grande ville, est pleine de bonté, et l'on ne dirait certes pas que celui auquel elle s'adresse fût à ses gages. « Quand vous serez rassasié de Paris, mandez-le-moi, mon cher Collini, je vous enverrai un petit mandement... Prenez votre provision de plaisir et revenez quand vous n'aurez rien de mieux à faire. Je vous embrasse [2]. » Madame Denis n'était pas moins indulgente pour l'ingrat Florentin.

---

1. Collini, *Mon séjour auprès de Voltaire* (Paris, 1807), p. 153. — Laverdet, *Catalogue d'autographes* du 11 mai 1861, p. 41, n° 392. Lettre de madame Denis à Lambert ; 27 juillet.

2. Voltaire, *OEuvres complètes* (Beuchot), t. LVI, p. 715. Lettre de Voltaire à Collini ; aux Délices, 29 août 1756.

« Amusez-vous de votre mieux, lui écrivait-elle de son côté; jouissez des plaisirs que Paris vous présente [1]. »
Et, le lendemain même : « Rassasiez-vous de Paris, afin que vous puissiez vous en nourrir jusqu'au moment où mon oncle et moi vous y ramènerons [2]. »
Le conseil était bon, et il n'eut garde de ne pas le mettre à exécution. Il avait fait le voyage avec une compatriote, jeune et belle, qui accepta son chaperonnage jusqu'à Paris où elle trouva autant d'amis qu'elle en pouvait souhaiter. Si ces relations rapides furent complétement désintéressées, il est à croire que l'ardent Collini ne tourna pas le dos aux aventures; car, comme nous le dira madame Denis, il était terrible à l'endroit des femmes.

Le séjour de Lekain aux Délices avait été l'occasion de lectures et de séances dramatiques auxquelles nous avons vu assister les Tronchin et les syndics, sans trop de déplaisir et de remords. Mais, précisément le succès qu'elles eurent, le retentissement qu'elles obtinrent, furent un motif de plus d'indignation pour les gens austères et les rigoristes. Le Consistoire s'en émut. L'on savait d'ailleurs que ce n'avait pas été un incident purement provoqué par la présence du grand acteur français, et que le poëte était bien résolu à jouer la tragédie aux Délices et à y attirer tout Genève. Il ne s'en cachait pas, et l'on citait les noms des citoyens qui, malgré les défenses, se préparaient à donner ce scandale à leur

---

1. Collini, *Mon séjour auprès de Voltaire* (Paris, 1807), p. 158. Lettre de madame Denis à Collini; aux Délices, 17 août 1755.
2. *Ibid.*, p. 160. De la même au même; les Délices, ce 18 août 1755.

patrie. Le Conseil d'État fut convoqué, et l'on avisa aux moyens d'empêcher l'introduction, sur le territoire de la république, de nouveautés si contraires à la religion et aux bonnes mœurs. Voici quel fut le résultat de la délibération du Conseil.

Du 31 juillet 1755. M. le past^r de Roches a dit que le sieur de Voltaire se dispose à faire jouer des tragédies chez lui à Saint-Jean, et qu'une partie des acteurs qui les représentent sont des particuliers de cette ville. On ajoute qu'il fait établir un théâtre et des décorations. Dont opiné l'avis a été d'en parler à M. le premier syndic, et de dire que le Consistoire est dans une parfaite confiance que le Magn. Conseil ne se prêtera jamais à donner atteinte à ses arrêtés des 18 mars 1732 et 5 décembre 1739, qui défendent toutes représentations de comédies, tant publiques que particulières, et qu'à l'égard de ceux de cette ville qui pourroient avoir quelques rôles dans les tragédies chez le sieur Voltaire, MM. les pasteurs des quartiers les avertiront de la part du Consistoire de s'en abstenir[1].

Dix-sept ou dix-huit ans auparavant, à la suite des troubles qui ensanglantèrent la République, la France, la Sardaigne et les Cantons intervinrent et travaillèrent à ramener la concorde et l'union dans le cœur des citoyens. Les ambassadeurs des puissances, dans les loisirs que leur laissait leur mission, déroutés de ne point rencontrer à Genève les distractions qui ne leur faisaient pas défaut chez eux, sollicitèrent l'établissement d'un théâtre avec une insistance à laquelle le gouvernement dut céder, malgré sa répugnance. Un bâtiment en bois fut construit à côté de la place Neuve. Mais cela ne s'accomplit pas sans de vives remontrances de la part

---

1. *Recueil d'extraits des Registres du Consistoire de Genève*, publié par M. Cramer, ancien syndic de la République de Genève, p. 421.

du Consistoire, qui obtint que la permission ne serait que pour l'année[1]. Toutefois, le théâtre était public, et les acteurs, disons-le, ne jouaient pas devant les seuls ambassadeurs; une multitude passionnée emplissait la salle et témoignait par son attitude de son goût pour ces œuvres de perdition dont on l'avait jusque-là toujours tenue à distance[2]. Cet attrait, cette sorte de fascination nous est révélée par le Consistoire lui-même, qui, le délai expiré, venait sommer le gouvernement de tenir sa promesse : le mal n'était déjà que trop grand, et il était plus que temps d'y porter remède.

Ce qui doit nous faire penser que la comédie convient moins ici qu'en aucun autre endroit, c'est le goût extraordinaire qu'on y fait paroître pour le plaisir et le spectacle. Nous ne dirons pas qu'une certaine troupe de comédiens n'a trouvé à vivre qu'ici et qu'elle appeloit cette ville le Pérou. Mais quand on pense que ce spectacle, tel qu'il étoit, a eu la force de suspendre l'impression des malheurs les plus effrayans; quand on pense que des visages, sur lesquels on voyoit peintes la crainte et la douleur, ont paru dès le lendemain à la première comédie tout brillans de joie et d'envie de se divertir, on ne peut s'empêcher de croire qu'il y a dans cette ville un goût prodigieux pour le plaisir auquel il est bien important de ne fournir pas de nouveaux alimens[3].

Tout ce que l'on peut, devant un penchant invinci-

---

[1]. Représentations du Consistoire au Magn. Conseil des 20 et 27 avril 1738.

[2]. Le Consistoire constatait, avec chagrin, que les comédiens, à la fin de chaque campagne, emportaient une dizaine de mille livres de bénéfice, la part de l'hôpital prélevée.

[3]. *Recueil d'extraits des Registres du Consistoire de Genève*, p. 410, 411.

ble, c'est de le surveiller, c'est de le réglementer; vouloir plus, c'est user sa force, perdre son prestige, sans avoir rien obtenu. Mais peut-on moraliser le théâtre? Le théâtre, de sa nature, n'est-il point un instrument de démoralisation? En un mot, peut-il être innocent? Mais c'est la question que se posera Rousseau et qu'il résoudra à sa manière. Quoi qu'il en soit, le goût fut plus puissant que les défenses des pasteurs. La lecture de nos chefs-d'œuvre, l'admiration qu'ils faisaient naître, l'élévation des sentiments, l'expression des plus nobles passions opposées aux vices et aux travers inhérents à notre misérable espèce, tout cela avait un charme, exerçait une séduction, auxquels les petits comme les grands se livraient pleinement. Le théâtre proscrit, il se forma aussitôt des théâtres de famille, où des amis, des parents se partagèrent les rôles et se mirent bravement mais honnêtement à représenter les pièces les plus épurées de notre répertoire. Cédant au torrent, le Consistoire eût donné un programme des œuvres auxquelles on pouvait innocemment s'attaquer, que son choix n'eût été ni plus judicieux, ni meilleur. Mais il était bien éloigné de pactiser avec le goût du siècle : il avait charge d'âmes, et sa surveillance fut aussi active qu'elle fut inutile. Partout où l'on surprit une dérogation, il y eut avertissement, il y eut censure.

Le peuple, avec plus d'ardeur encore que les classes élevées, se livra à ces divertissements remplis d'attrait pour les imaginations, et que l'on estimait si dangereux. Il se rencontre parfois des procès-verbaux de ces recherches inquisitoriales, qui seraient plaisants, si ces rigueurs intempestives d'un clergé d'ailleurs fort éclairé n'avaient pas en soi quelque chose de respectable devant lequel le rire serait malséant. Ainsi comparaissait, à la date du 5 mars 1744 un maître à danser du nom d'Aubert, appelé pour avoir « prêté territoire » à divers particuliers dans le but de jouer la comédie, de représenter *Mahomet*. Aubert ne nie pas le fait, il avoue même qu'il a dansé à cette représentation en habit de paysanne. Un sieur Duval s'était également travesti en fille dans la tragédie, et un autre personnage, le sieur Félix, en aurait fait autant dans la petite pièce intitulé *le Deuil*. L'avis unanime du Consistoire fut de censurer « grièvement » le délinquant et de mander les autres [1]. Les coupables rédigèrent un Mémoire où ils opposaient des précédents de tolérance, à l'égard d'Anglais, entre autres, qui n'avaient point été recherchés en semblables cas. Mais l'on ne tint compte de leurs raisons, et ils furent impitoyablement censurés et exhortés à « se mieux réfléchir » dans l'avenir.

Au moins cet Aubert avait-il dansé en habit de paysanne, et les sieurs Duval et Félix s'étaient-ils travestis en filles, ce qui était pécher à la fois contre la modestie et la décence. Mais ce qui va suivre? « Du 18 mars 1748. Le professeur Maurice a dit qu'il s'était fait plusieurs représentations de la tragédie de *Polyeucte* dans la maison d'un particulier; que, quoique tout se soit passé dans un grand ordre, sans travestissement ni mélange de sexe, n'ayant été représenté que par des jeunes filles, ces sortes de divertissemens ne doivent pas être

---

1. *Recueil d'extraits des Registres du consistoire de Genève*, p. 414, 415.

tolérés à cause des suites que le mauvais exemple pourrait produire. On charge MM. les pasteurs d'avertir les particuliers, chez qui la tragédie s'est représentée, qu'ils aient à s'en abstenir comme étant chose défendue[1]. » Il n'y a pas censure. Personne n'est cité par son nom ; le rapporteur adoucit, mitige de telle façon qu'il n'y a presque dans tout cela qu'un fait d'édification. Mais ce n'en est pas moins la tragédie que jouent ces petites filles ; et, quoiqu'il ne soit question que de Dieu dans *Polyeucte*, que les sentiments du chrétien y soient exaltés, comme cela se doit, jusqu'à l'héroïsme, que les biens périssables de ce monde y soient foulés aux pieds avec le profond dédain de celui dont les yeux ne cessent d'être fixés sur le ciel, elles n'en ont pas moins commis un acte répréhensible, que l'on excuse pour cette fois, mais qu'il ne faut pas répéter. Le moyen d'obtenir d'un peuple, dont on reconnaît l'entraînement pour le théâtre, qu'il obéisse perpétuellement à ces lois d'un rigorisme draconien ; et comment ne pas pressentir que ces prescriptions presque conventuelles seront, un jour ou l'autre mais inévitablement, secouées en dépit des prohibitions ecclésiastiques et des censures ? L'on n'en est point encore là, il est vrai ; la résistance du clergé et de l'État sera aussi longue qu'acharnée, et rien ne saura ni la décourager ni la lasser, comme l'auteur du *Mérope* n'aura que trop lieu de s'en convaincre. Il n'avait pas besoin, du reste, de venir s'établir aux Délices pour que l'on jouât ses pièces à Genève, malgré les défenses. Nous avons vu

---

[1]. *Recueil d'extraits des Registres du Consistoire de Genève*, p. 416.

plus haut, dès 1744, le maître à danser Aubert *prêter territoire* pour représenter *Mahomet*. Le 17 février 1752, comparaissaient encore quinze garçons barbiers et perruquiers appelés pour avoir été acteurs dans la tragédie de la *Mort de César*, une tragédie de collège, représentée chez un tailleur du nom de Joubert; et ils étaient inexorablement censurés et exhortés à mieux observer les ordres de leurs supérieurs et à s'attacher à leur profession « sans s'amuser au jeu et à d'autres excès [1]. »

L'on conçoit, dès lors, l'appréhension du clergé, à l'arrivée de l'hôte remuant, qui venait demander le repos et la paix à Genève, comme si ces biens étaient faits pour lui. La lettre de Vernet nous a initié à ses craintes, et les délibérations du Conseil d'État prouvent qu'à l'égard de tout essai de résurrection théâtrale, les idées n'ont pas plus changé que les prohibitions, et que l'on tiendra la main à ce que la loi soit respectée. Voltaire, qui était au mieux avec les Tronchin, avait été informé de ce qui se tramait, et s'en était même entretenu avec Tronchin le théologien, qu'il avait chargé de rassurer la vénérable compagnie. Dans un petit billet qu'il adressait au frère le conseiller, il finissait par cette phrase d'une ironie doucereuse. « Je veux bien que vos ministres aillent à l'Opéra comique; mais je ne veux pas qu'on représente dans ma maison, devant dix personnes, une pièce pleine de morale et de vertu, si cela leur déplaît [2]. » Voilà pour le parti-

1. *Recueil d'extraits des Registres du consistoire de Genève*, p. 417.
2. Voltaire, *Lettres inédites* (Paris, Didot, 1857), t. I, p. 484. Lettre de Voltaire à Tronchin, le conseiller, sans date. — Nous

culier. Quelque jours après, le professeur étant allé le voir, rapportait des Délices les témoignages les plus formels de respect et de soumission à l'égard des volontés du Conseil. Le poëte ajoutait même qu'il était « fort fâché d'avoir donné lieu à quelques plaintes au sujet d'une tragédie qu'on devait représenter chez lui, mais que c'était moins sa faute que celle de ses visiteurs, lesquels ne l'avaient pas averti. Qu'à présent qu'il est bien informé, il se donnera garde d'y contrevenir, son intention ayant toujours été d'observer avec respect les sages lois du gouvernement. » L'on ne saurait être plus soumis, plus résolu en apparence à respecter les mœurs du pays dont on est l'hôte. Au fond, cette petite persécution fut ressentie vivement : on pliait, mais l'on n'en avait pas pris son parti, mais l'on ne renonçait pas à l'espoir d'une revanche. L'interdit n'existait, d'ailleurs, que pour le territoire de Genève ; et Lausanne, plus tolérante, non-seulement le laisserait se livrer à sa guise à cette passion de toute sa vie, mais encore assisterait à ces solennités profanes, sans que son clergé fît de grandes démonstrations pour l'en empêcher.

Tout à coup, une épouvantable nouvelle vient semer la terreur dans l'Europe entière : Lisbonne n'é-

---

avouons ne pas trop comprendre ce que Voltaire veut dire. Le clergé genevois n'allait pas plus à l'Opéra-Comique qu'aux tragédies et comédies de notre répertoire, et n'était pas plus tendre pour ce genre que pour les autres. « Voudrait-on encore, s'écrie Vernet, à l'égard de Genève, pour satisfaire tous les goûts, lui donner un *Opéra sérieux*, un *Opéra-Comique*, une *Comédie Italienne*... » *Lettres critiques d'un voyageur anglais* sur l'article *Genève*, du *Dictionnaire encyclopédique* (1766, 3ᵉ édit., Copenhague ; Genève, chez Claude Philibert), t. II, p. 217. Lettre xii.

tait plus qu'un amas de ruines et un monceau de cendres; et c'était l'œuvre d'un effroyable tremblement de terre qui s'était fait ressentir dans la presque totalité du globe [1]. Depuis l'ensevelissement sous la lave de Pompéi et d'Herculanum, l'on n'avait pas souvenir d'un pareil désastre, que l'imagination, comme c'est assez l'ordinaire, grandissait encore. Voltaire, pour sa part, en demeura quelques jours comme atterré. « Voilà un horrible argument contre l'*optimisme*[2], » s'écrie-t-il en promenant ses regards sur ces débris et ces décombres amoncelés. Cette pensée ne le quitte plus. « Le tout est bien de Mathieu Garo et de Pope est un peu dérangé, dira-t-il à d'Argental, je n'ose plus me plaindre de mes coliques [3]. » Dans ses lettres de cette époque, il est plus ou moins question du désastre de Lisbonne et de ce *tout est bien*, auquel de si affreuses circonstances venaient donner un trop éclatant démenti. Pour qui est au fait de cette organisation impétueuse, si susceptible de s'exalter dans un sens ou dans un autre, il est clair que l'émotion ne demeurera pas silencieuse, qu'elle devra se formuler en beaux vers ou en prose éloquente. Le poëme sur *le Désastre de Lisbonne* était, effectivement, le résultat de l'impression causée par la nouvelle d'un malheur qui avait fait tant de victimes. « Mon sermon de Lisbonne, écrivait-il à l'ange gardien, à la date du

---

1. Le tremblement de terre est du 1er novembre 1755.
2. Voltaire, Œuvres complètes (Beuchot), t. LVI, p. 793. Lettre de Voltaire à M. Bertrand; 30 novembre 1755.
3. *Ibid.*, t. LVI, p. 794. Lettre de Voltaire à d'Argental; aux Délices, 1er décembre 1755.

8 janvier, n'a été que pour édifier votre troupeau, et je ne jette point le pain de vie aux chiens. » Mais à cet égard on sait ce que l'on doit croire. Il fait des confidences, et l'on en abuse, ce qui est dans l'ordre. « C'est Satan, s'écrie-t-il, qui a fait imprimer l'ébauche de mon *sermon*. J'ai, dans un accès de dévotion, augmenté l'ouvrage de moitié, et j'ai pris la liberté de raisonner à fond contre Pope, et, de plus, très-chrétiennement[1]... » S'il n'est pas de l'avis de l'auteur de l'*Essai sur l'homme*, s'il combat ce qu'il considère comme la plus grande hérésie, cela n'enlève rien à l'estime et à l'admiration que lui a toujours inspirées le poëte anglais. « Je suis fâché d'attaquer mon ami Pope, mais c'est en l'admirant. Je n'ai peur que d'être trop orthodoxe, parce que cela ne me sied pas; mais la résignation à l'Être suprême sied toujours bien[2]. » Cette appréhension était sûrement excessive, et son orthodoxie, qu'encore un peu il qualifierait de capucinade, ne semblera pas à beaucoup de gens aussi inattaquable qu'il se l'imaginait.

Le poëme est plus important par le fond que par l'étendue, car il ne contient que deux cent trente-quatre vers. Aussi le libraire trouva-t-il à propos de lui adjoindre le poëme sur *la Religion naturelle*, commencé en 1751, chez la margrave de Bayreuth, s'il faut en croire Voltaire; en 1752, au dire de Collini, qui pourrait bien ici être plus dans le vrai que son

---

1. Voltaire, *OEuvres complètes* (Beuchot), t. LVII, p. 32. Lettre de Voltaire à madame de Fontaine; à Monrion, 17 mars 1756.
2. *Ibid.*, t. LVII, p. 33. A d'Argental; aux Délices, 22 mars 1756.

maître. Ce dernier ouvrage, que le poëte appelle son *Petit Carême* ou son *Testament en vers*, et qui peut être placé au rang de ce qu'il a de mieux pensé et de plus purement écrit, quelle que fût l'habileté de la forme, devait, encore moins que le poëme sur *le Désastre de Lisbonne*, paraître d'une orthodoxie incontestable ; et ce sera si bien le sentiment de ses censeurs que, trois ans après, il le voyait condamné au feu par arrêt du parlement du 23 janvier 1759. Mais c'était le titre seul qui était punissable. Il y avait eu confusion de la part de l'éditeur : c'était la *Loi* et non la *Religion naturelle* qu'il fallait lire. De pareilles substitutions sont possibles et l'étaient surtout à une époque de contrefaçon où l'auteur, dans l'impression de son livre, n'avait point le plus souvent sa voix au chapitre. Avouons qu'en arguant d'une ânerie de libraire, le poëte n'était rien moins que sincère, et que dans sa lettre à Thiériot du 12 mars 1756, il nomme tout au long son ouvrage le poëme sur *la Religion naturelle*. En somme, il entendait que l'on ne se méprît point sur ses sentiments, et adressait à cette intention aux frères Cramer une profession de foi, qu'ils ne manquèrent pas de mettre en tête de leur édition de ses œuvres.

A l'égard de quelques écrits plus sérieux, tout ce que j'ai à vous dire, c'est que je suis né Français et catholique ; et c'est principalement dans un pays protestant que je dois vous marquer mon zèle pour ma patrie, et mon profond respect pour la religion dans laquelle je suis né, et pour ceux qui sont à la tête de cette religion. Je ne crois pas que dans aucun de mes ouvrages il y ait un seul mot qui démente ces sentiments... S'il se trouvait dans ces écrits quelques expressions répréhensibles, je serais le premier à les réformer[1].

Le poëme sur *le Désastre de Lisbonne* a cela aussi de remarquable, qu'il est le point de départ de l'antagonisme littéraire qui allait s'établir entre l'auteur de la *Henriade* et le futur auteur de l'*Emile* et du *Contrat social*, antagonisme discret, au début, plein de mesure, respectueux même du côté de Rousseau, aimable, poli, courtois, mais (il le fallait bien) quelque peu sarcastique de la part de Voltaire. Leurs premiers rapports étaient de date ancienne et remontaient, si l'on s'en souvient, aux *Fêtes de Ramire* (fin de 1745). Mais, sauf en une circonstance où le citoyen de Genève avait eu à se disculper d'un tort imaginaire, aucune occasion ne les avait rappelés l'un à l'autre. Rousseau était demeuré un personnage assez obscur, que ses amis seuls avaient su apprécier et qui ne se révélait au public que cinq ans après, d'une façon aussi éclatante qu'inattendue, par le discours fameux que couronnait l'académie de Dijon, en 1750. Ce succès était de nature à encourager celui-ci qui, en 1754, concourait pour un nouveau prix proposé par la même académie, sur l'*Origine de l'inégalité parmi les hommes*. Mais, cette fois, Jean-Jacques se vit préférer un concurrent parfaitement ignoré de l'heure présente, s'il eut la réputation d'un prédicateur et même d'un poëte distingué, l'abbé Talbert. Quoi qu'il en soit, ce dernier discours, comme son aîné, ne péchait

---

[1]. Voltaire, *OEuvres complètes* (Beuchot), t. LVII, p. 37, 38. Lettre de Voltaire à MM. Cramer frères; sans date, mais, à coup sûr, antérieure au 12 avril 1756.

point par le défaut de hardiesse et d'originalité. La thèse n'était pas moins paradoxale ni moins étrange ; et, si l'on n'était pas un philosophe convaincu, l'on était assurément un sophiste fort éloquent et un écrivain de haut vol. On ne sut pas, tout modeste que l'on fût, résister à l'envie d'être lu par le grand poëte qui était venu demander un asile à cette Genève dont on était citoyen, et que l'on admirait alors sans arrière-pensée[1]. Le discours lui fut envoyé, et, bientôt après, son auteur recevait une longue épître, où ce grand moqueur le persifflait, mais à fleur de peau, sur son étrange entêtement pour l'état sauvage.

Vous plairez aux hommes, à qui vous dites leurs vérités, mais vous ne les corrigerez pas. On ne peut peindre avec des couleurs plus fortes les horreurs de la société humaine, dont notre ignorance et notre faiblesse se promettent tant de consolations. On n'a jamais employé tant d'esprit à vouloir nous rendre bêtes ; il prend envie de marcher à quatre pattes, quand on lit votre ouvrage. Cependant, comme il y a plus de soixante ans que j'en ai perdu l'habitude, je sens malheureusement qu'il m'est impossible de la reprendre, et je laisse cette allure naturelle à ceux qui en sont plus dignes que vous

---

1. Rousseau paraissait en ce moment attacher beaucoup de prix à l'estime de Voltaire, et ne laissait pas échapper, malgré sa rudesse apparente, l'occasion de lancer une adroite flatterie à l'auteur de la *Henriade*. Il s'écriait, dans son premier discours, au sujet de la préciosité, de l'afféterie de notre goût : « Dites-nous, célèbre Arouet, combien vous avez sacrifié de beautés mâles et fortes à notre fausse délicatesse ! et combien l'esprit de la galanterie, si fertile en petites choses, vous en a coûté de grandes ! » Rousseau, *OEuvres complètes* (Paris, Dupont, 1824), t. I, p. 32. *Discours sur les Sciences et les Arts*, couronné à l'académie de Dijon, en 1750. La louange est d'autant plus raffinée, que l'on semble moins vouloir louer et caresser, et que le nom de l'auteur ne vient là qu'amené, évoqué par la force des choses.

et moi... je me borne à être un sauvage paisible dans la solitude que j'ai choisie auprès de votre patrie, où vous devriez être[1].

Cette lettre où Voltaire parlait longuement des tribulations réservées à l'homme de lettres, et de celles dont il avait été particulièrement abreuvé, finissait par une pressante invitation de venir prendre l'air du pays et de goûter de son hospitalité. « M. Chappuis[2] m'apprend que votre santé est bien mauvaise; il faudrait la venir rétablir dans l'air natal, jouir de la liberté, boire avec moi du lait de nos vaches, et brouter nos herbes. » Le poëte aurait pu ajouter le plaisir de renouveler connaissance avec madame Denis, que Jean-Jacques avait rencontrée à Passy chez le joaillier Mussard à une époque, il est vrai, où la nièce de Voltaire n'était qu'une bonne femme et ne faisait pas encore du bel-esprit[3]. Rousseau, enchanté, répondait par une lettre pleine de louanges comme cet ours, moins ours qu'il ne le prétendait et ne le croyait, les savait faire à l'occasion.

C'est à moi, monsieur, de vous remercier à tous égards. En vous offrant l'ébauche de mes tristes rêveries, je n'ai point cru vous faire un présent digne de vous, mais m'acquitter d'un devoir et vous rendre un hommage que nous vous devons tous comme à notre chef. Sensible d'ailleurs

---

1. Voltaire, *OEuvres complètes* (Beuchot), t. LVI, p. 715, 716. Lettre de Voltaire à Jean-Jacques Rousseau; 30 août 1755. Il y a une variante à ces derniers mots plus affable encore; au lieu de dire : « où vous devriez être, » on lit : « où vous êtes tant désiré. »
2. Ce M. Chappuis avait succédé à Gauffecourt dans la recette des sels du Valais.
3. J.-J. Rousseau, *OEuvres complètes* (Paris, Dupont, 1824), t. XV, p. 160. *Les Confessions*, part. II, liv. VIII.

à l'honneur que vous faites à ma patrie, je partage la reconnaissance de mes concitoyens; et j'espère qu'elle ne fera qu'augmenter encore, lorsqu'ils auront profité des instructions que vous pensez leur donner. Embellissez l'asile que vous avez choisi; éclairez un peuple digne de vos leçons, et vous qui savez si bien peindre les vertus et la liberté, apprenez-nous à les chérir dans nos murs comme dans vos écrits [1]...»

Le contraste est grand, à coup sûr, entre ces paroles louangeuses, presque caressantes, et les imprécations qui ne tarderont pas à sortir de la même bouche qui formule ces bénédictions. Le poëme sur *le Désastre de Lisbonne* apparaissait quelques mois après; ce n'était pas précisément, comme on l'a dit, un acte de soumission aveugle envers les décrets du ciel; et l'on conçoit qu'un pasteur en appelât à la plume éloquente de Rousseau pour combattre de pareils dogmes. « Vos lettres, cher philosophe, lui écrivait le ministre Roustan, son ami, en lui adressant cet étrange poëme, sont lues et dévorées par tous nos citoyens, laisserez-vous passer sans mot dire ces tristes choses? Je vous signale surtout ce passage :

> Quand la mort met le comble aux maux que j'ai soufferts,
> Le beau soulagement d'être mangé des vers!
> Tristes calculateurs des misères humaines,
> Ne me consolez point, vous aigrissez mes peines,
> Et je ne vois en vous que l'effort impuissant
> D'un père infortuné qui feint d'être content. »

Cet appel ne devait pas être en pure perte. Flatté qu'on le jugeât digne d'une telle tâche, Rousseau se

---

1. Voltaire, *OEuvres complètes* (Beuchot), t. LVI, p. 725. Lettre de Rousseau à Voltaire; Paris, le 10 septembre 1755.

mit à l'œuvre et écrivit de suite une longue et remarquable réfutation des idées émises par l'auteur de la *Henriade*. Voici comment il raconte ce qui l'amena à prendre en main la cause de la Providence contre son audacieux accusateur.

Je n'étois pas guéri de mon attaque, quand je reçus un exemplaire du poëme sur la ruine de Lisbonne, que je supposai m'être envoyé par l'auteur. Cela me mit dans l'obligation de lui écrire et de lui parler de sa pièce... Frappé de voir ce pauvre homme, accablé, pour ainsi dire, de prospérités et de gloire, déclamer toutefois amèrement contre les misères de cette vie, et trouver toujours que tout étoit mal, je formai l'insensé projet de le faire rentrer en lui-même, et de lui prouver que tout étoit bien. Voltaire, en paraissant toujours croire en Dieu, n'a jamais cru qu'au diable, puisque son Dieu prétendu n'est qu'un être malfaisant qui, selon lui, ne prend de plaisir qu'à nuire. L'absurdité de cette doctrine, qui saute aux yeux, est surtout révoltante dans un homme comblé des biens de toute espèce, qui, du sein du bonheur, cherche à désespérer ses semblables par l'image affreuse et cruelle de toutes les calamités dont il est exempt. Autorisé plus que lui à compter et à peser les maux de la vie humaine, j'en fis l'équitable examen, et je lui prouvai que, de tous ces maux, il n'y en avoit pas un dont la Providence ne fût disculpée, et qui n'eût sa source dans l'abus que l'homme a fait de ses facultés plus que dans la nature elle-même. Je le traitai dans cette lettre avec tous les égards, toute la considération, tout le ménagement, et je puis dire avec tout le respect possible. Cependant, lui connoissant un amour-propre extrêmement irritable, je ne lui envoyai pas cette lettre à lui-même, mais au docteur Tronchin, son médecin et son ami, avec plein pouvoir de la donner ou supprimer, selon qu'il trouveroit le plus convenable[1]...

1. J.-J. Rousseau, *OEuvres complètes* (Paris, Dupont, 1824), t. XV, p. 248. *Les Confessions*, part. II, liv. IX.

Parce que Jean-Jacques a appelé son livre ses *Confessions*, il y aurait quelque candeur à le croire exempt de tout artifice. Non-seulement il est inexact de bonne foi [1], mais, plus souvent qu'on ne pense, il arrange les choses à sa convenance. Il nous dit ici que, s'il se décida à écrire cet éloquent plaidoyer, c'est qu'il supposa que le poëme qu'il venait de recevoir lui avait été envoyé par l'auteur, et qu'il se trouvait, dès lors, dans l'obligation de lui en dire son sentiment. Il savait bien que c'était le pasteur Roustan qui le lui avait dépêché, et que, par conséquent, c'était par une tout autre raison qu'une raison de politesse et de déférence qu'il adressait au solitaire des Délices une lettre à laquelle il donnait, d'ailleurs, les proportions d'un volume. Nous signalons ce petit manque d'exactitude volontaire, parce que nous aurons lieu de faire plus tard la même remarque, et qu'il est bon que les choses et les personnes soient vues sous leur vrai jour. Rousseau s'indigne que Voltaire, un heureux de ce monde, se plaigne, se lamente, gémisse sur le sort des malheureux mortels. Ne parlons pas de la thèse développée dans son poëme, et qui n'est pas de notre goût : mais Voltaire serait d'autant plus louable de prendre en pitié le sort de ses semblables qu'il est plus exempt des traverses et des misères qui les accablent ; et ce qui révolte Rousseau nous semblerait, tout au contraire, diminuer un peu l'énormité du blasphème. Mais n'oublions pas que le citoyen

---

1. Un Génevois, le baron de Grenus, a signalé les erreurs dont fourmillent les deux premiers livres des *Confessions* dans ses *Notices biographiques sur des membres de la famille Grenus*.

de Genève, lorsqu'il écrivait ses *Confessions*, avait le poëte en exécration et qu'alors il ne se sentait pas d'humeur à envisager les choses sous leur aspect le plus favorable. Ce qu'il y a de vrai, c'est que, la pièce écrite, il fut effrayé de son audace. L'on avait peur de compromettre les bons rapports existants, par une sorte d'agression toute gratuite, et l'on éprouvait le besoin d'être rassuré à cet égard. Cette préoccupation est très-nettement accusée dans la lettre d'envoi au docteur Tronchin et il ne sera pas sans intérêt de voir jusqu'à quel point Rousseau craint de blesser.

> Voici, mon respectable citoyen, une longue kirielle à lire pour un homme aussi utilement occupé que vous, mais j'ai droit à vos bienfaits ainsi que le reste des hommes; j'ai la même confiance en vos bons offices que le reste de l'Europe en vos ordonnances.
>
> Voyez donc, je vous supplie, s'il n'y a point trop d'indiscrétion dans le zèle qui m'a dicté cette lettre. Si je suis moins fondé que je n'ai cru l'être, ou que M. de Voltaire soit moins philosophe que je ne le suppose, supprimez la lettre et renvoyez-la-moi sans la montrer.
>
> S'il peut supporter ma franchise, cachetez ma lettre, et la lui donnez en ajoutant tout ce que vous croirez propre à lui persuader que jamais l'intention de l'offenser n'entra dans mon cœur.
>
> Il seroit peut être à désirer pour le public et surtout pour lui-même qu'il eût reçu quelquefois de ses amis des représentations pareilles, elles eussent servi dans l'occasion de préservatif. M. de Voltaire ne comprendra-t-il jamais qu'avec quelques ouvrages de moins, il n'en auroit pas moins de gloire et seroit beaucoup mieux respecté[1]?

---

1. Gaberel, *Rousseau et les Genevois* (Genève, 1858), p. 103. Lettre de Rousseau à Tronchin; Montmorency, 18 août 1756.

Nous avons vu que l'idée de ces remarques philosophiques venait de Roustan, qui avait dû joindre à sa requête les pièces à l'appui. Mais, pour enlever à sa démarche toute apparence agressive, Rousseau commençait fort adroitement par rendre grâces à Voltaire de ne l'avoir pas oublié. « Vos deux derniers poëmes, monsieur, me sont parvenus dans ma solitude; et quoique tous mes amis connoissent l'amour que j'ai pour vos écrits, je ne sais de quelle part ceux-ci me pourroient venir à moins que ce ne soit de la vôtre. Ainsi je crois devoir vous remercier à la fois de l'exemplaire et de l'ouvrage. » C'est le cas d'appliquer le proverbe italien : *Se non è vero, e bene trovato;* et cela prouve, en passant, que, malgré sa candeur, Jean-Jacques, à l'occasion, ne sera pas exempt de manége, d'une certaine rhétorique en action qui n'est pas le mensonge, bien que ce ne soit déjà plus une sincérité sans mélange. Il ne prend à partie que le poëme sur *le Désastre de Lisbonne,* le seul, sans doute, que Roustan lui aurait signalé, et discute avec un art infini ce réquisitoire contre une Providence indifférente ou imprévoyante.

... Je ne puis m'empêcher, monsieur, disait-il en finissant, de remarquer à ce propos une opposition bien singulière entre vous et moi dans le sujet de cette lettre. Rassasié de gloire et désabusé des vaines grandeurs, vous vivez libre au sein de l'abondance; bien sûr de votre immortalité, vous philosophez paisiblement sur la nature de l'âme; et, si le corps ou le cœur souffre, vous avez Tronchin pour médecin et pour ami : vous ne trouvez pourtant que mal sur la terre. Et moi, homme obscur, pauvre, et tourmenté d'un mal sans remède, je médite avec plaisir dans ma retraite, et trouve que tout est bien. D'où viennent ces contradictions apparentes? vous l'avez vous-même expliqué : vous jouissez ; mais j'espère, et l'espérance embellit tout[1].

Comment Voltaire prit-il cette critique d'ailleurs pleine de réserve et de convenance? Rousseau craignait un peu d'être mal accueilli ; et Tronchin ne semble pas, lui non plus, espérer que l'on se rende volontiers à ces démonstrations, quelque excellentes qu'elles puissent être.

A en juger du futur par le passé, écrivait ce dernier à Jean-Jacques, notre ami se roidira contre vos raisons. Lorsqu'il eut fait son poëme[2], je le conjurai de le brûler ; je partis pour Paris, nos amis communs se réunirent pour obtenir la même grâce, tout ce qu'on put gagner sur lui fut de l'adoucir ; vous verrez la différence en comparant le second poëme au premier. Notre ami Gauffecourt a été témoin de la scène, à ce qu'on m'a dit depuis. J'espère pourtant qu'il lira votre belle lettre avec attention ; si elle ne produit aucun effet, c'est qu'à soixante ans on ne guérit guère des maux qui commencent à dix-huit[3].

Nul doute que Voltaire n'accorda à ce morceau

1. Voltaire, *Œuvres complètes* (Beuchot), t. LVII, p. 141. Lettre de Rousseau à Voltaire ; le 18 août 1756.
2. Incontestablement le poëme sur *le Désastre de Lisbonne* et non *la Pucelle*, comme le pense M. Gaberel.
3. *J.-J. Rousseau, ses Amis et ses Ennemis*, correspondance publiée par M. Streckeisen-Moultou (Paris, Lévy, 1865), t. I, p. 324. Lettre de Tronchin à Rousseau ; 1er octobre 1756. Disons que cette date est fautive, et que c'est le mois de septembre qu'il faut lui substituer comme l'indique, du reste, M. Gaberel, dont, par contre, la citation du même passage se trouve singulièrement altérée dans son intéressante étude, *Rousseau et les Génevois*. A cette date du 1er octobre, Voltaire avait répondu depuis dix-huit jours à Rousseau. Ajoutons que cette lettre de Tronchin est la même d'où nous avons extrait ce portrait si remarquable, mais si peu flatté, du solitaire des Délices.

l'attention qu'il méritait. Qu'il lui ait plu, c'est une toute autre affaire ; mais ce n'est pas dans sa lettre de remercîment qu'on peut trouver trace du moindre chagrin.

Votre lettre est très-belle, lui marquait-il ; mais j'ai chez moi une de mes nièces qui, depuis trois semaines, est dans un assez grand danger ; je suis garde-malade, et très-malade moi-même. J'attendrai que je me porte mieux, et que ma nièce soit guérie, pour oser penser avec vous. M. Tronchin m'a dit que vous viendriez enfin dans votre patrie. M. D'Alembert vous dira quelle vie philosophique on mène dans ma petite retraite. Elle mériterait le nom qu'elle porte, si elle pouvait vous posséder quelquefois[1].

Si jamais la guerre succède aux bons procédés extérieurs, l'on pourra décider à l'avance d'où viendra la rupture. Rousseau est un polémiste, dont le combat est pour le talent une quasi-condition d'existence, qu'il se le dise ou non. Voltaire est forcé, pour entrer dans l'arène, de laisser là une tragédie inachevée, une composition historique, des vers, de la prose, sa correspondance, et aussi les passe-temps du propriétaire qui a pris son rôle au sérieux ; la lutte doit donc l'irriter par le seul dérangement qu'elle lui cause : il la croit stérile, et c'est ce qui le rend si furieux contre qui l'attaque. Mais revenons à cette discussion acceptée pour des temps plus propices, elle ne pouvait lui sourire, et il se gardera bien de la re-

---

1. Voltaire, *OEuvres complètes* (Beuchot), t. LVII, p. 159, 160. Lettre de Voltaire à Rousseau ; aux Délices, 12 septembre 1756. Cette date est d'après M. Clogenson. Avant lui, la lettre était datée du 21. Mais qu'elle soit du 12 ou du 21, l'argument est toujours le même contre la date de la lettre de Tronchin reculée au 1er octobre.

prendre. « Depuis lors, nous dit Rousseau, Voltaire a publié cette réponse qu'il m'avait promise, mais qu'il ne m'a pas envoyée. Elle n'est autre que le roman de *Candide*, dont je ne puis parler, parce que je ne l'ai pas lu[1]. » Est-ce bien sûr, Jean-Jacques ?

Sincères ou non sincères, les *Confessions* ont un autre accent que sa correspondance ; elles sont l'œuvre d'une réflexion lointaine, où la rancune, la passion ont trop souvent part, tandis que ses lettres sont le reflet coloré, mais fidèle, de sa pensée du moment. Et, pour l'instant, le billet de Voltaire le ravit, le rassure et l'allége d'un poids énorme : il redoutait quelque parole cassante ; il est enchanté de trouver le poëte si raisonnable et si accommodant. « J'ai été charmé, écrit Jean-Jacques à Tronchin, de la réponse de M. de Voltaire ; un homme qui a pu prendre ma lettre comme il a fait mérite le titre de philosophe, et l'on ne peut être plus porté que je le suis à joindre à l'admiration que j'eus toujours pour ses écrits l'estime et l'amitié pour sa personne[2]. » Hélas ! tout ce ravissement et cet optimisme ne dureront guère.

---

1. Rousseau, *Œuvres complètes* (Paris, Dupont, 1824), t. XV, p. 250. *Les Confessions*, part. II, liv. ix.

2. Sayous. *Le dix-huitième siècle à l'étranger* (Paris, Didier et Cⁱᵉ), t, I, p, 258, 259. Collection de M. le colonel Tronchin.

IV

MONRION. — VOLTAIRE A BERNE. — D'ALEMBERT.
L'ENCYCLOPÉDIE ET L'ARTICLE GENÈVE.

Le frileux poëte avait jugé le temps plus que venu de laisser ses Délices pour un asile moins ouvert aux intempéries de la saison rigoureuse; il annonçait son déménagement, le 10 décembre. « Je vais d'Alpe en Alpe passer une partie de l'hiver dans un petit ermitage appelé Monrion, au pied de Lausanne, à l'abri du cruel vent du nord[1]. » C'est ce qu'il appellera tenir le lac par les deux bouts[2]. Monrion ou Montriond était une propriété située dans des vignes, entre Lausanne et le lac Léman, à la droite du chemin qui descend au petit port d'Auchi, et dans laquelle il venait se blottir le 16 au plus tard. Il y était tout aussitôt assailli par les visiteurs. « Nous avons eu aujourd'hui presque tout Lausanne. Je me flatte que les autres jours seront un peu plus à moi; je ne suis pas venu ici pour chercher

---

1. Voltaire, OEuvres complètes (Beuchot), t. LVI, p. 803. Lettre de Voltaire à d'Argental; aux Délices, 10 décembre 1755.
2. Ibid., t. LVII, p. 7. Lettre de Voltaire au comte de Tressan; à Monrion, 11 janvier 1756.

du monde[1]. » Nous n'en disconvenons pas ; mais disons aussi qu'il ne faisait rien de ce qu'il eût fallu pour le tenir à distance. Il était civil, caressant, merveilleusement secondé à cet égard par sa nièce, qui eût voulu recevoir l'univers. Par malheur, le tremblement de terre de Lisbonne avait glacé d'épouvante les populations, et toute apparence de réjouissances eût semblé narguer le ciel irrité.

Tous ces désastres ont privé Lausanne de la comédie. On a joué *Nanine* à Berne ; mais, pour expier ce crime affreux, on a indiqué un jour de jeûne. Madame Denis, qui ne jeûne point, a été très-fâchée qu'on ne bâtit point un théâtre à Lausanne ; mais cela ne l'a point brouillée avec les ministres. Il en vient quelques-uns dans mon petit ermitage, à Monrion. Ils sont tous fort aimables et très-instruits. Il faut avouer qu'il y a plus d'esprit et de connaissances dans cette profession que dans aucune autre. Il est vrai que je n'entends point leurs sermons[2]...

L'hiver se passa ainsi, doucement, au coin du feu, « avec notre ami de Brenles, » un jurisconsulte distingué, homme d'esprit, et littérateur agréable, faisant des vers qui passaient pour être bons à Lausanne, moins bons, toutefois, que ceux que rimait sa femme à l'occasion. Il y avait à peine deux ans qu'il était marié avec une aimable et charmante personne, mademoiselle Étiennette Chavane ; et le jeune ménage devait être d'une grande ressource pour l'auteur de *Mérope*, qui se plaignait de le voir et le recevoir trop

---

1. Voltaire, *Œuvres complètes* (Beuchot), t. LVI, p. 804. Lettre de Voltaire à madame de Fontaine ; à Monrion, 16 décembre 1755.
2. *Ibid.*, t. LVII, p. 14. Lettre de Voltaire à Vernes ; à Monrion, 29 janvier 1756.

rarement. Voltaire allait partir pour Plombières en mai 1754, quand M. de Brenles lui annonça son mariage; il s'empressa de féliciter ce couple si bien assorti, et joignit un madrigal à sa lettre, ce qui était bien le moins. Sans se consulter, les deux époux y répondirent, chacun par un quatrain, et, dans cette joûte, le mieux tourné n'est pas celui de M. de Brenles [1]. Mais Étiennette ne devait point s'en tenir là, et, par la suite, elle composera une tragédie de *Caton*, dans le goût de celle d'Addison (si elle n'en était pas la traduction), en rimes croisées comme *Tancrède*, et que madame Necker essayera de produire à Paris, sans succès, il faut bien le dire [2]. Nous passerons rapidement, cette fois, sur les rapports du poëte avec cette société si accueillante; nous y reviendrons plus longuement quand son établissement dans Lausanne même créera entre lui et ses habitants des relations de toutes les heures. Aux premiers sourires du printemps, il reprenait sa volée vers les Délices, où nous le retrouvons dès le 10 mars. Il est vrai qu'il les quittait un instant, pour faire avec madame Denis un voyage à Berne.

Il partait, le dimanche 16 mai, au matin, de Monrion, où il était retourné passer quelques jours. Cette courte excursion, dont on n'eut en définitive jamais le fin mot, intrigua fort Collini. « Ils désiraient, nous dit-il, faire une visite à l'ambassadeur de France, qui

---

1. Voltaire, *OEuvres complètes* (Beuchot), t. LVI, p. 460. Lettre de Voltaire à M. de Brenles; Colmar, le 21 mai 1754.
2. *Lettres diverses recueillies en Suisse*, par le comte Fédor Golowkin (Genève, 1821), p. 257. Lettre de Suard à madame Necker; Paris, 24 juillet 1765.

résidait dans cette dernière ville (Soleure). Je n'ai jamais connu d'une manière précise le motif de cette démarche. Il fallait cependant qu'ils eussent des vues bien importantes [1] ; car, à cette époque, on avait entrepris aux Délices des travaux considérables qui exigeaient la présence du maître, et dont je demeurai chargé [2]. » Voltaire descendit à l'auberge du *Faucon*, rue du Marché. Le ministre de France, qu'il allait saluer, était M. de Chavigni, auquel on ne devait pas tarder à donner un successeur. Ce déplacement avait sa portée, et il était naturel qu'on en recherchât le but, car il n'est pas présumable que le poëte n'eût eu d'autre intention que de présenter ses hommages aux avoyers, MM. Steiger et Tiller, et de souhaiter le bonjour au banneret Frendenreich aussi bien qu'au pasteur Bertrand. On a cru qu'il s'agissait pour l'ancien ami de Frédéric d'un voyage à Potsdam et de négociations secrètes dont il eût été chargé auprès de l'auteur de l'*Anti-Machiavel*. Ces présomptions reposent sur deux lettres de Voltaire, l'une à Thiériot, auquel il disait : « Croyez que mon abbaye en vaut bien une autre ; c'est celle de Thélème. On m'en a voulu tirer en dernier lieu pour aller dans des palais, mais je n'ai garde [3] ; » l'autre au prince Louis-Eugène de Wurtemberg, dans laquelle il se montre encore plus explicite : « Je vous dirai la

---

1. Voltaire écrivait à madame de Fontaine, des Délices, à la date du 6 avril 1756 : « Dès que votre sœur et moi nous aurons repris un peu de force, nous ferons un petit voyage indispensable. »

2. Collini, *Mon séjour auprès de Voltaire* (Paris, 1807), p. 164.

3. Voltaire, *OEuvres complètes* (Beuchot), t. LVII, p. 80. Lettre de Voltaire à Thiériot ; aux Délices, 4 juin 1756.

vérité, monseigneur, quand je vous dirai qu'il ne tient qu'à moi d'aller dans un pays où j'ai fait autrefois ma cour à Votre Altesse, et que ce n'est pas dans ce pays-là que je voudrais lui renouveler mes hommages [1]. »

Le poëte eut la prudence, nous dit-on, de refuser cette mission où il n'eût pas manqué d'échouer ni plus ni moins que le duc de Nivernois qui, malgré tout son esprit, allait jouer un sot rôle à Berlin. Convenons que si Voltaire recula, c'est que des considérations autres qu'un détachement philosophique des grandeurs humaines l'en détournèrent ; car il devait saisir avec empressement une occasion de reconquérir, par des services, la bienveillance de la cour et de se retrouver en présence, sous le couvert d'une mission de confiance, de ce Salomon du Nord avec lequel, du reste, la glace n'était plus à rompre. Mais c'est nous qui nous trompons ; et le solitaire des Délices est à jamais revenu de toutes ces vanités. « Vous saurez, écrivait-il au même Thiériot, deux mois après, que l'impératrice-reine m'a fait dire des choses très-obligeantes. Je suis pénétré d'une respectueuse reconnaissance. J'adore de loin. Je n'irai point à Vienne ; je me trouve trop bien de ma retraite des Délices. Heureux qui vit chez soi avec ses nièces, ses livres, ses jardins, ses vignes, ses chevaux, ses vaches, son aigle, son renard, et ses lapins, qui se passent la patte sur le nez ! J'ai de tout cela, et les Alpes par dessus, qui font un

---

[1]. Voltaire, OEuvres complètes (Beuchot), t. LVII, p. 83. Lettre de Voltaire au prince Louis-Eugène, prince de Wurtemberg ; aux Délices, 14 juin 1756.

effet admirable. J'aime mieux gronder mes jardiniers que de faire ma cour aux rois [1]. »

Ce passage est curieux. Voltaire était en coquetteries avec la dévote Marie-Thérèse, qui, en haine de Frédéric, se sentait capable de bien autres démarches. Mais il était, à l'entendre, l'un des vieux courtisans, l'un des plus anciens comme des plus respectueux admirateurs de la reine de Hongrie; et il voulait qu'elle n'en doutât point. Même durant son séjour en Prusse, il lui avait envoyé ainsi qu'à l'empereur, en 1752, le *Siècle de Louis XIV*, et il disait à cet égard à M. d'Ulfeld, chancelier de l'Empire (qu'il confondait étourdiment avec son père, le défenseur de Barcelone, mort depuis bien des années) :

Ma profession d'homme de lettres dans laquelle je me suis toujours renfermé à la cour du roy de France, et à celle du roy de Prusse, m'a fait un citoien du monde, idolâtre du mérite partout où il est. Je me souviens que du tems du cardinal de Fleuri, on nous disait des choses si admirables de la grandeur d'âme de S. M. l'Impératrice-reine, que je m'avisai tout au beau milieu de la guerre de faire des vers pour elle ; et on disait que c'était les moins mauvais que j'eusse jamais composez. Je ne m'attendais pas qu'un jour je dusse joindre les sentimens de la reconnaissance à ceux de l'admiration [2]...

Quoi qu'il en soit, le poëte et le philosophe de Sans-Souci s'étaient remis à s'écrire, et l'on eût pu penser

---

1. Voltaire, *OEuvres complètes* (Beuchot), t. LVII, p. 121. Lettre de Voltaire à Thiériot; aux Délices, 9 août 1756.

2. *Wiener Abendpost*, 3 janvier 1873. Lettre inédite de Voltaire au chancelier Ulfeld; Potsdam, 22 juillet 1752. La découverte de cette lettre curieuse est due à M. le chevalier d'Arneth, le directeur des Archives de Vienne. L'envoi par les deux souverains d'une montre et d'une tabatière, en retour de l'offre de son *Siècle*, justifie ce mot de « reconnaissance » qui resterait une énigme sans cette explication.

que tout était pardonné et oublié entre eux. Mais, si le ressentiment n'avait pas étouffé le charme chez l'auteur de la *Henriade*, le souvenir de Francfort était toujours présent dans cette âme humiliée et ulcérée ; et ce que l'on aurait désiré le plus, c'eût été un retour de fortune qui eût livré, pieds et poings liés, à ses ennemis ce vainqueur sans foi ni loi, pour lequel, en dehors des spéculations métaphysiques, il n'y avait qu'un droit, celui du plus fort. A chaque instant, une phrase, un mot révèlent tout ce qui survit d'amertume, en dépit des belles protestations, des formules de tendresse que l'on retrouve dans les lettres de ce temps, soit à la margrave, soit à Darget, soit au roi lui-même ; et nous aurons l'occasion de constater plus d'une fois cette âpre attente d'une vengeance qui sera toujours déçue. A défaut de grandes, il s'en octroyait de petites et de bien petites. Il nous parle de son aigle, un aigle qui avait bec et ongle ; il aura bientôt un singe qui ne vaudra guère mieux, et qu'il appellera « Luc », nom qu'il aurait, ce dernier, à partager avec le roi de Prusse, à cause de leurs communs instincts de méchanceté et de cruauté [1]. Il est vrai qu'on a attri-

---

1. Ce singe était effectivement très-méchant. Il lui fit un jour à lui-même trois blessures à la jambe, qui l'obligèrent de se servir quelque temps de béquilles. Longchamp et Wagnière, *Mémoires sur Voltaire* (Paris, 1826), t. 1, p. 34. Additions au *Commentaire historique*. « Il avait un singe, nous dit Bettinelli, qu'il avait appelé Luc, et il se plaisait souvent à donner ce nom au roi de Prusse. Je lui en témoignai un jour ma surprise : « Ne voyez-vous pas que mon singe « mord tout le monde ? » et il se mit à rire. » Saverio Bettinelli, *Opere* (Venezia, 1801), t. XXI, p. 27, 28. Pour ceux qui recueillent les anas sans y trop regarder, nous renverrons à une anecdote sur l'aigle et une servante nommée Madeleine, dans les

bué à ce sobriquet de « Luc » (qui n'eût été qu'un anagramme, donné à la majesté prussienne dans le secret de la correspondance) un sens autrement saugrenu et injurieux qu'il est déjà trop d'indiquer [1].

Dans les lignes que l'on vient de citer, Voltaire parle de ses chevaux, il en avait six ; sa maison, son personnel, tout était sur un pied plus que respectable pour un poëte, et il nous dit lui-même que ses Délices étaient une tout autre merveille que cette merveille de Twickenham dont Pope était si fier [2]. Il avait quatre voitures, un cocher, un postillon, deux laquais, un valet de chambre (qui s'appelait Boïsse), un valet de campagne (qui se nommait Loup), un cuisinier français, un marmiton, et un secrétaire, « c'est moi qui ai cet honneur, nous dit Collini. » Les dîners étaient bons, et il ne se passait guère de jours sans que l'on n'eût à table une nombreuse compagnie.

Collini, le frondeur Collini, était à fin de bail et allait, par des imprudences et des folies, dont il fait, du reste, avec la meilleure grâce le complet aveu, être forcé de se séparer des châtelains des Délices. Il n'avait qu'à se louer de l'oncle et de la nièce qui le traitaient en ami bien plus qu'en subordonné, nous nous garderons de dire en serviteur. Par malheur, il était ardent, inconsidéré, sans frein comme sans me-

Pensées, remarques et observations de Voltaire (Paris, 1802). Ouvrage posthume. Avant-propos, p. VIII à XIII.

1. C'est, si nous ne nous trompons, dans une lettre de Voltaire à madame de Fontaine, du 18 juillet 1757, qu'il est question pour la première fois du sobriquet de « Luc ».

2. Voltaire, *Œuvres complètes* (Beuchot), t. LVII, p. 46. Lettre de Voltaire à Thiériot ; aux Délices, 12 avril 1756.

sure dans ses passions. « Il aime les femmes comme un fou, écrivait madame Denis à l'avocat Dupont, et il n'y a pas de mal à cela ; mais les femmes lui tournent la tête, et lui donnent un esprit tracassier qui s'étend jusqu'à ses supérieurs[1]... » Une Bourguignonne, mécontente de son mari, était venue se réfugier à Genève et avait trouvé protection auprès de M. de Montpéroux, notre résident, qui la recommanda à Voltaire, et la lui fit agréer. Tout cela eût été au mieux, si Collini ne se fût pris aussitôt d'une belle passion pour la dame qui, de son côté, se montra fort pitoyable ; et ces arrangements se passèrent avec si peu de mystère que, quelque indulgent que l'on pût être aux Délices, l'on fut bien forcé de congédier madame B***. Pour Collini, les choses n'allèrent pas au delà d'une semonce plus ou moins paterne ; car si Voltaire s'emportait, il était un maître doux, tolérant, même faible. L'on a pu juger que le péché mignon de notre Collini était la médisance, les cancans malins contre ses patrons. Nous sommes en position de faire la part du vrai et du faux, et tout cela pour nous n'a pas grande importance ; mais quiconque n'opposerait pas ses Mémoires à ses lettres à Dupont se ferait nécessairement sur le caractère de Voltaire des idées aussi peu exactes que désavantageuses.

Ce sera précisément cette fureur de médisance et de raillerie qui lui vaudra brusquement son congé. Il était un jour occupé à écrire à une demoiselle de la

---

[1]. *Lettres inédites de Voltaire, de madame Denis et de Collini* (Paris, 1821), p. 167. Lettre de madame Denis à M. Dupont ; Délices, ce 26 janvier 1760.

petite ville de Rolle, lorsqu'on vint lui dire, de la part de Voltaire, d'aller au devant de madame de Fontaine que l'on attendait. Il laisse là l'épître commencée et sort hâtivement sans tirer la clef sur lui. Madame Denis, à ce qu'il paraît, faisait les frais de ce morceau épistolaire, et ses petits ridicules y étaient mis en relief avec une complaisance plus piquante, à coup sûr, que charitable. Une de ses femmes de chambre pénètre chez le Florentin en son absence, avise la lettre et va la porter à sa maîtresse. Le coupable, ne la trouvant plus au retour et ne voyant que des visages glacés, comprit qu'il avait été trahi. Il est appelé par Voltaire : « Vous avez manqué à madame Denis, » lui dit celui-ci en lui montrant la lettre. Collini s'excusa du mieux qu'il put, mais le poëte lui répondit qu'après avoir offensé aussi essentiellement sa nièce, il ne pouvait plus rester chez lui[1]. En temps ordinaire, madame Denis était facile à apaiser et ne se donnait guère le souci des longues rancunes ; mais l'imprudent secrétaire avait attaqué en elle la femme, il l'avait humiliée, et, à cet égard, les meilleures ne pardonnent

---

1. Wagnière raconte cette anecdote de la façon suivante : « On fit, pendant qu'il était sorti, enfoncer les portes de sa chambre, de ses armoires, de son bureau, et on enleva tous ses papiers. Il était si furieux à son retour, qu'il tira l'épée dans la chambre de M. *de Voltaire*, en lui disant : *Si je ne respectais pas votre âge, je vous forcerais de me rendre raison de l'outrage qu'on vous a engagé à me faire faire dans votre maison.* » *Mémoires sur Voltaire* (Paris, 1826), t. I, p. 10. Il n'y a pas à s'arrêter à ce conte ridicule, puisque Collini nous donne lui-même le récit très-détaillé des incidents qui déterminèrent sa retraite. Wagnière, qui lui succéda et n'avait alors que quatorze ans, ne rapporte que par ouï-dire, et sans doute d'après les commérages des valets.

point. Il tenta pourtant cette difficile tâche ; mais, au premier essai, il sentit que ce serait en pure perte.

On voudrait savoir sur quels ridicules la verve railleuse de Collini s'était évertuée ; mais, à défaut de cette pièce probante, nous trouverons ailleurs un échantillon de la manière aimable dont il accommodait une pauvre femme qui n'avait eu pour lui que des bontés. L'auteur de la *Henriade* était en relations d'amitié avec un savant professeur de droit, Pictet, d'une famille genevoise très-considérée [1]. Il avait reçu madame Pictet et sa jeune fille à Monrion, et il témoignait au ménage une affection que ravivaient, d'ailleurs, les petits services. Plein de caresses pour tous, il manifestait le plus tendre intérêt à la jeune fille. « Quand je suis à Nyon (Prangins est voisin de Nyon), je voudrais marier à Nyon certains grands yeux noirs, certaine belle âme logée dans un corps droit comme un jonc. Quand je suis à Lausanne, je voudrais la marier à Lausanne ; et, lorsque je suis aux Délices, je lui souhaite un conjoint de Genève [2]... » Le moyen de n'être pas pénétré de pareilles marques d'affection ? Mademoiselle Charlotte, pleine de reconnaissance, se met à peindre un beau bonnet et le dépêche à son vieil ami, qui lui répond aussitôt par un gentil billet précédé d'un non moins gentil quatrain.

---

[1]. Il devint, par la suite, beau-père de Samuel-Constant de Rebecque, frère puîné de Constant d'Hermenches, et oncle de notre Benjamin Constant.

[2]. Voltaire, *Œuvres complètes* (Beuchot), t. LVII, p. 13. Lettre de Voltaire à M. Pictet ; Monrion, 29 janvier 1756.

Quand vos yeux séduisent les cœurs,
Vos mains daignent coëffer les têtes ;
Je ne chantais que vos conquêtes,
Et je vais chanter vos faveurs.

Voici ce que c'est, ma belle voisine, de faire des galanteries à des jeunes gens comme moi ! ils vont s'en vanter partout. Vous me tournez la tête encore plus que vous ne la coëffez, mais vous en tournez bien d'autres.

Tout cela est fort innocent, à coup sûr, de la part d'un vieillard, et ne semble pas permettre deux interprétations. Mais, à en croire Collini, madame Denis prit ombrage de ces petites coquetteries et crut qu'il n'était que temps de réagir contre ces tentatives de séduction menaçantes pour son influence sur le cœur et l'esprit de cet oncle trop galant.

Ce bonnet (c'est Collini qui parle) tournait encore plus la tête à la louche ouvrière[1]. Furieuse du présent et de la lettre, elle fit clandestinement faire de son côté un bonnet magnifique, digne d'un sultan. On le mit un jour sur la cheminée du philosophe, avant qu'il fût levé. La belle voulut être témoin de son étonnement. Il se lève ; il aperçoit ce bonnet ; il se doute de l'aventure, et ne fait semblant de rien. Elle croit que le bonnet n'est pas assez visible ; elle va le changer de place. Le philosophe se promène toujours à côté du turban sans vouloir le voir. Piquée de cette opiniâtreté, elle est enfin obligée de lui faire observer le bonnet. Il lui en fait des remercîmens et des complimens ; et elle lui fait avouer que son bonnet est plus beau que celui de la jeune Genevoise... A quarante-cinq ans être jalouse d'un oncle qui en

---

1. La « louche ouvrière, » c'est madame Denis. On comprendra sans peine que, si cette désignation se retrouvait dans la lettre à la demoiselle de Rolle, la nièce de Voltaire, quelque indulgente qu'elle fût, dut être blessée grièvement, et que les soumissions postérieures ne réussissent point à calmer son très-légitime ressentiment.

a soixante-quatre; cela est neuf! Je me souviens toujours du poëte qui couchait avec sa servante : il disait que c'était une licence poétique[1].

Que le fond de l'anecdote soit vrai, et que madame Denis ait éprouvé un peu de dépit de l'offre d'un bonnet peint amenant remercîments en vers et en prose, nous n'y contredirons pas, quoique tout cela nous semble un conte arrangé pour l'effet; et cette petite moquerie ne nous aurait pas arrêté, sans les réflexions de la fin, qui sont une véritable noirceur : « A quarante-cinq ans être jalouse d'un oncle de soixante-quatre... » Si madame Denis prenait aisément ombrage de l'influence qu'un ami, un hôte, un serviteur pouvaient exercer sur cette humeur étrangement mobile[2], quel esprit un peu judicieux ne repoussera pas, comme le comble de l'ineptie, la possibilité d'un ressentiment jaloux dont l'amour serait le fondement? Assurément, Collini, que l'envie d'être plaisant emportait, ne supposait pas que, cent ans plus tard, on s'étayerait de cette phrase ambiguë pour en déduire l'existence d'un commerce incestueux entre l'oncle et la nièce[3]. Nous n'opposerons à ces absurdités que

---

1. *Lettres inédites de Voltaire, de madame Denis et de Collini* (Paris, Mongie, 1821), p. 210, 211. Lettre de Collini à M. Dupont; à Strasbourg, 19 janvier 1758 (?).

2. Longchamp et Wagnière, *Mémoires sur Voltaire* (Paris, 1826), t. I, p. 346. Examen des *Mémoires de Bachaumont* (1773).

3. « Il n'aurait pas été un philosophe complet, nous dit M. Nicolardot, s'il n'avait pas servi d'amant secret à madame Denis; il y aurait une lacune dans sa biographie, si l'inceste n'occupait pas une place et ne venait clore la liste de ses vices; il n'a pas été pris sur le fait, à la vérité; cela n'est pas nécessaire devant le tribunal de l'histoire pour cette matière... Mais à défaut de certitude n'y a-t-il

l'âge et la santé d'un galant qui, dans sa jeunesse, n'avait que trop mérité l'accusation d'un amant à la glace. Mais la calomnie désarme-t-elle pour si peu? Si le mot de Bazile était encore à dire, la vérité qu'il formulera est vieille comme le monde.

Malgré ses justes motifs de mécontentement[1], Voltaire fit appeler Collini, s'informa s'il avait besoin d'argent; et, bien que celui-ci eût déclaré être en état de faire face aux nécessités du voyage, il tira un rouleau de louis de son bureau, et, les lui mettant dans la main : « Prenez cela, lui dit-il, on ne sait ce qui peut arriver. » Qu'on oppose cette petite scène à ce que racontait plus haut le Florentin, sur le départ de Colmar, et l'on en tirera la conséquence que Collini en a imposé dans l'un ou dans l'autre récit. A l'heure de la maturité, plus scrupuleux, aux regrets d'avoir parfois si peu reconnu les bontés qu'on avait eues pour lui, il ne dissimulera pas ses torts et les rachètera par un jugement plus équitable dans des mémoires réparateurs qui nous aident à mieux apprécier cette existence si complexe. « Voltaire était bon et bienfaisant, nous dit-il... rien n'a été moins fondé que le reproche d'a-

---

pas les probabilités? Or toutes les probabilités ne sont-elles pas à la charge de l'oncle et de la nièce? Il est par conséquent moins injuste de les accuser et de les diffamer qu'il ne serait téméraire de les disculper. » *Ménage et finances de Voltaire* (Paris, Dentu, 1854), p. 404, 405. On a tout fait, lorsqu'on a transcrit de pareilles lignes : cela ne se discute point.

1. Voltaire écrivait à Dupont, le 6 juillet 1756 : « Mon cher ami, il est vrai que l'homme en question s'est conduit avec ingratitude envers ma nièce et moi, qui l'avions accablé d'amitiés et de présents. J'ai été obligé de le renvoyer... » *OEuvres complètes* (Beuchot), t. LVII, p. 99.

varice que l'on a fait à ce grand homme... L'avare amasse, ne jouit pas et meurt en thésaurisant. Voltaire avait l'art de jouir et d'augmenter sa fortune. La lésinerie n'eut jamais accès dans sa maison : je n'ai jamais connu d'homme que ses domestiques pussent voler plus facilement. Est-ce là un avare? je le répète, il n'était avare que de son temps [1]. » Collini quittait Genève, le 12 juin, avec l'intention de tenter fortune à Paris. Mais ayant rencontré à Strasbourg, chez Dufresny, auteur de jolies bagatelles [2], un seigneur Styrien, le comte de Sauer, à la recherche d'un gouverneur pour son fils, après quelque hésitation, il acceptait sagement une situation qui avait le mérite d'être présente, et n'était pas tellement assujétissante qu'elle ne lui laissât d'abondants loisirs.

Si les Délices étaient hantées par ce que Genève renfermait de gens considérables et d'esprits distingués, si les étrangers (les Anglais surtout), que leur santé ou leurs plaisirs amenaient dans cette partie pittoresque de la Suisse, s'empressaient d'aller offrir au grand homme le tribut de leur admiration, la France jusque-là n'y avait été représentée que par Lekain. Il fallait que les plus aventureux apprissent la route au gros du public, qui avait de la peine à s'imaginer que les Délices ne fussent pas au bout du monde. Tout cela changera, sans doute, et, par la suite, ce sera un incessant pèlerinage de Paris à Genève et à Ferney. Deux poëtes d'inégale valeur, Palissot et Patu,

1. Collini, *Mon séjour auprès de Voltaire* (Paris, 1807), p. 182, 183.
2. Il ne faut pas confondre ce Dufresny avec l'auteur bien connu du *Chevalier joueur*, qui mourut d'ailleurs à la fin de 1724.

en 1755, ouvrent la marche, et sont accueillis l'un et l'autre par l'auteur de *Zaïre*, avec une grâce, une politesse dont ils furent presque aussi confus qu'enchantés. Le second nous a laissé, du reste, de leur séjour, un récit d'un enthousiasme juvénil[1] que l'on nous saura gré de reproduire : il est à l'adresse de l'Anglais Garrick.

Je vous écris de la maison du grand homme, je veux dire de chez notre illustre Voltaire, dans la compagnie duquel je viens de passer une huitaine précieuse des plus agréables jours que j'aie connus dans ma vie. Ils m'ont rappelé ceux que j'ai passés à Londres dans votre aimable société ; temps si court, si voluptueux, et que suivit de près mon départ pour la France. Quel homme que le divin chantre de la *Henriade*! ô mon très-cher ami, et que c'est avec joie qu'on analyse une si grande âme! Figurez-vous avec l'air d'un mourant, tout le feu de la première jeunesse, et le brillant de ses aimables récits! Si je juge des défauts, des vices mêmes qu'on impute à M. de Voltaire, par l'avarice dont je l'ai entendu taxer, que ses calomniateurs me paraissent des animaux bien vils et bien ridicules! Jamais on n'a vu chère plus splendide, jointe à des manières plus polies, plus affables, plus engageantes. Tout Genève est enchanté de l'avoir, et ces heureux républicains font leur possible pour le fixer auprès d'eux. Je n'avais entrepris ce voyage que pour le voir, mais la sensibilité qu'il m'en témoigne chaque jour m'en paye à usure. On va à Rome, en Grèce, en Turquie, pour voir des monuments, des inscriptions, des mosquées : un dévot catholique court au loin pour de vains pèlerinages; un grand homme est bien une autre curiosité[2]...

1. Patu avait vingt-six ans. Il était, avec Portelance, auteur de la petite comédie des *Adieux du goût* (13 février 1754).
2. *The private correspondance of David Garrick* (London, 1831), vol. II, p. 408. Lettre de Patu à Garrick; Genève, ce 1er novembre 1755.

Cet enthousiasme a bon air et fait aimer Patu, « le pauvre petit Patu », comme l'appelle le poëte qu'il avait gagné par son goût pour les arts et la candeur de ses mœurs [1]. Hélas! il va le revoir encore une fois, mais pour le pleurer bientôt; car ses jours étaient comptés, et il devait mourir en août 1757, à Saint-Jean-de-Maurienne, à son retour d'Italie. Cette seconde apparition de Patu est du même temps que la visite aux Délices d'un des esprits les plus éminents du dix-huitième siècle, de D'Alembert, qui appartenait alors, corps et âme, à la mise en œuvre et à la rédaction de l'*Encyclopédie*. Cette figure de D'Alembert serait à étudier et mériterait d'autant mieux qu'on s'y arrêtât, que le polémiste s'est attiré trop d'ennemis pour attendre des contemporains beaucoup de bienveillance et d'équité. Nous regrettons de ne pouvoir mettre dans son véritable jour ce savant de haut vol, ce penseur, ce lettré distingué que son flegme ne garantira pas toujours de la passion. On sait quels furent ses commencements, sa triste origine, l'isolement, le dénûment de son enfance, ce qu'il eut à surmonter de difficultés et d'obstacles. A cette dure école de la nécessité, cette âme délicate se fortifia; elle comprit qu'il ne fallait attendre des autres que le moins possible, que tout dépendait de la patience, d'une volonté énergique sans emportement et sans colère, et d'un travail opiniâtre. On a dit que D'Alembert, comme les déshérités, avait voulu faire expier à la société au milieu de laquelle il avait été jeté en paria

---

1. Voltaire, *OEuvres complètes* (Beuchot), t. LVII, p. 361. Lettre de Voltaire à Palissot; au Chêne, 29 octobre 1757.

la honte de son berceau, le délaissement de sa jeunesse : rien n'est plus faux. Il n'eut d'ailleurs à se plaindre ni de son temps ni de la fortune. L'heure avait sonné où l'intelligence, le talent trouveraient partout l'accueil le plus honorable; la supériorité de l'esprit était saluée, acceptée par l'aristocratie, qui semblait, par une sorte de courtoisie chevaleresque, prendre à tâche de s'effacer devant cette puissance nouvelle. D'Alembert, pour sa part, fut l'objet des attentions, des prévenances du plus grand monde. Il était simple, il était sobre, il était fier, et ses ressources furent toujours au niveau de ses besoins. Situé à l'un des angles de la cour du Louvre, son appartement était bien modeste; c'était une espèce de soupente divisée en trois ou quatre pièces, dont la principale n'était éclairée que par un œil-de-bœuf, et à laquelle on arrivait par un escalier de garde-robes. Et ce fut dans ce réduit que le comte et la comtesse du Nord le vinrent voir. D'Alembert était, en tout, un homme de cœur et d'entrailles, plein de dévouement dans l'amitié, et qui prouva, mieux que par des phrases, que la philosophie n'est pas forcément l'enveloppe d'une âme sèche et personnelle, dont le seul foyer serait l'orgueil.

S'il fallait s'en rapporter à une lettre plus qu'outrageante à l'adresse de l'auteur de la *Henriade*, la correspondance des deux amis n'aurait pas débuté par des douceurs. « Monsieur, serez-vous donc toujours l'adulateur du vice?... Comment votre plume a-t-elle pu s'abaisser à louer un magistrat qui s'est rendu coupable de plus de crimes qu'il n'a prononcé d'arrêts?..» Cette diatribe, que l'on trouve notamment dans l'édition Belin[1], a été écartée par le judicieux Beuchot, qui n'en fait même pas mention. Disons que les reproches dont Voltaire y est l'objet, à part ce qu'ils ont d'inconcevable dans la forme, portent sur des griefs imaginaires[2]; et comment admettre que D'Alembert, esprit plein de prudence et de mesure, ne se soit mis en peine, avant tout, de se convaincre de la réalité des charges? A coup sûr, Voltaire n'était pas homme à recevoir un tel soufflet sans bondir de fureur, et il nous aurait laissé des témoignages d'un ressentiment plus que légitime. Rien de tout cela pourtant; et la première lettre authentique de ce dernier est un billet à la date du 13 décembre 1746, très-joli, où il remercie le savant, tant en son nom qu'au nom de madame Du Châtelet, de l'envoi de ses *Réflexions sur la cause générale des vents*, morceau couronné à l'Académie de Berlin. Six ans après, D'Alembert s'adressait au poëte, pour le prier d'appuyer l'abbé de Prades de son crédit auprès du Salomon du Nord. Mais ces relations courtoises vont se changer en des rapports de toutes les heures, et l'*Encyclopédie* sera l'objet de longues et

---

1. D'Alembert, *OEuvres complètes* (Paris, Belin, 1822), t. V, p. 469. Lettre de D'Alembert à Voltaire; Paris, 1ᵉʳ mars 1744. Remarquons que cette lettre ne figure pas dans la correspondance des deux philosophes, et qu'elle a été reléguée en tête du supplément à la correspondance particulière de D'Alembert.

2. Il s'agit du baron d'Oppède, président au parlement d'Aix sous François Iᵉʳ. Mais dans l'œuvre de Voltaire, de la première à la dernière ligne, nous ne trouvons rien qui explique cette sortie de D'Alembert. Il n'est question de d'Oppède que dans l'*Essai sur les mœurs* et dans l'*Histoire du Parlement*, qui n'existaient ni l'un ni l'autre à cette date. Et, d'ailleurs, on chercherait en vain, dans ces deux ouvrages, un prétexte à une indignation si peu mesurée.

curieuses correspondances entre ces deux lettrés qu'anime une même communion d'idées et de haines. A peine commencée, l'œuvre est persécutée, et il faut toute la ténacité, toute la passion de ses auteurs pour n'en point rester là.

> Nous avons essuyé cet hiver une violente tempête; j'espère qu'enfin nous travaillerons en repos. Je me suis bien douté qu'après nous avoir aussi maltraités qu'on a fait, on reviendra nous prier de continuer, et cela n'a pas manqué. J'ai refusé pendant six mois, j'ai crié comme le Mars d'Homère; et je puis dire que je ne me suis rendu qu'à l'empressement extraordinaire du public. J'espère que cette résistance si longue nous vaudra dans la suite plus de tranquillité. Ainsi soit-il [1].

Et Voltaire de répondre avec un enthousiasme qui, toutefois, était sincère : « Vous et M. Diderot vous faites un ouvrage qui sera la gloire de la France et l'opprobre de ceux qui vous ont persécutés. Paris abonde de barbouilleurs de papier; mais de philosophes éloquents, je ne connais que vous et lui [2]. » Voltaire avait jugé l'importance d'une pareille œuvre, et les services qu'elle pouvait rendre dans toutes les branches des connaissances humaines; et, à la fin du *Siècle de Louis XIV*, il consacrait quelques lignes d'encouragement et de louanges à « cet ouvrage immense et immortel » traversé par l'envie et l'ignorance, ce qui est le destin de toutes les grandes entreprises. Il n'en demeurait pas là, et bientôt il devenait

---

1. Voltaire, *OEuvres complètes* (Beuchot), t. LVI, p. 160. Lettre de D'Alembert à Voltaire; à Paris, le 24 août 1752.
2. *Ibid.*, t. LVI, p. 171. Lettre de Voltaire à D'Alembert; Potsdam, le 5 septembre 1752.

l'un des coopérateurs les plus actifs de l'*Encyclopédie*, ou, comme il le dit modestement, un garçon de cette grande boutique[1], à laquelle il dépêchera articles sur articles avec sa verve habituelle. Ces sortes de travaux, assez courts pour ne pas interrompre des travaux plus considérables, devaient sourire à un esprit ardent, mobile, d'une curiosité qui s'étendait à tout. Mais, loin de s'imposer, loin de se croire infaillible, c'est avec une modestie très-réelle qu'il soumet aux deux amis ce qu'il leur envoie, leur reconnaissant de la meilleure grâce tout droit de retoucher, d'enlever, de jeter au panier. « J'ai obéi comme j'ai pu à vos ordres ; je n'ai ni le temps, ni les connaissances, ni la santé qu'il faudrait pour travailler comme je voudrais : je ne vous présente ces essais que comme des matériaux que vous arrangerez à votre gré dans l'édifice immortel que vous élevez. Ajoutez, retranchez ; je vous donne mes cailloux pour fourrer dans quelques coins du mur[2]... » Il s'agit bien de gloriole personnelle ! c'est une œuvre de bien public à laquelle chacun doit concourir selon ses forces et dans la seule vue d'être utile. « Tant que j'aurai un souffle de vie, je suis

---

1. Voltaire, *OEuvres complètes* (Beuchot), t. LVI, p. 173. Lettre de Voltaire à D'Alembert; aux Délices, 13 novembre 1756. « Je voudrais, dit-il à la date du 29 novembre, même année, employer le reste de ma vie à être votre garçon encyclopédiste. »
2. *Ibid.*, t. LVI, p. 353. Lettre de Voltaire à D'Alembert; 1753. Il disait encore : « Pour moi, je tremble toutes les fois que je vous présente un article... Jetez au feu ce qui vous déplaira. » Aux Délices, 13 novembre 1756. — « J'ai fait ce que j'ai pu pour n'être point long ; mais je vous répète que je crains toujours de faire mal, quand je songe que c'est pour vous que je travaille... » 25 novembre 1756.

au service des illustres auteurs de l'*Encyclopédie :* je me tiendrai très-honoré de pouvoir contribuer, quoique faiblement, au plus grand et au plus beau monument de la nation et de la littérature[1]... »

Du reste, il n'épargne ni les conseils, ni les jugements. Il dit comment il comprend un pareil livre. Il a horreur du fatras, des nuages, des paroles vaines, des développements parasites. Pour les petits sujets de petits articles : en général, il ne voudrait que définitions et exemples; il ne voudrait pas non plus que l'on donnât ses opinions particulières pour des vérités reconnues. En revanche, il souhaiterait qu'aux définitions et aux exemples qu'il réclame, l'on joignît l'origine du mot. Il se glisse, en assez grand nombre même, des morceaux plus que faibles, qui font tache, et qu'il regrette de trouver là; D'Alembert en convient tout le premier et en gémit. « Nous n'avons pas toujours été les maîtres de leur en substituer d'autres, répondait-il à cette trop juste critique : à tout prendre, je crois que l'ouvrage gagne à la lecture, et je compte que le volume septième, auquel nous travaillons, effacera tous les précédents[2]. »

Mais l'*Encyclopédie* n'est pas seulement une œuvre de spéculation scientifique et d'enseignement : c'est autant et plus une machine de guerre, et c'est à ce point de vue que la correspondance entre les deux philosophes est curieuse. Toutes armes devaient pa-

---

1. Voltaire, *OEuvres complètes* (Beuchot), t. LVI, p. 802. Lettre de Voltaire à D'Alembert; aux Délices, 9 décembre 1755.
2. *Ibid.*, t. LVII, p. 255. Lettre de D'Alembert à Voltaire; Paris, sans date, au plus tôt de la fin de mars.

raître bonnes à ces ennemis implacables de ce qu'ils appelaient la superstition et le fanatisme. Il ne pouvait être question de se mettre en campagne, bannières déployées; il fallait bien recourir aux expédients des faibles et dissimuler l'attaque, se retrancher derrière une rhétorique prudente, sous-entendre ce qu'il n'était pas possible de dire nettement, parfois donner place à des articles que l'on envisageait comme de honteuses capucinades, mais que l'on n'avait point eu le choix de mettre ou de ne pas mettre. « Ce qu'on m'a dit des articles de la théologie et de la métaphysique me serre le cœur, écrivait en octobre 1756 Voltaire à son ami. Il est bien cruel d'imprimer le contraire de ce qu'on pense[1]. »

Outre les questions métaphysiques et religieuses, il n'y avait pas une matière tellement indifférente qui ne fût un écueil, qu'il ne fallût défendre et discuter pied à pied. Ce vieux monde, qui ne pensait pas périr si vite et par un effondrement effroyable, sentait pourtant sa caducité et comprenait qu'il était perdu s'il se laissait ébranler même pour un peu; de là sa nature ombrageuse, ses rigueurs séniles, ses sévérités même pour des riens, ces recherches pointilleuses de la censure qui s'étendaient à tout. Mais s'il avait raison de s'effrayer de la moindre réforme, parce que tout croulait au premier coup de pioche, ces réformes n'en étaient pas moins urgentes, elles étaient dans l'air, on les jugeait indispensables : elles étaient le rêve et l'espoir des meilleurs et des plus honnêtes esprits.

1. Voltaire, *OEuvres complètes* (Beuchot), t. LVII, p. 160. Lettre de Voltaire à D'Alembert; 9 octobre 1756.

Ces espérances enivrantes ont-elles eu leur satisfaction, et sommes-nous parvenus à l'Age d'or? Hélas! non. Notre temps a, lui aussi, ses soucis, ses souffrances, son avenir menaçant. Bien que l'humanité se transforme et s'éclaire plus qu'elle ne s'améliore, c'est pourtant en la moralisant, en l'instruisant que l'on a le plus de chances de combattre ses instincts grossiers et d'adoucir ce qu'ils ont de pervers et même de féroce. Ces campagnes contre le privilége et les abus, cette préoccupation d'une assiette et d'une répartition plus équitables de l'impôt, ces aspirations à un régime politique plus libéral, où la nation fût plus écoutée, devaient étrangement passionner les cœurs enthousiastes et généreux qui ne savent pas se désintéresser du sort de tout un peuple. Les privilégiés, de leur côté, frappés dans leurs biens et jusque dans leurs vies, n'étaient pas payés pour être tendres envers les instigateurs innocents de tant et de si irrésistibles changements, et les encyclopédistes ne pouvaient manquer d'être voués par les victimes aux Dieux infernaux. Le temps nous a rendus plus justes envers ces réformateurs platoniques : l'histoire, dont la tâche est de scruter et de dégager les intentions, a fait la part de chacun, annulé, comme cela était inévitable, plus d'un arrêt contemporain; et, en dépit des horreurs qui ont ensanglanté notre Révolution, les effets de cette transformation, un instant ternie par des atrocités, ne sont plus ni à démontrer ni à défendre.

Quoi qu'il en soit, il fallait user d'adresse, de petites ruses, dissimuler sous le miel l'âcreté de la boisson, profiter de la bienveillance d'un ministre plus facile (nous avons cité M. de Malesherbes), saisir le moment où les puissances se divisaient, s'entrechoquaient, pour s'évertuer davantage. La magistrature et le haut clergé étaient en complet désaccord, et mettaient du zèle à se prouver leur mutuelle malveillance; c'était le cas ou jamais de s'émanciper pour un peu. « Pendant la guerre des parlements et des évêques, les gens raisonnables ont beau jeu, et vous aurez le loisir de farcir l'*Encyclopédie* de vérités qu'on n'eût pas osé dire il y a vingt ans. Quand les pédants se battent, les philosophes triomphent [1]. »

Tout cela est au mieux. Mais c'est la religion qui est le but de leurs coups, qu'il faut saper par tous les moyens, et c'est à qui s'y emploiera avec le plus d'ardeur. On est déiste (Voltaire tout au moins [2], car des esprits plus excessifs, comme Diderot, vont bien au delà); l'on n'admet aucun culte. Une nation au berceau, un gouvernement despotique peuvent avoir également besoin de ces pratiques extérieures qui parlent à l'imagination des peuples ; mais une société parvenue à son

---

1. Voltaire, OEuvres complètes (Beuchot), t. LVII, p. 174. Lettre de Voltaire à D'Alembert ; aux Délices, 13 novembre 1756.

2. Le baron de Gleichen, qui connaissait Voltaire et l'était allé voir aux Délices, en 1757, raconte qu'un jeune auteur, aux expédients, va frapper un jour à la porte du poëte, et, pour se faire bien voir sans doute, aux questions de son hôte, répond qu'il était garçon athée, pour le servir. « Et moi, répliqua M. de Voltaire, j'ai l'honneur d'être maître déiste; mais, quoique nos métiers soient opposés, je vous donnerai à souper aujourd'hui et à travailler pour demain, je puis me servir de vos bras et non de votre tête. » *Souvenirs du baron de Gleichen* (Paris, Techener, 1868), p. 213, 214.

complet développement se débarrasse de ces superstitions qui sont une offense à la divinité, et devra trouver, dans la conscience et le sentiment des devoirs réciproques, cette excitation au bien et cette répulsion pour le mal, sans que la perspective des récompenses et des châtiments éternels soit pour quelque chose dans les déterminations des hommes. Un peuple de déistes (nous ne disons pas d'athées) se verra-t-il jamais, et quel peuple serait-ce ? Si la colère, si la haine ne les avait aveuglés, ces philosophes, ces penseurs eussent reculé devant leur besogne ; ils se fussent bornés, comme les philosophes de l'antiquité, à poursuivre et à recueillir la vérité, sans songer à la répandre parmi une foule ignorante, incapable d'affronter de telles clartés. Pourquoi d'ailleurs cette haine et cette colère ? Est-ce que les libres penseurs du siècle précédent, les libertins, comme on les dénommait dans le sens primitif du mot, avaient ces emportements ? Ils savouraient discrètement leur bonheur de ne point partager les communes erreurs, selon leur tempérament, les uns riant de la grossière crédulité de l'humaine espèce, les autres la prenant en pitié, sans que ces divers sentiments éveillassent chez ceux-ci et ceux-là les ardeurs du prosélytisme.

Mais lorsque, secouant ces habitudes de stricte discipline qui ne devaient pas survivre de beaucoup au grand roi, cette société déjà sur sa pente, mal guidée, mal gouvernée, sentit que tout n'était pas pour le mieux, ce fut comme une fièvre d'investigation, de contrôle : la misère était générale ; le pain manqua même aux peuples des campagnes qui se virent littéralement réduits à disputer l'herbe à leur bétail[1]. En de telles détresses, ceux qui souffrent, à la longue, regardent d'où vient le mal et se demandent naturellement quel en est le remède. Les *Lettres sur les Anglais* furent le point de départ timide de toutes les audaces qui suivirent. Là, les attaques ne se portent pas sur la croyance, mais sur les immunités, sur les priviléges du clergé, qui est un corps de l'État. Pour ceux qui rêvent une société mieux équilibrée, le clergé est et doit être un obstacle à toutes les réformes. Il est riche, il est puissant ; et, bien qu'il possède à lui seul plus d'un grand tiers du sol, les sommes qu'il alloue à l'État ne sont de sa part qu'une cession volontaire, ce qu'il appelle le don gratuit. Rois comme peuples ont à compter avec ce corps redoutable, se recrutant d'ailleurs au sein de la noblesse avec laquelle il fera cause commune, institution politique autant et plus que religieuse, s'abritant derrière son caractère sacré dans les questions les plus étrangères à la religion. Il ne faut pas chercher autre part que dans cette dualité de situation le mobile de la haine des novateurs et des coups redoublés qu'ils portèrent au culte, non tant pour le culte lui-même que parce qu'en déracinant les croyances ils entendaient émanciper un peuple maintenu jusque là par un respect absolu. Voilà ce qui explique cette guerre infatigable qui ne devait finir qu'avec la chute de la royauté et de la monarchie. Mais, encore une fois, qu'on ne se méprenne pas sur les origines. En 1760, Voltaire disait à D'Alembert : « Je vou-

---

1. Marquis d'Argenson, *Mémoires* (Jannet), t. II, p. 24 ; t. III, p. 290 ; t. V, p. 321.

drais que vous écrasassiez l'*infâme;* c'est là le grand point. Il faut la réduire à l'état où elle est en Angleterre, et vous en viendrez à bout, si vous voulez. C'est là le plus grand service qu'on puisse rendre au genre humain[1].» Nous n'ignorons point que l'on deviendra à la longue plus exigeant, et que si le nom de Voltaire, ses inimitables pamphlets, son ironie pénétrante étaient chose indispensable au parti, l'auteur du *Sermon des cinquante* était dépassé et de beaucoup par toutes gens qui niaient Dieu et faisaient ostensiblement profession d'athéisme. « Il est bigot, disait un des coryphées en jupons de la petite église, c'est un déiste [2].»

Ce voyage de D'Alembert à Genève et aux Délices [3] allait avoir des conséquences inattendues pour tout le monde. Le géomètre, durant un séjour qui ne se prolongea point au delà de cinq semaines, avait été fêté par la société genevoise comme l'un des représentants les plus illustres de la science et des lettres françaises. Le clergé n'avait pas manqué de recevoir avec une faveur marquée un philosophe qui ne pouvait être soupçonné d'une grande tendresse pour la suprématie romaine. D'Alembert était, d'ailleurs, recommandé à Vernet par son frère, banquier à Paris, avec lequel il était en rapports d'amitié [4]; et il le vit à plusieurs reprises, ainsi

---

1. Voltaire, *OEuvres complètes* (Beuchot), t. LVIII, p. 465. Lettre de Voltaire à D'Alembert; 23 juin 1760.
2. *Lettres d'Horace Walpole écrites à ses amis pendant ses voyages en France* (Didier, 1872), p. 77. Lettre de Walpole à Gray; Paris, 19 novembre 1765.
3. D'Alembert s'annonçait pour le 10 août dans sa lettre à Voltaire du 28 juillet 1756.
4. *Lettres critiques d'un voyageur anglais* sur l'article *Genève*

que les professeurs de la Rive et Lullin. Il vit également quelques jeunes ministres de Genève, Vernes entre autres, et eut avec eux divers entretiens qui lui donnèrent, à tort ou à raison, de leur orthodoxie une opinion contre laquelle ils protesteront avec éclat. De retour à Paris, il écrivait pour l'*Encyclopédie* l'article *Genève* sur un Mémoire qu'il se fit envoyer et qu'il aurait, pour son repos, mieux fait d'insérer sans y rien ajouter. Ce morceau, loin d'être une pièce d'agression, respirait, au contraire, la bienveillance la moins équivoque pour cette petite République qui, au sein de la démoralisation générale, avait su conserver l'austérité et la pureté de ses mœurs. Il ne trouve qu'à louer ; et même le malheureux passage qui souleva l'indignation du clergé genevois était, au moins à ses yeux, le plus grand éloge que pouvait faire de lui un philosophe déiste.

Le clergé de Genève, disait-il, a des mœurs exemplaires : les ministres vivent dans une grande union ; on ne les voit point, comme dans d'autres pays, disputer entre eux avec aigreur sur des matières inintelligibles, se persécuter mutuellement, s'accuser indécemment auprès des magistrats : il s'en faut cependant beaucoup qu'ils pensent tous de même sur les articles qu'on regarde ailleurs comme les plus importants à la religion. Plusieurs ne croient plus à la divinité de Jésus-Christ, dont Calvin leur chef était si zélé défenseur, et pour laquelle il fit brûler Servet...

L'enfer, un des points principaux de notre croyance, n'en est pas un aujourd'hui pour plusieurs ministres de Genève ; ce serait, selon eux, faire injure à la divinité, d'imaginer que cet être plein de bonté et de justice fût capable de punir nos

du Dictionnaire encyclopédique. 3ᵉ édition, 1766, t. II, p. 263, 264.

fautes par une éternité de tourments : ils expliquent le moins mal qu'ils peuvent les passages formels de l'Écriture qui sont contraires à leur opinion, prétendant qu'il ne faut jamais prendre à la lettre dans les livres saints tout ce qui paraît blesser l'humanité et la raison. Ils croient donc qu'il y a des peines dans une autre vie, mais pour un temps...

Pour tout dire, en un mot, plusieurs pasteurs de Genève n'ont d'autre religion qu'un socianisme parfait, rejetant tout ce qu'on appelle mystère, et s'imaginant que le premier principe d'une religion véritable est de ne rien proposer à croire qui heurte la raison : aussi, quand on les presse sur la nécessité de la révélation, ce dogme si essentiel du christianisme, plusieurs y substituent le terme d'utilité, qui leur paraît plus doux : en cela, s'ils ne sont pas orthodoxes, ils sont au moins conséquents à leurs principes.

Un clergé qui pense ainsi doit être tolérant, et l'est en effet assez pour n'être pas regardé de bon œil par les ministres des autres églises réformées. On peut dire encore, sans prétendre approuver d'ailleurs la religion de Genève, qu'il y a peu de pays où les théologiens et les ecclésiastiques soient plus ennemis de la superstition. Mais, en récompense, comme l'intolérance et la superstition ne servent qu'à multiplier les incrédules, on se plaint moins à Genève qu'ailleurs des progrès de l'incrédulité, ce qui ne doit pas surprendre : la religion y est presque réduite à l'adoration d'un seul Dieu, du moins chez presque tout ce qui n'est pas peuple; le respect pour Jésus-Christ et pour les Écritures sont peut-être la seule chose qui distingue d'un pur déisme le christianisme de Genève[1].

Ces éloges étaient autant de traits lancés au clergé romain ; et, sous le couvert d'un tableau historique de Genève, l'on n'était pas fâché de faire sentir à celui-ci l'intervalle qui séparait les deux religions. Plaire au clergé de Genève, humilier les prêtres catholiques en

1. D'Alembert, *OEuvres complètes* (Belin, 1822), t. IV, p. 420, 421. Description abrégée du gouvernement de Genève.

opposant à leur intolérance la mansuétude des prêtres calvinistes, avait été le double but qu'on s'était proposé. Mais l'on ne devait qu'exaspérer également les deux communions, et le philosophe ne tarda pas à apprendre le mauvais effet de ses louanges sur ceux qui en étaient l'objet. Eux sociniens! Où l'écrivain avait-il pris cela? Tout le corps des pasteurs se sentit atteint, et il était facile de prévoir que les choses n'en demeureraient pas là.

Voltaire, qui était aux portes de Genève, savait mieux que personne le trouble et l'irritation des esprits, et se frottait les mains d'un scandale qui, en mettant en suspicion la foi de ce clergé intolérant, le vengeait un peu de ses rigueurs.

> Ces drôles osent se plaindre de l'éloge que vous daignez leur donner, de croire un Dieu, et d'avoir plus de raison que de foi. Quelques-uns m'accusent d'une confédération impie avec vous. Vous savez mon innocence. Ils disent qu'ils protesteront contre votre article. Laissez-les protester et moquez-vous d'eux... Mais vous, à qui quelques-uns se sont ouverts, vous qui êtes instruit de leur foi par leur bouche, ne vous rétractez pas; il y va de votre salut, votre conscience y est engagée. Ces gens-là vont se couvrir de ridicule [1]!...

Il était alors en rapports excellents avec Vernes. C'était le cas de sonder le terrain et de connaître par lui ce que l'on comptait faire.

> Je n'ai point encore, lui écrivait-il avec candeur à la date du 24 décembre, le nouveau tome de l'*Encyclopédie*, et j'ignore absolument de quoi il s'agit. Je sais seulement, en général,

---

1. Voltaire, *OEuvres complètes* (Beuchot), t. LVII, p. 406. Lettre de Voltaire à D'Alembert; aux Délices, 12 décembre 1757.

que M. D'Alembert a voulu donner à votre ville des témoignages de son estime. Il dit que le clergé de France l'accuse de vous avoir trop loués, tandis que vous autres vous vous plaignez de n'être pas loués comme il faut. Que vous êtes heureux, dans votre petit coin de ce monde, de n'avoir que de pareilles plaintes à faire, tandis qu'on s'égorge ailleurs[1]! »

Mais, la veille même, le 23, la Compagnie des pasteurs s'était réunie et, à la suite d'un discours pathétique du professeur de La Rive, elle avait procédé à un interrogatoire auquel durent répondre tous ses membres, pour s'assurer si aucun d'eux n'avait donné lieu aux imputations de M. D'Alembert. L'on interrogea également les jeunes ministres qui n'étaient pas encore membres de la Compagnie. Le désaveu fut aussi formel qu'unanime; et la question ne fut plus que de savoir si l'on mépriserait l'attaque ou s'il serait répliqué par un démenti absolu à des allégations dont leur auteur n'avait sans doute pas senti la gravité. Après mûr examen, l'on pensa qu'il n'était pas possible de garder le silence et qu'il fallait que le clergé de Genève sortît de cette épreuve pur de tout soupçon[2]. Une commission fut désignée, séance tenante, « pour composer avec toute la maturité possible une *déclaration de principes* en réponse à l'ouvrage français[3]. »

---

1. Voltaire, *Œuvres complètes* (Beuchot), t. LVII, p. 411, 412. Lettre de Voltaire à M. Vernes; à Lausanne, 24 décembre 1757.
2. *Lettres critiques d'un voyageur anglais* sur l'article *Genève*. 3ᵉ édition, 1766, t. II, p. 268.
3. Voici les noms des membres de cette commission : MM. Sarasin, de La Rive, Vernet, Trembley, Maurice, Le Comte, Tronchin, Eynard.

Quelles qu'eussent été les imprudences, il n'y avait plus, après cette enquête, qu'à se grouper autour de la vénérable Compagnie et à oublier les concessions irréfléchies que l'on se laisse arracher parfois dans une conversation animée avec un discoureur habile, dont la réputation, l'éloquence peuvent un instant éblouir. Mais, avant d'en venir aux extrémités, on songea à essayer de la conciliation ; et le médecin Tronchin fut sollicité de faire une démarche auprès de D'Alembert. C'était une autorité dans la science, un savant que sa lutte avec la routine devait recommander à un encyclopédiste ; c'était enfin l'ami de Voltaire et l'homme le mieux fait pour persuader et obtenir. Sa lettre est curieuse par son caractère de bonhomie ; ce n'est pas toujours le ton du célèbre docteur, comme on en a pu juger ; et l'on conviendra que celle-là ne ressemble guère aux autres épîtres connues du professeur.

> Permettez, monsieur, à un citoyen, qui connoît la bonté de votre cœur, la droiture de votre âme pour la patrie, la liberté qu'il prend de verser dans votre sein la peine que nous fait ce que vous dites de notre foi dans l'Encyclopédie. S'il s'agissoit, monsieur, d'une vérité historique, je ne vous importunerois pas ; mais c'est du christianisme qu'il est question ; et avec les meilleures intentions, car il n'est pas possible que vous en ayez de mauvaises, vous nous en fermez la porte. L'effet de ce que vous dites est trop à craindre, pour que nous puissions l'attendre avec indifférence.... Vous dites pourtant que nous ne sommes pas chrétiens ; et que pouvez-vous nous reprocher de plus grave? Cette accusation nous rend odieux à ceux dont malheureusement nous sommes séparés, et méprisables à ceux à qui nous sommes réunis. Vous nous aimez, pourtant, monsieur, j'en appelle aux éloges dont vous daignez nous combler : vous avez bien voulu nous en

donner les assurances les plus obligeantes, lorsque vous étiez ici ; vos intentions sont trop pures, vous ne voulez point nous faire de mal... Il s'agit, monsieur, d'une tache que vous pouvez effacer; vous n'y perdrez rien, et nous y gagnerons beaucoup : quelques lignes de votre main bienfaisante, dictées par votre belle âme, nous rendront le repos que vous nous avez ôté, rempliront nos cœurs de reconnaissance, et du respect, monsieur, que nous vous avions voué[1].

Cette lettre était pressante, les termes en étaient touchants; et le géomètre y répondit avec une extrême politesse, mais sans accorder la satisfaction qu'on implorait, bien qu'il affectât de croire qu'il avait tout fait et tout dit, et qu'il n'y eût plus en bonne justice rien à lui demander.

...J'accuse, dites-vous, les ministres de Genève de n'être pas chrétiens. Permettez-moi de vous représenter, monsieur, que ceux au nom desquels vous me faites l'honneur de m'écrire n'ont pas lu attentivement l'article qui les a blessés. J'y ay dit expressément que les ministres de Genève ont beaucoup de respect pour J. C. et pour les Écritures, et qu'ils expliquent de leur mieux les passages de la *Bible* qui peuvent paraître contraires à leurs opinions. C'est supposer, ce me semble, que messieurs vos ecclésiastiques reconnaissent l'autorité de ce livre; et que faut-il autre chose, selon eux-mêmes, pour être chrétiens, que de respecter la doctrine de J. C., et de croire que cette doctrine est contenue dans le Nouveau Testament? Cette manière de penser ne satisferoit peut-être pas un catholique romain; mais ce n'est pas le titre auquel messieurs vos ministres prétendent.

Aussi, je vois, monsieur, par votre lettre même, que l'accusation prétendue de n'*être pas chrétiens* est l'objet auquel se bornent leurs plaintes; et je crois y avoir répondu de ma-

---

[1]. *OEuvres posthumes de D'Alembert* (Paris, Pougens, 1799), t. I, p. 415, 416, 417. Lettre de Tronchin à D'Alembert. Sans date, mais de la fin de décembre ou des premiers jours de janvier. 1758.

nière à les faire cesser. Vous avez, monsieur, trop de lumières pour ne pas sentir toute la solidité de ma justification, et messieurs vos ministres sont trop éclairés et trop équitables pour ne la pas goûter [1]....

D'Alembert savait bien que sa réplique n'était rien moins que concluante, et en convenait candidement, dans sa lettre à Voltaire, du 11 janvier : « Comme M. Tronchin ne m'a dit mot ni sur le socianisme, ni sur l'enfer, ni sur la divinité du Verbe, je ne lui réponds rien non plus sur tous ces objets, et je feins d'ignorer leurs cris [2]. » Mais cette dernière ressource allait lui être enlevée. Vernes lui écrit et le presse de nommer les ecclésiastiques qui l'avaient si étrangement édifié sur leurs sentiments religieux. D'Alembert refusa net, comme il le devait. Il ne voulait trahir ni le secret ni les noms « dans une affaire dite en confidence. »

Monsieur, répliquait Vernes, feu M. le pasteur Dullin, M. de La Rive et moi (il oubliait Vernet) sommes les seuls ecclésiastiques que vous ayez vus à Genève ; aussi, notre surprise est profonde, en lisant ce que vous avez dit de notre théologie : rien dans nos paroles n'a pu vous autoriser à cette publication, car nous avons fait devant vous une profession franche et complète de notre foi à la divinité des Saintes Écritures [3].

1. *Lettres critiques d'un voyageur anglais* sur l'article *Genève* (3e édition, 1766), t. II, p. 271, 272, 273. Lettre de M. D'Alembert à M. Tronchin, professeur en médecine à Genève ; Paris, 6 janvier 1758.
2. Voltaire, *OEuvres complètes* (Beuchot), t. LVII, p. 444. Lettre de D'Alembert à Voltaire ; Paris, 11 janvier 1758.
3. Gaberel, *Voltaire et les Génevois* (2e édit., Paris, Cherbuliez, 1857), p. 61.

Mais D'Alembert, à bout de raisons et de patience, finissait par donner à entendre qu'il en avait assez; il avait d'ailleurs chargé M. de Voltaire, qui était près d'eux, d'arranger toute cette affaire avec M. Tronchin[1]. A la date du 3 janvier, le poëte, au courant de tout, avait en effet prévenu son ami du choc qu'il aurait à essuyer et l'avait exhorté à lui renvoyer les assaillants. « Je vous assure que mes amis et moi nous les mènerons bon train; ils boiront le calice jusqu'à la lie. » Tout cela avait retenti jusqu'à Paris. Les ennemis du philosophe, jugeant l'occasion belle, se remuèrent, intriguèrent pour intéresser le parlement à cette querelle avec les pasteurs calvinistes. « On m'assure que ces messieurs vont envoyer une députation à la cour de France pour m'obliger de me rétracter. Je ne sais si la cour leur fera l'honneur de les écouter, ni ce qu'elle exigera de moi; mais je sais bien que je ne répondrai jamais autre chose que ce que vous venez de lire. Savez-vous, pour comble de sottise, que cet article *Genève* a pensé être dénoncé au parlement, à ce parlement plus intolérant et plus ridicule encore que le clergé qu'il persécute? On prétend que je loue

---

1. La lettre de D'Alembert, reproduite par M. Gaberel, est sans date. Vernet nous dit qu'elle est du 15 janvier 1758, dans ses observations sur six pages d'un livre intitulé : *Querelles littéraires ou Mémoires pour servir à l'histoire des révolutions de la république des lettres* (Durand, 1761). Tout ce conflit est, en effet, raconté quelque peu différemment dans le chapitre intitulé *les Encyclopédistes et les Anti-Encyclopédistes*, t. IV, p. 135 à 141. Cet ouvrage, que nous avons eu déjà occasion d'indiquer, est de l'abbé Irail, ancien précepteur de M. de Fontaine, neveu de Voltaire. Notre devoir était de mentionner cette circonstance, qui enlèverait un peu d'autorité à ses assertions.

les ministres de Genève d'une manière injurieuse à l'Église catholique... Tout cela n'est-il pas bien plaisant[1]? » Mais, quoi qu'il arrive, il soutiendra son dire. « Point de rétractation directe ou indirecte, s'écrie-t-il, proposez-leur à signer cette petite profession de foi de deux lignes : « je soussigné, crois que les peines de « l'enfer sont éternelles, et que Jésus-Christ est Dieu, « égal en tout à son Père; » vous verrez les Pharisiens aux prises avec les Saducéens et nous aurons les rieurs pour nous[2]. » Il y en avait, à Genève même. Tout ce mouvement, toute cette indécision, d'abord sur ce qu'il y avait à faire, ensuite sur la rédaction d'une déclaration qui était décidée, peut-être aussi l'embarras pour plusieurs de donner, dans un manifeste officiel, un démenti à leurs convictions particulières, avaient paru plaisants à quelques esprits forts qui suivaient toutes ces démarches avec plus de curiosité que de bienveillance. Voltaire cite un mot, dont l'impiété n'était pas de nature à le choquer, et qu'il attribuait dans l'origine au découpeur genevois, mais qui était en réalité d'une femme. « Ce n'est point Huber, marquait-il à D'Alembert, qui a dit que les prédicants étaient occupés à *donner un état à Jésus-Christ*, c'est madame Cramer; elle en dit quelquefois de bonnes[3]. »

Quoi qu'il en soit, la Compagnie des pasteurs, après une délibération de six semaines, lançait, le 8 février,

---

1. Voltaire, *OEuvres complètes* (Beuchot), t. LVII, p. 444, 445. Lettre de D'Alembert à Voltaire; Paris, 21 janvier 1758.
2. *Ibid.*, t. LVII, p. 467, 468. Lettre de D'Alembert à Voltaire; Paris, 28 janvier 1758.
3. *Ibid.*, t. LVII, p. 484. Lettre de Voltaire à D'Alembert; Lausanne, 13 février 1758.

un exposé de sa doctrine, fort modéré quant à la forme, mais répondant sans ambages aux accusations portées contre son orthodoxie à l'égard de l'éternité des récompenses et des peines, de l'existence du paradis ou de l'enfer « où chacun recevra sa juste rétribution selon le bien ou le mal qu'il aura fait dans cette vie, » sur la Divinité de Jésus-Christ, sur la foi, l'entière soumission d'esprit et de cœur de tous en la Révélation et les Saintes Écritures. Cela ne satisfait pas Voltaire qui, avec peu de sérieux, affirme que la déclaration des prêtres de Genève n'a d'autre effet que de justifier ce qu'a avancé D'Alembert. « Ils ne disent point que l'enfer soit éternel, mais qu'il y a dans l'Écriture des menaces de peines éternelles ; ils ne disent point Jésus égal à Dieu le Père ; ils ne l'adorent point ; ils disent qu'ils ont pour lui plus que du respect ; ils veulent apparemment dire du goût. Ils se déclarent en un mot *chrétiens-déistes*[1]. » Ce sont là de mauvaises chicanes auxquelles il ne faut pas s'arrêter. Cet exposé de principes ne laisse rien à désirer pour la pureté de l'orthodoxie du corps des pasteurs. Mais l'on objectait qu'entre la foi extérieure et la foi intime il pouvait y avoir d'étranges différences ; et, après avoir démontré combien les doctrines du clergé en général ressemblaient peu à ce que l'écrivain français avait avancé, il fallait encore défendre la pureté de croyance de chaque membre.

Sur quoi donc a-t-on pu se fonder pour donner une autre

---

[1]. Voltaire, *OEuvres complètes* (Beuchot), t. LVII, p. 495. Lettre de Voltaire à d'Argental ; à Lausanne, 25 février 1758.

idée de notre doctrine? Ou, si l'on veut faire tomber le soupçon sur notre sincérité, comme si nous ne pensions pas ce que nous enseignons et ce que nous professons en public, de quel droit se permet-on un soupçon si odieux? et comment n'a-t-on pas senti qu'après avoir loué nos *mœurs* comme *exemplaires*, c'était se contredire, c'était faire injure à cette même probité que de nous taxer d'une hypocrisie où ne tombent que des gens peu consciencieux qui se jouent de la religion[1]?

L'argumentation était habile, mais plus spécieuse qu'irréfutable. La question n'était autre qu'une question de fait. Ce qu'avançait D'Alembert était-il d'invention pure, ou bien avait-il trouvé, dans des entretiens plus ou moins confidentiels, l'élément d'une affirmation qui, nous en convenons, avait dû mettre le feu aux poudres? Quelque passionné qu'on l'admette en de telles matières, il était incapable de fabriquer méchamment une pareille calomnie; qu'il ait jugé de tous par quelques-uns, cela est possible, disons mieux : cela est sensible; mais il est sincère et ne dit que ce qu'il a entendu ou cru entendre. Vernet s'efforce d'expliquer cette situation d'une façon qui certes ne manque pas de subtilité, mais qui semble être un demi-aveu, bien que son intention soit tout autre.

Souvent de jeunes ecclésiastiques, par respect, par timidité, ne contredisent pas formellement des discours hardis et d'un certain ton, quoiqu'ils les désapprouvent en eux-mêmes; c'est un rôle de patience auquel ils sont souvent exposés. Et alors qu'arrive-t-il? Un incrédule, qui se pique de finesse, croira aisément qu'ils en pensent plus qu'ils

---

1. Extrait des Registres de la vénérable Compagnie des pasteurs et professeurs de l'Église et de l'Académie de Genève, le 10 février 1758.

n'en disent, et il aura l'injustice de prendre un tel silence ou un tel embarras pour une sorte de connivence. Il peut arriver aussi que, pour repousser les railleries perpétuelles des incrédules, par exemple, sur la *Trinité*, quelqu'un observe qu'ils ont tort de s'aheurter à des mots ou à des formules scholastiques, d'où naissent les plus grandes difficultés ; au lieu qu'en s'en tenant aux termes de l'Écriture, ces objections n'ont plus la même force. Et aussitôt un homme comme notre voyageur (D'Alembert), qui entend peu ces matières... s'imaginera que témoigner quelque indifférence pour le mot, c'est en avoir pour la chose [1].

En définitive, le philosophe n'avait été rien moins qu'avisé dans son machiavélisme. Il avait voulu donner en exemple au clergé catholique l'Église de Genève, et il ne s'attendait aucunement à ce qu'on prît, au delà des Alpes, ses éloges en mauvaise part. Ce n'était pas, du reste, la seule surprise que lui vaudrait son article de l'*Encyclopédie*, et il allait avoir à s'escrimer avec un adversaire qui, sur un autre terrain, le taxerait de corrupteur public. Il faut citer le passage suivant qu'il supposait fort innocent et qu'il n'avait sans doute placé là que par déférence pour son hôte des Délices.

On ne souffre point à Genève de comédie; ce n'est pas qu'on y désapprouve les spectacles en eux-mêmes, mais on craint, dit-on, le goût de parure, de dissipation et de libertinage que les troupes de comédiens répandent parmi la jeunesse. Cependant ne peut-il pas être possible de remédier à cet inconvénient, par des lois sévères et bien exécutées sur la conduite des comédiens ? Par ce moyen, Genève auroit des spectacles et des mœurs, et jouiroit de l'avantage des uns et

---

1. *Lettres critiques d'un voyageur anglais* sur l'article *Genève* (3e édition, 1766), t. I, p. 229, 230.

des autres : les représentations théâtrales formeroient le goût des citoyens, et leur donneroient une finesse de tact, une délicatesse de sentiment qu'il est très-difficile d'acquérir sans ce secours. La littérature en profiteroit, sans que le libertinage fît des progrès, et Genève réuniroit à la sagesse de Lacédémone la politesse d'Athènes[1]...

Nous avons vu la résistance du Consistoire de Genève, en apprenant les intentions menaçantes de Voltaire. Le poëte avait dû se replier devant la façon énergique avec laquelle les puissances s'étaient prononcées ; et on aurait pu croire qu'il en avait stoïquement pris son parti. Mais l'auteur de *Mérope* n'était pas homme à se reconnaître vaincu au premier choc, et il comptait bien intérieurement avoir sa revanche, un jour ou l'autre. En attendant mieux, il avait saisi avec empressement cette occasion de battre en brèche un vieux préjugé, et il avait suggéré à l'auteur de l'article *Genève* cette tirade en faveur de l'art théâtral, si, comme nous l'en verrons soupçonner, la tâche de D'Alembert ne se borna point à encastrer dans son texte un passage dont la portée n'échappera à personne. Rousseau, pour sa part, ne doutera point que ce plaidoyer éloquent ne soit de Voltaire, et le mandera au pasteur Vernes[2]. Ce dernier avait versé toute son indignation dans le sein de son compatriote ; mais Jean-Jacques, envisageant plus froidement des questions qui ne le touchaient que faiblement, avait essayé de calmer cette effervescence. « Si l'article dont

---

1. D'Alembert, *OEuvres complètes* (Belin, 1822), t. IV, p. 417. Description abrégée du gouvernement de Genève.
2. Rousseau, *OEuvres complètes* (Paris, Dupont, 1824), t. XIX, p. 46. Lettre de Rousseau à Vernes ; Montmorency, 22 octobre 1758.

vous me parlez est indiscret et répréhensible, il n'est assurément pas offensant. Cependant, s'il peut nuire à votre corps, peut-être fera-t-on bien d'y répondre ; quoique, à vous dire le vrai, j'aie un peu d'aversion pour les détails où cela peut entraîner, et qu'en général je n'aime guère qu'en matière de foi l'on assujettisse la conscience à des formules[1]. » Il écrivait ces lignes le 18 février 1758. A cette date, il n'avait donc pas lu l'article de D'Alembert, il n'en connaissait point, de son aveu, le contenu, et ne semblait pas supposer qu'il y eût au fond de tout cela une raison suffisante de sortir l'épée du fourreau. Dans les *Confessions*, les choses se passent tout autrement, comme on va voir ; mais citons le passage, les réflexions viendront après.

Dans la dernière visite que Diderot m'a faite à l'Ermitage, il m'avoit parlé de l'article *Genève*, que d'Alembert avoit mis dans l'*Encyclopédie*; il m'avoit appris que cet article, concerté avec les Genevois du haut étage, avoit pour but l'établissement de la comédie à Genève ; qu'en conséquence les mesures étoient prises, et que cet établissement ne tarderoit pas d'avoir lieu. Comme Diderot paroissoit trouver tout cela fort bien, qu'il ne doutoit pas du succès, et que j'avois avec lui trop d'autres débats pour disputer encore sur cet article, je ne lui dis rien ; mais, indigné de tout ce manége de séduction dans ma patrie, j'attendois avec impatience le volume de l'*Encyclopédie* où étoit cet article, pour voir s'il n'y auroit pas moyen d'y faire quelque réponse qui pût parer ce malheureux coup. Je reçus ce volume peu après mon établissement à Mont-Louis, et je trouvai l'article fait avec beaucoup d'adresse et d'art, et digne de la plume dont il étoit parti. Cela ne me détourna pourtant pas de vouloir y répondre...
Pendant un hiver assez rude, au mois de février..., j'al-

---

1. Rousseau, *Œuvres complètes* (Paris, Dupont, 1824), t. XIX, p. 7. Lettre de Rousseau à Vernes ; Montmorency, le 18 février 1758.

lois tous les jours passer deux heures le matin, et autant l'après-midi, dans un donjon tout ouvert. Ce donjon, qui terminoit une allée en terrasse, dominoit sur la vallée et l'étang de Montmorency, et m'offroit, pour terme du point de vue, le simple mais respectable château de Saint-Gratien, retraite du vertueux Catinat. Ce fut dans ce lieu pour lors glacé, que, sans abri contre le vent et la neige, et sans autre feu que celui de mon cœur, je composai dans l'espace de trois semaines ma *Lettre à D'Alembert sur les spectacles*. C'est ici, car la *Julie* n'étoit pas à moitié faite, le premier de mes écrits où j'aie trouvé des charmes dans le travail. Jusqu'ici l'indignation de la vertu m'avoit tenu lieu d'Apollon; la tendresse et la douceur d'âme m'en tinrent lieu cette fois [1].

Ainsi, l'auteur des *Confessions* était prévenu par Diderot de cette machination concertée avec la haute bourgeoisie de Genève ; et il n'attendait, pour se mettre en campagne, que l'apparition de l'article de D'Alembert. Comment se fait-il que, si près de Paris et des libraires, si intéressé à le lire avant tout autre, il n'en eût pas encore connaissance à la date du 18 février? Mais, à cette date même, ne nous dit-il point qu'il se livrait à ce travail de réfutation avec un emportement mêlé de tendresse et de douceur d'âme? Et comment arranger ces contradictions? La question serait de savoir si Jean-Jacques est ou non sincère, et se trompe, ou non, sciemment. Indubitablement, la relation vraie est dans la correspondance ; Rousseau, dans ses *Confessions*, se drape en moraliste, en citoyen des anciens jours. Il n'obéit au fond, comme dans sa lettre à Voltaire sur le poëme du *Désastre de Lisbonne*, qu'à

---

1. Rousseau, *OEuvres complètes* (Paris, Dupont, 1824), t. XV, p. 356, 357. *Les Confessions*, part. II, liv. X (1758).

sa nature de polémiste, en se prononçant, lui, fou de théâtre, lui auteur dramatique, contre la scène et ses dangers. En réalité (c'est notre sentiment du moins), ou Diderot ne lui avait point parlé de l'article sur *Genève*, ou il ne s'en était pas autrement préoccupé, et ce ne fut que bien plus tard qu'il se laissa tenter. Nous avons eu déjà à signaler ces petites inexactitudes, à l'endroit desquelles il prend à toute éventualité ses sûretés. La première et la seconde partie des *Confessions*, la seconde surtout, composées de souvenir, devront renfermer plus d'une erreur. Mais l'époque précisément dont il est question ici échappe à cette fatalité : elle avait été écrite sur des documents, sur un ensemble de lettres qui lui avaient servi de bases fixes et l'avaient prémuni contre toute confusion de faits ou de dates [1]. Quoi qu'il en soit, ce même homme, qui donnait le conseil à un théologien de laisser dire sur des matières de dogme, se crut obligé de combattre l'abominable thèse que soutenait, au grand péril de ces pauvres Genevois, le philosophe français. « J'ai sous presse, disait-il à Vernes, le 4 juillet, un petit écrit sur l'article *Genève*, de M. D'Alembert. Le conseil qu'il nous donne d'établir une comédie m'a paru pernicieux; il a réveillé mon zèle, et m'a d'autant plus indigné, que j'ai vu clairement qu'il ne se faisoit

---

1. « Il y a cependant, et très-heureusement, un intervalle de six à sept ans dont j'ai des renseignements sûrs dans un recueil transcrit de lettres dont les originaux sont dans les mains de M. du Peyrou. Ce recueil, qui finit en 1760, comprend tout le temps de mon séjour à l'Ermitage et de ma grande brouillerie avec mes soi-disant amis. » *Œuvres complètes* (Paris, Dupont, 1824), t. XV, p. 4, 5, 6. *Les Confessions*, part II, liv. VII.

pas un scrupule de faire sa cour à M. de Voltaire à nos dépens. Voilà les auteurs et les philosophes [1]!... » Toutefois, avant de rendre publique sa brochure, il avertissait courtoisement son adversaire de ses projets, et dans les termes les meilleurs. Mais c'est ainsi que l'on commence toujours.

J'ai dû, monsieur, répondre à votre article *Genève* : je l'ai fait, et vous ai même adressé cet écrit. Je suis sensible aux témoignages de votre souvenir et à l'honneur que j'ai reçu de vous en plus d'une occasion ; mais vous nous donnez un conseil pernicieux, et si mon père en avoit fait autant, je n'aurois pu ni dû me taire... J'ai tâché d'accorder ce que je vous dois avec ce que je dois à ma patrie ; quand il a fallu choisir, j'aurois fait un crime de balancer [2].

La *Lettre à M. D'Alembert sur les spectacles* parut le 2 octobre 1758 [3]. Elle fit beaucoup de bruit, comme tout ce qui sortait de cette plume célèbre, et les réponses qu'elle s'attira ne contribuèrent pas peu à son succès. Rousseau s'excuse également, dans sa préface, d'avoir engagé le fer ; il rend justice aux intentions de M. D'Alembert, mais il a cédé au cri de sa conscience. Devait-il se taire ? Le pouvait-il sans trahir son devoir et sa patrie ? Mais ce n'est pas avec le seul D'Alembert qu'il est plein de ménagements et de rhétorique. Il sait que c'est autant de coups qu'il va porter à Voltaire, et il s'efforce de le désintéresser par les louanges

---

1. Rousseau, *OEuvres complètes* (Paris, Dupont, 1824), t. XIX, p. 34. Lettre de Rousseau à Vernes ; Montmorency, le 4 juillet 1758.
2. *Ibid.*, t. XIX, p. 32, 33. Lettre de Rousseau à D'Alembert ; Montmorency, le 25 juin 1758.
3. *Ibid.*, t. XIX, p. 45. Lettre de Rousseau à Vernes ; Montmorency, le 22 octobre 1758.

les plus raffinées. Il dira de la remarquable scène entre Mahomet et Zopire : « Je n'en connais point une autre au théâtre français où la main d'un grand maître soit plus sensiblement empreinte, et où le sacré caractère de la vertu l'emporte plus sensiblement sur l'élévation du génie [1]. » L'on ne voit que trop souvent, au théâtre, la vieillesse livrée à la dérision. « Remercions l'illustre auteur de *Zaïre* et de *Nanine* d'avoir soustrait à ce mépris le vénérable Lusignan et le bon vieux Philippe Humbert [2]. » Il dira même, après l'énumération de tous ses griefs contre les auteurs et leurs œuvres, tant tragiques que comiques : « Mais que M. de Voltaire daigne nous composer des tragédies sur le modèle de la *Mort de César,* du premier acte de *Brutus;* et s'il nous faut absolument un théâtre, qu'il s'engage à le remplir toujours de son génie et à vivre autant que ses pièces. » On dirait que Rousseau hésite, qu'il y regarde à deux fois à heurter sa verve passionnée contre la verve sardonique d'un homme qui l'a tant ému et qu'il ne cesse d'admirer [3]. Il a essayé ses ailes dans sa lettre sur le poëme de *Lisbonne;* mais que de circonlocutions, quelle habileté pour faire

---

1. Rousseau, *OEuvres complètes* (Paris, Dupont, 1824), t. II, p. 39. *Lettre à M. d'Alembert sur les spectacles.*
2. *Ibid.*, t. II, p. 68. *Lettre à M. D'Alembert sur les spectacles.*
3. Rousseau écrivait à madame de Warens, en 1737 : « La mienne (ma santé) fut fort dérangée hier au spectacle. On représenta *Alzire*, mal à la vérité, mais je ne laissai pas d'y être ému jusqu'à perdre la respiration, mes palpitations augmentèrent, et je crains de m'en sentir quelque temps. » *OEuvres complètes* (Paris, Dupont, 1824), t. XVIII, p. 42, 43. Lettre de Rousseau à madame de Warens; Grenoble, 13 septembre 1737.

accepter cette remarquable réfutation, à laquelle Voltaire ne répondit point!

La *Lettre sur les spectacles* est écrite avec une chaleur, une éloquence, un lyrisme, dirons-nous même, qui saisissent, envahissent, sans permettre d'apercevoir ce qu'il y a d'excessif et de paradoxal dans cet éloquent réquisitoire. La grande puissance de Rousseau, c'est de communiquer à tous son enthousiasme et sa passion, c'est de persuader qu'il n'y a au monde qu'une manière de voir, la sienne. Et il sait si absolument s'emparer de vous, vous subjuguer, que, dans le silence du cabinet, livré à vous-même, il vous faudra plus d'un effort pour secouer les étreintes d'un charmeur que ses arguments ont le premier séduit. En dépit des compliments adressés à Voltaire, à l'entendre, il n'y avait point de composition dramatique innocente, la plus inoffensive était pernicieuse; et plutôt toutes les calamités pour sa patrie que le malheur de voir s'infiltrer dans l'âme des citoyens ce fatal amour du théâtre! On comprend que cet anathème ne devait pas être accepté sans conteste et par les poëtes et par les comédiens, et par ce public lettré pour lequel ces spectacles étaient un aliment intellectuel aussi indispensable que la nourriture qu'il faut donner au corps. D'Alembert, que l'on prenait à partie, crut devoir défendre son dire, et répondit par une *Lettre à M. J.-J. Rousseau, citoyen de Genève.* Il s'efforçait de démontrer le côté outré, le côté faux de cette thèse, et de prouver que ce délassement si noble et si élevé pouvait être non-seulement fort innocent, mais un des moyens de moralisation les plus actifs et les meilleurs. Rien

de si peu semblable que ces deux écrits, bien que le
paradoxe se rencontrât également chez tous les deux :
D'Alembert, poli, froid, se permettant l'ironie [1], mais
serrant son raisonnement, quand son adversaire empruntait
à l'émotion comme à la logique ses instruments
de combat. Rousseau avait fait allusion à la
querelle que le géomètre s'était attirée avec le clergé
genevois; ce dernier, qui n'avait pas répondu à la profession
de foi des pasteurs, ne crut point devoir mieux
finir que par une dernière explication sur ce qu'il
avait voulu et entendu dire.

Quand ils ne seraient pas *sociniens*, répliquait-il, il faudrait
qu'ils le devinssent, non pour l'honneur de leur religion,
mais pour celui de leur philosophie. Ce mot de *sociniens*
ne doit pas vous effrayer : mon dessein n'a pas été de donner
un *nom de parti* à des hommes dont j'ai d'ailleurs fait
un juste éloge, mais d'exposer par un seul mot ce que j'ai
cru être leur doctrine et ce qui sera infailliblement dans
quelques années leur doctrine *publique*. A l'égard de leur
profession de foi, je me borne à vous y renvoyer et à vous
en faire juge... Ne prenez point cette invitation pour un
trait de satire contre vos ministres; eux-mêmes ne doivent
pas s'en offenser; en matière de profession de foi, il est permis
à un catholique de se montrer difficile, sans que des

---

[1]. La lettre de Rousseau suscita plus d'une réplique. Il parut des
Considérations sur l'art du théâtre d'un M. Villaret; une réponse de
Marmontel intitulée : *Apologie du théâtre ou analyse de la lettre de
Rousseau*, bien écrite, plus judicieuse, plus mesurée et, pour le moins,
aussi adroite que celle de D'Alembert, du moins est-ce le sentiment
de Vernet. Un comédien de Lyon se mit également de la partie, dans
une brochure ayant pour titre : *Laval à J.-J. Rousseau sur l'effet moral
des théâtres*, et s'en tira avec honneur et convenance. Enfin Dancourt,
communément appelé l'*Arlequin* de Berlin, ne laissa pas de
dire son mot dans une petite brochure imprimée à Amsterdam :
Dancourt, arlequin de Berlin, à J.-J. Rousseau, citoyen de Genève, qui
est un des meilleurs écrits auxquels donna lieu la lettre de Rousseau.

chrétiens d'une communion contraire puissent légitimement en être blessés[1]...

Ce fut là toute la satisfaction publique que put indirectement obtenir Tronchin, et elle n'était pas de nature à contenter la vénérable compagnie. En revanche, cette campagne assez inattendue de Jean-Jacques fut saluée par elle avec enthousiasme, comme elle méritait de l'être et comme le démontre surabondamment cette lettre du pasteur Sarasin :

> Je n'ai pas de termes assez expressifs pour vous marquer la satisfaction que j'ai ressentie en relisant le digne ouvrage qui vient de sortir de votre plume et que M. Vernes m'a remis de votre part. Vous venez de rendre un service signalé à notre commune patrie, en vous élevant aussi librement et aussi fortement que vous l'avez fait contre la fureur des spectacles, et en montrant tout le ridicule et le danger du projet qu'ont formé certaines personnes d'établir un théâtre dans notre ville. Je partage avec tous nos bons compatriotes la reconnaissance que tout notre public vous doit pour le bien que votre livre ne manquera pas de faire auprès de tous ceux qui savent penser sainement et qui ne sont pas livrés à l'amour de la frivolité et du plaisir[2]...

Les choses en demeurèrent là, de part et d'autre. Mais Rousseau avait provoqué l'attention et les sévérités sur cette passion du théâtre qui envahissait toutes les imaginations. A propos même de la lettre de Jean-Jacques, qu'il n'avait pas encore lue, Voltaire s'écriait : « On dit qu'il pousse le sacrilège jusqu'à s'élever

---

1. D'Alembert, *Œuvres complètes* (Paris, Belin, 1822), t. IV, p. 456, 457. Lettre à Jean-Jacques Rousseau, citoyen de Genève.
2. Gaberel, *Rousseau et les Genevois* (Genève, 1858), p. 65. Lettre de Sarasin aîné, pasteur, à Rousseau ; septembre 1758.

contre la comédie, qui devient le troisième sacrement de Genève. On est fou de spectacle dans le pays de Calvin... On a donné trois pièces nouvelles faites à Genève même, en trois mois de temps, et de ces pièces je n'en ai fait qu'une [1]. » Nous nous sommes laissé entraîner bien loin de l'heure présente; il va nous falloir revenir en arrière et reprendre la chaîne des événements où nous l'avions interrompue, pour nous occuper d'une dispute qui eut son importance et par la notoriété des personnages qui y prirent part, et par le bruit qu'elle fit à Paris comme à Genève.

1. Voltaire, *OEuvres complètes* (Beuchot), t. LVII, p. 596. Lettre de Voltaire à D'Alembert; aux Délices, 2 septembre 1758.

V

VOLTAIRE CARDINAL. — L'OLYMPE ET LES GENS D'ESPRIT.
LES CHARS ASSYRIENS. — L'AMIRAL BYNG.

Voltaire, qui s'escrimait d'estoc et de taille dans l'*Encyclopédie*, contre ce qu'il appellera l'*infâme*, ne se doutait pas qu'il dût armer plus effectivement contre ses anciens maîtres, ses ennemis présents, les jésuites. L'anecdote est curieuse et elle nous édifie, en passant, sur cette façon, plus qu'osée alors, banale à l'heure qu'il est, de placer son argent dans des entreprises au moins aventureuses, et qui, en tous cas, auraient trouvé peu de crédit auprès d'un bourgeois de Paris.

Quoique je ne sois pas grand nouvelliste, il faut pourtant, madame, écrivait-il à la comtesse de Lutzelbourg, que je vous dise des nouvelles de l'Amérique. Il est vrai qu'il n'y a pas de roi Nicolas [1]; mais il n'en est pas moins vrai que les jésuites sont autant de rois au Paraguai. Le roi d'Espagne envoie quatre vaisseaux de guerre contre les révérends pères. Cela est si vrai, que moi, qui vous parle, je fournis ma part d'un de ces quatre vaisseaux [2]. J'étais, je ne sais

1. Jésuite que l'on disait s'être déclaré roi du Paraguay, en 1755, et sur lequel Voltaire ne revient que trop souvent.
2. Le vaisseau appartenait à MM. Gilli. Il y a une lettre de l'année 1764, adressée à l'un d'eux.

comment, intéressé dans un navire considérable qui partait pour Buenos-Aires; nous l'avons fourni au gouvernement pour transporter des troupes; et, pour achever le plaisant de cette aventure, ce vaisseau s'appelle *le Pascal;* il s'en va combattre la *morale relâchée*[1].

L'aventure lui sourit, elle lui paraît piquante, il l'annonce à d'Argental[2], il en écrit à Richelieu[3]: il y aura un ressouvenir du Paraguay dans *Candide*[4]. Faire la guerre aux jésuites! il n'y était que trop disposé. Il avait ses motifs de rancune, il était encore ému de leurs persécutions, et il eût armé sur terre comme sur mer. Les temps n'étaient pas éloignés où ce serait à qui crierait sus aux bons pères; mais, pour le moment, si l'orage s'amoncelait sur leurs têtes, l'heure de leur perte n'avait pas sonné. Il se jouait alors à la cour une comédie étrange qui peint bien cette époque extravagante, allant du même pas à l'absurde et aux abîmes. La favorite commençait à n'être plus jeune, sa beauté et sa santé la quittaient également; elle sentait son amant lui échapper un peu plus, l'unique lien qui le retenait était l'habitude, et ce lien pouvait se briser, bien que l'habitude dût être la plus solide des chaînes pour un prince ennuyé, farouche, à qui l'annonce seule d'un visage nouveau faisait froncer le

---

1. Voltaire, *OEuvres complètes* (Beuchot), t. LVII, p. 49. Lettre de Voltaire à madame de Lutzelbourg; aux Délices, 12 avril 1756.
2. *Ibid.*, t. LVII, p. 4. Lettre de Voltaire à d'Argental; à Monrion, janvier 1756.
3. *Ibid.*, t. LVII, p. 54. Lettre de Voltaire à Richelieu; aux Délices, 6 avril 1756.
4. *Ibid.*, t. XXXIII, p. 459 à 463. *Candide ou l'Optimiste*, ch. XIV. Comment Candide et Cocambo furent reçus par les jésuites du Paraguay.

sourcil. Pour assurer à tout jamais une situation qui lui valait tant d'ennemis et d'envieux, madame de Pompadour, au fond sans croyances, se dit que, si elle pouvait régulariser son état aux yeux des gens austères, elle se trouverait désormais à l'abri de toute atteinte : son rôle changeait, la maîtresse disparaissait, madame de Maintenon succédait à madame de Montespan — dans le même personnage, par un pur miracle de la Grâce. Ce seront, avec moins de sincérité, les mêmes efforts et les mêmes obstacles en 1752 qu'en 1675. La marquise s'en ouvre au roi, et le prie de faire consulter la Sorbonne et d'écrire au confesseur pour trouver les moyens de la laisser auprès de sa personne, « puisqu'il le désirait, » sans être exposée au soupçon d'une faiblesse qu'elle n'avait plus. Mais le confesseur du roi, le P. Pérusseau, comme l'abbé Lécuyer jadis, exigea la séparation totale. Cela coupa court, comme on le pense bien, à ces projets d'édification, et les choses en restèrent là jusqu'en 1755 ; mais on n'avait rien moins que renoncé au succès d'une entreprise qui fixait l'avenir. Ces démarches n'avaient point eu lieu sans transpirer dans un certain public ; et, à la date du 8 mars 1752, d'Argenson notait déjà dans son journal : « Plus de péché charnel entre le roi et sa maîtresse[1]. » C'était ce que l'on voulait ; et, bien que rebutée dans ses visées de réforme, la marquise affecta la même régularité de conduite, disposant ses machines pour un nouvel assaut. Laissons-lui raconter à elle-même les circonstances qui présidèrent

---

1. Marquis d'Argenson, *Mémoires* (éd. Rathery), t. VIII, p. 137.

à ses tentatives de réconciliation avec Dieu, et autant et plus avec les hommes.

... Les choses en restèrent donc (en apparence) comme par le passé jusqu'en 1755. Puis de longues réflexions sur les malheurs qui m'avaient poursuivie même dans la plus grande fortune[1], la certitude de n'être jamais heureuse par les biens du monde, puisque aucuns ne m'avaient manqué et que je n'avais pu parvenir au bonheur, le détachement des choses qui m'amusaient le plus, tout me porta à croire que le seul bonheur était en Dieu. Je m'adressai au père de Sacy, comme à l'homme le plus pénétré de cette vérité, je lui montrai mon âme toute nue. Il m'éprouva en secret depuis le mois de septembre jusqu'à la fin de janvier 1756. Il me proposa dans ce temps d'écrire une lettre à mon mari, dont j'ai le brouillon qu'il écrivit lui-même. Mon mari refusa de me jamais voir[2]. Le père me fit demander une place chez la reine pour plus de décence, il fit changer les escaliers qui donnaient dans mon appartement, et le roi n'y entra plus que par la pièce de compagnie. Il me prescrivit une règle de conduite que j'observai exactement ; ce changement fit grand bruit à la cour et à la ville[3]...

1. Allusion à la perte de sa fille Alexandrine, morte le 5 juin 1754, à l'âge de onze ans, à l'Assomption de Paris.

2. Elle lui proposait de revenir à elle, ou de le suivre où il voudrait. Elle lui demandait aussi son agrément avant d'accepter la place de dame du palais, à laquelle il est fait allusion ici et dont elle obtenait, en effet, le rang au commencement de février 1756. La réponse de M. Le Normand fut qu'il ne pouvait accepter les deux premières propositions, mais qu'il donnait volontiers son consentement pour qu'elle acceptât la place dont elle lui parlait (Duc de Luynes, *Mémoires*, t. XV, p. 322 ; 8 février 1756). Il n'avait pas toujours pensé ainsi, et, dans les premiers temps de leur rupture, il écrivait à l'infidèle : « Connoissez toute ma faiblesse, je vous reprendrois encore, si vous reveniez à moi. » Mais ce qui est à citer, c'est la réponse du roi, auquel la marquise avait montré le billet de son mari. « Gardez cette lettre, on ne sait pas ce qui peut arriver. » Senac de Meilhan, *Le Gouvernement, les Mœurs et les Conditions en France avant la Révolution* (Paris, Malassis), p. 334.

3. Comte Alexis de Saint-Priest, *Histoire de la chute des Jésuites*

La marquise était résignée à toutes les épreuves. Elle disciplinera son entourage, aura recours à ses féaux ; et, pour sa part, le duc de La Vallière, bien qu'il ne parle qu'en son nom, sera chargé d'une mission spéciale auprès de Voltaire. On ne s'attendait pas à trouver Voltaire en cette affaire ; mais que l'on ne se presse pas trop d'admirer. M. de La Vallière, l'ami du très-mondain abbé de Voisenon, que l'auteur de *Mérope* appelait l'évêque de Montrouge (quand il ne lui donnait pas un sobriquet autrement irrévérencieux), avait conservé des relations avec le poëte qui, dans la seule lettre au duc que nous connaissions, le traite sur un pied assez leste de familiarité[1]. Le poëme sur le *Désastre de Lisbonne* lui avait été adressé ; il profita de cet envoi gracieux pour réclamer de Voltaire un service personnel que l'on attendait de son amitié, mais qui serait tout aussi profitable à celui qui le devrait rendre. Le temps des folies, des œuvres profanes était passé ; et l'on demandait au chantre de la *Pucelle* de traduire en beaux vers, comme il savait les faire, les Psaumes de David. « Vous effacerez *Rousseau*, vous inspirerez l'édification, et vous me mettrez à portée de faire le plus grand plaisir à madame***. Ce n'est plus *Mérope*[2], *Lully* ni *Métastase* qu'il nous faut, mais un peu de David. Imitez-le, enrichissez-le. » On ne lui

---

au dix-huitième siècle (Paris, Amyot, 1846), p. 35, 36. Manuscrits du duc de Choiseul.

1. Voltaire, *OEuvres complètes* (Beuchot), t. LVI, p. 599 à 602. Lettre de Voltaire au duc de La Vallière ; des bords du lac, 26 février 1755.

2. Voltaire avait promis à M. de La Vallière sa tragédie de *Mérope*, arrangée en opéra par le roi de Prusse.

demandait qu'une heure par jour et le plus grand secret. Du reste, l'ouvrage achevé, l'on prenait l'engagement d'en faire faire une superbe édition par l'imprimerie du Louvre. « Je vous le répète, je suis sûr qu'elle en sera enchantée[1]. » Voltaire, qui ne s'étonnait pas aisément, fut plus que stupéfait de telles ouvertures, et, quand il revint de son ébahissement, ce fut pour accabler le tentateur de questions, auxquelles celui-ci répondait d'ailleurs de la meilleure grâce. La Vallière, dans sa seconde lettre, aussi curieuse que la première, parle un peu de tout, de lui particulièrement, de l'abbé de Voisenon que ses accès d'asthme n'empêchaient pas de faire l'amour comme un jeune écolier; mais tout cela ne nous importe guère. Passons au plus intéressant, comme le dit le duc de La Vallière.

Un rayon de la grâce a éclairé, mais sans ivresse; quelques changemens médiocres en sont le seul témoignage. On ne va plus au spectacle, on a fait maigre trois jours de la semaine, pendant tout le carême, mais sous la condition qu'on n'en serait point incommodée. Les momens qu'on peut donner à la lecture sont vraisemblablement employés à de bons livres; au reste, la même vie, les mêmes amis, et je me flatte d'être du nombre; aussi aimable qu'on a jamais été, et plus de crédit que jamais. Voilà la position où l'on est, et qui fait qu'on voudrait des psaumes de votre façon. L'on vous connaît, on vous a admiré, et l'on veut vous lire encore, mais l'on est bien aise de vous prescrire l'objet de ses lectures. Ainsi, je vous le répète, il faut que vous nous donniez une heure par jour, et bientôt vous verrez que vous aurez

---

[1]. Longchamp et Wagnière, *Mémoires sur Voltaire* (Paris, 1826), t. II, p. 533, 534. Lettre du duc de La Vallière à Voltaire; à Versailles, ce 1er mars 1756.

satisfait et à nos désirs et à votre réputation. Je vous le dis encore, et en vérité sans fadeur, de tout temps vous avez été destiné à faire cet ouvrage. Vous vous le devez et à nous aussi, et c'est une marque d'attention à laquelle le bon prophète sera très-sensible; je le serai aussi très-sincèrement à cette preuve d'amitié de votre part, et j'en attends incessamment les heureux essais [1].

Il y aurait donc un peu à rabattre de cette réforme presque conventuelle. Mais il faut se dire que le récit de la marquise est fait en vue de Sa Sainteté à laquelle il doit être remis et que l'on veut à tout prix persuader. Dans de telles conditions, il est bien naturel que l'on exagère un peu, et, vraisemblablement, La Vallière nous donne l'exacte situation des choses dans le particulier de la favorite et du roi. Toute cette correspondance entre le poëte et le courtisan devait être des plus piquantes, et nous regrettons fort, pour notre part, qu'elle ne se soit pas retrouvée. Après la mort du duc de La Vallière, les lettres de Voltaire échurent à la duchesse de Châtillon, sa fille, qui ne céda point aux instances qu'on fit près d'elle pour les obtenir. Que sont-elles devenues et dans quelles mains depuis sontelles tombées? Leur dispersion nous condamne aux conjectures et laisse planer une fâcheuse obscurité sur un problème qu'il serait curieux pourtant d'éclaircir. Condorcet, en parlant de la démarche de M. de La Vallière et de sa proposition de traduire les Psaumes et les livres sapientiaux, finit par une phrase grosse comme un monde : « Voltaire ne pouvait, dit-il, deve-

---

[1]. Longchamp et Wagnière, *Mémoires sur Voltaire* (Paris, 1826), t. II, p. 535, 536. Lettre du duc de La Vallière; à Versailles, ce 22 avril 1756.

nir hypocrite, pas même pour-être cardinal, comme on lui en fit entrevoir l'espérance quelque temps après[1]. » On se demande si l'on a bien lu, si l'on a la berlue. Voltaire cardinal! l'auteur de *Jeanne*, prince de l'Église, prenant place au sacré collége entre Tencin et Babet la bouquetière[2]! Il est difficile de n'être pas de l'avis de La Harpe, qui trouve également improbable qu'on ait imaginé de faire espérer le chapeau à Voltaire, ou qu'il ait été assez crédule pour donner un moment dans cette chimère. Et, cependant, comment admettre que Condorcet se fût constitué, sans le moindre fondement, l'écho d'un bruit de cette nature? La correspondance du poëte n'a trait, ni de près, ni de loin, à ces étranges visées. Quant à la demande d'une traduction des Psaumes, Voltaire y fait allusion dans une lettre à Thiériot, quoique discrètement. « Il y a longtemps que quelqu'un exigea de moi des paraphrases de l'*Ancien Testament;* je choisis le *Cantique des Cantiques* et l'*Ecclésiaste*. L'un de ces ouvrages est tendre, l'autre est philosophique[3]... » Si l'on considère cette imitation libre, et trop libre, de l'*Ecclésiaste* et du *Cantique des Cantiques*[4] comme un acquiesce-

---

1. Voltaire, *OEuvres complètes* (Beuchot), t. I, p. 219. Vie de Voltaire par Condorcet.
2. Nous devançons un peu les temps pour Bernis, qui n'aura le chapeau qu'en 1758.
3. Voltaire, *OEuvres complètes* (Beuchot), t. LVIII, p. 114. Lettre de Voltaire à Thiériot; aux Délices, 11 juin 1759.
4. Si la traduction du *Cantique des Cantiques* est loin d'être servile, elle n'exagère point le tempérament passionné de l'original, elle l'adoucit même. « Il l'a un peu châtié, écrivait madame du Bocage à Algarotti, en le versifiant, parce qu'il l'avait fait jadis pour madame de Pompadour. Bernard (Gentil) l'a paraphrasé d'une ma-

ment aux ordres de la favorite, on conviendra que le choix était étrange et ne répondait que médiocrement aux intentions d'édification de madame de Pompadour, qui, nous assure-t-on, les fit imprimer dans sa chambre et sous ses yeux[1]. Quoi qu'il en soit, ces démonstrations de réforme, ce retour vers Dieu, dont la sincérité nous est suspecte, furent en pure perte ; et, en fin de compte, la marquise se vit ramenée, un beau jour, par le père de Sacy aux conditions du père Pérusseau.

... Les intrigants de toutes les espèces s'en mêlèrent; le père de Sacy en fut entouré, et me dit qu'il me refuserait les sacremens, tant que je serais à la cour. Je lui représentai tous les engagements qu'il m'avait fait prendre, la différence que l'intrigue avait mise dans sa façon de penser, etc. Il finit par me dire : *que l'on s'était trop moqué du confesseur du feu roi quand M. le comte de Toulouse était arrivé au monde, et qu'il ne voulait pas qu'il lui en arrivât autant*[2]. Je

nière bien plus agréable, mais un peu obscène... » *Opere del conte Algarotti* (Venezia, 1794), t. XVII, p. 14. Paris, 9 septembre 1759.

1. MM. de Goncourt, *Les Maîtresses de Louis XV*, t. XI, p. 63. Son royal amant aurait pu alors accorder son concours à cette œuvre de mystère, car ç'avait été un typographe dans sa jeunesse. En octobre 1868, à la vente de Brunet, l'on achetait, à un prix très-élevé, un curieux petit livret de soixante-douze pages, intitulé *Cours des principaux fleuves et rivières de l'Europe*, composé et imprimé par Louis XV, roi de France et de Navarre, en 1718 (Paris, de l'imprimerie du cabinet de S. M., dirigée par J. Collombat, 1718), petit in-4° réglé, avec le portrait de Louis XV par Audran. Voir le *Catalogue de Brunet* (Paris, Potier, 1868), première partie, p. 111, n° 559. Quant à l'édition du Louvre, imprimée avec le portrait de Voltaire, et de l'incorrection de laquelle il se plaint, nous l'avons cherchée vainement à la Bibliothèque nationale et ailleurs ; Beuchot ne nous paraît pas avoir été plus heureux, et semble ne la citer que sur la lettre du poëte à Thiériot, du 15 décembre 1759.

2. Voir, au sujet de ce curieux et émouvant épisode de l'histoire intime de Louis XIV, nos *Cours galantes* (Paris, Dentu), t. III, p. 79 à 118.

n'eus rien à répondre à un semblable motif, et après avoir épuisé tout ce que le désir que j'avais de remplir mes devoirs put me faire trouver de plus propre à le persuader de n'écouter que la religion et non l'intrigue, je ne le vis plus [1].

Quant à Voltaire que le chapeau ne tentait guère, c'est à croire, il se serait contenté d'une autorisation même temporaire de rentrer dans Paris. Mais c'est ce que l'on ne voulait point; on lui refusait durement d'y venir prendre certains arrangements qui eussent nécessité sa présence. « Le poëte *Voltaire*, écrivait d'Argenson, en juillet, ayant demandé à mon dit frère la permission de revenir à Paris pour des affaires, elle lui a été refusée, et *Voltaire* lui a répondu par une épigramme dont chacun prend copie, et où il lui vante le bonheur de la retraite; elle commence ainsi :

Par votre humeur le monde est gouverné [2]... »

Il est vrai que le solitaire des Délices nia formellement la paternité d'une épigramme qui n'aurait d'ailleurs été qu'une appropriation du sonnet irrégulier de Maynard. « Je suis bien étonné, écrivait-il à madame de Lutzelbourg, qu'on m'attribue le compliment à la *chèvre*; c'est une pièce faite du temps du cardinal de Richelieu. Je ne suis point au fond de mon *village*, comme le dit le compliment; et il s'en faut de beaucoup que j'aie à me plaindre de cette

---

1. Comte Alexis de Saint-Priest, *Histoire de la chute des Jésuites* (Paris, Amyot, 1846), p. 37. — L'abbé Georgel, *Mémoires pour servir à l'histoire des événements de la fin du dix-huitième siècle* (Paris, Eymery, 1817), t. I, p. 42, 43, 44.

2. Marquis d'Argenson, *Mémoires* (Jannet), t. IV, p. 283; 23 juillet 1756.

chèvre[1]. » Ces sobriquets étaient alors à la mode, chez la reine comme chez le roi : le comte d'Argenson était désigné sous le nom de la *chèvre*[2], comme le duc de La Vallière sous celui du *brochet*[3]. « Je dirai à mes grosses truites que j'ai été aimé de celui à qui on a donné le nom de *brochet*, que portait le grand protecteur de Voiture [4]. » Mais qu'il ait ou non adressé ces vers de Maynard à M. d'Argenson, ce qu'il y a de positif, bien qu'il veuille donner le change, c'est à cette date le peu de bienveillance de son ancien camarade de Louis-le-Grand, qui, en dépit des souvenirs de jeunesse, en dépit des flatteries de l'oncle, des importunités de la nièce, était bien déterminé à ne point se prêter à son retour. Aussi, quelques mois après, le poëte apprenait-il sans trop de chagrin l'exil du ministre à sa terre des Ormes : il savait qu'il ne perdait point un protecteur. Mais il perdait un ami, un admirateur enthousiaste, sincère, dans le frère aîné qui s'était éteint un peu auparavant.

J'ai tendrement regretté, écrivait-il à Cideville, un condisciple aussi du collége de Clermont, le marquis d'Argen-

---

1. Voltaire, *OEuvres complètes* (Beuchot), t. LVII, p. 122. Lettre de Voltaire à madame de Lutzelbourg ; aux Délices, 13 août 1756.
2. Chez la reine, *la chèvre* ne s'appelait plus que *Cadet, Saint-Cadet, beau Cadet*. Madame de Villars se nommait *papète*, la duchesse de Luynes *la poule*. Marquis d'Argenson, *Mémoires* (Jannet), t. IV, p. 392, 393, 403. Madame de Pompadour ne laisse pas également d'avoir des sobriquets assez baroques pour tout son monde. Pâris Duverney était *son nigaud* ; M. de Moras, *son gros cochon* ; M. de Paulmy, *sa petite horreur*, et l'abbé de Bernis *son pigeon pattu*. *Correspondance du cardinal de Bernis avec Pâris Duverney* (Londres, 1790), t. II, p. 41.
3. Duc de Luynes, *Mémoires* (Paris, Didot), t. X, p. 98.
4. Voltaire, *OEuvres complètes* (Beuchot), t. XXXIX, p. 241.

son, notre vieux camarade[1]. Il était philosophe, et on l'appelait à Versailles *d'Argenson la bête*. Je plains davantage la *chèvre*, s'il est vrai qu'on l'envoie brouter en Poitou.... Les fleurs et les fruits de la cour étaient faits pour elle. Qui m'aurait dit, mon ami, que je serais dans une retraite plus agréable que ce ministre? Ma situation des Délices est fort au-dessus de celle des Ormes[2]. Je passe l'hiver dans une autre retraite, auprès d'une ville où il y a de l'esprit et du plaisir. Nous jouons *Zaïre*; madame Denis fait Zaïre, et mieux que Gaussin. Je fais Lusignan : le rôle me convient, et l'on pleure. Ensuite on soupe chez moi; nous avons un excellent cuisinier. Personne n'exige que je fasse de visites; on a pitié de ma mauvaise santé; j'ai tout mon temps à moi; je suis aussi heureux qu'on peut l'être quand on digère mal. En vérité, cela vaut bien le sort d'un secrétaire d'État qu'on renvoie[3]. .

Voltaire était retourné à Monrion, à deux pas de cette aimable ville de Lausanne où tant d'empressements lui avaient été témoignés. Comment en eût-il été autrement? Lausanne, c'était presque la France. « Il n'y a dans Lausanne que des familles françaises, des mœurs françaises... nous n'avons de suisse que la cordialité; c'est l'âge d'or avec les agréments du siècle de fer. » La bonne société l'avait accueilli avec une considération dont il avait été flatté. C'étaient les des Gloires, les Lezy, les Sacconay, les d'Aubonne, autant de familles rejetées du sein de la mère-patrie

---

1. Le marquis mourut le 26 janvier 1757. Son frère fut renvoyé quelques jours plus tard, le 1er février.

2. « La *chèvre* n'a remporté de Paris que le mauvais quolibet : *attendez-moi sous l'orme.* » Œuvres complètes (Beuchot), t. LVII, p. 240. Lettre de Voltaire à madame de Lutzelbourg; à Monrion, 8 mars 1757.

3. *Ibid.*, t. LVII, p. 222. Lettre de Voltaire à Cideville; à Monrion, 9 février 1757.

par la révocation de l'édit de Nantes, mais qui, avec un vague souvenir du pays, avaient conservé quelque chose des mœurs, de la politesse, de l'aménité françaises. « On ne parle, on ne connaît ici d'autre langue que la nôtre [1]. » Si l'on était calviniste comme à Genève, on l'était avec un esprit de tolérance qui avoisinait peut-être le relâchement. Non-seulement la comédie n'y était pas proscrite, mais les ministres n'en cédaient pas leur part. « On prétend, écrivait Voltaire à M. de Brenles, que Monsieur votre beau-frère, le prêtre, voudrait voir une pièce tirée du *Nouveau Testament*. Nous prêchons peut-être l'*Enfant prodigue* jeudi, après quoi on a pour le dessert un opéra-bouffe. Prenez vos mesures là-dessus, mon cher philosophe [2]. » M. de Brenles n'avait pas moins de trois beaux-frères, tous prêtres, MM. Chavane. Cet opéra que l'on promet pour le fruit, c'est la *Serva Padrona* de Pergolèse. L'on a, du reste, tous les éléments du plaisir et du succès : un joli théâtre, des acteurs à l'avenant, une assemblée qui fond en larmes [3]. « On croit, chez les badauds de Paris, que toute la Suisse est un pays sauvage : on serait bien étonné si on voyait jouer *Zaïre* à Lausanne mieux qu'on ne la joue à Paris : on serait plus surpris encore de voir deux cents spectateurs aussi bons juges qu'il y en ait en Europe. Il y a dans mon petit pays roman, car c'est son nom, beau-

---

[1]. Voltaire, OEuvres complètes (Beuchot), t. LVII, p. 251. Lettre de Voltaire à Thiériot ; Monrion, 20 mars 1757.

[2]. *Ibid.*, t. LVII, p. 238. Lettre de Voltaire à M. de Brenles ; ce dimanche (probablement le 6 mars).

[3]. *Ibid.*, t. LVII, p. 228. Lettre de Voltaire à madame de Fontaine ; Monrion, 19 février 1757.

coup d'esprit, beaucoup de raison, point de cabales, point d'intrigues pour persécuter ceux qui rendent service aux belles-lettres[1]. » Les ministres de Lausanne ne se font pas prier; mais quel succès, s'il parvenait à lever des spectateurs jusque dans le clergé de Genève! « Vous pourriez, mon cher monsieur, écrivait-il à Vernes, en qualité de ministre du saint Évangile, assister à une pièce tirée de l'Évangile même..... Vous devriez, vous et M. Claparède, quitter vos habits de prêtres, et venir à Monrion en habit d'homme. Nous vous garderons le secret[2]. »

On a bien ses petites tribulations d'impresario. Les rhumes, les indispositions nécessitent des ajournements, des relâches qui irritent l'impatience, et ne sont, au fond, qu'un aiguillon de plus. « Mon cher philosophe (c'est à M. de Brenles qu'il s'adresse), un prêtre nous manque pour l'orchestre profane; nous en avons un autre. M. d'Hermenches a autant de ressources que de zèle pour notre *tripot*. Mais Dieu se venge; Baires est enroué, madame Denis ne peut pas parler. Cependant c'est pour demain, recommandons-nous à la miséricorde divine[3]. » Au moins a-t-il pour lui ses ministres. Depuis longtemps il remaniait sa *Zulime*, qu'il transformait en une *Fatime* que Paris réclamait à grands cris, et qu'il

---

1. Voltaire, *OEuvres complètes* (Beuchot), t. LVII, p. 239. Lettre de Voltaire à madame de Fontaine; Monrion, 6 mars. — *Ibid.*, p. 241. A M. Dupont; Monrion, 10 mars 1757.
2. *Ibid.*, t. LVII, p. 219. Lettre de Voltaire à M. Vernes; à Monrion, ce dimanche, février 1757.
3. *Ibid.*, t. LVII, p. 242. Lettre de Voltaire à M. de Brenles; jeudi 10 mars 1757.

refusait obstinément à Paris. Ce seront ses bons amis du pays roman qui en auront les prémices. « Ma tragédie nouvelle, s'écrie-t-il avec ravissement, jouée à Lausanne, et peut-être mieux jouée qu'elle ne le sera à Paris, est un phénomène assez singulier. Ce qui l'est encore davantage, c'est que nous avons eu douze ministres du saint Évangile, avec tous les petits proposants [1] à la première représentation. Il faut avouer que Lausanne donne d'assez bons exemples à Genève [2]. » Voltaire ne pardonnait pas à Genève de n'être que jardinier à ses Délices, sans le moindre histrionnage [3]. Il se vantait d'avoir composé une troupe excellente, et souhaitait avec quelque impertinence au duc de Richelieu d'aussi bons acteurs pour le tripot parisien [4].

En définitive, l'auteur de *Zaïre* ne pouvait que se féliciter d'un voisinage où les égards, les prévenances, les respects ne lui étaient pas marchandés. Disons, toutefois, que si les partisans, les admirateurs formaient la grande majorité, il y avait, par-ci par-là, des frondeurs, des esprits chagrins ou malins, qui ne trouvaient pas uniquement à applaudir, et qui, sans siffler, lançaient à l'occasion leur petite moquerie à l'endroit de ce moqueur, qui n'ignorait pas apparemment qu'on ne saurait plaire à tout le monde. La société

---

1. Noms que les Calvinistes donnent aux jeunes gens qui étudient la théologie pour être pasteurs.
2. Voltaire, *Œuvres complètes* (Beuchot), t. LVII, p. 252. Lettre de Voltaire à M. Pictet; Monrion, 27 mars 1757.
3. *Ibid.*, t. LVII, p. 254. Lettre de Voltaire à Moncrif; à Monrion, 27 mars 1757.
4. *Ibid.*, t. LVII, p. 257. Lettre de Voltaire à M. de Richelieu; 6 avril 1757.

de Lausanne, à son égard, était divisée en deux camps : il y avait l'*Olympe* et *les gens d'esprit*. L'*Olympe*, c'étaient les gens rigides, ceux des ecclésiastiques qui se tenaient à distance de Monrion ainsi que leurs familles. Joignez-y les mécontents, les négligés ou les dédaignés. Dans son dépit de n'avoir pas été invitée, une dame avait, raconte-t-on, fait jouer chez elle la parodie de *Zaïre*. Voltaire, rencontrant bientôt après une jeune personne du même nom que la coupable[1], lui dit : « Ah! ah! c'est donc vous, mademoiselle, qui vous moquez de moi! — Oh! mon Dieu non, monsieur, c'est ma tante[2]. » *Les gens d'esprit* étaient les féaux du poëte, ses amis, ceux qui s'asseyaient à sa table, assistaient à ses solennités, avaient un rôle dans ses pièces ou composaient son parterre.

Il existe, à cette date, quelques lettres d'une jeune fille bien née, spirituelle, précieuse un peu, un peu railleuse, et qui ne demande pas mieux de donner son coup de dent, mademoiselle Anne de Chandieu, plus connue sous le nom de mademoiselle de Chabot, très-liée avec le ménage de Brenles, auquel elle adresse ses commérages, durant le séjour des deux époux à leur propriété d'Ussières, où ils passaient une partie de l'année. Malgré l'amitié que l'on professe pour le

---

1. Cette ingénue se serait appelée mademoiselle Lisette P.... Mademoiselle de Chabot raconte un peu différemment l'aventure, qui pouvait bien être un conte fait à plaisir. Mais cela prouve, en tous cas, qu'il y avait des dissidents, dont le chiffre grossira vers la fin, au sein de cette société si favorablement disposée pour le poëte. Le comte Fédor Golowkin, *Lettres diverses recueillies en Suisse* (Genève, 1821), p. 74, 75.

2. Simond, *Voyage en Suisse, fait dans les années* 1817, 1818, 1819 (Paris, Treuttel et Würtz, 1822), t. I, p. 622, 623.

poëte, on la laisse dire, et vraiment il eût été cruel de lui imposer silence pour si peu ; de nature affectueuse, d'ailleurs, elle aime ses amis à la folie et ne fait pas grand mal à ses ennemis. Elle est fanatique de Frédéric, qu'elle appelle « notre roi, notre cher roi de Prusse » ; et l'un de ses griefs contre Voltaire, c'est le médiocre chagrin qu'il ressent des malheurs de son ci-devant ami. « Les nouvelles en faveur du roi de Prusse ne se confirment pas ; on a écrit de Genève que, quand on a appris son désastre, M. de Voltaire marqua une joie qui alla jusqu'à l'indécence, qu'il sautait et faisait tant de choses extraordinaires qu'un Français même en fut scandalisé, et lui dit : *Avez-vous donc oublié les louanges que vous lui avez données*[1] ? » Voltaire n'avait rien oublié. Mais ce qu'il avait le moins oublié, c'était l'inqualifiable violence de Francfort ; et l'observation de son compatriote, si elle est réelle, nous paraît plus irréfléchie que judicieuse. Toutes les jeunes filles ne ressentent pas l'éloignement de mademoiselle de Chabot pour le grand homme. En voici une qui, bien au contraire, pousse l'engouement jusqu'à l'indiscrétion, et en est un peu punie. « La petite philosophe à laquelle vous me renvoyez a bien autre chose à faire ; ne s'est-elle pas allée mettre Voltaire en tête ? Elle y a été, et les petits billets de

---

1. Le comte Fédor Golowkin, *Lettres diverses recueillies en Suisse* (Genève, 1821), p. 46. Lettre de mademoiselle de Chabot à M. de Brenles. Sans date comme toutes. Elle devrait être de la première quinzaine d'avril, puisqu'il y est question de la maladie d'un nouveau-né qui mourra vers ce temps. Cependant l'éditeur donne pour cadre à cette correspondance de quelques mois, de mai à novembre 1757 inclusivement.

trotter, et puis elle l'a invité à venir un jour chez elle, entendre un sermon que M. Vernes devait lui lire. Il la refusa, disant qu'il était malade, et y ajoutait les choses les plus flatteuses ; au lieu de garder le lit, il a été à la Chablière[1] où il dit que mademoiselle de Sacconay l'avait invité à aller lire un sermon avec quelques béates. Ce propos n'a point fait plaisir à la demoiselle[2]. » La défaite n'était pas plus obligeante pour Vernes, avec lequel on est encore au mieux. Mais n'est-ce pas plaisant de voir Voltaire n'échapper à un sermon que pour donner du nez dans un autre ?

Parmi les relations qu'il fit à Lausanne, nous ne saurions omettre la connaissance de deux femmes vivant plus que modestement, d'un commerce assez bizarre, et avec lesquelles, au reste, ses rapports ne durent pas aller au delà de quelques visites. L'une d'elles était veuve d'un comte de Nassau, qui n'avait rien de commun avec l'illustre maison de ce nom ; l'autre, une demoiselle Rieu, sans biens comme sans beauté, qui était venue chercher un abri au modeste foyer de la comtesse. Mademoiselle Rieu était originaire de Lausanne, dont ses parents avaient dû s'éloigner, pour essayer de refaire, à la Martinique, une fortune acquise et anéantie par le Système. Sa grand'mère était cette madame Calandrini, à laquelle la poé-

---

1. Jolie maison agréablement située à une demi-lieue de Lausanne, près du chemin d'Echallens.

2. Le comte Fédor Golowkin, *Lettres diverses recueillies en Suisse* (Genève, 1821), p. 80. Lettre de mademoiselle de Chabot à M. de Brenles (1757), au retour d'un séjour à la Côte, canton célèbre par son vin, s'étendant dans la direction d'Aubonne à Nyon, sur les coteaux qui sont au-dessus de Rolle.

tique Aïssé adressait ces touchantes épîtres que nous connaissons [1], et, fort probablement, elle ne reçut la visite de Voltaire que parce qu'il avait entendu dire qu'elle était dépositaire des lettres de la sensible Circassienne. Il avait vu Aïssé, il l'avait connue, il avait su son histoire, il lui avait envoyé, avec un madrigal, du ratafia pour sa poitrine délicate [2], il avait été lié avec son amant, le chevalier d'Aydie; il devait être curieux de parcourir ce manuscrit et d'en tirer ce qu'il pouvait y avoir de piquant sur les mœurs et les personnes de la Régence. La seule allusion qu'il fait à ces lettres, que l'on s'empressa de lui communiquer, ne témoigne pas d'une grande admiration pour ce monument de tendresse et d'honnête sensibilité à une époque où l'on n'était plus guère ni tendre ni honnête. « Mon cher ange, je viens de lire un volume de lettres de mademoiselle Aïssé, écrites à une madame Calandrini, de Genève. Cette Circassienne était plus naïve qu'une Champenoise; ce qui me plaît de ses lettres, c'est qu'elle vous aimait comme vous méritez d'être aimé ...[3] » Tout est relatif, et, dans une semblable société, Aïssé pouvait paraître naïve; elle l'était dans ses sentiments, si un dévouement immuable, une foi absolue en l'homme que l'on aime, et un désintéressement profond de tout ce qui est étranger à la passion, sont autant d'indices de naïveté. Mais dans ces let-

---

1. J. Olivier, *Voltaire à Lausanne* (Lausanne, 1842), p. 18 à 25.
2. Voltaire, *OEuvres complètes* (Beuchot), t. XIV, p. 341. A mademoiselle Aïssé, en lui envoyant du ratafia pour l'estomac.
3. *Ibid.*, t. LVII, p. 518. Lettre de Voltaire à d'Argental; à Lausanne, 12 mars 1758.

tres, bien que rarement, il y a des saillies qui ne sont rien moins que champenoises, suffisamment gaillardes même, entre autres cette historiette relative à M. de Pric et à sa perruque[1]. Quelque peu intéressantes que ces lettres aient paru à Voltaire, il n'a pas laissé d'y apposer des notes de sa main, soit pour confirmer certains faits, soit pour redresser des erreurs. Et, fort probablement, cette curiosité contentée, madame de Nassau et mademoiselle Rieu ne le revirent guère ; au moins ne souffle-t-il mot ni sur l'une ni sur l'autre, dans sa correspondance.

Tout cela n'empêchait et n'entravait rien, et l'auteur de la *Henriade*, en dépit des distractions, des répétitions, des visites, trouvait le temps de travailler et de produire en plus d'un genre. Nous n'avons point nommé Polier de Bottens ; il figure pourtant en tête des habitants et des lettrés de Lausanne, que le poëte fréquentait le plus. Il était en correspondance avec lui depuis quelques années, puisqu'il est question de lettres par lui adressées à Francfort, et qui se seraient égarées en chemin. Polier avait tout fait pour le déterminer à fixer ses pénates vagabonds sur les bords du lac Léman, et il fut, avec M. de Brenles, son introducteur officieux auprès de la petite société vaudoise. Esprit orné, nature passionnée, Polier dut accueillir avec empressement, s'il ne la provoqua point, l'offre de collaborer au grand œuvre de l'*Encyclopédie;* et son érudition en matière théologique pouvait rendre de très-réels services. Voltaire envoie à D'Alembert

---

1. *Lettre de mademoiselle Aïssé à madame Calandrini* (Paris, Dentu, 1853), p. 101, lettre III ; de Paris, décembre 1726.

un premier article, qu'il escorte de l'étrange recommandation qui suit : « Voici encore le mot *liturgie*, qu'un savant prêtre m'a apporté, et que je vous dépêche, à vous, illustre et ingénieux fléau des prêtres. J'ai eu toutes les peines du monde à rendre cet article chrétien. Il a fallu corriger, adoucir presque tout; et, enfin, quand l'ouvrage a été transcrit, j'ai été obligé de faire des ratures. Vous voyez, mon cher et sublime philosophe, quel progrès a fait la raison. C'est moi qui suis forcé de modérer la noble liberté d'un théologien qui, étant prêtre par état, est incrédule par sens commun[1]. » Tout émondé qu'il était, le morceau parut-il encore moins chrétien qu'il ne convenait à l'*Encyclopédie?* Il serait plaisant que c'eût été la raison qui l'eût fait écarter; ce qu'on peut dire, c'est que l'article *Liturgie* n'est point de Bottens, et que ce fut Diderot qui le rédigea. Bottens, qui ne pouvait pas savoir alors si son travail serait agréé ou rejeté, remettait à son ami des Délices de nouveaux articles, que Voltaire dépêchait aussitôt. « Voici, mon cher et illustre philosophe, l'article *Mage* de mon prêtre. Ce premier pasteur de Lausanne pourrait bien être condamné par la Sorbonne. Il traite l'étoile des Mages fort cavalièrement... Il y a quelques articles dans le *Dictionnaire* qui ne valent pas celui de mon prêtre[2]. »

Il nous semble que Voltaire, à son tour, traite un peu Bottens comme Bottens traite l'étoile des Mages; mais ce qui va suivre est autrement grave. L'on ne

---

1. Voltaire, *OEuvres complètes* (Beuchot), t. LVII, p. 232. Lettre de Voltaire à D'Alembert; février 1787.
2. *Ibid.* Lettre de Voltaire à D'Alembert; aux Délices, 24 mai 1757.

perd pas un instant de vue que l'*Encyclopédie* est une machine de guerre, et que tous les moyens sont bons pour écraser l'*infâme*. Et l'on ne se ferait pas scrupule, si nous avons bien lu, de compromettre l'auteur en utilisant ses articles, ce qui ne serait que médiocrement honnête. « Voici encore ce que mon prêtre de Lausanne m'envoie : un laïque de Paris qui écrirait ainsi risquerait le fagot; mais si, par apostille, on certifie que les articles sont du premier prêtre de Lausanne, qui prêche trois fois par semaine, je crois que les articles pourront passer pour la rareté. Je vous les envoie écrits de sa main, je n'y change rien; je ne mets pas la main dans l'encensoir [1]. » D'Alembert, qui n'était pas tenu à pareille réserve, demandera et prendra la permission de modifier et d'adoucir les passages qui pourraient paraître de digestion trop pénible à une censure qui commençait toutefois à entendre raison et à compter avec l'ennemi. « Les articles que vous nous envoyez de ce prédicateur hétérodoxe, répondait-il au solitaire des Délices, sont peut-être une des plus grandes preuves des progrès de la philosophie dans ce siècle. Laissez-la faire, et, dans vingt ans, la Sorbonne, toute Sorbonne qu'elle est, enchérira sur Lausanne. Nous recevrons avec reconnaissance tout ce qui nous viendra de la même main. Nous demandons seulement à votre hérétique de faire patte de velours dans les endroits où il aura un peu trop montré la griffe [2]. » Ces

---

1. Voltaire, *OEuvres complètes* (Beuchot), t. LVII, p. 287. Lettre de Voltaire à D'Alembert; 6 juillet 1757.
2. *Ibid.*, t. LVII, p. 296, 297. Lettre de D'Alembert à Voltaire; à Paris, 21 juillet 1757.

lignes n'étaient pas de nature à décourager l'amitié, et rendent moins excusable encore ce que Voltaire écrivait au géomètre, deux jours après : « Si mon prêtre vous ennuie, brûlez ses guenilles. »

C'est par Polier de Bottens qu'il était entré en relations avec le premier pasteur de Berne, Élie Bertrand, naturaliste distingué, auteur du *Dictionnaire universel des Fossiles*, qu'il avait attiré à ses Délices en 1755, et auquel il était allé rendre sa visite dans la seconde quinzaine de mai de l'année suivante. Il l'enrôlera, comme celui-ci, sous les bannières encyclopédiques. L'article du *Droit canonique* surtout méritera à l'écrivain bernois un remerciement chaleureux de la part du philosophe. « Je ne sais rien de mieux pensé, de plus méthodique, de plus vrai ; vous avez un esprit juste et un cœur droit, et vous immolez la prêtraille à la vérité et à l'intérêt public : votre ouvrage est aussi respectable que votre esprit est bien fait. » Aussi l'exhortera-t-il à répéter, à multiplier ses envois. « Si vous avez du loisir, si vous voulez rendre service au genre humain, donnez-nous encore quelque chose sur la primitive Église, sur l'égalité des prêtres et des évêques ; sur les usurpations de la Cour romaine... Il faut que le feu de la vérité porte la lumière dans les yeux de tous les hommes honnêtes et brûle les yeux des tyrans [1]. »

Un ministre calviniste pouvait se prêter sans blâme à pareille besogne ; ce qu'il écrirait sur ces matières n'aurait rien de bien différent de ce qu'il disait jour-

---

1. Voltaire, *OEuvres complètes* (Beuchot), t. LXVI, p. 208. Lettre de Voltaire à Bertrand ; 19 mars 1770.

nellement dans ses sermons; mais n'était-il pas habile, tout en le déchaînant contre le clergé catholique, d'amener le clergé dissident à se dégager de plus en plus des langes de la tradition et des vérités révélées, pour pouvoir lui jeter ensuite à la face l'épithète de « socinien? » Tout cela fut, à vrai dire, moins le résultat d'un complot que le fait des circonstances; mais Voltaire, trouvant sous sa main et l'occasion et l'homme, s'empressa de profiter de la bonne volonté qu'il rencontrait, à la plus grande gloire comme au plus grand profit d'une œuvre sortie de terre avec tant de peines et d'efforts.

Quoi de préférable à cette situation du philosophe qui, sans se désintéresser des choses de ce monde, voit défiler de sa fenêtre les événements, et sait qu'il n'a rien à craindre ou à attendre d'eux? Et cependant, est-il bien sûr, cet ermite des Délices, qu'il n'a conservé aucune espérance, aucune idée de retour, qu'il a brisé, rompu tous les liens qui l'attachaient au passé? L'on fait fi des grandeurs, l'on dédaigne la barette, mais il serait si doux de revoir le théâtre de sa jeune gloire, de reparaître dans ces salons où on lui faisait fête! Certes, il n'en conviendra pas; mais, malgré lui, à chaque ligne, comme Ovide, il entonnera l'hymne de l'exil, il travaillera à toute heure et par tous les moyens à préparer son retour. Rien ne démontre mieux cette situation de son esprit, cette maladie du pays, ce besoin de fouler la terre natale que ces lignes qu'il adressait à Richelieu en octobre 1756 :

Il ne m'appartient pas de fourrer mon nez dans toutes ces

grandes affaires; mais je pourrais bien vous confier que l'homme dont on se plaint[1] n'a jamais été attaché à la France, et vous pourriez assurer madame de Pompadour qu'en son particulier elle n'a pas sujet de se louer de lui. Je sais que l'impératrice a parlé, il y a un mois, avec beaucoup d'éloge de madame de Pompadour; elle ne serait peut-être pas fâchée d'en être instruite par vous; et, comme vous auriez à dire des choses agréables, vous ne manquerez peut-être pas cette occasion.

Si j'osais un moment parler de moi, je vous dirais que je n'ai jamais conçu comment on avait de l'humeur contre moi de mes coquetteries avec le roi de Prusse. Si on savait qu'il m'a baisé un jour la main, toute maigre qu'elle est, pour me faire rester chez lui, on me pardonnerait de m'être laissé faire; et si on savait que, cette année, on m'a offert carte blanche, on avouerait que je suis un philosophe guéri de ma passion[2].

J'ai, je vous l'avoue, la petite vanité de désirer que deux personnes le sachent; et ce n'est pas une vanité, mais une délicatesse de mon cœur, de désirer que ces deux personnes le sachent par vous. Qui connaît mieux que vous le temps et la manière de placer les choses[3]?

La multiple disposition d'esprit de cet homme si étrangement impressionnable est curieuse à surprendre dans la correspondance de cette époque. Quelles que soient ses apparentes soumissions, quand il se rappelle au souvenir de son ancien élève, la rancune per-

---

1. Le roi de Prusse.
2. « Il m'a proposé, il y a quatre mois, écrivait le poëte au même Richelieu, de le venir voir; il m'a offert biens et dignités; je sais qu'elles sont transitoires; je les ai refusées. Le roi ne s'en soucie guère; mais je voudrais qu'il pût en être informé. » Voltaire, Œuvres complètes (Beuchot), t. LVII, p. 157. Lettre de Voltaire à Richelieu; aux Délices, 6 octobre 1756.
3. Ibid., t. LVII, p. 161, 162. Du même au même; aux Délices, 10 octobre 1756.

siste, malgré les belles paroles et les protestations de tendre dévouement. On se fait des politesses de part et d'autre; mais, au fond du cœur, l'on n'a pas pardonné. Le Salomon du Nord, qui a plus de mesure à garder, se meurt d'envie de renouer, et si, dans ses lettres à sa sœur, à Darget, il affiche autant de détachement que de défiance, il est enchanté qu'on lui revienne; il ne se compromettra pas en écrivant, mais il fera répondre à Voltaire par l'abbé de Prades, ce qui se ressemble fort[1]. Au moins sera-t-il très-friand de ses nouvelles et saura-t-il par le menu la vie de son ancien chambellan. Il s'avisera d'arranger *Mérope* en opéra et d'accommoder le poëme à sa destination nouvelle. Voltaire, auquel il l'adresse, reçoit respectueusement l'envoi du prince virtuose, et semble enchanté que le roi ait bien voulu dénaturer et estropier son œuvre. « Les vers vous en paraîtront fort lyriques et paraissent faits avec facilité. Il ne m'a jamais fait un présent plus galant[2]. » Il en parle encore dans une lettre à la duchesse de Saxe-Gotha : « Le roi de Prusse me fait savoir qu'il fait jouer le 27 de ce mois son opéra de *Mérope*. Il ne tient qu'à moi d'aller entendre à Berlin de la musique italienne[3]. » Plus sincère ou

---

1. « Je n'ai point écrit à Voltaire, comme vous le supposez, mande-t-il à mylord Maréchal. L'abbé de Prades est chargé de cette correspondance. Pour moi, qui connais le fou, je me garde bien de lui donner la moindre prise. » *Œuvres de Frédéric le Grand* (Berlin, Preuss), t. XX, p. 266. Lettre de Frédéric à mylord Maréchal; Sans-Souci, 12 juin (1756).
2. Voltaire, *Œuvres complètes* (Beuchot), t. LVII, p. 20. Lettre de Voltaire à D'Alembert; à Monrion, 10 février 1756.
3. *Voltaire à Ferney* (Paris, Didier, 1860), p. 148. Lettre de Voltaire à la duchesse de Saxe-Gotha; aux Délices, 9 mars 1756.

plus sévère, il dira dans ses *Mémoires :* « C'était, sans contredit, ce qu'il avait jamais fait de plus mauvais[1]. »

Mais on devait prochainement avoir de bien autres choses à entreprendre que de transformer en livrets d'opéra les tragédies de l'auteur de *Zaïre*. L'horizon se chargeait de nuages, l'avenir devenait menaçant, l'Europe commençait à s'inquiéter des manœuvres souterraines d'un prince ambitieux, fort peu scrupuleux, n'ayant d'autre morale que son unique intérêt. La France, l'Empire armaient, et n'étaient pas les seuls ennemis que Frédéric allait avoir sur les bras. Voltaire, très-attentif à ce qui se passait, écrivait à d'Argental : « On dit que Marie-Thérèse est actuellement l'idole de Paris, et que toute la jeunesse veut actuellement s'aller battre pour elle en Bohême. Il peut résulter de là quelque sujet de tragédie. Je ne me soucie pas que la scène soit bien ensanglantée, pourvu que le bon M. Freytag soit pendu[2]. » Freytag et Schmid seront son *delenda Carthago ;* et l'on verra plus tard que ce n'était point une simple boutade, et qu'il leur aurait demandé ou fait demander, le cas échéant, un compte sévère des outrages dont ils avaient accablé une femme innocente, qui n'avait pas enlevé, elle du moins, les *poëshies* du roi leur maître.

Il semble partager l'engouement de tout Paris pour l'impératrice-reine, qu'il appelle « Marie » tout court.

---

1. Voltaire, *OEuvres complètes* (Beuchot), t. XL, p. 99. Mémoires pour servir à la vie de M. de Voltaire, écrits par lui-même.
2. *Ibid.*, t. LVII, p. 151. Lettre de Voltaire à d'Argental ; aux Délices, 13 septembre 1756.

Il écrira à la comtesse de Lutzelbourg : « Priez bien Dieu, madame, avec votre chère amie, madame de Broumath, pour notre Marie-Thérèse, cette belle Thérèse, » comme il la nomme avec amour dans la même lettre, quelques lignes plus bas[1]. Les choses paraissaient d'ailleurs se gâter pour le philosophe des bords de la Sprée. « Le roi de Prusse vient de m'écrire une lettre tendre[2]; il faut que ses affaires aillent mal[3]. » Du reste, l'on sent pleinement les avantages de sa condition; encore une fois, on est à l'abri de la tempête, et, quoi qu'il arrive, l'on n'a rien à craindre des événements. « S'il est toujours heureux et plein de gloire, dit-il avec candeur, je serai justifié de mon ancien goût pour lui; s'il est battu, je serai vengé[4]. » La position était donc excellente. Mais, à choisir, et parce qu'on était bon Français, et parce que l'on avait toujours l'affaire de Francfort sur le cœur, l'on aurait préféré, et de beaucoup, que le philosophe de Sans-Souci eût été battu : il était d'ailleurs trop insolent. « Le roi de Prusse paraît toujours fort gai; il disait que les Français lui envoyaient vingt-quatre mille perruquiers; il se trouve qu'on lui en dépêche cent mille. Il y a là de quoi se peigner, à ce que disent les polis-

---

1. Voltaire, *Œuvres complètes* (Beuchot), t. LVII, p. 122. Lettre de Voltaire à madame de Lutzelbourg; aux Délices, 13 août 1756.
2. Datée du 19 janvier, à Dresde. N'est pas dans la correspondance.
3. Voltaire, *Œuvres complètes* (Beuchot), t. LVII, p. 214. Lettre de Voltaire à Richelieu; Monrion, 4 février 1757. Voir aussi p. 218, 223, 228, des 6, 9 et 10 février.
4. *Ibid.*, t. LVII, p. 168. Lettre de Voltaire à d'Argental; 1er novembre 1756.

sons. Pour moi, je ne me mêle que des héros de théâtre[1]. » Voltaire se calomniait, et il était si peu indifférent à ce qui se passait, qu'il songeait sérieusement à nous faciliter les moyens de triompher d'un ennemi avec lequel nous n'avions pas été heureux jusqu'alors.

On prétend que le roi de Prusse mêle actuellement les piques de la phalange macédonienne à sa cavalerie. Ce sont les mêmes piques dont mes compatriotes les Suisses se sont servis longtemps. Je ne suis pas du métier, mais je crois qu'il y a une arme, une machine bien plus sûre, bien plus redoutable; elle fesait autrefois gagner des batailles. J'ai dit mon secret à un officier, ne croyant pas lui dire une chose importante, et n'imaginant pas qu'il pût sortir de ma tête un avis dont on pût faire usage dans ce beau métier de détruire l'espèce humaine. Il a pris la chose sérieusement. Il m'a demandé un modèle; il l'a porté à M. d'Argenson. On l'exécute à présent en petit; ce sera un fort joli engin. On le montrera au roi. Si cela réussit, il y aura de quoi étouffer de rire que ce soit moi qui sois l'auteur de cette machine destructive. Je voudrais que vous commandassiez l'armée et que vous tuassiez force Prussiens avec mon petit secret[2].

On affecte de plaisanter, mais on serait furieux d'être pris au mot. Tout cela est très-sérieux, et l'on ne semble pas douter que de ce « joli petit engin » puisse dépendre le sort de la France. Cet officier, dont parle Voltaire, et qu'il désignera dans plusieurs lettres sous le nom de « surintendant des chars de Cyrus », était le marquis de Florian, le frère aîné du père de l'aimable

---

1. Voltaire, OEuvres complètes (Beuchot), t. LVII, p. 257. Lettre de Voltaire à Richelieu; 6 avril 1757.

2. Ibid., t. LVII, p. 166. Lettre de Voltaire à Richelieu; 1er novembre 1756.

auteur d'*Estelle et Némorin*, qui épousera, le 7 mai 1762, madame de Fontaine. M. de Florian avait pris tout cela fort à cœur; il s'était adjoint Montigni, de l'Académie des sciences, et tous deux n'avaient eu de relâche que le modèle des chars assyriens n'eût été achevé [1]; car il s'agissait de chars de guerre, dont la manœuvre bien entendue devait être désastreuse pour l'ennemi. Mais le poëte n'est ni moins zélé, ni moins tendre pour une invention qui n'était pas du ressort habituel des fils d'Apollon. « Je suis toujours en peine, écrivait-il à madame de Fontaine, du char assyrien. Il y a certaines plaines dans le monde où il ferait un effet merveilleux. Je m'y intéresse plus qu'à *Fanime* [2]. » L'installation de ces machines devait être de peu de dépense, même avec l'adjonction d'une demi-douzaine de doubles grenades; et le pis-aller aurait été de ne pas répondre aux espérances que l'on en avait conçues. Quant aux inconvénients, ils n'existaient point.

Cela ne coûte presque point de frais; il faut peu d'hommes, peu de chevaux; le mauvais succès ne peut mettre le désordre dans une ligne; quand le canon ennemi fracasserait tous vos chariots, ce qui est bien difficile, qu'arriverait-il? Ils vous serviraient de rempart, ils embarrasseraient la marche de l'ennemi qui viendrait à vous. En un mot, cette machine peut faire beaucoup de bien, et ne peut faire aucun mal : je la regarde, après l'invention de la poudre, comme l'instrument le plus sûr de la victoire.

1. Voltaire, *OEuvres complètes* (Beuchot), t. LVII, p. 286. Lettre de Voltaire à Richelieu; aux Délices, 2 juin 1757.
2. *Ibid.*, t. LVII, p. 280. Lettre de Voltaire à madame de Fontaine; le ... juin 1757.

Mais, pour saisir ce projet, il faut des hommes actifs, ingénieux, qui n'aient pas le préjugé grossier et dangereux du train ordinaire. C'est en s'éloignant de la route commune, c'est en fesant porter le dîner et le souper de la cavalerie sur des chariots, avant qu'il y eût de l'herbe sur la terre, que le roi de Prusse a pénétré en Bohême par quatre endroits, et qu'il inspire la terreur.

Soyez sûr que le maréchal de Saxe se serait servi de nos chars de guerre [1].

Voilà l'inventeur qui se révèle, l'inventeur qui a foi dans sa découverte, qui ne comprend point que l'on ne partage ni son enthousiasme ni ses illusions. Le seul espoir du poëte est dans le vainqueur de Port-Mahon, dans son « héros ».

Donnez-vous le plaisir, je vous en prie, de vous faire rendre compte par Florian de la machine dont je lui ai confié le dessin. Il l'a exécutée ; il est convaincu qu'avec six cents hommes et six cents chevaux on détruirait en plaine une armée de dix mille hommes.

Je lui dis mon secret au voyage qu'il fit aux Délices l'année passée. Il en parla à M. d'Argenson, qui fit sur-le-champ exécuter le modèle. Si cette invention est utile, comme je le crois, à qui peut-on la confier qu'à vous? Un homme à routine, un homme à vieux préjugés, accoutumé à la tiraillerie et au train ordinaire, n'est pas notre fait. Il nous faut un homme d'imagination et de génie, et le voilà tout trouvé. Je sais très-bien que ce n'est pas à moi de me mêler de la manière la plus commode de tuer des hommes. Je me confesse ridicule; mais enfin, si un moine, avec du charbon, du soufre et du salpêtre, a changé l'art de la guerre dans tout ce vilain globe, pourquoi un barbouilleur de papier comme moi ne pourrait-il pas rendre quelque petit service *incognito*? Je m'imagine que Florian vous a déjà

---

[1]. Voltaire, OEuvres complètes (Beuchot), t. LVII, p. 270. Lettre de Voltaire à madame de Fontaine; aux Délices, 31 mai 1757.

communiqué cette nouvelle cuisine. J'en ai parlé à un excellent officier qui se meurt, et qui ne sera pas par conséquent à portée d'en faire usage. Il ne doute pas du succès; il dit qu'il n'y a que cinquante canons, tirés bien juste, qui puissent empêcher l'effet de ma petite drôlerie, et qu'on n'a pas toujours cinquante canons à la fois sous la main dans une bataille.

Enfin, j'ai dans la tête que cent mille Romains et cent mille Prussiens ne résisteraient pas. Le malheur est que ma machine n'est bonne que pour une campagne, et que le secret connu devient inutile; mais quel plaisir de renverser à coup sûr ce qu'on rencontre dans une campagne ! Sérieusement, je crois que c'est la seule ressource contre les Vandales victorieux. Essayez, pour voir, seulement deux de ces machines contre un bataillon ou un escadron. J'engage ma vie qu'ils ne tiendront pas [1].

Tout cela n'en dit pas assez pour nous édifier sur ce qu'était cette machine formidable qui devait, comme l'épée de Galaor, exterminer des corps d'armée entiers; et il se pourrait bien que l'auteur de la *Henriade* se fît quelque peu illusion sur la valeur de sa trouvaille. Mais le roi de Prusse venait d'être battu en Bohême et de perdre la bataille de Kollin (18 juin); l'on pouvait vaincre les Prussiens sans le secours d'une nouvelle machine. Le succès rend dédaigneux, et l'on sent moins alors la nécessité de perfectionner ses armements.

Je m'imagine qu'à présent on croit n'avoir pas besoin de machines pour achever la ruine de Luc. Mais quand j'écrivis au héros de Mahon qu'il fallait qu'il vît notre char d'Assyrie, on avait alors besoin de tout. Les choses ont changé du 6 de

---

1. Voltaire, *OEuvres complètes* (Beuchot), t. LVII, p. 278, 279. Lettre de Voltaire à Richelieu; aux Délices, 28 juin 1757.

juin au 18; et on croit tout gagné, parce qu'on a repoussé Luc à la septième attaque. Les choses peuvent encore éprouver un nouveau changement dans huit jours, et alors le char paraîtra nécessaire; mais jamais aucun général n'osera s'en servir, de peur du ridicule en cas de mauvais succès. Il faudrait un homme absolu, qui ne craignît point les ridicules, qui fût un peu machiniste, et qui aimât l'histoire ancienne[1].

N'est-ce pas du comique le plus plaisant de la part d'un homme qui saisissait si bien le ridicule partout où il se trouvait, et qui, moins que personne, aurait eu la vaillance de l'affronter, même pour sauver sa propre vie? Mais comment avait-il pu supposer que Richelieu fût l'homme qu'il fallait et qu'il cherchait? Nous n'avons point la réponse de celui-ci aux ouvertures du poëte; mais, quelle qu'ait été la forme du refus, il fut tel que l'inventeur n'eut plus qu'à remiser sa machine et à retourner à ses moutons. « Je n'avais, lui dit Voltaire en dernier lieu, proposé ma petite drôlerie que pour les endroits où la cavalerie peut avoir ses coudées franches, et j'imaginais que partout où un escadron peut aller de front, de petits chars peuvent aller aussi. Mais puisque le vainqueur de Mahon renvoie ma machine aux anciens rois d'Assyrie, il n'y a qu'à la mettre, avec la colonne de Folard, dans les archives de Babylone[2]. » Laissons l'invention, sur laquelle nous n'avons pas de données suffisantes[3], et

---

1. Voltaire, *Œuvres complètes* (Beuchot), t. LVII, p. 294. Lettre de Voltaire à madame de Fontaine; aux Délices, 18 juillet 1757.
2. *Ibid.*, t. LVII, p. 294. Lettre de Voltaire à Richelieu; aux Délices, 19 juillet 1757.
3. On a recherché pour nous au ministère de la Guerre. Mais il

que nous avons quelque peine à croire sérieuse, bien qu'elle eût été acceptée et patronnée par des gens du métier, par un officier d'un certain mérite ; ce qui est à admirer, c'est cette mobilité d'esprit qui se prend et s'intéresse à tous les sujets, et, ce qui semblerait s'exclure, cette ténacité qui ne se décourage point et attend tout du temps.

Cette question des chars assyriens, cette vision cornue qui aurait dû traverser son imagination sans y laisser de traces durables, remonte au mois d'octobre, peut-être de septembre 1756, puisque la première lettre où il en soit parlé date du 1er novembre ; et c'est le 19 juillet de l'année suivante seulement qu'il se résigne. Près de son lac, en Suisse, loin de Paris et des bureaux, loin de Richelieu, qu'il eût pu gagner peut-être, il ne pouvait plaider sa cause que par lettres. S'il avait été en France, on n'aurait pas eu raison de lui à aussi bon compte ; et qui sait, en un siècle aussi extravagant, ce qu'une langue dorée, de belles phrases, l'importunité et sans doute aussi quelques dehors spécieux dans cette découverte renouvelée des Assyriens, eussent obtenu ? Mais le moment, encore une fois, cessait d'être propice. Si le roi de Prusse n'était pas accablé, il s'en fallait de peu, c'était l'affaire de quelques jours, et vraiment on lui porterait bien les derniers coups sans que l'auteur de *Zaïre* s'en mêlât. C'était dommage, pourtant, et il aurait été piquant que la fortune du Salomon du Nord dût son écroulement à son maître de prosodie et de versification. Au de-

ne s'est rencontré nulles traces d'un projet que des militaires ne pouvaient prendre au sérieux.

meurant, Voltaire était tout consolé, si son « héros » réalisait les belles espérances qu'il avait mises en lui, et était aussi heureux contre les soldats de Frédéric et Frédéric lui-même, qu'il l'avait été contre les Anglais. Mais, quand un retour inouï de la fortune viendra changer la face des choses, il écrira à madame de Fontaine : « Il valait mieux, dira votre ami, faire courir des chariots d'Assyrie en rase campagne que de se faire assommer entre deux collines, et d'être obligés de fuir avec honte [1]... » Et, un mois plus tard, à la même : « Quoi qu'on dise, on aurait eu grand besoin de nos chars contre la cavalerie de Luc [2]. »

Au début de la campagne et de l'invasion de Minorque, le poëte, prenant son rôle de prophète au sérieux, avait annoncé et célébré les prouesses futures de Richelieu. Ces prédictions étaient destinées à n'être communiquées qu'à celui qui en était l'objet, ce qui n'empêcha point qu'en moins de rien elles circulassent dans tout Paris, qui les commenta à sa guise [3]. Voltaire n'avait voulu que faire une galanterie à son illustre ami; quel ridicule pour son héros si nous étions battus, si le fort Saint-Philippe ne se laissait pas prendre ! Et les semaines se succédaient sans que la nouvelle d'aucune victoire ne parvînt jusqu'aux Délices ! « Ma petite lettre, non trop tôt écrite, mais trop

---

1. Voltaire, OEuvres complètes (Beuchot), t. LVII, p. 401, 402. Lettre de Voltaire à madame de Fontaine; Délices, 10 décembre 1757.
2. Ibid., t. LVII, p. 443. Du même à la même; à Lausanne, 10 janvier 1758.
3. Ibid., t. LVII, p. 66, 67, 68. Lettre de Voltaire à Richelieu; aux Délices, 3 mai 1756. — Ibid., p. 84. Du même au même; 14 juin.

tôt envoyée par M. d'Egmont à madame d'Egmont [1], donne assez beau jeu aux rieurs. On en a supprimé la prose, et on n'a fait courir que les vers, qui ont un peu l'air de vendre la peau de l'ours avant qu'on l'ait mis par terre [2]. » Mais enfin, Richelieu sortit son ami de peine par la défaite des Anglais sur mer et la dispersion de leur flotte, que commandait l'amiral Byng. Cette victoire avait de quoi surexciter l'amour-propre national. Paris fut ivre de joie, et bientôt l'on ne chanta plus dans les rues, dans les cafés, dans les promenades, aux Tuileries, que les couplets de Collé sur la prise du Port-Mahon et les vertus du vainqueur.

> Plein d'une noble audace,
> Richelieu presse, attaque la place ;
> Et d'abord il terrasse
> Ses ennemis jaloux,
> Sous ses coups, sous ses coups, sous ses coups.
> Ni portes ni verrous
> Ne parent à ses coups ;
> Sans se servir d'échelles,
> L'honneur, l'amour lui prêtent des ailes.
> Bastions et ruelles,
> Il emporte d'assaut,
> De plein saut, de plein saut, de plein saut, de plein saut [3].

Pour se faire une idée de l'humiliation dans laquelle ce revers plongea le public de Londres, il faut connaître quelle était la situation des esprits chez nos voisins, leur

---

1. Fille du duc de Richelieu.
2. Voltaire, Œuvres complètes (Beuchot), t. LVII, p. 96, 102. Lettres de Voltaire à d'Argental ; aux Délices, 2 et 16 juillet 1756.
3. Collé, Journal historique (Paris, 1807), t. II, p. 136 à 139. Juillet 1756.

foi en leur supériorité navale et, par contre, leur peu d'estime pour notre marine. Au commencement de la guerre, ils avaient, dans leurs papiers publics, donné un état de notre flotte, où figuraient en tête les coches de Corbeil, d'Auxerre, le bac d'Asnières et la galiotte de Saint-Cloud. Voltaire écrivait en avril au maréchal : « Vous savez qu'un fou d'Anglais parie vingt contre un, à bureau ouvert dans Londres, qu'on vous mènera prisonnier en Angleterre avant quatre mois. J'envoie commission à Londres de déposer vingt guinées contre cet extravagant, et j'espère bien gagner quatre cents livres sterling, avec quoi je donnerai un beau feu de joie le jour que j'apprendrai que vous avez fait la garnison de Saint-Philippe prisonnière de guerre [1]. » Laissons de côté ces fanfaronnades ; l'on était loin d'admettre à Londres qu'un amiral pût fuir devant nos vaisseaux, et ce fut un *tolle* général contre le malheureux Byng, qui se vit condamner par une Cour martiale à « être arquebusé », en vertu d'une ancienne loi édictée du temps de Charles II.

Voltaire, qui l'avait connu durant son exil (de 1726 à 1728), en apprenant ce procès, se sentit pris de pitié pour un infortuné qu'on semblait disposé à livrer en holocauste à l'orgueil humilié de la nation ; son âme généreuse s'en émut, et il se demanda s'il n'existait point un moyen de conjurer le sort qui lui était réservé.

Un anglais vint chez moi, ces jours passés, écrit-il aussitôt à son héros, se lamenter du sort de l'amiral Byng, dont il

---

1. Voltaire, *OEuvres complètes* (Beuchot), t. LVII, p. 61. Lettre de Voltaire à Richelieu ; aux Délices, avril 1756.

est l'ami. Je lui dis que vous m'aviez fait l'honneur de me mander que ce marin n'était point dans son tort, et qu'il avait fait ce qu'il avait pu. Il me répondit que ce seul mot de vous pourrait le justifier... et que, si je voulais transcrire les paroles favorables que vous m'aviez écrites pour Byng, il les enverrait en Angleterre. Je vous en demande la permission...[1].

Le maréchal ne fit pas attendre sa réponse, qui est un véritable plaidoyer en faveur du pauvre amiral.

Je suis très-fâché, monsieur, de l'affaire de l'amiral Byng : je puis vous assurer que tout ce que j'ai vu et entendu de lui est entièrement à son honneur. Après avoir fait tout ce qu'on pouvait raisonnablement attendre de lui, il ne doit pas être blâmé pour avoir souffert une défaite. Lorsque deux généraux disputent pour la victoire, quoiqu'ils soient également gens d'honneur, il faut nécessairement que l'un des deux soit battu ; et il n'y a contre M. Byng que de l'avoir été. Toute sa conduite est celle d'un habile marin, et digne d'être admirée avec justice. La force des deux flottes était au moins la même : les Anglais avaient treize vaisseaux et nous douze, mais beaucoup mieux équipés et plus nets. La fortune, qui préside à toutes les batailles, particulièrement à celles qu'on livre sur mer, nous a été plus favorable qu'à nos adversaires en fesant faire un plus grand effet à nos boulets dans leurs vaisseaux. Je suis convaincu, et c'est le sentiment général, que si les Anglais avaient opiniâtrément continué le combat, toute leur flotte aurait été détruite. Il ne peut y avoir d'acte plus insigne d'injustice que ce qu'on entreprend actuellement contre l'amiral Byng. Tout homme d'honneur, tout officier des armées doit prendre un intérêt particulier à cet événement [2].

On ne saurait parler mieux, et Byng lui-même n'au-

---

1. Voltaire, *OEuvres complètes* (Beuchot), t. LVII, p. 188. Lettre de Voltaire à Richelieu ; aux Délices, 20 décembre 1756.

2. *Ibid.*, t. LVII, p. 196. Lettre de Richelieu à Voltaire ; sans date, probablement du 25 au 26 décembre, comme le suppose Beuchot.

rait pu dicter une lettre qui fût plus à sa décharge. Voltaire dépêche aussitôt à son ami un document fait pour être pris en grande considération par des juges qui n'eussent été que des juges, l'accompagnant du billet laconique qui suit, à l'adresse de l'amiral :

> Monsieur, quoique je vous sois presque inconnu, je pense qu'il est de mon devoir de vous envoyer une copie de la lettre que je viens de recevoir de M. le maréchal de Richelieu ; l'honneur, l'humanité, l'équité, m'ordonnent de la faire passer entre vos mains. Le témoignage si noble et si inattendu de l'un des plus sincères et des plus généreux de mes compatriotes me fait présumer que vos juges vous rendront la même justice[1].

La lettre de Richelieu acquit quatre voix à l'amiral, mais la majorité fut pour la mort ; seulement, les juges recommandèrent le condamné à la clémence royale. On voulait un exemple, et Byng fut fusillé, le 14 mars 1757. « Il mourut avec une grande fermeté, nous dit Voltaire dans le *Précis du siècle de Louis XV;* et, avant d'être frappé, il envoya son mémoire justificatif à l'auteur et ses remerciements au maréchal de Richelieu [2]. » On a refusé la sensibilité, les entrailles à Voltaire ; cette intervention si pleine d'élan suffirait, ce semble, pour répondre victorieusement à de pareilles insinuations. Sans rien exagérer, disons

---

1. Voltaire, *Œuvres complètes* (Beuchot), t. LVII, p. 200. Lettre de Voltaire à l'amiral Byng.
2. *Ibid.*, t. XXI, p. 287, 288. *Précis du siècle de Louis XV.* — « Feu l'amiral Byng vous assure de ses respects, de sa reconnaissance et de sa parfaite estime ; il est très-sensible à votre procédé, et meurt consolé par la justice que lui rend un si généreux soldat, *so generous a soldier;* ce sont les propres paroles dont il a chargé son exécuteur testamentaire ; je les reçois dans le moment, en

que celui qui essaye, bien que sans le moindre caractère public, d'arracher au supplice un soldat dont tout le crime avait été de s'être laissé battre, et qui provoque chez le général victorieux une démarche très-capable de ramener l'opinion des juges aliénés, cet homme n'est pas un cœur sans chaleur et sans générosité, et que ce seul fait suffirait pour édifier sur la bonté d'âme de « ce méchant et extraordinaire enfant des Délices », comme disait Diderot [1], lors même qu'il n'y aurait jamais eu de Calas et de Lally au monde.

arrivant à Monrion, avec les pièces inutilement justificatives de cet infortuné. » *Ibid.*, t. LVII, p. 267. Lettre de Voltaire à Richelieu; Monrion, 26 mai 1757. — « Il a chargé son exécuteur testamentaire de me remercier, et de me dire qu'il mourait mon obligé, et qu'il me priait de présenter à M. de Richelieu, qu'il appelle *a generous soldier*, ses respects et sa reconnaissance. J'ai reçu aussi un mémoire justificatif très-ample, qu'il a donné ordre en mourant de me faire parvenir. » *Ibid.*, t. LVII, p. 272. Lettre de Voltaire à Thiériot; Monrion, 2 juin 1757.

1. Diderot, *Mémoires et correspondance* (Garnier, 1841), t. I, p. 229. Lettre de Diderot à mademoiselle Voland; Paris, 25 novembre 1760.

VI

DÉTRESSE DU ROI DE PRUSSE. — VOLTAIRE S'ENTREMET.
NÉGOCIATIONS REPOUSSÉES. — BERNIS.

Mais nous allons assister à un autre spectacle des plus curieux, et, à coup sûr, des plus inattendus. Voltaire aura sa revanche de Francfort, non pas comme il l'entendait, car il ne l'entendait que d'une façon : le Freytag en haut d'un gibet! Il y aura un moment où le Salomon du Nord aux abois, n'ayant plus d'espoir en la fortune qu'il a défiée, essayera d'oublier qu'il est un des maîtres du monde, et cherchera dans la philosophie une solution et un dénoûment au terrible drame de sa vie. La journée de Kollin (18 juin) avait eu pour conséquence naturelle de lui faire lever le siége de Prague, et la retraite n'avait été rien moins qu'heureuse. « Tous les chasseurs s'assemblent pour faire une Saint-Hubert à ses dépens. Français, Suédois, Russes, se mêlent aux Autrichiens; quand on a tant d'ennemis et tant d'efforts à soutenir, on ne peut succomber qu'avec gloire. C'est une nouveauté dans l'histoire que les plus grandes puissances de l'Europe aient été obligées de se liguer contre un marquis de Brandebourg; mais, avec cette gloire, il ne sera plaint de personne. Il ne savait pas, lorsque je le quittai, que mon sort serait préférable au sien. Je lui pardonne tout, hors la barbarie vandale dont on usa envers madame Denis[1]. »

C'est là l'antienne éternelle ; et si son ressentiment survit au temps et aux circonstances, c'est qu'on ne saurait oublier les outrages dont cette innocente madame Denis s'est vue l'objet. « Si vous passiez par Francfort, disait-il à la même époque au maréchal de Richelieu, madame Denis vous supplierait très-instamment d'avoir la bonté de lui faire envoyer les quatre oreilles de deux coquins, l'un nommé Freytag, résident sans gages du roi de Prusse, à Francfort, et qui n'a jamais eu d'autres gages que ce qu'il nous a volé ; l'autre (Schmid) est un fripon de marchand, conseiller du roi de Prusse ; tous deux eurent l'impudence d'arrêter la veuve d'un officier du roi, voyageant avec un passeport du roi. Ces deux scélérats lui firent mettre des baïonnettes dans le ventre et fouillèrent dans ses poches. Quatre oreilles, en vérité, ne sont pas trop pour leurs mérites[2]. » Tout cela ne semble pas sérieux et ne peut être qu'un persifflage amer. Eh bien, non ! Voltaire rêvait un châtiment, une expiation au niveau de l'injure. Il écrivait encore à Collini, que nous avons

---

1. Voltaire, *Œuvres complètes* (Beuchot), t. LVII, p. 292. Lettre de Voltaire à Cideville ; aux Délices, 15 juillet 1757.

2. *Ibid.*, t. LVII, p. 295. Lettre de Voltaire à Richelieu ; aux Délices, 19 juillet 1757. Pareilles choses en mêmes termes dans une lettre à madame de Lutzelbourg, du 6 août : « Voici bientôt le temps où madame Denis pourrait demander les oreilles de ce coquin de Francfort qui a eu l'insolence, etc., etc. » *Ibid.*, p. 303.

laissé à Strasbourg, gouverneur du fils du comte de Sauer : « Il pourrait bien venir un temps où les Freytag et les Schmid seraient obligés de rendre ce qu'ils ont volé; et vous ne perdriez pas à cette affaire[1]. »

Ce temps appelé par la rancune de Voltaire paraissait venu. Les affaires de la majesté prussienne allaient de mal en pire, on ne parlait que de postes emportés par les Autrichiens, de convois coupés, de magasins pris, d'une désertion qui s'étendait même aux officiers. On voyait déjà Frédéric acculé, cerné, forcé de se rendre; et les oisifs discouraient sur la façon dont on disposerait de lui : il ne pouvait manquer d'être mis au ban de l'Empire et traité en vassal révolté[2]. Le prince n'avait sur son compte guère plus d'illusions que l'Europe, il se jugeait perdu et ne songeait plus qu'à finir en roi, un peu en roi de théâtre, avec une fermeté plus haute que son malheur, avec le stoïcisme d'un Caton. Il faut bien que les lectures servent à quelque chose, et, certes, jamais on ne se trouva davantage dans le cas d'appliquer ces leçons d'héroïsme que l'antiquité nous a léguées. A moins d'un miracle, en effet, le Salomon du Nord sombrait dans la plus terrible tempête; et nous savons qu'en fait de miracles il ne croyait qu'à ceux de la volonté et du génie, et aussi

---

1. Voltaire, *OEuvres complètes* (Beuchot), t. LVII, p. 300. Lettre de Voltaire à Collini; aux Délices, 29 juillet 1757.

2. *Ibid.*, t. XL, p. 103. « Son procès était commencé, il était déclaré rebelle; et, s'il était pris, l'apparence était qu'il aurait été condamné à perdre la tête. » Mémoires pour servir à la vie de M. de Voltaire, écrits par lui-même.

du hasard, providence mal définie avec laquelle pourtant il faut compter.

Devant une telle infortune, devant une catastrophe que rien ne saurait conjurer, l'auteur de la *Henriade* se sentit ému; quelque chose vibra en lui. En définitive, il avait aimé ce diable d'homme, il avait corrigé sa prose, il avait corrigé ses vers, ils avaient philosophé ensemble et médit du genre humain; le bien et le mal, les faveurs et les coups de griffe, les épigrammes et les caresses avaient établi entre eux de ces liens qui résistent aux plus terribles chocs. Ils se haïssaient du plus profond du cœur, ils le pensaient du moins; et il y avait, malgré cela, des moments où ils se fussent jetés au cou l'un de l'autre, si une circonstance, un hasard les eût rapprochés. Il ne fallait que faire allusion à Francfort pour que l'on poussât aux Délices des cris de rage; mais, l'instant d'après, l'on se souvenait que cette main sèche et décharnée avait été baisée par ce prince, plein d'élan et d'illusions alors, qui aurait donné une de ses provinces pour fixer près de lui celui qu'il appelait le Virgile de la France. La situation désespérée du roi refoula tout ce fiel et cette aigreur; les griefs furent mis de côté, quitte à les reprendre au premier retour de fortune, et le poëte n'eut rien de plus pressé que d'écrire à la margrave de Bayreuth et à son auguste frère des épîtres attendries et qui produisirent tout l'effet qu'il en pouvait attendre.

On ne connaît ses amis que dans le malheur, lui répondait « sœur Guillemette ». La lettre que vous m'avez écrite[1] fait

---

1. Elle ne s'est pas retrouvée.

bien honneur à votre façon de penser. Je ne saurais vous témoigner combien je suis sensible à votre procédé. Le roi l'est autant que moi. Vous trouverez ci-joint un billet[1] qu'il m'a ordonné de vous remettre. Ce grand homme est toujours le même. Il soutient ses infortunes avec un courage et une fermeté dignes de lui. Il n'a pu transcrire la lettre qu'il vous écrivait. Elle commençait par des vers. Au lieu de jeter du sable, il a pris l'encrier, ce qui est cause qu'elle est coupée. Je suis dans un état affreux, et ne survivrai pas à la destruction de ma maison et de ma famille. C'est l'unique consolation qui me reste. Vous aurez de beaux sujets de tragédie à travailler. O temps! ô mœurs! vous ferez peut-être verser des larmes par une représentation illusoire, tandis qu'on contemple d'un œil sec les malheurs de toute une maison contre laquelle, dans le fond, on n'a aucune plainte réelle. Je ne puis pas en dire davantage; mon âme est si troublée que je ne sais ce que je fais. Mais, quoi qu'il puisse arriver, soyez persuadé que je suis plus que jamais votre amie *Wilhelmine*[2].

L'on serait tenté de sourire de cet étonnement presque naïf de la margrave, qui s'indigne de ce que ceux que son frère menaçait hier, et pour lesquels il avait été inexorable, s'attendrissent médiocrement sur une infortune qui les débarrassait d'un ennemi infatigable. Ne voyons que le désespoir de cette vaillante sœur qui pleure sur la ruine de sa maison, mais qui est bien résolue à ne pas lui survivre. Quoi qu'il en soit, avec sa vive imagination, Voltaire songe sur-le-champ au moyen de salut qui s'offre encore au roi. La paix seule

---

1. C'est probablement ce billet dont Voltaire cite une phrase dans le troisième alinéa de sa lettre du 12 septembre à d'Argental, t. LVII, p. 329. « J'ai appris que vous vous étiez intéressé à mes succès et à mes malheurs, il ne me reste qu'à vendre cher ma vie. »
2. Voltaire, *OEuvres complètes* (Beuchot), t. LVII, p. 310. Lettre de la margrave de Bayreuth à Voltaire; le 19 août 1757.

avait ce pouvoir, une paix qui, certes, ne s'obtiendrait pas sans sacrifices. Mais il n'y avait pas deux issues, et l'unique chose qui était à redouter pour le vaincu, c'est qu'on ne voulût pas la lui accorder.

On le croyait si bien perdu, que tout ce qui eût ressemblé à des démarches conciliatrices eût été volontiers envisagé comme une trahison par l'Autriche, qui, voyant l'heure de la vengeance arrivée, surveillait, espionnait son alliée et poussait des cris d'alarme aux moindres apparences. « M. de Kaunitz, écrivait le comte de Stainville[1] à Bernis, m'a dit qu'il étoit venu des avis à cette cour, que le roy de Prusse avoit fait de nouvelles propositions de paix au roy, plus étendues que les premières, et que lesdites propositions avoient été adressées à madame de Pompadour, à laquelle le roy de Prusse offroit la principauté de Neuchâtel, si elle les faisoit adopter au roy[2]. » Cotillon II, princesse de Neuchâtel! Il y aurait eu, certes, là de quoi faire oublier bien des épigrammes et des injures. Mais ce bruit, qui courait en France depuis quelque temps, n'était, à coup sûr, qu'un piége de l'ennemi pour jeter de la défiance entre les deux pays, et c'est ce que Choiseul essaya de faire entendre au ministre de Marie-Thérèse avant l'arrivée des dépêches de Bernis qui coupaient court, par une déclaration très-nette, à tous ces commérages.

---

1. M. de Choiseul portait alors le nom de comte de Stainville, qu'il quittera lorsque le roi le créera duc, vers la fin de 1758.
2. Bibliothèque nationale. Manuscrits F. F., n° 7134. *Correspondance de M. l'abbé de Bernis et de M. de Choiseul*, 1757-1758, t. I, p. 43, 44. Lettre de Choiseul à Bernis; Vienne, le 3 septembre 1757.

Ce qu'on a mandé à M. le comte de Kaunitz par rapport à la principauté de Neuchâtel est une idée chimérique inventée par l'ignorance ou la malignité et l'on ne pouvoit mieux répondre que vous l'avez fait à ce ministre.

Quant aux propositions de paix qui nous ont été faites par le roi de Prusse, il n'y en a pas d'autres que celles qui nous sont venues par le ch[er] Folard, à qui la margrave de Bareuth les avoit confiées...

Le chevalier de Mirabeau, homme de naissance et d'esprit, qui est attaché depuis quelque tems à la cour de Bareuth, a fait un voiage en ce pays-cy où il est encore, je ne sçais point s'il a été chargé de quelques propositions, mais il est certain qu'il n'en a point fait, et j'avois même prévenu ses frères qu'il devoit s'attendre que je n'en écouterois aucune[1].

Ainsi, la margrave, qui était déterminée à tout tenter pour sauver son frère, avait prié son ancien serviteur[2], alors notre chargé d'affaires à Munich, de transmettre à son gouvernement des paroles de conciliation. Quant au chevalier de Mirabeau, également attaché à la personne de la princesse, le ministre n'avait pas tort de supposer qu'il ne fût point venu en France sans motifs, et il avait agi avec clairvoyance, en déclarant à ses frères qu'il ne l'entendrait point. Mais, si le chevalier avait une mission, ce n'était pas auprès de lui, et il pouvait s'en acquitter sans poser le pied dans son cabinet,

---

(Ce manuscrit est une copie de la correspondance originale qui se trouve aux archives des Affaires étrangères.)

1. Bibliothèque nationale. Manuscrits F. F., n° 7134. *Correspondance de M. l'abbé de Bernis et de M. de Choiseul*, 1757-1758, t. I, p. 51, 52. Lettre de l'abbé de Bernis à M. de Choiseul; Fontainebleau, le 13 septembre 1757.

2. *OEuvres de Frédéric le Grand* (Berlin, Preuss), t. XXVII, p. 246. Lettre de Frédéric à la margrave de Bayreuth; le 9 juillet 1757.

comme nous le révèlent les instructions mêmes de Frédéric à la margrave.

> Puisque, ma chère sœur, vous voulez vous charger du grand ouvrage de la paix, je vous supplie de vouloir envoyer ce M. de Mirabeau en France. Je me chargerai volontiers de sa dépense; il pourra offrir jusqu'à cinq cent mille écus à la favorite pour la paix, et il pourrait pousser ses offres beaucoup au delà, si en même temps on pouvait l'engager à nous procurer quelques avantages... Je crois que votre émissaire pourrait de même s'adresser à son parent qui est devenu ministre, et dont le crédit augmente de jour en jour. Enfin, je m'en rapporte à vous[1].

Il ressort de cette curieuse lettre que, si le tentateur n'était pas d'humeur à offrir en appât d'aussi gros morceaux qu'une principauté de Neuchâtel, il n'en était pas moins résolu à d'assez forts sacrifices. Mais, à n'en juger que par l'événement, la marquise fut sourde à ces propositions, et les repoussa avec la vertu d'une Romaine. Bernis n'en parle point, bien qu'il ne dut pas les ignorer. Ce qu'il n'avait pas pu taire n'était déjà que trop de nature à surexciter les appréhensions de l'Autriche, qui surveillait de près les moindres démarches de M. de Folard, et voudra voir un danger et une menace pour elle dans sa seule présence en Allemagne. Ce double échec n'était pas encourageant, mais ne prouvait rien pour l'avenir, et même pour un avenir très-voisin, s'il fallait en croire l'Ermite des Délices, qui écrivait à la margrave :

---

1. *OEuvres de Frédéric le Grand* (Berlin, Preuss), t. XXVII, p. 296. Lettre de Frédéric à la margrave de Bayreuth; Listmeritz, 7 juillet 1757. Ce parent, dont on parle, nous semble devoir être Bernis lui-même.

Quoique les premières insinuations pour la paix n'aient pas réussi, je suis persuadé qu'elles peuvent enfin avoir du succès. Permettez que j'ose vous communiquer une de mes idées. J'imagine que le maréchal de Richelieu serait flatté qu'on s'adressât à lui. Je crois qu'il pense qu'il est nécessaire de tenir une balance, et qu'il serait fort aise que le service du roi son maître s'accordât avec l'intérêt de ses alliés et avec les vôtres. Si, dans l'occasion, vous vouliez le faire sonder, cela ne serait pas difficile. Personne ne serait plus propre que M. de Richelieu à remplir un tel ministère. Je ne prends la liberté d'en parler, madame, que dans la supposition que le roi votre frère fût obligé de prendre ce parti..... Je hasarde cette idée, non pas comme une proposition, encore moins comme un conseil, il ne m'appartient pas d'oser en donner, mais comme un simple souhait, qui n'a sa source que dans mon zèle[1].

Si le poëte voyait, dans cette intervention, l'unique planche de salut qui pût s'offrir au Salomon du Nord, il songeait à fournir à son « héros » l'occasion de jouer un de ces rôles uniques qui font entrer de plain-pied dans l'histoire, et aussi (ce qui est très-licite) à se faciliter, par des services, un retour auquel il n'avait point renoncé, bien qu'il proteste qu'il est suisse et veut demeurer suisse. Ce n'était pas la première fois qu'il tentât de faire intervenir Richelieu dans des arrangements diplomatiques avec le roi de Prusse; onze ans auparavant, en 1746, le poëte et la divine Émilie agissaient auprès de l'aîné des d'Argenson, afin de profiter du voyage en Saxe, d'où le duc devait ramener notre seconde dauphine, pour décider préala-

---

1. Voltaire, *OEuvres complètes* (Beuchot), t. LVII, p. 315, 316. Lettre de Voltaire à la margrave; août 1757.

blement une visite à Berlin. Mais de pareilles visées ne pouvaient être du goût de la cour de Dresde, qui était tout autrichienne; et le maréchal de Saxe se servit de son crédit auprès du roi pour empêcher une démarche dont le plus sûr effet eût été de consolider l'alliance. Le comte de Bruhl écrivait à cet égard au vainqueur de Fontenoi : « Votre excellence a très-bien fait d'avoir dissuadé M. le duc de Richelieu du dessein que M. de Voltaire et madame du Châtelet lui avaient suggéré, de rechercher une commission, pour la cour de Berlin, relative à un entendement plus particulier avec nous[1]. » Notons, en passant, ce fait parfaitement ignoré, et qui témoigne une fois de plus des efforts persévérants de l'auteur de la *Henriade* pour s'immiscer dans les choses de la politique et des affaires.

La lettre dans laquelle il s'ouvre à Richelieu d'un projet qui devait sourire à l'ambition du conquérant de Port-Mahon ne peut être de beaucoup postérieure à la lettre à la margrave, dont malheureusement la date nous est inconnue; nous les supposons, l'une et l'autre, de la seconde moitié d'août, et antérieures, toutefois, au 29 du même mois. « J'ai hasardé cette idée, écrivait-il au maréchal avec autant de tact que de modestie, sans la donner comme conjecture et comme conseil, mais simplement comme un souhait qui ne peut compromettre ni ceux à qui on écrit, ni ceux dont on parle; et je vous en rends compte sans autre

---

[1]. Le comte Vitzthum d'Eckstaedt, *Maurice comte de Saxe et Marie-Josèphe de Saxe.* Lettres et documents inédits des archives de Dresde (Leipzig, 1867), p. 106.

motif que celui de vous marquer mon zèle pour votre personne et pour votre gloire[1]. »

Voltaire n'avait pas rêvé, ce qui est trop le fait des poètes : le roi de Prusse fut bien obligé de convenir à part lui que l'avis était le meilleur qu'on lui pût donner. Richelieu était prévenu, le philosophe de Sans-Souci se résigna à lui écrire une lettre qui dut coûter à son orgueil et qui trouve sa place ici ; car, si Voltaire n'est pour rien dans le fond comme dans a forme, c'est lui qui l'a provoquée, c'est à son conseil qu'on a obéi en la rédigeant.

Je sens, monsieur le duc, que l'on ne vous a pas mis dans le poste où vous êtes pour négocier ; je suis cependant très-persuadé que le neveu du grand cardinal de Richelieu est fait pour signer des traités comme pour gagner des batailles. Je m'adresse à vous par un effet de l'estime que vous inspirez à ceux qui ne vous connaissent pas même particulièrement. Il s'agit d'une bagatelle, monsieur ; de faire la paix, si on le veut bien. J'ignore quelles sont vos instructions ; mais, dans la supposition qu'assuré de la rapidité de vos progrès, le roi votre maître vous aura mis en état de travailler à la pacification de l'Allemagne, je vous adresse M. Delchetet dans lequel vous pouvez prendre une confiance entière. Quoique les événements de cette année ne devraient pas me faire espérer que votre Cour conserve encore quelque disposition favorable pour mes intérêts, je ne puis cependant me persuader qu'une liaison, qui a duré seize années, n'ait pas laissé quelque trace dans les esprits : peut-être que je juge des autres par moi-même. Quoi qu'il en soit enfin, je préfère de confier mes intérêts au roi votre maître plutôt qu'à tout autre. Si vous n'avez, monsieur, aucune instruction relative aux propositions que je vous

---

1. Voltaire, *OEuvres complètes* (Beuchot), t. LVII, p. 317. Lettre de Voltaire à Richelieu (A vous seul).

fais, je vous prie d'en demander, et de m'informer de leur teneur. Celui qui a mérité des statues à Gênes, celui qui a conquis l'île de Minorque, malgré des obstacles immenses, celui qui est sur le point de subjuguer la Basse-Saxe, ne peut rien faire de plus glorieux que de travailler à rendre la paix à l'Europe. Ce sera, sans contredit, le plus beau de vos lauriers. Travaillez-y, Monsieur, avec cette activité qui vous fait faire des progrès si rapides, et soyez persuadé que personne ne vous en aura plus de reconnaissance, monsieur le duc, que votre fidèle ami, *Frédéric*[1].

Frédéric, en traçant ces lignes, faisait un douloureux sacrifice à l'inexorable nécessité ; et ce chiffon de papier, plus que tous autres témoignages de sa détresse présente, affirme le peu de confiance qui lui restait en un retour de fortune. Mais pouvait-il considérer comme un titre sérieux ces seize années de liaison passées à duper un frère d'armes, à tirer de notre concours tout ce qu'il avait pu, et à nous planter là avec un cynisme que la politique colore volontiers du nom d'habileté ? Quelle apparence que ce souvenir qu'on invoque n'ait d'autre effet, au contraire, que de fortifier les ressentiments et de resserrer les alliances ? Nous ne dirons rien des paroles flatteuses à l'adresse du maréchal, bien que ces civilités dépassassent de beaucoup la mesure, et que l'état présent des affaires du monarque prussien leur donnât un caractère tout particulier. Ce M. Delchetet, qu'il dépêchait au général français, n'était autre que le colonel Balby qui, pour sauvegarder son *incognito* et pour échapper

---

[1]. Voltaire, *OEuvres complètes* (Beuchot), t. LVII, p. 317, 318. Lettre du roi de Prusse au maréchal de Richelieu ; à Rote, le 6 septembre 1757.

plus aisément aux partis dont le pays était infesté, fit le chemin déguisé en bailli. Cet officier avait eu occasion de fréquenter Richelieu dans la guerre de Flandre, et ç'avait été le motif qui l'avait fait choisir pour cette mission de confiance. Le maréchal répondit par une lettre respectueuse : il était sans ordres, mais il allait envoyer un courrier pour rendre compte de ces ouvertures. « Balbi devait faire des propositions pour ramener la cour de Versailles à des sentiments plus doux et plus pacifiques; il s'aperçut que le duc de Richelieu, se défiant de son crédit, ne croyait pas avoir assez d'influence auprès du ministère et du roi pour leur faire changer de système.... Cet émissaire, voyant que tout ce qu'il pourrait dire sur ce sujet ne mènerait à rien, se rabattit à demander au duc qu'il voulût au moins avoir quelques ménagements pour les provinces du roi où il faisait la guerre. En même temps on régla avec lui les contributions; et il n'est pas douteux que les sommes qui passèrent entre les mains du maréchal ne ralentirent dans la suite considérablement son ardeur militaire[1]. »

Cette circonspection surprend dans un homme qui taillait, rognait sans en référer le plus souvent au ministre[2], et qui venait même de signer la fameuse capitulation de Klostersevern (le 8 septembre). Fort probablement il avait déjà reçu à ce moment la dépêche de

---

[1]. *OEuvres de Frédéric le Grand* (Berlin, Preuss), t. IV, p. 144, 145. *Histoire de la guerre de sept ans*, ch. vi.

[2]. Bibliothèque nationale. F. F., n° 7137. *Correspondance de M. l'abbé de Bernis et de M. de Choiseul*, 1757-1758, t. IV, p. 203. Lettre de Belle-Isle à Choiseul; Versailles, 29 novembre 1757.

Bernis qui lui déclarait assez nettement que l'intention du roi était qu'il se bornât désormais à écouter les propositions et ne les reçût que pour lui en rendre compte [1]. Frédéric finissait par un trait qui aurait déshonoré un homme moins taré que le maréchal, dont les brigandages faisaient légende à une époque où pourtant l'on était habitué à ces sortes de procédés des généraux en chef. On sait que le soldat qui rit de tout, même de sa misère, avait donné à celui-ci le sobriquet caractéristique de *Père La Maraude* [2].

Voltaire, pour qui un insuccès devenait un aiguillon, se garda bien de croire tout perdu ; et ce qu'un général d'armée n'était pas appelé à accomplir pouvait être tenté et mené à fin par un négociateur de métier. Il songea sur l'heure à l'archevêque de Lyon, qui, de loin comme de près, n'avait cessé d'exercer une sérieuse influence sur la politique de son temps. En dépit des défiances qu'inspiraient aux ministres son ambition, ses intrigues, une capacité qu'on exagérait peut-être, Tencin, sur le bord de sa tombe, ne pouvait se résigner à n'avoir pas sa part et sa grande part d'action, et il eût saisi avidement l'occasion de s'entremettre, de se rendre utile. L'élévation récente du petit abbé de Bernis avait dû raviver encore cette soif du pouvoir que rien n'assouvit ni n'éteint ; et Voltaire avait raisonné juste en supposant qu'il ne demanderait pas mieux de se prêter à des démarches paci-

---

[1]. Bibliothèque nationale. F. F., n° 7134. *Correspondance de M. l'abbé de Bernis et de M. de Choiseul*, 1757-1758, t. I, p. 56. Lettre de Bernis à Richelieu ; Fontainebleau, 12 septembre 1757.

[2]. Camille Rousset, *Le Comte de Gisors* (Didier, 1868), p. 350, 353.

fiques auprès du ministère. Seulement, il n'avait pas cru à propos de s'en ouvrir lui-même avec l'éminence, et il s'adressait, pour cette mission confidentielle, à l'un des Tronchin, le banquier de Lyon, qu'il appellera plus tard, dans une lettre à Bernis, le « ci-devant confesseur et banquier de M. le cardinal de Tencin[1]. »

> Vous avez souvent, lui mandait-il, des conversations avec un homme qui est au fait, quoiqu'il soit éloigné du cabinet et que les idées de ce cabinet puissent changer d'un jour à l'autre. Ses lumières et son expérience, jointes à sa correspondance, peuvent le mettre en état de juger si on est effectivement dans l'intention d'abandonner le roi de Prusse à toute la rigueur de sa mauvaise destinée, en cas qu'il soit sans ressource, et si on veut détruire absolument une balance qu'on a jugée longtemps nécessaire. Vous pourriez aisément, dans la conversation, savoir ce qu'en pense l'homme instruit dont j'ai l'honneur de vous parler. Comptez que ni vous ni lui ne serez point compromis; fiez-vous à ma parole d'honneur, et ne regardez point la prière que je vous fais comme l'effet d'une vaine curiosité. J'ai quelque intérêt à être instruit, et vous me rendriez un très-grand service de m'informer de ce que vous aurez pu conjecturer[2].

Cette lettre est à la date du 27 septembre. Si Frédéric, dès alors, fut informé de ces nouvelles démarches, tout cela était si éventuel et si éloigné, et l'accueil fait à ses premières tentatives si pleinement significatif qu'il y aurait eu à lui de la faiblesse à asseoir quelque espérance sur de si frêles bases. Il mesurait l'abîme ouvert sous ses pieds, et comprenait qu'il ne

---

1. Voltaire, *Œuvres complètes* (Beuchot), t. LX, p. 6. Lettre de Voltaire à l'abbé de Bernis; Ferney, 7 octobre 1776.

2. Voltaire, *Lettres inédites* (Paris, Didier, 1857), t. I, p. 498. Lettre de Voltaire à Tronchin de Lyon; Délices, 17 septembre 1757.

lui restait, au vrai, que la disposition de lui-même.
Lorsqu'on ose regarder la mort en face, l'on se sent
et l'on est bien réellement au dessus des événements :
l'on demeure son maître. Il avait lu Sénèque, il avait
admiré spéculativement le stoïcisme de ces philosophes qui considéraient le trépas non comme un
mal, mais comme une délivrance; le moment était
venu de mettre en pratique ces belles et sublimes
leçons. Et la perspective d'une fin digne de ses malheurs devait sourire à cette âme incontestablement
héroïque, trop préoccupée, toutefois, de l'opinion des
contemporains et de l'arrêt de la postérité pour être
celle d'un sage. Son parti était pris; il était bien
résolu. Mais il ne partirait pas sans adresser un dernier adieu à ses amis, sans témoigner aussi de son
profond mépris de la vie. S'il était philosophe, il était
poëte également; c'était en vers qu'il annonçait,
d'Erfurt, au marquis d'Argens, cette suprême décision
d'échapper par la mort à une destinée implacable.

> Ami, le sort en est jeté;
> Las du destin qui m'importune,
> Las de ployer dans l'infortune
> Sous le poids de l'adversité,
> J'accourcis le terme arrêté
> Que la nature notre mère
> A mes jours remplis de misère
> A daigné départir par prodigalité.
> D'un cœur assuré, d'un œil ferme,
> Je m'approche de l'heureux terme
> Qui va me garantir contre les coups du sort.
> Sans timidité, sans effort,
> J'entreprends de couper dans les mains de la parque
> Le fil trop allongé de ses tardifs fuseaux;

Et sûr de l'appui d'Atropos
Je vais m'élancer dans la barque
Où sans distinction, le berger, le monarque
Passent dans le séjour de l'éternel repos...

Nous ne pouvons citer dans son entier cette pièce qui est fort longue et n'est, d'un bout à l'autre, qu'un brillant lieu commun. « Il m'envoya cette épître de sa main, nous dit Voltaire qui la reproduit dans ses *Mémoires* (non sans l'avoir corrigée et bonifiée en maints endroits, par un ressouvenir sans doute de ses anciennes fonctions [1]). Il y a plusieurs hémistiches pillés de l'abbé de Chaulieu et de moi. Les idées sont incohérentes, les vers en général mal faits, mais il y en a de bons ; et c'est beaucoup pour un roi de faire une épître de deux cents mauvais vers dans l'état où il était. Il voulait qu'on dit qu'il avait conservé toute la présence et toute la liberté de son esprit dans un moment où les hommes n'en ont guère [2]. » En effet, pour composer une amplification dont la seule préoccupation soit de faire les moins méchants vers que l'on pourra et de donner la meilleure idée de son stoïcisme, il faut que l'on se possède bien souverainement ; et c'est surtout le mérite de cette élégie, œuvre de cabinet, d'homme de lettres, reproduisant une situation de pure fantaisie où

---

1. Nous avons préféré la version reproduite dans les *OEuvres de Frédéric le Grand*, comme lui appartenant plus que celle que nous transmet l'auteur de la *Henriade*. Voir le tome XII, de la page 50 à la page 56. Epître au marquis d'Argens ; à Erfurt, ce 23 septembre 1757.

2. Voltaire, *Œuvres complètes* (Beuchot), t. XL, p. 106, 107. Mémoires pour servir à la vie de M. de Voltaire, écrits par lui-même.

l'émotion et l'attendrissement ne sauraient être que factices. Même dans les derniers vers où il prend congé de son ami, l'artifice et la convention se sentent : ce n'est pas à l'ami, c'est à la galerie qu'on s'adresse et pour laquelle on a tendu les cordes de sa lyre. Il y a moins de convenu, plus de sincérité, d'amertume, de colère et, partant, de poésie, bien qu'encore le versificateur, l'homme de lettres, ne consente point à s'effacer, dans son épître à madame de Bayreuth, qu'il termine par un blasphème contre la Providence.

> Je vois que du destin tout homme est le jouet.
> Mais s'il subsiste un être inexorable et sombre,
> D'un troupeau méprisé laissant grossir le nombre,
> D'un œil indifférent il voit dans l'univers
> Phalaris couronné, Socrate dans les fers,
> Nos vertus, nos forfaits, les horreurs de la guerre
> Et les fléaux cruels qui ravagent la terre.
> Ainsi mon seul asile et mon unique port
> Se trouve, chère sœur, dans les bras de la mort[1].

Nous l'avons remarqué, tant qu'il n'a été question que de revers, l'auteur de la *Henriade*, en dépit des assurances tendres qu'il adresse au frère et à la sœur, voit avec un secret contentement que les superbes ne sont pas parfois plus que les humbles à l'abri des coups du sort ; et il ne peut même s'empêcher de dire sa pensée à ses ordinaires confidents. « Il m'a écrit en dernier lieu, mandait-il à D'Alembert, une lettre héroïque et douloureuse. J'aurais été attendri, si je n'avais songé à l'aventure de ma nièce et à ses quatre

---

[1]. *OEuvres de Frédéric le Grand* (Berlin, Preuss); t. XII, p. 41, 42. Épître à la margrave de Bayreuth.

baïonnettes [1]. » Et à Thiériot, dans une lettre sans date, mais qui doit être de cette même époque : « On ne croit pas que mon disciple puisse résister ; il faudra qu'il meure à la romaine, ou qu'il s'en console à la grecque; qu'il se tue ou qu'il soit philosophe. Voilà un grand exemple; mais nous n'en sommes encore qu'aux premiers actes de la pièce; il faut voir le dénouement. Il arrive toujours dans les affaires quelque chose à quoi on ne s'attend point [2]. » Voltaire était loin de se supposer si bon prophète. Il ne demandait pas, toutefois, la mort du pécheur ; il se fût contenté de son abaissement.

Il n'avait pas prévu par quelle porte le Salomon du Nord songerait à se dérober à sa destinée ; et l'épître au marquis d'Argens, que son auteur s'était empressé de lui faire passer, l'avait impressionné profondément. Car si, au point de vue littéraire, le ton, la couleur, la forme et le fonds étaient également faux et déclamatoires, l'on devait être très-sincère quant à la détermination d'échapper par la mort à une position sans issue. Frédéric, dans ses lettres, avait parlé de vendre chèrement sa vie et de périr plutôt que de laisser avilir la royauté dans sa personne; mais ces assurances n'avaient pas le côté fatal et irrémissible de cette sorte de manifeste rimé [3]. Son ancien chambellan, épouvanté

---

1. Voltaire, OEuvres complètes (Beuchot), t. LVII, p. 321. Lettre de Voltaire à D'Alembert ; au Chêne, 29 août 1757.
2. *Ibid.*, t. LVII, p. 328. Lettre de Voltaire à Thiériot; aux Délices.
3. On a prétendu que Frédéric portait, à toute éventualité, dans une capsule de verre des pilules de sublimé corrosif dont il comptait bien faire usage, dans un dernier désastre.

de cette terrible menace, prend la plume et s'efforce de combattre, par les arguments qu'il croit les plus forts et les meilleurs, une résolution que l'on a pu concevoir dans un moment de désespoir, mais que repoussera un courage plus froid, plus réfléchi.

... Écoutez contre ces sentiments votre raison supérieure ; elle vous dit que vous n'êtes point humilié, et que vous ne pouvez l'être ; elle vous dit qu'étant homme comme un autre, il vous restera (quelque chose qui arrive) tout ce qui peut rendre les autres hommes heureux ; biens, dignités, amis. Un homme qui n'est que roi peut se croire très-infortuné, quand il perd ses États ; mais un philosophe peut se passer d'États. Encore, sans que je me mêle en aucune façon de politique, je ne peux croire qu'il ne vous en restera pas assez pour être toujours un souverain considérable. Si vous aimiez mieux mépriser toute grandeur, comme ont fait Charles-Quint, la reine Christine, le roi Casimir et tant d'autres, vous soutiendriez mieux ce personnage qu'eux tous ; et ce serait pour vous une grandeur nouvelle. Enfin, tous les partis peuvent convenir, hors le parti odieux et déplorable que vous voulez prendre. Serait-ce la peine d'être philosophe, si vous ne saviez pas vivre en homme privé, ou si, en demeurant souverain, vous ne saviez pas supporter l'adversité ?

Je n'ai d'intérêt dans tout ce que je dis que le bien public et le vôtre. Je suis bientôt dans ma soixante et cinquième année, je suis né infirme ; je n'ai qu'un moment à vivre ; j'ai été bien malheureux, vous le savez ; mais je mourrais heureux, si je vous laissais sur la terre mettant en pratique ce que vous avez si souvent écrit [1].

Dans une autre lettre, Voltaire reprendra et poursuivra sa thèse, sans la varier outre mesure. Disons

---

1. Voltaire, *OEuvres complètes* (Beuchot), t. LVII, p. 343 à 346. Lettre de Voltaire à Frédéric ; octobre 1757.

que l'auteur de *Mérope* n'est pas un esprit chimérique, encore moins héroïque; il est fait de trop de bon sens pratique pour s'élever, en dehors de ses tragédies, à ces hauteurs. Aussi cette résolution qu'il veut combattre lui paraît quelque chose d'exagéré, d'excessif, d'un goût douteux et mélodramatique, qui devra manquer le but en le dépassant. « Les Caton et les Othon dont Votre Majesté trouve la mort belle, ajoute-t-il, n'avaient guère autre chose à faire qu'à servir ou qu'à mourir; encore Othon n'était-il pas sûr qu'on l'eût laissé vivre, et prévint par une mort volontaire celle qu'on lui eût fait souffrir. Nos mœurs et votre situation sont bien loin d'exiger un tel parti... C'est un devoir pour un homme tel que vous de se réserver aux événements [1]... » Frédéric n'est pas convaincu : « Si j'étais Voltaire, lui répondit-il, je me moquerais de la fortune et la laisserais coqueter à sa fantaisie. » Mais il a à mesurer son courage à sa condition; et au moins cette idée-là, il l'exprimera dans deux vers magnifiques, les plus beaux, à coup sûr, qu'il ait jamais faits :

> Je dois, en affrontant l'orage,
> Penser, vivre et mourir en roi [2].

Richelieu n'avait pas répondu aux ouvertures du poëte, de peur sans doute que sa lettre ne fût inter-

1. Voltaire, *Œuvres complètes* (Beuchot), t. LVII, p. 355. Lettre de Voltaire à Frédéric; octobre.
2. *Ibid.*, t. LVII, p. 352, 353. Lettre de Frédéric à Voltaire; 9 octobre 1757. Il écrivait la veille à sa sœur, leur intermédiaire : « J'ai ri des exhortations du patriarche Voltaire; je prends la liberté de vous envoyer ma réponse. *Œuvres de Frédéric le Grand* (Berlin, Preuss), t. XXVII, p. 307, 308. Lettre de Frédéric à la margrave de Bayreuth; Bieltelsted, 8 octobre 1757.

ceptée, ce qui n'était que trop vraisemblable, car les partis parcouraient en tous sens le malheureux théâtre des hostilités [1], et ce dernier ne savait absolument rien de ce qu'avait pu tenter son héros. Il ne savait guère plus ce qui avait été convenu et ce qui se passait au camp de Frédéric ou à la cour de la margrave. Ainsi, il s'informera à deux reprises, auprès de d'Argental, si le comte de Gotter était à Paris, où il avait été question de le dépêcher, dans l'hypothèse sans doute d'un premier pas dans la voie des négociations [2]. En attendant, pressé de l'envie d'être directement ou indirectement utile, croyant à la possibilité d'une intervention effective de Tencin, il avait, comme on l'a dit, institué le banquier de Lyon son intermédiaire, et, par son canal, il faisait passer au prélat tout ce qu'il jugeait bon qu'il sût. Sa lettre du 20 octobre est des plus curieuses, et était bien de nature à donner à rêver à un homme qui n'avait fait que de l'intrigue toute sa vie. Nous avons vu plus haut Voltaire souhaiter le triomphe des armes autrichiennes : c'était agir et penser en bon Français, puisque l'impératrice-reine était notre alliée ; c'était aussi céder aux incitations de sa propre rancune. Mais ces succès ne devaient pas aller jusqu'à écraser l'ennemi, dont l'anéantissement aurait pour premier effet de décupler les forces et la prépondérance d'une puissance qui avait été l'objectif obstiné des efforts du grand cardinal.

---

1. Voltaire, *Œuvres complètes* (Beuchot), t. LVII, p. 364. Lettre de Voltaire à Richelieu ; aux Délices, 5 novembre 1757.

2. *Ibid.*, t. LVII, p. 340, 349. Lettres de Voltaire à d'Argental ; des 1er et 5 octobre 1757.

Je n'ai jamais pu me persuader qu'on voulût donner à la maison d'Autriche plus de puissance qu'elle n'en a jamais eu en Allemagne sous Ferdinand II, et la mettre en état de s'unir à la première occasion avec l'Angleterre, plus puissamment que jamais. Je ne me mêle point de politique; mais la balance en tout genre me paraît bien naturelle... Quel beau rôle peut jouer Louis XV en se rendant l'arbitre des puissances, en faisant les partages, en renouvelant la célèbre époque de la paix de Vestphalie! Aucun événement du siècle de Louis XIV ne serait aussi glorieux.

Excellentes raisons assurément de faire la paix, surtout si la France en dictait les articles! Mais on savait le cabinet de Versailles aliéné, et, pour déterminer un homme aussi prudent que l'archevêque de Lyon à s'entremettre, il n'était pas inutile de joindre à ces considérations d'un intérêt général d'autres plus personnelles. En un mot, il fallait que la cauteleuse Éminence y trouvât avantage et profit.

Il m'a paru, poursuivait Voltaire, que madame la Margrave avait une estime particulière pour un homme respectable que vous voyez souvent. J'imagine que si elle écrivait directement au roi une lettre touchante et raisonnée, et qu'elle adressât cette lettre à la personne dont je vous parle, cette personne pourrait, sans se compromettre, l'appuyer de son crédit et de son conseil. Il serait, ce me semble, bien difficile qu'on refusât l'offre d'être l'arbitre de tout, et de donner des lois absolues à un prince qui croyait, le 17 juin, en donner à toute l'Allemagne. Qui sait même si la personne principale, qui aurait envoyé la lettre de Madame la Margrave au roi, qui l'aurait appuyée, qui l'aurait fait réussir, ne pourrait pas se mettre à la tête du Congrès qui règlerait la destinée de l'Europe?

Voilà l'amorce. Mais la médaille pouvait avoir son

revers, et, avec un esprit aussi délié, au lieu de passer sous silence les inconvénients, mieux valait les aborder de front, peser le pour et le contre avec équité, et prouver qu'en somme, fût-on moins habile, l'on devrait immanquablement arriver à faire triompher une politique qui était la seule que la France eût à suivre.

Peut-être que la personne principale dont je vous parle ne voudrait pas conseiller une nouvelle démarche à Madame la Margrave; peut-être cet homme sage craindrait que ceux qui ne sont pas de son avis dans le conseil l'accusassent d'avoir engagé cette négociation pour faire prévaloir l'autorité de ses avis et de sa sagesse; peut-être verrait-il à cette entremise des obstacles qu'il est à portée d'apercevoir mieux que personne; mais s'il voit les obstacles, il voit aussi les ressources. Je conçois qu'il ne voudra point se compromettre; mais si, dans vos conversations, vous lui expliquez mes idées mal digérées, s'il les modifie, si vous entrevoyez qu'il ne trouvera pas mauvais que j'insiste auprès de Madame la Margrave, et même auprès du roi son frère, pour les engager à se remettre en tout à la discrétion du roi, alors je pourrais écrire avec plus de force que je n'ai fait jusqu'à présent[1].

Dans un billet séparé, Voltaire avoue à son correspondant qu'il a bonne envie de jeter au feu toutes ces folies. En somme, quand elles n'auraient d'autre résultat que de faire rire « la personne en question », le mal ne serait pas grand; mais il fallait lui retourner ce songe qu'en dernier ressort il ne croyait bon qu'à les amuser un moment. Au fond, il aurait été désespéré qu'on le prît au mot, car ce qu'il proposait lui semblait de nature à donner à réfléchir. Et il ne se trompait

1. Voltaire, *Lettres inédites* (Paris, Didier, 1857), t. I, p. 501, 502. Lettre de Voltaire à Tronchin; Lausanne, 20 octobre 1757.

point; peu de jours après (24 octobre), Tronchin lui apprenait que ses ouvertures avaient été des mieux accueillies : il joignait, du reste, à sa lettre une note dictée par le cardinal, qui prouve que le vieux renard donnait à plein collier dans les projets que l'on soumettait à son expérience consommée.

> Le plan est admirable; je l'adopte en entier, à l'exception de l'usage qu'il voudrait faire de moi en me mettant à la tête de la négociation. Je n'ai besoin ni d'honneurs ni de biens, et, comme lui, je ne songe qu'à vivre en évêque philosophe. Je me chargerai très-volontiers de la lettre de madame la margrave, et je pense qu'elle ferait très-bien, dans la lettre qu'elle m'écrira, d'y mettre les sages réflexions que M. de V. emploie dans la sienne, concernant l'agrandissement de la maison d'Autriche. Elle ferait bien de me dire quelque chose de flatteur pour l'abbé de Bernis, qui a les affaires étrangères et le plus grand crédit à la cour.
> Apparemment que si ce projet s'exécute, le paquet de madame la margrave me parviendra par M. de Voltaire[1].

Ce billet est des plus curieux et suffit à nous édifier sur la sincérité de « l'évêque philosophe. » Mais les conjonctures présentes, que l'on n'avait pu prévoir au voyage de Lyon, devaient faire regretter l'étrange accueil dont l'auteur de la *Henriade* avait été si légitimement blessé, et inspirer l'idée de se débarrasser du plus gros des torts, en expliquant ce qui avait nécessité une attitude si peu hospitalière à l'égard surtout d'un ancien ami de la famille. C'est à quoi Tronchin s'évertue, à la prière, sans nul doute, de la tortueuse éminence.

1. Voltaire, *Lettres inédites* (Paris, Didier, 1857), t. I, p. 506. Note en réponse, dictée par M. le C. de T... à Tronchin.

Si vous usez de comparaison avec la réception faite il y a trois ans, vous devez le trouver extraordinaire ; mais je vous prie d'observer la circonstance de ses places et les avis qu'il avait alors de la cour. Je puis bien vous assurer de la répugnance qu'il avait et de son penchant à être agréable à tous. Dans cet intervalle de temps, la façon de penser a bien changé ; on arrive au vrai par la communication des idées, et s'il avait le plaisir de vous voir à présent, vous en seriez aussi édifié que vous l'avez été peu. Il y a quelque temps que je lui entendis faire publiquement votre éloge, et il y avait des gens de même étoffe que lui.

C'était beaucoup que l'on daignât s'excuser, et Voltaire parut se contenter de compliments qui devaient mettre fin à tous malentendus. Il répondait dès le 27 à Tronchin :

 Je suis très-flatté, mon cher monsieur, que mes rêves n'aient pas déplu à un homme qui a autant de solidité dans l'esprit que la personne respectable à qui vous les avez communiqués. Ce qui me fait croire encore que les songes peuvent devenir des réalités, c'est que j'ai lieu de penser qu'on travaille déjà à ce que j'ai proposé. Il est question, à ce que je présume, d'une négociation entre le roi de Prusse et M. le maréchal de Richelieu, et elle pourrait bien finir par quelque chose de semblable à celle de M. le duc de Cumberland ; c'est de quoi vous pourrez parler à Son Éminence qui peut-être en est déjà instruite [1].

Cette dernière phrase était-elle placée là pour stimuler le zèle du cardinal ? Après tout, M. de Richelieu pouvait se trouver, d'ici peu, en situation de signer une capitulation, ce qui était autre chose que de con-

1. Voltaire, *Lettres inédites* (Paris, Didier, 1857), t. I, p. 510, 511. Lettre de Voltaire à Tronchin de Lyon ; Lausanne, 27 octobre 1757.

clure et de signer une paix qui demanderait naturellement à être débattue entre les alliés, et serait la mission de plénipotentiaires, en tête desquels, pour la France, l'archevêque de Lyon avait sa place marquée d'avance. Mais il fallait se hâter, car les événements se pressaient et n'attendraient pas la convenance boiteuse de la diplomatie. Du reste, les retours de fortune ne semblaient guère à redouter. « Les gens dont je vous parlais dans mes dernières lettres me paraissent toujours dans le plus grand désespoir, et se vantent de résolutions extrêmes; mais, pour se consoler, vous voyez qu'ils prennent tout l'argent qu'ils peuvent [1]. Les héros ressemblent toujours par un coin aux voleurs de nuit : ils vont droit au coffre-fort [2]. »

Ce qui n'est pas moins curieux, c'est que Voltaire, dont l'ambition se serait bornée à travailler en sous-œuvre à une paix qui était presque aussi urgente pour nous que pour la Prusse aux abois, quitte à demander pour toute rémunération de rentrer dans le droit commun, ne supposait pas que ses amis, dans leur ambition pour lui, allassent jusqu'à le proposer au ministre pour négocier la paix. Les circonstances paraissaient des plus propices, et c'est sans doute ce qui avait porté d'Argental à une démarche qui, si elle eût abouti, coupait l'herbe sous le pied de son oncle propre, le cardinal de Tencin. Notre ministre des Affaires Étrangères, depuis le 2 janvier, était, en effet, cet abbé de Bernis dont nous avons raconté les débuts, qui, noble

1. Les Prussiens avaient mis à contribution Leipzig.
2. Voltaire, *Lettres inédites* (Paris, Didier, 1857), t. I, p. 511. Lettre de Voltaire à Tronchin de Lyon ; Délices, 5 novembre 1757.

comme les Montmorenci, mais pauvre comme Job, à force de gentillesse, de souplesse, d'esprit et de vers pomponnés, s'était glissé près de la favorite, avec laquelle il ne tardait pas à être au mieux. Il avait commencé par être un courtisan de Voltaire, par être le commensal de d'Argental, dont il fut plus d'une fois fort heureux de partager le dîner; et ce dernier crut que, dans la prospérité et au faîte des honneurs, il se souviendrait de cette autre époque de sa vie. Madame de Pompadour avait d'ailleurs toujours fait profession d'être des amis du poëte, et, aussitôt que le ministre et la favorite seraient d'accord à son sujet, l'on ne voyait point de quel côté l'obstacle pouvait venir. Mais les insinuations de l'ange ne furent pas accueillies comme il s'y attendait. L'on objectait la fugue à Berlin, qui avait été mal prise à la cour, cette intimité persistante avec l'ennemi de la France, enfin des correspondances au moins choquantes en un pareil moment.

Ces correspondances, dont on vous a parlé, mon cher ange, répliquait Voltaire, sont précisément ce qui devrait engager à faire ce que vous avez eu la bonté de proposer, et ce que je n'ai pas demandé. Je trouve la raison qu'on vous a donnée aussi étrange que je trouve vos marques d'amitié naturelles dans un cœur comme le vôtre.
Si madame de Pompadour avait encore la lettre que je lui écrivis, quand le roi de Prusse m'*enquinauda* à Berlin, elle y verrait que je lui disais qu'il viendrait un temps où l'on ne serait pas fâché d'avoir des Français dans cette cour. On pourrait encore se souvenir que j'y fus envoyé en 1743, et que je rendis un assez grand service; mais M. Amelot, par qui l'affaire avait passé, ayant été renvoyé immédiatement après[1], je n'eus aucune récompense. Enfin, je vois beaucoup

1. Ceci n'est pas tout à fait exact, comme nous l'avons déjà indi-

de raisons d'être bien traité, et aucune d'être exilé de ma patrie; cela n'est fait que pour des coupables, et je ne le suis en rien¹.

Il fallait expliquer ses intentions et sa conduite, sur lesquelles, pourtant, il n'y avait guère d'équivoque possible; il se décide, en conséquence, à écrire au ministre une lettre, qui ne nous est pas parvenue et où il ne devait pas épargner les caresses, sans faire trop allusion, c'est à croire, au passé, car il n'est pas habile de rappeler aux favoris leur origine. Du reste, quoi qu'en dise Marmontel, Bernis était demeuré l'abbé bon enfant de ses débuts, et il avait, en tout cas, trop de tact et de bon sens pour prendre des airs de protecteur avec l'auteur de *Mérope*.

Ne pourriez-vous point, écrivait ce dernier à d'Argental, mon cher ange, faire tenir à M. L. de B. la lettre que je vous écris? Vous me feriez grand plaisir. Serait-il possible qu'on eût imaginé que je m'intéresse au roi de Prusse? J'en suis pardieu bien loin. Il n'y a mortel au monde qui fasse plus de vœux pour le succès des mesures présentes. J'ai goûté la vengeance de consoler un roi qui m'avait maltraité; il n'a tenu qu'à M. de Soubise que je le consolasse davantage².

Pour comprendre cette lettre, il faut se reporter aux dates : il y avait alors presque un mois que nous avions essuyé la complète et ignominieuse défaite de Rosbach (5 novembre). Voltaire, comme on le voit, fait

qué dans la seconde série de nos travaux, *Voltaire à Cirey*, p. 418.

1. Voltaire, *OEuvres complètes* (Beuchot), t. LVII, p. 372, 373. Lettre de Voltaire à d'Argental; aux Délices, 19 novembre 1757.

2. *Ibid.*, t. LVII, p. 387, 388. Lettre de Voltaire à d'Argental; 2 décembre 1757.

bon marché de son auguste ami. Mais cet ami, dont madame Denis et lui étaient à attendre une réparation, était triomphant, et l'on pouvait bien, dès lors, se ressouvenir que l'on était Français. C'était déjà beaucoup de s'être compromis et d'avoir à combattre les préventions qui servaient d'ailleurs à merveille ceux qui ne voulaient à aucun prix son retour.

Madame de Pompadour, qui avait le roi de Prusse en horreur, pour les raisons que nous savons, avait des raisons tout aussi fortes d'épouser la cause d'une impératrice, qui, ne voyant que l'intérêt de son royaume et de sa vengeance, n'avait pas marchandé les flatteries à la fille de madame Poisson et ne laissait point de raviver les bonnes dispositions de la favorite par un mot poli, lorsque l'occasion s'en offrait. « L'impératrice, écrivait M. de Stainville au roi, après m'avoir parlé encore de V. M. avec le plus vif intérêt, m'a demandé des nouvelles des personnes que vous honorez, Sire, de votre confiance, et m'a témoigné pour madame de Pompadour notamment beaucoup d'amitié et d'estime...[1]. » Ces petits manéges, plus adroits que

---

[1]. Bibliothèque nationale. Manuscrits F. F., 7136. *Correspondance de M. l'abbé de Bernis et de M. de Choiseul*, 1757-1758, t. III, p. 3. Pièces justificatives. Lettre de Choiseul au roi jointe à la dépêche de l'ambassadeur, du 25 août 1757. L'on a parlé d'un billet fameux de la main de l'impératrice remis à madame de Pompadour par son ambassadeur, où celle-ci était traitée de cousine par la souveraine de tant d'États. Ce billet est encore à trouver, et il est fort à croire qu'il ne se retrouvera point. Si l'on veut assister aux premières démarches des ministres de Marie-Thérèse auprès de la marquise, nous ne pouvons mieux faire que de renvoyer au très-curieux ouvrage de M. d'Arneth, *Maria-Theresia* (Vienne, 1870), t. IV, p. 550, 552, 556. Voir les lettres de Kaunitz à madame de Pompadour; août 1755;

dignes de la part d'une princesse de mœurs austères, avaient transpiré dans le public; la malignité n'allait pas manquer de s'évertuer sur l'inconvenance choquante de ces avances, et l'on fit des éventails où était figuré un courrier portant une bouteille d'eau de la reine de Hongrie, que dépêchait l'impératrice à madame de Pompadour[1]. Il n'en avait pas fallu plus que ces cajoleries et cette haine de femme contre le roi de Prusse pour décider une alliance qui, d'un trait de plume, faisait table rase de nos traditions. Madame de Pompadour était fière de son œuvre; elle voulut même en consacrer le souvenir dans un médaillon d'agathe-onyx monté en bracelet, dont Boucher avait fourni le dessin et qu'elle fit graver par Guay : c'était la France et l'Autriche se donnant cordialement la main[2].

Bernis, qui avait aussi ses griefs[3], n'était pas sans pressentir les conséquences de ce monstrueux démenti

du même au comte de Starhemberg, janvier 1756 ; de Starhemberg à Kaunitz, du 13 mai; et enfin de ce dernier à la marquise, du 9 juin, où le chancelier dit : « Je ne dois pas même vous laisser ignorer que Leurs Majestés Impériales vous rendent toute la justice qui vous est due, et ont pour vous tous les sentiments que vous pouvez désirer. »

1. Voltaire, *OEuvres complètes* (Beuchot), t. LVII, p. 587. Lettre de Voltaire à l'abbé de Bernis ; Soleure, 19 août 1758.

2. *Correspondance du cardinal de Bernis avec Paris-Duverney*, de 1752 à 1769 (Londres, 1790), t. I, p. 29. — Chabouillet, *Catalogue général des camées et pierres gravées de la Bibliothèque nationale*, p. 69, n° 369.

3. « Qui eût cru, quand le roi de Prusse fesait autrefois des vers contre lui, que ce serait lui qu'il aurait un jour le plus à craindre. » Voltaire, *OEuvres complètes* (Beuchot), t. LVII, p. 329. Lettre de Voltaire à d'Argental ; aux Délices, 12 septembre 1757: On sait le vers célèbre de Frédéric, dans son *Epître au comte de Gotter* :

Et je laisse à Bernis sa stérile abondance.

au passé, et eût bien voulu n'avoir pas à tremper dans ces étranges arrangements : il n'en devait pas moins céder aux prières, aux instances impérieuses d'une amie, s'associer à cette triste politique, en assumer la terrible responsabilité; et tout cela faisait que Voltaire, en plaidant les circonstances atténuantes au profit du grand coupable de Berlin, ne pouvait que contrarier et déplaire. Quelque fin qu'il fût, l'auteur de la *Henriade* ne s'imagina point qu'une rancune de femme pût l'emporter dans la balance sur les vrais intérêts du pays; disons, pour son excuse, qu'un politique de métier, et qui avait passé sa vie à ruser et à tromper, ne fut pas plus perspicace. Cet optimisme, il est vrai, ne fut que de peu de durée, et la police particulière de Voltaire le rendait plus que perplexe sur le résultat de leurs tentatives. Rosbach, tout en atterrant, n'avait en rien modifié les dispositions du roi, qui croyait sa fierté, son honneur engagés à resserrer encore une alliance si onéreuse pour nous. « Je serai bien stupéfait, écrivait le poëte à Tronchin, si on veut écouter à Versailles les propositions du roi de Prusse; ce qu'on y craint le plus, après le feu roulant, c'est de donner le plus léger ombrage à l'impératrice[1]. » Et, le lendemain même : « Je sais historiquement que Versailles est tout à la maison d'Autriche, et qu'il est bien délicat d'entamer quelque négociation qui donnerait de l'ombrage à ceux qui ont l'intérêt le plus puissant de seconder aveuglément la cour de Vienne. »

En effet, Stainville était assailli, relancé par le mi-

[1]. Voltaire, *Lettres inédites* (Paris, Didier, 1857), t. I, p. 517. Lettre de Voltaire à Tronchin ; Délices, 7 décembre 1757.

nistre de l'impératrice qui manifestait peut-être plus d'appréhensions encore qu'il n'en ressentait, pour tenir son monde en haleine. « M. de Kaunitz, mandait-il à l'abbé de Bernis, m'a marqué une inquiétude assez vive sur les sentimens de M. de Folard, et surtout sur ses négociations avec la margrave de Bareuth. Ce ministre m'a prié, monsieur, de vous faire passer les sujets de méfiance qu'il pouvoit avoir sur cet article, et je ne dois pas vous laisser ignorer que les démarches de M. de Folard, que je crois très-innocentes, sont vues icy par les différens ministres dans un jour très-défavorable; cela est au point que peut-être vous jugeriez à propos, si vous en étiez témoin, de faire absenter de l'Allemagne M. de Folard pendant quelque tems[1]. » Il est vrai que les démarches succédaient aux démarches, et que le roi de Prusse mettait tout en œuvre pour ébranler une amitié qui aurait été moins solide, s'il avait inspiré plus de confiance et d'estime. Le prince Henri, de son côté, intriguait avec le comte de Mailli[2], tandis que le bailli d'Alberstad essayait d'entrer en pourparlers avec le maréchal de Richelieu, qui ne croyait pas, et pour cause, devoir s'y prêter. « Il en est de même d'une lettre que la margrave de Bareuth a écrite au cardinal de Tencin avec qui elle avoit fait connoissance à son passage à Lyon. M. de Voltaire a été sur-le-champ mis au fait de cette aventure, et

---

1. Bibliothèque nationale. Manuscrits F. F., 7134. *Correspondance de M. l'abbé de Bernis et de M. de Choiseul*, 1757-1758, t. I, p. 246. Lettre de Choiseul à l'abbé de Bernis; à Vienne, le 4 décembre 1757.

2. *Ibid.*, 7134, t. I, p. 27, 29, 30. Lettres du prince Henri de Prusse à M. le comte de Mailli, des 26 et 31 décembre 1757.

comme le roy m'a chargé de répondre au cardinal, je joins icy la copie de la lettre que je lui ai écrite. Vous ne devez pas hésiter à la communiquer à M. le comte de Kaunitz[1]. »

C'est la seule et unique fois qu'il est et sera question de Voltaire dans cette correspondance diplomatique. La cour impériale, si alerte à prendre ombrage, qui exige presque le rappel immédiat du chevalier de Folard, ne semble pas supposer que le poëte la desserve aussi essentiellement. Nous l'avons vu des mieux avec Marie-Thérèse ; s'il fallait en croire les apparences, il n'avait rien perdu dans les bonnes grâces de la princesse. « On a joué l'*Orphelin de la Chine* à Vienne, mandait-il à d'Argental le 17 décembre ; l'impératrice l'a redemandé pour le lendemain... » Ce n'est point qu'il n'arrivât, de temps à autre, que les lettres de Voltaire au roi et du roi à Voltaire ne tombassent aux mains des hussards du prince Hildburghausen ; mais celui-ci, qui savait le peu de sûreté des routes, agissait en conséquence. « Je n'écris, disait-il au banquier de Lyon, rien que les cours de Vienne et de Versailles ne puissent lire avec édification[2]. » Le cardinal s'était décidé à tenter l'aventure et à faire passer au roi son maître l'épître de la margrave, avec commentaires de sa façon. A en croire les éloges de Voltaire, auquel il avait envoyé la copie de sa propre lettre, on ne pouvait écrire

---

1. Bibliothèque nationale. Manuscrits F. F., 7134. *Correspondance de M. l'abbé de Bernis et de M. de Choiseul*, 1757-1758, t. 1, p. 58. Lettre de l'abbé de Bernis à M. de Choiseul ; Versailles, le 30 janvier 1758.

2. Voltaire, *Lettres inédites* (Paris, Didier, 1857), t. I, p. 525. Lettre de Voltaire à Tronchin ; Lausanne, 13 janvier 1758.

avec plus de dignité, de sagesse, ni dans une meilleure intention[1]. Mais il ne s'agissait pas d'avoir pour soi la raison, l'expérience et la prévoyance; et l'Éminence allait échouer devant les petites passions du sérail, plus encore que devant la pression de l'Autriche. L'auteur de *Mérope* et Condorcet, son historien, ont raconté à leur manière cette négociation avortée qui, si elle eût abouti, nous sauvait de plus d'un désastre. C'est le cas de citer ici la réponse de l'abbé de Bernis au cardinal, dure pour le roi de Prusse, mais méritée, mais motivée par la conduite de ce prince avec un allié que sa mauvaise foi avait transformé en ennemi.

Le roi me charge de répondre à l'article de votre lettre où il est question de celle que la margrave de Baireuth a écrite à V. Ém., et dont vous m'avez fait l'honneur de m'envoyer copie. Madame la margrave est sœur du roi de Prusse : il est simple qu'elle excuse le roi son frère, et qu'elle ne voie dans sa conduite que la nécessité d'une légitime défense, employée contre l'ambition, le despotisme et la tyrannie prétendue de la cour de Vienne.

Il ne seroit donc pas honnête d'argumenter contre une princesse respectable et aimable, qui défend un frère, et qui, en admirant avec raison les ressources du génie et du courage de ce prince, n'est pas faite pour désapprouver publiquement ni ses principes ni sa conduite.

Ce n'est pas à moi à demander à madame la margrave de Baireuth pourquoi le roi de Prusse a négocié et traité avec l'Angleterre, sans la participation du roi, au moment même que la cour de Londres déclaroit la guerre la plus injuste et la plus odieuse à la France. Pourquoi, sous les yeux du duc de Nivernois, il a ratifié un traité si extraordinaire, sans qu'aucune considération ait pu l'en détourner; pourquoi il

---

1. Voltaire, *Lettres inédites* (Paris, Didier, 1857), t. I, p. 529. Lettre de Voltaire à Tronchin; Lausanne, 12 février 1758.

a eu assez mauvaise opinion de nous pour croire qu'après cette infidélité et ce manque d'égards, nous serions encore trop heureux de renouveler avec lui notre alliance... pourquoi, au lieu de demander à accéder au traité de Versailles, a-t-il mieux aimé allumer la guerre, s'emparer de la Saxe par le seul droit de convenance, et assaillir les États héréditaires d'une cour alliée du Roi, que S. M. avait déclaré nettement vouloir défendre avec toutes ses forces... (29 janvier 1758.)

Bernis développait nos griefs dans une argumentation serrée et très-catégorique, à laquelle il n'y avait que peu à répliquer. Il signalait, notamment, un manque d'égards inouï entre souverains, même belligérants, et ne cherchait pas à dissimuler l'impression produite par un procédé si étrange. Il s'agit de l'attentat de Damiens, qui frappa un instant de stupeur toute la France et valut à Louis XV un retour de popularité et d'amour dont il se montrait alors si peu digne. « Je ne ferai point mention ici, ajoutait l'abbé de Bernis, du silence que S. M. prussienne a affecté de garder vis-à-vis du roi, après l'horrible attentat du 5 janvier, tandis que les propres ennemis de S. M., tous les princes et tous les peuples du monde se sont empressés à lui marquer leur douleur et leur indignation. Il faut croire que le roi de Prusse a donné des ordres qui n'ont pas été exécutés... » Le ministre laissait, du reste, au cardinal le soin de répondre à la margrave comme le lui inspireraient et sa sagesse et sa haute expérience des affaires, se bornant à lui recommander une réserve plus que nécessaire avec de tels ennemis[1]. Condorcet

---

1. Stainville écrivait à l'abbé de Bernis, à la date du 6 février : « ... La conduite de madame la margrave de Baireuth dans l'Empire

est donc bien mal informé, quand il avance que Tencin reçut pour toute réponse l'ordre du ministre des Affaires Étrangères de refuser la négociation par une lettre dont on lui avait même envoyé le modèle[1]. L'archevêque de Lyon répondit à la princesse et dépêcha ensuite la copie de sa lettre au ministre, qui l'approuva grandement, à la réserve de quelques expressions sur la fin, de nature à laisser croire que nous ne serions pas fâchés d'entrer en pourparlers[2]. Bernis grossissait sa voix; il affichait un entêtement belliqueux qu'il n'avait plus depuis longtemps. Il n'eût pas demandé mieux, en réalité, de donner satisfaction au vieux cardinal, car il ne voyait de possible qu'une paix quelconque, qui eût mis un terme à la détresse de la France; et dans cette dépêche si cassante, il cédait moins à ses propres sentiments qu'à une politique qui n'était plus la sienne. A ses yeux, la continuation de la guerre, c'était la perte et la ruine du pays. Qu'était-on en droit d'attendre de l'avenir? « Ce sont les mêmes hommes qui mènent les affaires ; le roi de Prusse sera toujours le même, et les ministres et les généraux qui lui seront opposés lui seront tou-

---

a occasionné tous les soupçons d'humeur que les ministres impériaux m'avoient marqués : ils sont totalement dissipés. »

1. Voltaire, *OEuvres complètes* (Beuchot), t. I, p. 227. *Vie de Voltaire*, par Condorcet.

2. Filon, *l'Ambassade de Choiseul à Vienne* (Paris, 1872), p. 123. Lettre de l'abbé comte de Bernis au cardinal de Tencin ; Versailles, 11 février 1758. Le manuscrit de la Bibliothèque nationale offre quelques lacunes. Cette lettre, entre autres, n'y figure point. Nous aurons donc à renvoyer encore, en une ou deux rencontres, aux pièces justificatives que M. Filon a jointes à son intéressante étude sur cette phase peu glorieuse de notre histoire.

jours inférieurs [1]. » Notre unique salut était donc dans une paix que chaque retard pouvait rendre plus désastreuse. Mais c'était à quoi Marie-Thérèse et ses ministres ne voulaient pas entendre; et l'idée seule d'ouvertures de ce genre les mettait hors des gonds. L'abbé, qui ne voyait pas deux solutions, n'hésitait pas à formuler très-catégoriquement son avis à cet égard à notre ambassadeur, pour qu'il le fît valoir, en temps opportun, auprès du chancelier de la reine de Hongrie.

« Vous verrez par la copie que je vous envoie des lettres du prince Henry de Prusse, et sur laquelle je ne vous recommande aucun mystère vis-à-vis de M. de Kaunitz, que le roi son frère ne seroit pas fâché de sortir d'embarras en faisant une paix honorable. On doit attendre de sa part plus de sacrifices dans ce moment qu'à la fin de la campagne prochaine, parce que, s'il est vainqueur, il deviendra le maître des conditions de la paix; au lieu qu'il voit aujourd'hui un avenir incertain. Qui pourra lui résister s'il est aussi heureux la campagne prochaine qu'il l'a été celle-ci? » Notez que ces lignes étaient écrites dix jours avant la première dépêche, si fière d'accent, en réponse aux ouvertures du cardinal de Tencin.

Le cabinet de Vienne, qui songeait plus à recouvrer la Silésie qu'aux intérêts de son allié, poussait donc les hauts cris aux moindres insinuations conciliatrices : on voulait le trahir, l'on rêvait une défection, en dépit de mutuels et solennels engagements

---

1. Filon, *l'Ambassade de Choiseul à Vienne* (Paris, 1872), p. 117. Lettre de Bernis à Choiseul; Versailles, 19 janvier 1758.

de ne mettre bas les armes qu'après l'entier écrasement d'un ennemi sans foi et sans loi! Et M. de Stainville n'avait d'autre occupation que de calmer une irritation en permanence et de démontrer la complète innocence de nos intentions. M. de Kaunitz, l'un des plus grands hommes d'État qu'ait eus l'Autriche, prenait tous les tons et tous les airs, depuis l'indignation jusqu'à la tendresse, et trouvait une auxiliaire très-stylée dans l'impératrice-reine. « Je regarderois comme un crime, écrivait-il à Bernis, d'oser douter de la probité du roy; je n'y ay jamais pensé, et j'ay tout aussi peu imaginé que V. E. pût être capable de sortir d'un caractère qui a fait jusqu'icy l'objet de mon estime. Je ne lui nierai pas cependant que je n'aye eu des soupçons très-forts, mais ils n'ont rien eu d'offensant [1]. » A cet aveu d'une franchise un peu tudesque, notre ministre répondait avec une égale franchise. Il rassurait sur la fermeté, sur la loyauté de notre politique; mais il énumérait nettement ce qu'il supposait être les besoins et les nécessités de la situation. « J'étois d'opinion que, pour ne pas donner le tems au roy de Prusse d'obtenir par des succès le droit d'imposer les conditions de la paix, il faudroit convenir au plus tôt avec luy d'une trêve ou armistice et assembler des Congrès; que la France et la Suède, comme garantes du traité de Westph^e, nullement suspectes ni à votre Cour ni à celle de Saxe, n'ayant point déclaré formellement la guerre au roy de Prusse, pouvoient être choi-

---

1. Bibliothèque nationale. Manuscrits F.F., 7134, t. I. *Correspondance de l'abbé de Bernis et de M. de Choiseul*, 1757-1758. Lettre de M. de Kaunitz à Bernis; le 28 février 1758.

sies pour médiatrices, que rien n'empêcheroit que la paix maritime ne fût ou un accompagnement ou une suite de la paix du continent[1]... » Le roi de Prusse avait fait des propositions; si l'on ne voulait pas signer la paix, l'on pouvait convenir d'une trêve de deux années : qui sait les changements, dans les choses comme dans les idées, que peut apporter un tel laps de temps? « Et ce n'est pas ma faute, ajoute avec une certaine candeur l'abbé de Bernis, si la cour de Vienne l'a refusé[2]. » Mais, en tous cas, il ne perd point de vue son objectif, et le recommande opiniâtrément à notre ambassadeur. « Souvenez-vous, Monsieur, que le roy n'est qu'auxiliaire dans cette guerre, et que s'il convenoit à la cour de Vienne que nous fissions les premiers pas, nous pourrions le faire sans honte et sans indécence. Je ne touche cette corde, qui est délicate, que pour ôter l'embarras où vous pouriés être si l'on vous en fesoit à Vienne la proposition[3]. » Mais c'était là bien de la prévoyance, et l'on n'avait point de telles visées à Vienne.

Durant cela, la margrave, si rudement éconduite et dont les démarches avaient été, en apparence du moins, si stériles, ne se décourageait point : elle avait en France des amis, des serviteurs qu'elle faisait agir et qui la tenaient au courant des événements et de la

---

1. Bibliothèque nationale, manuscrits F. F., 7134, t. I. *Correspondance de l'abbé de Bernis et de M. de Choiseul*, 1757-1758. Lettre de l'abbé de Bernis à M. de Kaunitz; 17 mars 1758.

2. *Ibid.*, 7134, t. I. Lettre de Bernis à M. de Choiseul; le 7 avril 1758.

3. *Ibid.*, 7134, t. I. Lettre de Bernis à Choiseul; à Versailles, le 16 avril 1758.

situation des esprits. Elle adressait à son frère, à la date du 10 mai, les renseignements suivants, dont il n'y a pas à souligner l'importance :

> ... La personne est bien au fait des affaires de cette cour. Elle dit que l'on n'enverra les vingt-quatre mille hommes en Bohême que le plus tard possible, afin de vous donner le temps d'agir et d'obliger l'impératrice d'avoir recours à eux pour la paix, dont ils veulent être les médiateurs. Le Hanovre doit indemniser la Saxe et rendre les terres qui lui sont engagées. La Prusse doit être médiatrice entre la France et l'Angleterre pour l'Amérique. Tel est le projet [1].

Le correspondant de la margrave était effectivement des mieux informés, au moins sur le chapitre de l'envoi de nos troupes en Bohême. Dans une *Réponse aux observations de la cour de Vienne, sur les propositions de l'ambassadeur du roy*, Bernis prévenait, dès le 7 avril, qu'il n'était pas possible qu'elles fussent à destination dans le mois de mai, s'engageant, toutefois, à ce qu'elles se mettraient en marche au plus tard le mois suivant. Quant à cette double médiation de la France et de la Prusse avec leurs cobelligérants, l'on y avait rêvé chez nous; et un ami du Salomon du Nord avait été chargé, sur les notes qui lui avaient été remises, de rédiger un projet. Cet ami, c'était Voltaire. Son travail ne s'est pas retrouvé, et c'est bien dommage, quoique nous en ayons les bases dans une très-curieuse lettre de M. de Chauvelin, notre ambassadeur

---

1. *OEuvres de Frédéric le Grand* (Berlin, Preuss), t. XXVII, p. 314. Lettre de la margrave de Bayreuth au roi de Prusse; Bayreuth, 10 mai 1758.

à Turin, alors à Paris, où il venait de se marier [1]. Comme il s'agissait de négociations détournées, que l'Autriche ne devait pas seule ignorer, le ministre trouva sans doute plus à propos d'en charger un personnage connu du poëte, que ce dernier avait rencontré, ainsi que son frère l'abbé, chez les époux d'Argental, et auquel il donnera, l'année suivante, l'hospitalité aux Délices, lorsque le diplomate regagnera, avec la marquise, son poste à la cour de Sardaigne. Chargé de revêtir de la meilleure forme des propositions délicates, Voltaire, ce qui n'étonnera point, le fera de manière à contenter ceux qui lui ont confié cette difficile besogne. « La lettre est très-bien, lui écrivait M. de Chauvelin ; le fond et le ton en sont à merveille ; je n'y ferai que deux observations. » Ces deux observations étaient relatives à l'exposé de certaines idées « amères », qu'on souhaitait qui fussent adoucies, et à un développement du système de pacification tel que l'entendait le roi de Prusse, et qui demandait à être plus circonstancié. Voici ce qu'on croyait convenable d'ajouter.

Vous ne voulez pas faire la paix sans les Anglais ; vous avez raison, votre honneur y est intéressé. Mais pourquoi ne feriez-vous pas faire la paix aux Anglais en même temps qu'à vous ? N'avez-vous pas acquis assez de droits sur leur estime, assez d'ascendant sur eux, pour qu'ils sacrifient quelques-uns de leurs avantages à l'honneur de vous assurer les vôtres. Alors les Français, en compensation d'un tel bienfait,

---

[1]. Le marquis de Chauvelin épousait, le 5 avril 1758, mademoiselle Agnès-Thérèse Mazade d'Argeville. *Gazette de France.*

ne seront-ils pas excités et autorisés à déterminer leurs alliés à des sacrifices équivalents à ceux que les Anglais auront faits pour eux en votre faveur? Alors ne serez-vous pas l'auteur et le mobile de cette condescendance réciproque qui ramènera tout à un équilibre désirable et utile à tout l'univers? En un mot, si vous déterminez les Anglais à ne pas envahir l'empire des mers, la propriété de toutes les colonies et le commerce universel, doutez-vous que les Français n'engagent vos ennemis à renoncer aux prétentions qui vous seraient nuisibles?

Il me semble que cette tirade maniée par le génie de M. de Voltaire, embellie des grâces nerveuses de son style, et ajoutée aux notions qu'il a déjà prises du roi de Prusse, et des objets les plus propres à l'émouvoir, peut mettre dans tout son jour l'idée d'un plan qu'il serait très-heureux que ce prince saisît, adoptât, et conduisît à sa maturité[1].

Les circonstances devaient venir en aide au ministre dans son peu de désir d'envoyer des forces en Bohême; mais elles confirmaient en même temps les soupçons de l'Autriche. Nous n'avions pas d'argent, et ce petit voyage de nos troupes ne coûterait pas moins de deux millions. Et puis, en Bohême, ce serait, comme le disait Bernis, « une armée à l'auberge, » et il fallait qu'elle vécût à même le pays occupé. Ce n'était pas tout. Nos frontières pouvaient être attaquées par terre

---

1. Voltaire, Œuvres complètes (Beuchot), t. I, p. 416, 417. Observations de M. de Chauvelin sur une lettre de M. de Voltaire au roi de Prusse écrite par ordre du ministre, 1759. Les éditeurs de Kehl, qui les premiers ont reproduit ce document, nous semblent s'être mépris sur l'époque où il fut écrit. Nous savons bien ce qui a pu déterminer leur opinion; et la lettre de Frédéric du 22 septembre 1759 nous paraîtrait concluante à nous aussi, sans cette lettre de madame de Bayreuth qui a dû l'emporter dans notre esprit. Évidemment, la margrave laisse pressentir à son frère les propositions conciliatrices dont M. de Chauvelin a confié la rédaction à Voltaire.

ou par mer, et notre premier devoir était de ne point les laisser sans défense. Que dire à cela ? « Malgré la force de ces raisons, nous prévoyons d'avance la mauvaise humeur de l'impératrice et du comte de Kaunitz. On croira que ce changement de disposition est une suite d'un système arrêté depuis longtems de ne point envoyer d'armée en Bohême, malgré les promesses tant de fois réitérées à cet égard. Cette opinion sera fausse et injuste, on ne pouvoit pas prévoir le passage du Rhin, ni l'ascendant que l'armée hanovrienne prendroit sur la nôtre ; on devoit encore moins imaginer que la terreur répandue dans le public resserreroit autant la circulation de l'argent[1]. » Mais ces projets, que devinrent-ils ? Quelque douces que fussent ces propositions, le roi de Prusse les trouva-t-il encore trop dures ? Restituer, même pour un peu, ne pouvait lui sourire, et c'est là « l'idée amère » à laquelle fait allusion M. de Chauvelin. Tout cela demeura donc à l'état de plan vague. D'ailleurs, la fortune qui ne cessait de nous poursuivre allait suspendre pour un temps les négociations ; et la bataille de Crefeld perdue par le piteux comte de Clermont, la veille même du jour où Bernis écrivait cette dernière lettre (23 juin 1758), était le coup suprême porté à notre influence extérieure comme à notre honneur militaire.

Voltaire nous dit, dans ses *Mémoires*, que Tencin ne put se consoler de son échec, et qu'il en mourut

---

[1]. Bibliothèque nationale. Manuscrits F. F., 7135, t. II, p. 25. *Correspondance de l'abbé de Bernis et de M. de Choiseul*, 1757-1758. Lettre de l'abbé de Bernis à Choiseul ; à Versailles, le 24 juin 1758.

de chagrin au bout de quelques jours[1]. Il s'attribue, après coup, un rôle qu'il ne joua point, un machiavélisme dont nous le croyons fort innocent. « C'était par moi que passaient les lettres de cette princesse (la margrave de Bayreuth) et du cardinal : j'avais en secret la satisfaction d'être l'entremetteur de cette grande affaire, et peut-être encore un autre plaisir, celui de sentir que mon cardinal se préparait un grand dégoût... Mon dessein avait été de me moquer de lui, de le mortifier et non pas de le faire mourir[2]. » Le dessein de Voltaire n'avait pu être que de mener à bien la négociation, la conséquence probable du succès étant son propre retour dans sa patrie. Mais, si cet échec le contraria et l'affligea, il ne fit pas la sottise d'en mourir, et il en prit même, selon son habitude, fort lestement son parti.

Bien qu'il affichât une réserve extrême, l'ermite des Délices comptait un peu sur l'affection et les bons offices de *Babet*. Il l'avait félicité tout d'abord, il lui avait communiqué « quelques rogatons qui auront pu au moins l'amuser; » il avait pris la liberté de lui écrire « avec sa naïveté ordinaire, sans aucune vue quelle qu'elle puisse être. » Il n'avait pas, en somme, poussé l'abnégation jusqu'à renoncer à un billet de simple politesse, et il priait d'Argental d'insinuer combien il serait consolé par deux lignes de la main de l'abbé. Mais, malgré les coquetteries, on se tait, absorbé sans doute

---

1. Le cardinal de Tencin expirait le 2 mars 1758, à l'âge de 78 ans.
2. Voltaire, *OEuvres complètes* (Beuchot), t. XL, p. 110. Mémoires pour servir à l'histoire de la vie de Voltaire, écrits par lui-même.

par le souci des affaires. Voltaire s'en inquiète, il se pique : il a regret aux avances commandées par son ange gardien. « Vous sentez combien son silence est désagréable pour moi, après la démarche que vous m'avez conseillée, et après la manière dont je lui ai écrit. Ne pourriez-vous point le voir ? Ne pourriez-vous point, mon cher ange, lui dire à quel point je dois être sensible à un tel oubli?... Enfin à quoi se borne ma demande? à rien autre chose qu'une simple politesse, à un mot d'honnêteté qu'on me doit d'autant plus que c'est vous qui m'avez encouragé à écrire. Ne point répondre à une lettre dont on a pu tirer des lumières, c'est un outrage qu'on ne doit point faire à un homme avec qui on a vécu, et qu'on n'a connu que par vous.[1] » — « Dont on a pu tirer des lumières, » le mot est à souligner : il est une révélation de plus de cette ténacité que ne rebutent ni les obstacles, ni le peu de gratitude de ceux que l'on voudrait si bien contenter.

L'auteur de *Mérope* est blessé, il est ulcéré. Son imagination va au pis, et l'amertume était au comble, quand arriva un billet charmant, presque un poulet tant il était caressant, de ce ministre pomponné, dont l'élévation caractérise si éloquemment son époque. Pour le coup l'on ne se sent plus de joie. « Mon cher et respectable ami, je reçois une lettre de *Babet*, qui a troqué son panier de fleurs contre le portefeuille de ministre. J'en suis enchanté. M. Amelot, ni même M. de Saint-Contest, n'écrivaient pas de ce style. Je vous

---

1. Voltaire, *OEuvres complètes* (Beuchot), t. LVI, p. 391, 392. Lettre de Voltaire à d'Argental ; 3 décembre 1757.

remercie de m'avoir procuré un bouquet de fleurs de la grosse *Babet*. » Mais ce n'était qu'un bouquet. « Rengainez mes inquiétudes, ajoutait-il ; mais si, dans l'occasion, on vous parlait encore de mes correspondances, assurez bien que ma première correspondance est celle de mon cœur avec la France. J'ai goûté la vengeance de consoler le roi de Prusse, et cela me suffit. Il est battant d'un côté et battu de l'autre ; à moins d'un nouveau miracle, il sera perdu. Il valait mieux être philosophe, comme il se vantait de l'être[1]. » N'est pas philosophe qui veut ; et s'il fût descendu au fond de sa conscience, le solitaire des Délices aurait été forcé de convenir qu'il ne l'était guère plus que le Salomon du Nord ; mais c'est ce dont il se gardera bien.

Un peu auparavant, madame de Pompadour, à laquelle il avait adressé une lettre qui ne nous est pas parvenue, lui avait également répondu par un billet plein d'amitié. Au demeurant, ses affaires n'en étaient guère plus avancées, et, malgré les services qu'il croyait avoir rendus, il était aussi éloigné de Versailles que jamais. «...J'ai reçu trois lettres de lui (de Bernis), dans lesquelles il me marque *toujours* la même amitié. Madame de Pompadour a *toujours* la même bonté pour moi. Il est vrai qu'il y a *toujours* quelques bigots qui me voient de travers, et que le roi a *toujours* sur le cœur ma chambellanie[2]. » Il s'agit de son titre de

---

1. Voltaire, *Œuvres complètes* (Beuchot), t. LVII, p. 400, 401. Lettre de Voltaire à d'Argental ; aux Délices, 10 décembre 1757.
2. *Ibid.*, t. LVII, p. 494, 495. Lettre du même au même ; Lausanne, 25 février 1758.

chambellan auprès de Sa Majesté prussienne. « Cette malheureuse clef de chambellan, dit-il ailleurs, était indispensablement nécessaire à la cour. On ne pouvait entrer aux spectacles sans être bourré par les soldats, à moins qu'on n'eût quelque pauvre marque qui mît à l'abri. Demandez à Darget comme il fut un jour repoussé et houspillé. Il avait beau crier : *je suis secrétaire!* on le bourrait toujours [1]. » Voltaire se butait, non contre un ressentiment dont le temps vient à bout, mais contre un éloignement, une antipathie que la favorite elle-même ne saurait vaincre. Mais voilà ce qui était trop pénible à s'avouer, pour que l'on ne s'obstinât point à attribuer à des malentendus passagers des rigueurs qu'on ne pensait pas avoir méritées.

1. Voltaire, *OEuvres complètes* (Beuchot), t. LVII, p 371. Lettre de Voltaire à d'Argental ; 31 décembre 1757.

VII

SÉJOUR AUPRÈS DE L'ÉLECTEUR PALATIN. — VOLTAIRE
A LAUSANNE. — GIBBON. — HALLER.

Genève avait été de tout temps traversée par les touristes ; mais, depuis quelques années, la célébrité de Tronchin, les belles cures qui étaient à son actif, « l'inoculation de la petite vérole, » comme on disait alors, attiraient une multitude de malades, les uns sérieux, les autres imaginaires, qui comptaient bien ne s'en retourner que guéris. Et toute cette foule, dans les loisirs que laissait le traitement, se pressait vers les Délices et forçait la porte du poëte, dont on prenait un peu trop le château pour une auberge. Les clients du docteur ne pouvaient, d'ailleurs, être que les bienvenus. Voltaire, on l'a dit, avait pour Tronchin une affection qui tenait du respect et de la terreur d'enfant. Il ne saura comment faire pour lui témoigner la considération qu'il lui inspire ; il ne parlera de lui qu'avec une profonde admiration pour sa science et son incomparable habileté de praticien. « Je voudrais, écrivait-il à d'Argental que préoccupait l'état de sa femme, que vous fussiez tous ici comme madame d'Épinai, madame de Montferrat, et tant d'autres, notre docteur Tronchin fortifie les femmes; il ne les saigne point, il ne les purge guère; il ne fait point de médecine comme un autre. Voyez comme il a traité ma nièce de Fontaine; il l'a tirée de la mort [1]. »

Cette madame de Montferrat, qui était venue faire inoculer son fils, et dont nous n'aurons pas, d'ailleurs, à nous occuper, était, au dire de Voltaire, « un joli salmigondis de dévotion et de coquetterie. » Quant à madame d'Épinai, qui venait ostensiblement « pour demander des nerfs à Tronchin », et dans un autre but encore, c'était un peu différent. Elle entre forcément dans l'histoire des mœurs du dix-huitième siècle, et l'on a fait trop de bruit autour et à cause d'elle pour qu'il ne lui soit pas accordé quelque place ici. Madame d'Épinai a laissé des mémoires fort curieux, plus curieux qu'édifiants, où elle en dit plus qu'on ne lui en aurait demandé, et où elle accommode certains événements à sa plus grande convenance. Au moins est-on quelque peu embarrassé, lorsqu'on les parcourt, les *Confessions* à la main. Ce voyage est une date solennelle : c'est celle de la rupture entre Rousseau et Grimm, l'ami de la dame. Le dernier avait disposé du pauvre Jean-Jacques avec un despotisme auquel on crut devoir ne pas se soumettre. Et, à défaut du citoyen de Genève, la belle philosophe en fut réduite à se faire escorter par son mari, dont le séjour fut bref, et par le précepteur de son fils, un M. Linant, qui n'a rien de commun avec l'auteur d'*Alzaïde*, mort d'ailleurs depuis bien des années (11 décembre 1749).

---

1. Voltaire, *OEuvres complètes* (Beuchot), t. LVII, p. 389. Lettre de Voltaire à d'Argental; 3 décembre 1757.

À peine madame d'Épinai était-elle arrivée, que l'auteur de la *Henriade*, au nom de sa nièce comme au sien, lui adressait les invitations les plus pressantes et les plus aimables. Elle lui dépêcha d'abord son mari, son fils et le précepteur; mais il fallut bien s'exécuter, et elle n'eut pas trop lieu de le regretter. « J'arrive de chez Voltaire, je suis fort contente du grand homme, il m'a accablée de politesses : ce n'est pas sa faute si nous sommes revenus ce soir en ville [1]... » Comment n'aurait-elle pas été contente? C'étaient les égards, les procédés les meilleurs, les prévenances les plus charmantes. Le poëte mettait sa voiture aux ordres de M. et de madame d'Épinai; il appellera celle-ci la *véritable philosophe* des femmes [2]; il s'agenouillera devant ses grands et beaux yeux noirs [3], et ne négligera rien pour plaire et laisser de lui la plus agréable impression. S'il est un peu souffrant et que ses maux exigent l'emmitouflement du malade, il en requerra l'octroi par un petit mot comme il sait les faire [4] : « Je demande aujourd'hui la permission de la robe de chambre à madame d'Épinai; chacun doit être vêtu suivant son état. Madame d'Épinai doit être coiffée par les Grâces, et il me faut un bonnet de nuit [5]. »

1. Madame d'Épinai, *Mémoires* (Charpentier, 1865), t. II, p. 403.
2. Voltaire, *OEuvres complètes* (Beuchot), t. LVII, p. 384. Lettre de Voltaire à madame d'Épinai (sans date).
3. *Ibid.*, t. LVII, p. 381, 389. Billet à madame d'Épinai, sans date.
4. Plusieurs des billets de Voltaire à madame d'Épinai, nous dit Beuchot, sont écrits sur cartes et même sur carton. Madame d'Épinai en usait de même avec lui : « Vos *cartons* sont pour moi, madame, les cartons de Raphaël, quand ils sont ornés d'un mot de votre main... » *Ibid.*, t. LVIII, p. 195.
5. *Ibid.*, t. LVII, p. 407. Du même à la même.

Si la jeune femme n'arrivait point avec de la prévention, au moins n'apportait-elle pas ce que nous appellerons une bienveillance d'hôpital, et n'était-elle pas d'humeur à battre des mains à tout propos. Mais c'est là la pente naturelle aux gens d'esprit pour lesquels l'indulgence et une admiration docile semblent une sottise et une duperie. Elle avait aussi une arrière-pensée qui dénote beaucoup de prudence et d'amour-propre tout ensemble. Voltaire n'avait vu jusqu'à présent que des femmes qui s'étaient jetées à sa tête et qui l'avaient pris au mot sur toutes ses politesses. Il leur avait fait des vers et s'était moqué d'elles; et c'est ce qu'elle ne voulait pas qui lui advînt[1]. L'amie de Grimm glisse, dans une de ses lettres à celui-ci, quelques lignes où perce cette préoccupation :

J'ai encore passé une journée chez Voltaire. J'ai été reçue avec des égards, des respects, des attentions que je suis portée à croire que je mérite, mais auxquels cependant je ne suis guère accoutumée. Il m'a fait demander de vos nouvelles, de celles de Diderot et de tous nos amis. Il s'est mis en quatre pour être aimable; il ne lui est pas difficile d'y réussir. Malgré cela, à vue de pays, j'aimerais mieux vivre habituellement avec M. Diderot qui, par parenthèse, n'est pas vu ici comme il le mérite. Croiriez-vous qu'on ne parle que de D'Alembert, lorsqu'il est question de l'*Encyclopédie?* J'ai dit ce qui en était, et ce que j'ai dû dire. Je n'ai dit que la vérité; mais si j'eusse menti, je serais crue de même : quand je parle, il y a autant d'yeux et de bouches ouvertes que d'oreilles; cela est bien nouveau et me fait rire.

La nièce de Voltaire est à mourir de rire : c'est une petite grosse femme, toute ronde, d'environ cinquante ans, femme

---

1. Madame d'Épinai, *Mémoires* (Charpentier, 1865), t. II, p. 426.

comme on ne l'est point, laide et bonne, menteuse sans le vouloir et sans méchanceté ; n'ayant pas d'esprit et en paraissant avoir; criant, décidant, politiquant, versifiant, raisonnant, déraisonnant; et tout cela sans trop de prétentions, et surtout sans choquer personne; ayant par-dessus tout un petit vernis d'amour masculin qui perce à travers la retenue qu'elle s'est imposée. Elle adore son oncle en tant qu'oncle et en tant qu'homme; Voltaire la chérit, s'en moque et la révère : en un mot, cette maison est le refuge de l'assemblage des contraires, et un spectacle charmant pour les spectateurs[1].

Peut-on faire un portrait plus joli et qui ressemble plus? Cela est tout bonnement exquis; il n'y a rien à ajouter, rien à retrancher, sauf un « en tant qu'homme, » qui vient là pour donner du relief à la période, mais qui ne veut rien dire aussitôt qu'on a Voltaire devant les yeux. Effacez ces trois mots, et vous avez quelque chose d'achevé : madame de Sévigné n'a pas fait mieux dans ses plus beaux endroits. Mais l'amie de Rousseau, de Saint-Lambert, de Grimm et de Diderot n'était pas la première venue; c'était un esprit distingué, qui eut son influence et son action sur la société de son temps. Elle tenait pour les philosophes et les libres penseurs; elle était, avec sa belle-sœur, madame d'Houdetot, l'Égérie de ce noyau d'écrivains considérables dont l'*Encyclopédie* était le champ clos, et qui ne devaient avoir de repos que lorsqu'ils verraient s'écrouler sous leurs coups le vieil édifice vermoulu. Quoi qu'il en soit, il n'était pas facile de se défendre longtemps contre les assauts répétés de cet enchanteur, et il fallut bien

---

1. Madame d'Épinai, *Mémoires* (Charpentier, 1865), t. II, p. 421. Lettre de madame d'Épinai à Grimm.

abaisser pavillon et rendre les armes. Madame d'Épinai alla passer deux ou trois jours aux Délices avec Tronchin. Ce temps s'enfuit avec une vélocité vertigineuse et qui l'irrite presque. Ce fut à peine si elle trouva quelques secondes pour griffonner un mot rapide à son bon ami Grimm.

> On n'a le temps de rien faire avec Voltaire, s'écrie-t-elle avec un plaisant dépit : je n'ai que celui de fermer ma lettre, mon ami. J'ai passé ma journée seule avec lui et sa nièce, et il est, en vérité, las de me faire des contes. Tandis que je lui ai demandé la permission d'écrire quatre lignes, afin que vous ne soyez pas inquiet de ma santé, qui est bonne, il m'a témoigné le désir de rester, pour voir ce que disent mes yeux noirs quand j'écris; il est assis devant moi, il tisonne, il rit, il dit que je me moque de lui et que j'ai l'air de faire sa critique. Je lui réponds que j'écris tout ce qu'il dit, parce que cela vaut bien tout ce que je pense. Je retourne, ce soir, à la ville, où je répondrai à vos lettres. Il n'y a pas moyen de rien faire ici, s'écrie la jeune femme en finissant comme elle a commencé, avec le même désespoir comique[1].

Durant les vingt-quatre années que Voltaire passera en Suisse, ce sera, comme on l'a dit déjà, un incessant pèlerinage aux Délices et à Ferney, de tout ce que la France et l'Europe renfermeront de gens considérables dans les sciences, les lettres et la politique; et les femmes se joindront aux hommes pour rendre hommage à l'illustre malade, qui leur adressera, avec un trop complet désintéressement, les plus jolies choses du monde. L'impression qu'elles emportent n'est pas moins curieuse à saisir que le sentiment des touristes de tous rangs et de toutes conditions qui ont religieu-

---

[1]. Madame d'Épinai, *Mémoires* (Charpentier, 1865), t. II, p. 440.

sement consigné leur jugement dans des notes plus ou moins remarquables. Nous venons de citer madame d'Épinai; quelques mois après son séjour aux Délices, une autre femme célèbre, d'une célébrité peu consistante, et dont le nom pas plus que les œuvres ne sont parvenus jusqu'à nous, madame du Bocage faisait son apparition chez le poëte, accompagnée de son mari, en honnête muse qu'elle était. C'était une femme d'un caractère estimable, qui s'était trompée comme son époque sur un talent sans relief et sans couleur, pour nous servir des propres expressions de Marmontel. D'autres eussent été grisées par les ovations dont elle fut l'objet, non-seulement dans sa patrie, mais en Angleterre et dans toutes les académies d'Italie; elle se laissa faire, accepta doucement les palmes et les couronnes sans cesser d'être la même femme polie, gracieuse, un peu triste. « Dans cette femme un moment célèbre, ajoute l'auteur des *Incas*, ce qui était vraiment admirable, c'était sa modestie. Elle voyait gravé au bas de son portrait : *formâ Venus, arte Minerva*; et jamais on ne surprit en elle un mouvement de vanité [1]. »

A son retour d'Italie, les académiciens de Lyon l'avaient engagée à un dîner où devait se trouver également Maupertuis, qui attendait dans cette ville l'instant de repasser en Prusse. Mais, aussitôt qu'il sut que l'auteur de la *Colombiade* avait l'intention de se rendre près de Voltaire, il se dit incommodé et se fit excuser. A l'heure même où les deux époux arrivaient aux Dé-

[1]. Marmontel, *OEuvres complètes* (Belin, 1819), t. I, p. 240. *Mémoires*, livre VII.

lices, le poëte allait partir pour la cour de l'Électeur palatin, auquel il avait annoncé sa présence et qui l'en avait remercié par le plus gracieux des billets[1]. Il eut la bonté de retarder son voyage, et quitta son lit trop moelleux pour le céder à la jeune femme qui, par goût, nous dit-elle, couchait à Paris sur un duvet de carmélite, et, depuis deux mois, par nécessité, sur la paille des cabarets où ils étaient bien forcés de faire étape. Voilà pour la nuit. Le jour, c'étaient des prévenances, des recherches qui la rendaient confuse. A table, Voltaire ceindra galamment de laurier cette jolie tête qui, depuis longtemps, n'en était plus à sa première couronne. Quelque modeste que l'on soit, tout cela grise un peu et enlève de l'impartialité aux jugements. Le portrait qu'elle nous fait de leur hôte ne pèchera donc point par défaut de bienveillance et d'enthousiasme. C'est de l'admiration sans réserve, sans cette petite pointe de malignité qu'on lui eût certes permise et que l'on arrive même à regretter.

Il joint, dit-elle à sa sœur madame du Perron, à l'élégance d'un homme de cœur toutes les grâces de l'à-propos que l'esprit répand sur la politesse; et me paraît plus jeune, plus content, en meilleure santé qu'avant son séjour en Prusse. Sa conversation n'a rien perdu de ses agréments, et son âme plus libre y mêle encore plus de gaieté. J'en ai moins joui que je ne le désirois. Il a fallu voir Genève et les jolis lieux de plaisance qui l'environnent; répondre aux prévenances qu'on a bien voulu m'y faire en faveur de mon hôte, et voir

---

[1]. Voltaire, *OEuvres complètes* (Beuchot), t. LVII, p. 549. Lettre de Charles-Théodore, électeur palatin, à Voltaire; Manheim, le 23 mai 1758.

deux de ses pièces[1] sur un théâtre hors du faubourg, n'étant pas permis d'en avoir dans la ville. Je ne vous dirai point si le spectacle étoit bon : la nouveauté des acteurs, la célébrité de l'auteur, sa présence, tout me fit illusion, tout me plut et me prit des heures que j'aurois voulu passer à causer avec lui. Ajoutez que pendant les cinq jours que je l'ai vu, sa bonne crème et ses truites trop séduisantes me donnèrent une indigestion. Il fait bonne chère et a toujours chez lui la meilleure compagnie de Genève, lieu où, à proportion gardée, il y a plus de gens d'esprit qu'ailleurs. Madame Denis y vit fort aimée, et le mérite... Je vous plais et je vous complais en vous parlant longuement de cet homme fameux. Je l'ai quitté à regret, d'autant plus que, si nous n'avions pas laissé nos malles ici, nous l'aurions accompagné sur le chemin de Manheim (comme il eut la politesse de nous le proposer) et serions revenus par la Lorraine, pour y admirer ces merveilles du sage qui y règne[2].

Voltaire partit pour Manheim dans la première moitié de juillet. Il voyageait à petites journées « en qualité de malade, » et fit une station à l'île Jard, chez

---

1. L'une d'elles, *La Femme qui a raison*. « Elle en a été si contente, dit Voltaire à d'Argental, qu'elle a voulu absolument vous l'apporter... » Œuvres complètes (Beuchot), t. LVII, p. 569. Lettre de Voltaire à d'Argental; aux Délices, 30 juin 1758.

2. Madame du Bocage, Œuvres (Lyon, 1764), t. III, p. 403, 404, 405. Lettre à madame du Perron, sa sœur; de Lyon, ce 8 juillet 1758. Madame du Bocage parle également de la réception qui lui a été faite aux Délices, dans une lettre à Algarotti : « Je voudrois que le physique vous servît aussi bien : le mien n'alloit pas mal en Italie secoué par les rochers, et même dans les montagnes de la Suisse, où notre cher Apollon ne me nourrissoit pas seulement de ces charmants propos et de l'encens qu'il m'a prodigué en me couronnant aux Délices, mais il m'y rassasioit de meilleurs mets. Son joli hermitage vous est connu ; là, il chante les charmes de l'agriculture, mieux peut-être qu'il ne les sent ; sa santé du moins me paroit aussi bonne qu'il y a dix ans. Puisse-t-il en vivre cent comme Homère !... » Opere del conte Algarotti (Venezia, 1794), t. XVI, p. 429; Paris, 1er décembre 1758.

sa bonne amie, la comtesse de Lutzelbourg. Il s'arrêta aussi à Carlsruhe, auprès du margrave de Bade-Dourlach. La margrave Charlotte-Louise (de Hesse-Darmstadt) s'était prise, comme les autres, d'une belle passion pour son hôte, dont elle voulut faire le pastel; car tous ces petits princes faisaient plus que de protéger les arts, ils les pratiquaient eux-mêmes, trop souvent en princes, mais il faut leur tenir compte de l'intention. « Je m'abandonne, lui écrivait-elle quelques jours après son départ, à l'idée charmante que cela vous empêchera d'oublier une personne qui vous est acquise. C'est peut-être une illusion, mais ne me l'ôtez point, monsieur, j'en suis trop charmée[1]. »

Ce déplacement avait un but que Voltaire n'essaye pas de cacher à ses amis.

> Il faut que je vous confie, mon cher ange, écrit-il à d'Argental, que je vais passer quelques jours à la campagne, chez monseigneur l'Électeur palatin. Je laisserai mes nièces se réjouir et apprendre des rôles de comédie pendant ma petite absence[2]. Je ne peux remettre ce voyage; il faut que, pour mon excuse, vous sachiez que ce prince m'a donné les marques les plus essentielles de sa bonté; qu'il a daigné faire un arrangement pour ma petite fortune et pour celle de ma nièce; que je dois au moins l'aller voir et le remercier. M. l'abbé de Bernis a bien voulu m'envoyer, de la part du roi, un passe-port dans lequel Sa Majesté me conserve le titre de *gentilhomme ordinaire*, de façon que mon petit voyage se fera avec tous les agréments possibles[3].

1. Voltaire, *Œuvres complètes* (Beuchot), t. LVII, p. 585. Lettre de la marquise de Bade-Dourlach; à Carlsruhe, le 17 juillet 1758.
2. Madame de Fontaine en était à sa seconde apparition aux Délices.
3. Voltaire, *Œuvres complètes* (Beuchot), t. LVI, p. 564. Lettre de Voltaire à d'Argental; aux Délices, 21 juin 1758.

Notons cela au passage. Bien que le titre lui eût été maintenu, lors de son escapade en Prusse, cette confirmation, dans l'éloignement où on le tenait, ne pouvait paraître inutile, et ce ne fut point sans une joie extrême que le *vieux Suisse* reçut cette preuve de bienveillance qu'il devait pleinement à *Babet*. C'était déjà une faveur; serait-elle la seule qui lui viendrait de ce côté? Voltaire parle également de son voyage à Saint-Lambert[1] et à Darget. « J'ai fait, mande-t-il à ce dernier, du château du prince, cent trente lieues par reconnaissance, et c'est un grand effort d'avoir quitté, pour quelques jours, mes petits Délices, où ma famille est rassemblée[2]. » Il ne donne pas plus de détails à ses amis, et vraisemblablement ceux-ci s'en contentèrent. Mais la malignité, mais l'envie ne s'arrangent de l'insuffisance des renseignements que pour y ajouter du leur et noircir les intentions. Voici ce que nous lisons dans des Mémoires que nous avons eu occasion de citer plus d'une fois, en faisant nos réserves; car l'auteur ne compte pas au nombre des partisans de Voltaire, qui n'avait pourtant rien négligé pour le ranger de son côté.

...Une autre manœuvre bien singulière dans ce genre, et que je tiens de source, c'est que, se rendant ensuite à Munich, il

---

1. Voltaire, *Œuvres complètes* (Beuchot), t. LVII, p. 571. Lettre de Voltaire à Saint-Lambert; le 9 juillet 1758.
2. *Ibid.*, t. LVII, p. 573. Lettre de Voltaire à Darget; à Schwetzingen, près de Manheim, 17 juillet 1758. Il était arrivé de la veille : « Madame, écrit-il à la duchesse de Gotha, le 16 juillet, je n'arrive que dans ce moment à Schwetzingen, maison de plaisance de Monseigneur l'Électeur palatin, ayant été assez longtemps malade en chemin... » *Voltaire à Ferney* (Paris, Didier, 1860), p. 195.

(Voltaire) se proposa d'y placer des sommes considérables à un intérêt exorbitant. Pour réussir, il mit tout son art à se rendre agréable à l'Électeur, et, entre autres choses, il commença la composition de *Candide,* dont il lisoit les chapitres à ce prince, à mesure qu'ils étoient faits. Après avoir bien bataillé pour les intérêts qu'il exigeoit, et les avoir obtenus, il trouva tout de suite un prétexte pour s'en aller, laissant là l'électeur, et emportant ce qu'il avoit fait de *Candide*. C'est ce que m'a raconté et certifié l'envoyé de Saxe qui étoit alors à la cour de Munich, et qui est encore en vie, lorsque j'écris ceci. Quel *Micromégas* que *Voltaire* dans tout le cours de sa vie; mais toujours *micros,* et jamais *mégas* qu'en apparence[1].

Que dire, après de telles assertions, quand on vous cite son autorité, un envoyé de Saxe encore tout plein de vie au moment où l'on écrit? Mais ce procédé est trop commode pour n'être pas fréquemment employé, et nous avons eu précédemment à démontrer le peu d'exactitude de faits aussi nettement affirmés, produits sous le couvert de très-honorables patrons. Cette petite comédie, que l'on fait jouer à l'auteur de la *Henriade*, ne put avoir lieu à son premier voyage à Manheim, en 1753, à la suite de la captivité de Francfort; car il n'était pas question alors de *Candide,* inspiré, comme le poëme sur *le Désastre de Lisbonne,* par la catastrophe dont l'Europe demeura un instant atterrée. C'est donc à ce dernier voyage qu'il faut la rapporter. Mais cette comédie n'était rien moins que nécessaire, puisque le prince lui avait accordé tout ce qu'il demandait et que ce déplacement n'était qu'une démarche de pure gratitude. Il s'agissait d'une rente viagère que Vol-

---

1. Formey, *Souvenirs d'un citoyen* (Berlin, 1789), t. II, p. 230, 231.

taire souhaitait constituer sous son nom et celui de madame Denis et dont il avait fait la proposition à l'Électeur palatin. Celui-ci lui répondait, à cet égard, à la date du 15 août 1757 : « Je suis bien charmé que l'affaire de la rente viagère ait été terminée à votre satisfaction. Comptez qu'en toute occasion je serai fort aise de contribuer à tout ce qui pourra vous être agréable [1]. » L'on parle d'intérêts usuraires. Nous en savons moins à ce sujet que l'attaché de Saxe qui, toutefois, a gardé les chiffres devers lui, ce qui est un tort, quand on fait de l'anecdote malveillante. Ce qu'il est raisonnable de supposer, c'est que le chiffre devait dépasser le taux des rentes ordinaires, comme cela se pratique communément pour tout argent que l'on place à fonds perdus.

Nous voyons, par les lettres mêmes de Voltaire, que, de la part du Palatin, c'était une opération de nature gracieuse; s'il ne dut pas profiter, en grand prince qu'il était, des dispositions du poëte pour lui dicter des conditions draconiennes, en revanche il n'est pas probable qu'il se laissa friponner comme on voudrait le faire croire [2]. C'est tout ce que nous pouvons dire sur un commérage aussi absurde qu'il est malveillant. Quant à *Candide*, nous ne nous opposons point à ce qu'il ait été commencé à Schwetzingen, où Voltaire passa une quinzaine de jours; et il n'est pas étonnant

---

1. Voltaire, *OEuvres complètes* (Beuchot). Lettre de l'Électeur palatin à Voltaire; Schwetzingen, ce 15 août 1757.

2. Nous savons par l'état des rentes de Voltaire, qu'il touchait annuellement du Palatin une somme de 13,000 livres. *Lettres inédites de Voltaire* (Paris, Dupont, 1826), p. 223. Fortune de Voltaire. Mais il faudrait connaître le capital versé par le poëte.

que, malgré sa fécondité, il soit parti sans l'avoir achevé. Ce qu'il y a de certain, c'est qu'après comme avant son passage à la cour électorale, il demeura son correspondant, et nous pouvons dire son ami, comme cela résulte, entre autres preuves, d'une fin de lettre de Manheim, le 23 octobre de l'année suivante. « J'espère que votre santé, lui écrivait Charles-Théodore, sera entièrement rétablie, et que j'aurai, l'été qui vient, la même satisfaction, dont j'ai si peu joui cette année. Soyez bien persuadé de la parfaite estime que j'aurai toute ma vie pour *le petit Suisse*[1]. »

Voltaire annonçait son départ pour le lundi 7 août. Il n'avait eu qu'à se féliciter à tous égards de son séjour près de l'électeur palatin, qui lui fit le meilleur accueil. « On se réjouit, mandait-il à Collini qu'il placera l'année suivante près du prince, à Schwetzingen, comme on faisait quand nous y séjournâmes en 1753. Les choses sont changées ailleurs[2]. » Sa première couchée fut, à Strasbourg, chez M. Turckeim; le lendemain mardi, il apparaissait chez la comtesse de Lutzelbourg, où il s'arrêta probablement un jour ou deux. Nous le retrouvons, le 14, à Colmar. Le 19, il écrivait de Soleure à Bernis, et était de retour, le 24 août, à Lausanne, où il ne fit également que passer, impatient de revoir, de fouler du pied ses chères Délices qu'il allait falloir quitter à l'arrière-saison. C'était alors que l'on se réfugiait à Monrion, où l'on passait le temps le moins mal que

---

1. Voltaire, *OEuvres complètes* (Beuchot), t. LVII, p. 622. Lettre de l'Électeur palatin à Voltaire; Manheim, ce 23 octobre 1758.
2. *Ibid.*, t. LVII, p. 584. Lettre de Voltaire à Collini; à Schwetzingen, 2 août 1758.

l'on pouvait. Mais ce Monrion était encore trop éloigné de Lausanne, et l'on éprouva le besoin de se rapprocher des nombreux amis que l'on s'était faits dans la cité romande. Bref, Voltaire prenait le parti d'y venir demeurer; il n'avait point hésité à se mettre un nouvel immeuble sur les bras, comme s'il eût été assuré d'y vivre et d'y mourir, et qu'il eût renoncé à tout jamais à rentrer dans ce Paris que les circonstances pouvaient lui rouvrir. Cette acquisition remontait même au printemps de 1757, ainsi qu'il le mandait à Thiériot, à la date du 2 juin.

> Je reçois, mon ancien ami, votre très-agréable lettre du 25 de mai dans mon petit ermitage de Monrion, auquel je suis venu dire adieu. On joue si bien la comédie à Lausanne, il y a si bonne compagnie, que j'ai fait enfin l'acquisition d'une belle maison au bout de la ville[1]; elle a quinze croisées de face, et je verrai de mon lit le beau lac Léman et toute la Savoie, sans compter les Alpes. Je retourne demain à mes Délices, qui sont aussi gaies en été que ma maison de Lausanne le sera en hiver. Madame Denis a le talent de meubler des maisons et d'y faire bonne chère, ce qui, joint à ses talents de la musique et de la déclamation, compose une nièce qui fait le bonheur de ma vie.

La première lettre datée de la maison de la rue du Grand-Chêne est du 29 août. Voltaire est enchanté de son acquisition. Il s'y trouve libre, sans rois, sans intendant, sans jésuites, ne voyant que des souverains qui vont à pied et qui viennent dîner chez lui[2]. Ces

---

1. Rue du Grand-Chêne, n° 6, en montant à gauche, du côté de la promenade de Montbenon.
2. Voltaire, *OEuvres complètes* (Beuchot), t. LVII, p. 362. Lettre de Voltaire à Dupont; au Chêne, à Lausanne, 5 novembre 1757.

souverains, ce sont les seigneurs baillis de Berne, dont dépendait alors le canton de Vaud, bonnes gens, mais médiocres courtisans des neuf sœurs, s'il faut en croire le propos de l'un d'eux à l'auteur de la *Henriade*. « Eh! que diantre, monsieur de Voltaire, vous faites donc toujours tant de vers? A quoi bon, je vous prie. Cela ne mène à rien. Avec votre talent vous pourriez devenir quelque chose. Moi, vous voyez, je suis bailli[1]! » Le gouvernement bernois, à ce qu'il paraîtrait, n'aurait pas entendu beaucoup mieux la plaisanterie que la poésie; et c'est ce dont Voltaire aurait été averti par le bailli de Lausanne d'une façon très-catégorique même. « Monsieur de Voltaire! Monsieur de Voltaire! on dit que vous avez écrit contre le bon Dieu : cela est mal; mais j'espère qu'il vous pardonnera; on dit que vous avez écrit contre la religion : cela est fort mal encore; on dit que vous avez écrit contre Notre-Seigneur : cela est très-mal, très-mal, mais il vous pardonnera dans sa grande clémence. Monsieur de Voltaire! gardez-vous d'écrire contre leurs Excellences nos souverains seigneurs, car elles ne vous pardonneraient jamais[2]. » Il fallait entendre le malin vieillard, quand il était en verve de belle humeur, débiter ces folies avec l'accent, avec le sel, avec le geste qui lui étaient propres, et faisaient de lui un conteur inimitable.

Ce sont, dans la correspondance d'alors, des descriptions presque lyriques sur sa maison et ses quinze

---

1. J. Olivier, *Voltaire à Lausanne* (Lausanne, Marc Ducloux, 1842), p. 16.
2. *Ibid.*, p. 8.

croisées de face en cintre, donnant sur le lac à droite, à gauche, et par devant[1]. « Cent jardins sont au-dessous de mon jardin. Le grand miroir du lac les baigne. Je vois toute la Savoie au delà de cette petite mer, et, par delà la Savoie, les Alpes qui s'élèvent en amphithéâtre, et sur lesquelles les rayons du soleil forment mille accidents de lumière. M. des Alleurs n'avait pas une plus belle vue à Constantinople. Dans cette douce retraite, on ne regrette point Potsdam[2]. » — « On n'a point une plus belle vue à Constantinople, dit-il autre part, et on n'est pas si bien logé. J'irai ensuite revoir mes tulipes aux Délices[3]. » Mais, si l'on est venu s'installer dans Lausanne même, ce n'est pas pour y vivre en grigou; ce n'est point pour y faire moins bonne figure qu'à Monrion. Il y donnera donc des dîners, il y recevra tous les honnêtes gens de la ville, il les accablera de fêtes, de spectacles. Madame Denis se met en quatre pour faire ajuster la maison le plus luxueusement possible. L'on mandera des habits de Paris pour jouer Zamti et Narbas; et, le ciel aidant, tout ira comme si l'on était à Paris, et peut-être même de façon à faire honte au tripot du faubourg Saint-Germain.

J'ai reçu l'*Iphigénie* que M. de La Touche a eu la bonté de m'envoyer. Nous pourrions bien la jouer cet hiver dans notre tripot de Lausanne. M. D'Alembert conseille à Messieurs de Genève d'avoir dans leur ville une troupe de comédiens de

---

1. Voltaire, *OEuvres complètes* (Beuchot), t. LVII, p. 436. Lettre de Voltaire à Darget; Lausanne, 18 janvier 1758.
2. *Ibid.*, t. LVII, p. 430. Lettre de Voltaire à la comtesse de Lutzelbourg; à Lausanne où je serai l'hiver, 5 janvier 1758.
3. *Ibid.*, t. LVII, p. 434, 442. Lettres de Voltaire à Thiériot et à madame de Fontaine; des 5 et 17 janvier 1758.

bonnes mœurs : c'est ce que nous nous flattons d'être à Lausanne. Ma nièce et moi nous avons de très-bonnes mœurs dont j'enrage ; mais il faut bien à mon âge avoir ce petit mérite. Nous avons une fille du général Constant[1] et une belle-fille de ce fameux marquis de Langalerie[2], qui ont aussi les meilleures mœurs du monde, quoiqu'elles soient assez belles pour en avoir de très-mauvaises. Enfin, notre troupe est fort édifiante, et, de plus, elle est quelquefois fort bonne. On ne peut guère passer plus doucement sa vie, loin des horreurs de la guerre et des tracasseries littéraires de Paris. Ah ! mon ami, que les grosses gélinottes sont bonnes, mais qu'elles sont difficiles à digérer ! Mon cuisinier et mon apothicaire me tuent[3].

Depuis le mois de janvier, en effet, la bonne société de Lausanne se pressait dans les salons du poëte, qu'elle encourageait et récompensait par ses bravos, et qui ne tarit pas sur ces solennités dont il est tout à la fois le grand prêtre et le dieu.

Il faut, écrivait-il un mois après à d'Argental, que mon âme soit bien à son aise pour retravailler à *Fanime*, dans la multiplicité de mes occupations et de mes maladies. Nous la jouâmes hier, et avec un nouveau succès. Je jouais Mohador ; nous étions tous habillés comme les maîtres de l'univers. Je vous avertis que je jouai le bonhomme de père mieux que Sarrazin : ce n'est point vanité, c'est vérité. Quand je dis mieux, j'entends si bien que je ne voudrais pas de Sarrazin pour mon *sacristain*. J'avais de la colère et des larmes et une voix tantôt forte, tantôt tremblante ; et des attitudes ! et un bonnet ! Non, jamais il n'y eut de si beau bonnet....

---

1. Madame Constant d'Hermenches, née Seigneux, belle-fille du général.
2. La marquise de Gentil, née Constant.
3. Voltaire, *Œuvres complètes* (Beuchot), t. LVII, p. 458. Lettre de Voltaire à Thiériot ; Lausanne, 21 janvier 1758.

Madame d'Hermenches l'a très-bien jouée (Énide). Et que dirons-nous de la belle-fille du marquis de Langalerie, belle comme le jour? et elle devient actrice, son mari se forme, tout le monde joue avec chaleur. Vos acteurs de Paris sont à la glace. Nous eûmes après *Fanime* des rafraîchissements pour toute la salle; ensuite le très-joli opéra des *Troqueurs*[1], et puis un grand souper. C'est ainsi que l'hiver se passe[2]...

Les étoiles de la petite troupe étaient madame Denis, la Melpomène du lieu, la marquise de Gentil (qui sera la tante de Benjamin Constant), sa belle-sœur madame d'Hermenches, enfin madame d'Aubonne. Grâces, talent, beauté, tout se trouvait réuni, au grand charme du petit noyau d'élus appelé à ces véritables féeries. L'exemple devint contagieux; et le marquis de Gentil, qui demeurait également dans le faubourg, fit dresser dans sa maison de Monrepos un théâtre où le poëte vint jouer et voir jouer ses ouvrages. La salle, d'ailleurs fort décorée, n'était autre que les combles mêmes d'une grange attenante au logis principal. Une communication avait été ouverte à travers la muraille, et les acteurs, comme on l'a plaisamment remarqué, étaient sur le fenil, sans que pour cela les spectateurs eussent à quitter le château[3]. Voltaire s'étend sur ces représentations avec une complaisance qui pourrait être suspecte. Mais il n'est pas le seul à en raconter les enchantements. Gibbon,

---

1. Poëme de Vadé, musique de Dauvergne.
2. Voltaire, *OEuvres complètes* (Beuchot), t. LVII, p. 493, 494, 495. Lettre de Voltaire à d'Argental; à Lausanne, 25 février 1758.
3. Sinner, *Voyage historique et littéraire dans la Suisse occidentale* (Neuchâtel, 1781), t. II, p. 176. — J. Olivier, *Voltaire à Lausanne* (Lausanne, 1842), p. 34.

fort jeune alors, relégué à Lausanne par son père, n'avait pas eu de désir plus vif que celui de voir ce grand homme de près, jouant, interprétant ses rôles avec une verve à laquelle il n'y avait à reprocher que son excès. Il a, lui aussi, dit son mot sur ces représentations qui le ravirent et dont il conserva, dans sa vieillesse, un agréable souvenir.

Le plus grand agrément que je tirai du séjour de Voltaire à Lausanne fut la circonstance rare d'entendre un grand poëte déclamer, sur le théâtre, ses propres ouvrages. Il avait formé une société d'hommes et de femmes, parmi lesquels il y en avait qui n'étaient pas dépourvus de talent. Un théâtre décent fut arrangé à Monrepos, maison de campagne à l'extrémité du faubourg ; les habillements et les décorations faits aux dépens des acteurs ; et les répétitions soignées par l'auteur, avec l'attention et le zèle de l'amour paternel. Deux hivers consécutifs, ses tragédies de *Zaïre*, d'*Alzire* et de *Zulime* et sa comédie sentimentale de l'*Enfant prodigue*, furent représentées sur le théâtre de Monrepos. Voltaire jouait les rôles convenables à son âge, de Lusignan, Alvarès, Benassar, Euphémon. Sa déclamation était modulée d'après la pompe et la cadence de l'ancien théâtre, et respirait plus l'enthousiasme de la poésie qu'elle n'exprimait les sentiments de la nature. Mon ardeur, qui bientôt se fit remarquer, manqua rarement de me procurer un billet. L'habitude du plaisir fortifia mon goût pour le théâtre français, et ce goût a affaibli peut-être mon idolâtrie pour le génie gigantesque de Shakespeare, qui nous est inculquée dès notre enfance, comme le premier devoir d'un Anglais. L'esprit et la philosophie de Voltaire, sa table et son théâtre, contribuèrent sensiblement à raffiner, à Lausanne, et à polir les manières ; et, quoique adonné à l'étude, je partageai les amusements de la société...[1].

1. Gibbon, *Mémoires* (Paris, an VI), t. I, p. 101, 102.

Gibbon fait l'aveu d'un léger tort à l'égard de Voltaire, plus que léger, sans doute, en lui-même, mais qui eut des conséquences désagréables pour l'auteur de la *Henriade*. Ravi de se trouver en terre de liberté et d'avoir un joli château où il pût respirer et vivre à sa guise, le poëte s'était mis à composer une épître d'un début plein d'enthousiasme :

O maison d'Aristippe ! ô jardins d'Épicure !...

Il n'avait cédé en cela qu'à un besoin de traduire en beaux vers les sentiments qui l'animaient, et, loin de penser au public, il avait décidé que ses amis seuls auraient la confidence de cette dernière production. L'introducteur de Gibbon chez Voltaire (probablement le ministre Pavillard) fut l'un de ces heureux ; il permit à son tour au jeune Anglais de la parcourir, sans supposer qu'il pût en résulter rien de fâcheux et même de désobligeant pour le poëte. Mais, dès la seconde lecture, Gibbon savait l'épître par cœur : « Et comme ma discrétion, dit-il, n'était pas égale à ma mémoire, l'auteur eut bientôt à se plaindre de la circulation d'une copie de son ouvrage. » Presque vis-à-vis de sa terrasse, Voltaire apercevait, à l'autre bord du lac, le couvent de Ripaille, où le duc Amédée avait vécu un instant en véritable épicurien, et qu'il avait ensuite follement abandonné pour disputer la tiare au pape Nicolas V. L'aspect de cette maison et le souvenir de son fantasque habitant étaient bien faits, convenons-en, pour inspirer à celui-ci une strophe humouristique, comme on dirait de nos jours, et il n'eut pas le courage de se la refuser[1]. L'allusion s'en prenait à des temps déjà bien anciens (1439-1449) et ne méritait guère que l'on y fît grande attention à Turin. Cependant la cour de Savoie s'en émut; elle agit à Genève, et insista assez pour obtenir la suppression de la pièce[2].

Il ne semble pas que Voltaire ait su quel avait été l'indiscret; et Gibbon, de son côté, ne paraît pas s'être douté des suites de son étourderie, sans quoi il n'aurait pas manqué de grossir de ces derniers torts sa confession volontaire. Le mal n'était pas si grand, et le poëte, habitué à pareils procédés, se borna à nier qu'il fût pour quelque chose dans la pièce incriminée. Et il le niait encore trois ans après, dans une lettre où il le prenait de très-haut avec un pauvre séminariste de Toul, du nom de Léger, qui lui avait adressé des vers, et l'avait sans doute félicité particulièrement sur l'épître, qu'il appelait une ode. « M. de Voltaire, gentilhomme ordinaire de la chambre du roi, et ancien chambellan du roi de Prusse, n'a jamais demeuré à Ripaille en Savoie. Il a une terre sur la route de Genève et celle de France. Il ne connaît pas plus l'*Ode* dont on lui parle que la maison de Ripaille[3]... » Suivaient quelques lignes plus que sévères,

---

1. Voltaire, *OEuvres complètes* (Beuchot), t. XIII, p. 211. Épître XCI, mars 1755. Voltaire, plus tard, sans retrancher ce qui avait trait à Amédée, adoucit ce passage, de façon à donner contentement à la maison de Savoie avec laquelle il ne voulait pas être mal.

2. Formey, *Souvenirs d'un citoyen* (Berlin, 1789), t. II, p. 72, 73.

3. Voltaire, *OEuvres complètes* (Beuchot), t. LVII, p. 482. Lettre de Voltaire au comte de Tressan; Lausanne, 12 février 1758; et, au bas de la page, en note, le billet à l'adresse de Léger.

qui autorisaient à croire que ce jeune homme avait manqué à toutes les lois de la religion, de l'honneur, des bienséances et du savoir-vivre; car tous ces griefs sont spécifiés dans ce billet écrit au nom de Voltaire malade, et qui dut faire rentrer le téméraire au plus profond de son néant. Mais convenons que rien de tout cela ne serait arrivé, si le futur historien de la *Décadence de l'Empire romain* n'eût joint beaucoup de légèreté à beaucoup de mémoire, en admettant encore (ce qui n'est rien moins que certain) que Voltaire ne se fût pas laissé dévaliser par quelque autre.

Mais revenons à ces représentations d'un attrait si multiple, traversées par cent incidents imprévus, sans compter les impatiences, les plaisantes colères du poëte, sa passion et les extravagances qu'elle lui faisait commettre. Que ne racontait-on pas ! Il se levait tard, et il lui arriva plus d'une fois, pour ne point faire de seconde toilette, de prendre, au sortir du lit, le costume de Lusignan ou de Palémon, et de se montrer ainsi sur le palier de sa porte. Un beau jour, une jeune fille, transformée en souffleur, improvise, sans s'en apercevoir, un vers qui, pouvant être exécrable, se trouva bon. « Dieu vous le rende ! s'écrie le poëte, vous m'avez fait l'aumône. » Et, après la représentation, de recommencer ses remercîments de plus belle. « Je veux vous donner mes ouvrages, lui dit-il. — Ah ! monsieur, répondit l'Agnès toute confuse, ils sont si beaux ! je ne voudrais pas vous en priver[1]. » On pou-

---

1. Simond, *Voyage en Suisse, fait dans les années* 1817, 1818, 1819 (Paris, Treuttel et Würtz, 1822), t. I, p. 622. On raconte pareille naïveté échappée à l'archiduc Maximilien, lors de son séjour

vait exiger tout de Voltaire, hormis le calme, le sangfroid. Il suivait, une autre fois, la représentation dans la coulisse. Il se sentit si fortement entraîné par le jeu de M. et de madame d'Hermenches, que, s'avançant insensiblement sur son fauteuil, par une sorte d'attraction magnétique (mot qui est encore un anachronisme à cette date), il se trouva, sans s'en douter, au beau milieu de la scène, entre Zaïre et Orosmane, qui ne put donner son coup de poignard. Si le dénoûment fut quelque peu modifié, l'on ne fut pas tenté d'en garder rancune au coupable, qui rit tout le premier de l'aventure. Mais cela méritait bien d'exercer le fin pinceau d'Huber, qui reproduisit et le théâtre et la situation sur des panneaux à Hermenches. Toutes les figures ressemblent; celle de Voltaire est d'une vérité saisissante. Ces peintures si intéressantes par les souvenirs qu'elles rappellent, et d'autres sur la société de Lausanne de cette époque, ont été conservées, et parent actuellement la salle à manger du château de Mézeri, où les avait fait transporter M. Constant, le fils de l'ami de Voltaire[1].

Les dames de Lausanne ne pouvaient attendre du

---

en France, en 1775. Il était allé visiter le jardin du roi ; Buffon lui offrit un exemplaire de ses œuvres magnifiquement relié, que le prince allemand refusa d'accepter, dans la crainte de priver le grand naturaliste d'un objet aussi précieux. Lorsque Joseph II fit, à son tour, une visite au Jardin des plantes, il aborda vivement le comte et lui dit d'aussi loin qu'il le vit : « Je viens, Monsieur, réclamer l'exemplaire de vos œuvres que mon frère, en partant, a eu l'étourderie d'oublier. »

1. J. Olivier, *Voltaire à Lausanne* (Lausanne, 1842), p. 34, 35. — Simond, *Voyage en Suisse, fait dans les années* 1817, 1818, 1819 (Paris, Treuttel et Würtz, 1822), t. I; p. 622.

poëte plus de flegme, de modération que n'en avaient obtenu la princesse Amélie et la famille royale de Prusse, qui se divertissaient de ses vivacités et se fussent bien gardées de s'indigner de tout ce qui lui échappait de fou ou même d'incongru. Cependant, Casanova, dans ses équivoques Mémoires, a prétendu que les belles Vaudoises, outrées de son despotisme, excédées d'être grondées pour une syllabe, un geste, un rire, l'avaient planté là, chassé même pour lui apprendre à être moins brusque, moins exigeant, moins passionné[1]. Nous n'en croyons pas un mot, sans pour cela révoquer en doute ces emportements de soupe au lait, sur lesquels il n'y avait qu'à prendre son parti. Ce qui le chassa ou le dégoûta de Lausanne, ce fut une tout autre cause que ces représentations dramatiques qui, en dépit des répétitions, ne charmaient pas moins ses aimables interprètes que leur trop nerveux impresario.

Voltaire, dans le catalogue des écrivains français, dont il a accompagné le *Siècle de Louis XIV*, avait eu occasion de parler de Rousseau, de Boindin, de La Mothe, de Saurin et de l'affaire des fameux couplets. Et, se trouvant dans la patrie du dernier, il avait été amené à commencer une enquête à l'égard des charges qui pesaient sur sa mémoire. Joseph Saurin, pasteur de la baronnie de Bercher, au bailliage d'Yverdun, avait dû apostasier pour obtenir de vivre en France, et s'était laissé convertir par Bossuet, cédant à la nécessité d'assurer la tranquillité de son asile, bien plus, c'est à croire, qu'à un besoin très-impérieux de rentrer

---

1. Casanova, *Mémoires* (Paulin, 1843), t. III, p. 183, 184.

dans le giron de l'Église romaine. L'on conçoit sans peine que cette désertion de la part d'un ecclésiastique ne fut pas vue sans indignation et sans colère à Lausanne, comme dans le reste de la Suisse protestante, et que le nom de Saurin y fut frappé de réprobation et d'anathème. Tout cela était dans l'ordre; mais les plus méchants bruits parvinrent jusqu'en France sur son honorabilité passée, et le continuateur du *Dictionnaire* de Bayle, entre autres, ne manqua pas de reproduire ces accusations accablantes[1]. L'on parlait de larcin d'argenterie[2], de franges d'or dérobées, durant la prière, au fauteuil de la vieille dame de Bercher; et ces faits paraissaient si bien établis, que, lors du procès de Jean-Baptiste, l'avocat du poëte songea à en tirer parti pour édifier les juges sur la moralité de son accusateur. Le coupable, d'ailleurs, était convenu de tout dans une lettre à M. Gonon, pasteur de Morges[3], que reproduisait, quarante-sept ans, il est vrai, après ces événements, le *Mercure suisse* d'avril 1736.

Voltaire s'informa, interrogea les anciens, s'enquit auprès du seigneur de la terre de Bercher et de sa famille, qui déclarèrent n'avoir jamais vu l'original de la lettre imputée à Saurin. Il obtint même de trois pasteurs de Lausanne, le doyen Abraham de Crousaz,

---

1. Chauffepié, *Nouveau Dictionnaire historique* pour servir de supplément au *Dictionnaire de Bayle* (Amsterdam, 1756), t. IV, p. 187, 188, 189. — *Bibliothèque Germanique* (Amsterdam, 1736), t. XXXIV, p. 170. Genève, ce 6 mai 1736.

2. La Barre de Beaumarchais, *Amusemens littéraires* pour l'année 1738, p. 145, 146, lettre xxve. Yverdun, mars 1738.

3. Écrite à Zurich, le 14 juillet 1689.

Polier de Bottens qui était premier pasteur, et le pasteur Daniel Pavillard, un certificat moins concluant, en somme, qu'il ne semblait le croire, et qu'il utilisa aussitôt, en faisant faire des cartons à ce qui restait d'exemplaires de son *Histoire générale.* La démarche inconsidérée de ces derniers ne fut pas du goût de tout le monde, et il se trouva des gens de méchante humeur pour protester contre une pareille pièce. Une lettre datée de Vevay, insérée dans le *Journal Helvétique* d'octobre 1758, mettait le feu aux poudres. Son auteur, qui demeura quelque temps inconnu, s'inscrivait en faux contre l'authenticité de ce certificat étrange qui, fût-il réel, ne pouvait, disait-il, avoir été que surpris[1]. Le démenti était trop direct, et l'écrit trop agressif, pour n'être pas relevés, et Voltaire y répliqua tout aussitôt par une réponse qui figure dans les Œuvres, sous le titre de : *Réfutation d'un écrit anonyme*, 15 novembre 1758[2], mais qui ne parut qu'en décembre. Le *Journal Helvétique*, en la publiant, déclara ne vouloir plus rien admettre au sujet de cette querelle. Mais cela n'empêchera pas une *Réponse à la Réfutation*, qui viendra grossir le recueil de Grasset dont il va être question.

Polier de Bottens n'en était plus apparemment pour son compte à sentir l'école qu'il avait faite, et l'attaque anonyme le déconcerta. Voltaire, qui ne s'effrayait pas aisément, s'indigna de le trouver si faible, et il ne tint pas à lui qu'il n'agît plus énergiquement. « Vous

---

1. *Lettre à l'occasion d'un article concernant Saurin, insérée dans les Œuvres de M. de Voltaire.* Vevay, le 23 septembre 1758.
2. Voltaire, *Œuvres complètes* (Beuchot), t. XXXIX, p. 618, 619.

avez bien raison, mandait-il à ce propos à M. de Brenles, de plaindre notre ami Polier de Bottens, qui a eu la faiblesse de se laisser gourmander par des cuistres, après avoir eu la force de faire hardiment une bonne œuvre qui devait imposer silence à ces marauds[1]. » A cette date encore, on ignorait le nom du coupable que l'on savait être pourtant un ministre, et le poëte ne doutait pas, s'il était découvert, qu'il porterait la peine de son insolence. Soit que ses relations avec les encyclopédistes eussent transpiré et déplu, soit toute autre cause, Polier ne devait pas compter sur un grand appui de la part de ses collègues, comme cela résulte même de ces trois lignes à l'adresse de M. Bertrand : « Vos ministres de Lausanne, qui en veulent un peu à notre ami Polier, se sont conduits avec lui dans cette affaire très-indécemment, et il a eu trop de mollesse. C'était là une occasion où il devait montrer de la fermeté[2]. » Mais ce qu'il y avait de plus sage pour celui-ci était, à coup sûr, de laisser faire cet esprit passionné et excessif, qu'il n'était pas prudent de suivre même de fort loin.

Très-affirmatif dans son addition à l'article de Saurin, Voltaire, dans sa *Réfutation*, insistait principalement sur l'inutilité, le danger, la cruauté de telles recherches, fussent-elles fondées, dont le résultat le plus clair était de désoler et de déshonorer une famille innocente, qui n'était responsable en aucun cas

---

1. Voltaire, *Œuvres complètes* (Beuchot), t. LVII, p. 627. Lettre de Voltaire à M. de Brenles; aux Délices, 2 novembre 1758.

2. *Ibid.*, t. LVII, p. 637. Lettre de Voltaire à M. Bertrand; aux Délices, 27 novembre 1758.

des méfaits d'un de ses membres. Nombre d'années d'ailleurs s'étaient écoulées depuis le crime prétendu de Saurin; et quelle apparence que l'on se reconnaisse, sans que rien ne vous y contraigne, l'auteur d'un acte plus que répréhensible, d'un acte infamant? Cette lettre avait été publiée quelques mois seulement avant la mort de celui-ci, dans une feuille suisse à laquelle, s'il fut informé de l'attaque, il n'eut pas le temps d'y répondre. Mais des preuves irrécusables existaient; et les Registres de la classe des pasteurs d'Yverdun furent communiqués au poëte par Polier de Bottens, qui en était le dépositaire [1]. Voltaire ne les eut pas plus tôt entrevus qu'il conçut, nous dit-on, le projet de les faire disparaître. A moins que Polier ne s'y prêtât, l'exécution n'en était pas de nature facile. Mais ce n'est pas à lui qu'il s'adressera. Il gagnera une femme de chambre qui l'introduira secrètement dans la maison, et, une fois dans la place, il s'emparera de ces pages accusatrices et les anéantira sans scrupule, sans égards pour un ami, qui en restera injustement compromis [2].

[1]. Voltaire savait bien ce qui en était. Il disait, dans cette lettre à Bertrand que nous venons de citer : « Tout le monde sait ici aussi bien que lui (l'auteur du pamphlet) que le père de Saurin de France avait fait quelques fredaines, il y a soixante-dix ans, mais par quelle frénésie les réveille-t-il?... »

[2]. J. Olivier, *Voltaire à Lausanne* (Lausanne, Marc Ducloux, 1842), p. 35, 36. M. Olivier nous dit tenir l'anecdote de M. le doyen Bredel qui la lui donnait comme un fait connu et public de son temps. Ce n'est donc là qu'une rumeur, bien qu'accréditée, et qui ne semble pas résister à une critique un peu sérieuse. M. Gaberel (*Voltaire et les Génevois*, p. 11 et 12) raconte aussi ce petit roman, mais avec des différences notables et même des erreurs flagrantes. A l'en croire,

Telle est la tradition. Mais il faut bien reconnaître que tout cela n'est pas médiocrement invraisemblable. Ce registre, dont Polier était détenteur, d'autres que lui en connaissaient-ils le contenu? D'autres que lui savaient-ils avec certitude l'existence de cette pièce terrible? Comment, dans ce cas, Polier de Bottens s'était-il laissé arracher le certificat que nous lui avons vu signer, quand on pouvait à toute heure lui en démontrer la fausseté? Convenons qu'après cette inexcusable faiblesse, il ne pouvait lui arriver rien de plus heureux que la disparition de cette feuille accusatrice; et vraiment, en la déchirant, Voltaire lui rendait le plus signalé des services. Cette attestation des trois pasteurs avait été mal vue, et ils avaient eu tout le loisir de s'apercevoir qu'ils avaient fait fausse route. Il est à penser que Polier, pour sa part, garda au poëte quelque rancune de l'avoir entraîné dans une démarche imprudente, et que cette circonstance, loin de resserrer leurs rapports, dut jeter entre eux une contrainte pénible, si toutes relations ne cessèrent point, comme on l'a prétendu[1].

on ne se serait aperçu du coup de main de Voltaire qu'après la mort de Saurin, à propos d'une discussion sur lui ; Voltaire aurait donc commis cette soustraction de son vivant. Ce serait avancer l'arrivée de l'auteur de la *Henriade* dans le pays de Vaud de vingt et un ans à vingt-deux ans, car Saurin expira le 29 décembre 1737.

1. Il n'est plus question de Polier dans la correspondance après le mois de mars 1759. Mais, encore à cette époque, les termes sont affectueux, et Voltaire embrasse son « ami Polier ». *Œuvres complètes* (Beuchot), t. LVIII, p. 27, 53. Nous lisons, toutefois, à la date du 7 février, dans une lettre adressée à M. de Brenles (*secreto*), cette phrase qui indique un malaise dans les relations des Lausannais entre eux : « Madame de Brenles doit embrasser notre ami Polier et

Grasset, dont Voltaire se pensait débarrassé, qu'il croyait avoir au moins guéri de toute velléité d'exploitation à son égard, que nous avons vu d'ailleurs partir pour l'Espagne en 1755, rentrait à Lausanne, après une absence d'environ deux années, très-résolu à donner le plus grand développement aux affaires de sa maison, dont il était désormais le représentant en nom[1]. Il était si peu revenu à résipiscence, qu'il imprimait, en 1759, un in-12 ayant pour titre : la *Guerre littéraire* ou *Choix de quelques pièces de M. de V****, dans lequel il s'était appliqué à grouper les écrits de Voltaire qui s'étaient attiré des réfutations plus ou moins acerbes : *la Défense de Bolingbroke* avec les *Remarques sur la Défense*, la lettre de Voltaire à Thiériot suivie d'une *Réponse par une société de gens de lettres de Genève*, une *Lettre écrite de Genève* où l'on examinait deux chapitres de l'*Essai sur l'Histoire de M. de Voltaire;* puis l'article de réhabilitation de Saurin et les extraits du *Journal Helvétique* en réponse aux assertions de son défenseur, toute cette maussade querelle dans laquelle nous avons dû entrer plus amplement que nous ne l'aurions souhaité. L'apparition prochaine de ce petit livre de trois cent vingt pages plongea Voltaire dans une de ces fureurs qui font perdre tout sang-froid et toute mesure. Il met aussitôt ses amis en campagne et tâche de faire partager son indignation à toute la terre. « Il y a déjà onze feuilles d'imprimées

---

ne point juger contre lui... » Il y a là quelque chose d'énigmatique pour nous, mais qui indique que la bonne entente est menacée.

1. Gaullieur, *Étude sur l'histoire littéraire de la Suisse française* (Genève, Cherbuliez, 1856), p. 104.

d'un libelle intitulé : *La Guerre de M. de V*** ;* il contient des lettres supposées sur quelques pairs anglais, sur le roi de Prusse, sur Calvin, sur plusieurs particuliers. On soupçonne un nommé Grasset d'être l'imprimeur. Ce Grasset est un fripon chassé de Genève..., en tous cas, Berne a de bonnes lois. J'en écris à Leurs Excellences, surtout à M. de Frendenrich. Je n'ai que le temps de vous en faire part, et de vous demander assistance, *in hoc genere pravitatis*[1]. »

M. de Frendenrich avait effectivement l'obligeance d'en écrire au bailli de Lausanne[2] qui devait être également sollicité par M. de Brenles[3]. Voltaire compose un Mémoire qu'il adresse à messieurs les recteurs et membres de l'académie. Puis, informé qu'il y a parmi eux des professeurs favorables à Grasset, il broche une requête aux magnifiques seigneurs et curateurs de ladite assemblée, où il accentue encore ses griefs, implore leur protection et leur justice comme s'il y allait de sa vie. Mais n'y allait-il pas de sa sûreté et de son honneur ? « ... J'ajoute, dit-il à son ami Brenles, que je suis un peu plus utile à la ville de Lausanne que Grasset ; que j'y fais plus de dépense que quatre Anglais ; qu'un notaire de Lausanne avait rédigé mon testament, par lequel je faisais des legs à l'école de charité, à la bibliothèque, à plusieurs personnes, et

---

1. Voltaire, *Œuvres complètes* (Beuchot), t. LVIII, p. 19, 20. Lettre de Voltaire à Bertrand; aux Délices, 30 janvier 1759. — *Ibid.*, p. 45. A M. de Brenles (sans date).

2. *Ibid.*, t. LVIII, p. 26. Lettre de Voltaire à Bertrand; 6 février 1759.

3. *Ibid.*, t. LVIII, p. 28. Lettre de Voltaire à M. de Brenles; 7 février 1759.

que la petite rage du bel esprit et de la typographie ne doit pas faire sacrifier la probité et les bienséances [1]. » Qu'opposer à de tels arguments? et n'eût-il pas dès lors été complétement superflu pour Voltaire que l'équité et le droit fussent de son côté? Il frappe à toutes les portes pour obtenir satisfaction. Les uns se mettent à sa dévotion avec un zèle qui l'attendrit; les moins sincères ou les plus tièdes le payent de belles paroles. Un seul personnage lui répond par des compliments quelque peu ironiques et des conseils de modération philosophique dont il se serait bien passé. Malheureusement, ce personnage était l'illustre Haller; et l'estime qu'il inspirait à ses concitoyens était une égide qui, sans le protéger contre les sarcasmes du poëte, l'eût défendu contre sa colère et sa vengeance.

Il a été question déjà de Haller, à propos des extravagances de La Mettrie, extravagances qu'il se donna le léger ridicule de prendre au sérieux [2]; car l'auteur de l'*Homme machine* n'avait pas le pouvoir d'obscurcir même pour un peu cette vie si limpide et si pure. Voltaire, à peine arrivé dans le pays de Vaud, fait les avances les plus flatteuses au savant Bernois qui, sans les repousser absolument, montra par une évidente contrainte le peu de sympathie qu'il ressentait pour l'auteur de la *Henriade*. Si chacun d'eux réunissait presque tous les genres, si Haller comme Voltaire était poëte,

---

1. Voltaire, *OEuvres complètes* (Beuchot), t. LVIII, p. 33. Lettre de Voltaire à M. de Brenles; aux Délices, 12 février 1759.
2. Voir le quatrième volume de ces études, *Voltaire et Frédéric*, p. 39 à 48.

romancier, philosophe, et compensait ce qui lui manquait et ce qu'on rencontrait chez l'autre à un degré si éminent, par les sciences, par les connaissances physiologiques les plus profondes, la religiosité du premier et l'impiété furieuse du second, et, disons-le aussi (sans qu'Haller soupçonnât en lui ce sentiment moins élevé) un peu de jalousie et d'agacement pour la réputation bruyante, tapageuse de Voltaire, ne permettaient à ces deux esprits si éminents d'autres rapports que ceux qu'impose une civilité extérieure. Mais l'on était tellement voisins (le grand[1] Haller habitait Roche, près d'Aigle, où il était directeur des Salines) qu'il fallait bien se voir; et le chantre des *Alpes* assistait parfois aux solennités dramatiques de Monrion et de Lausanne. Il se trouva, entre autres, à une représentation de *Zaïre*, dans laquelle Voltaire jouait, cela va sans dire, le rôle de Lusignan. On lui demanda que lui avaient semblé et la pièce et le poëte. « Celui-ci très-original, répondit-il ; mais ce qui me le paraît davantage, c'est un rendez-vous pour se faire baptiser[2]. » On a prétendu que l'auteur de *Zaïre* se blessa du pro-

---

1. Il ne faut pas se méprendre sur ce titre de *grand* donné par des concitoyens. « On l'appelle, nous dit un écrivain suédois, Bjornstœhls, dans toute la ville *le grand Haller*, non que ce titre lui soit accordé en vertu de son éclatant mérite... mais parce qu'il est d'une très-haute stature et d'un extérieur imposant. » M. Eynard en dit autant : « Haller était connu généralement à Berne sous le nom de grand Haller; mais qu'on ne s'y trompe pas, c'était uniquement à cause de sa haute taille, et pour le distinguer des autres membres de sa famille. » *Essai sur la vie de Tissot* (Lausanne, 1839), p. 225.

2. *Biographie d'Albert de Haller* (2ᵉ édit., Paris, Delay, 1845), (par Mˡˡᵉ Herminie de Chavane), p. 97. — Olivier, *Voltaire à Lausanne* (Lausanne, 1842), p. 17. — Gaberel, *Voltaire et les Génevois* (Paris, 1857), p. 9.

pos, et nous ne le croyons guère. Il tenait à être au mieux avec son voisin des Roches, et faisait à tout bout de champ son éloge. Il demanda un jour à un voyageur qui venait de Berne, s'il avait vu ce prodige d'esprit et de savoir. L'étranger ne lui cacha point qu'il s'en fallait que Haller parlât de lui avec la même estime. « Ah! ah! il est possible que nous nous trompions tous les deux, » aurait répliqué l'ermite des Délices [1].

Voltaire, qui voulait en finir une bonne fois avec Grasset, pensant que Haller lui pourrait être d'un grand secours, prit le parti de lui écrire une lettre éplorée destinée à faire passer dans son âme l'indignation, l'horreur qui troublaient la sienne. C'est là l'erreur habituelle des gens passionnés, de s'imaginer que toute la terre doit épouser et ressentir leur querelle avec la même chaleur. Il avait été averti que Grasset se faisait recommander auprès du savant Bernois, et il lui semblait au moins utile de contre-miner les travaux de l'ennemi.

... Il est digne d'un homme de votre probité et de vos grands talents, lui écrivait-il en conséquence, de refuser à un scélérat une protection qui honorerait des gens de bien. J'ose compter sur vos bons offices ainsi que sur votre équité. Pardonnez à ce chiffon de papier; il n'est pas conforme aux usages allemands, mais il l'est à la franchise d'un Français qui vous révère plus qu'aucun Allemand.
Un nommé V... ou L..., ci-devant précepteur de M. C..., est auteur d'un libelle sur feu M. Saurin. Il est ministre d'un village, je ne sais où, près de Lausanne. Il m'a écrit deux ou trois lettres anonymes sous votre nom. Tous ces gens-là sont

---

1. Casanova, *Mémoires* (Paulin, 1843), t. III, p. 213.

des misérables bien indignes qu'un homme de votre mérite soit sollicité en leur faveur[1].

Ces deux noms, dont il n'y a ici que les initiales, sont ceux de Leresche et de M. Constant. Le ministre Leresche (appelé ailleurs Lervèche) était, en effet, l'auteur de cette virulente diatribe contre les trois pasteurs signataires qui avait diversement impressionné la population de Lausanne; car l'on n'était pas sans avoir trouvé la démarche de ceux-ci plus qu'étrange, et les rigoristes n'avaient blâmé que la forme dans ces protestations indignées. Voltaire, aussitôt qu'il connut l'ennemi, se promit bien de lui faire expier son insolence, et il redoubla d'efforts pour obtenir le châtiment du coupable. L'un des moyens les plus sûrs d'y parvenir était sans doute de lui enlever la protection et l'appui des gens considérables dont la parole et les recommandations faisaient autorité. Quoi qu'il en soit, trois jours après l'envoi de sa lettre, l'auteur de la *Henriade* recevait de Haller une réponse qui fit grand bruit et qu'il faut reproduire intégralement.

Monsieur, j'ai été véritablement affligé de la lettre dont vous m'avez honoré. Quoi! j'admirerai un homme riche, indépendant, maître du choix des meilleures sociétés, également applaudi par les rois et par le public, assuré de l'immortalité de son nom, et je verrai cet homme perdre le repos pour prouver qu'un tel a fait des vols, et qu'un autre n'est pas convaincu d'en avoir fait!

Il faut bien que la Providence veuille tenir la balance égale pour tous les hommes. Elle vous a comblé de biens,

---

1. *Biographie d'Albert de Haller* (Paris, Delay, 1845), p. 88. Lettre de Voltaire à M. le baron de Haller; à Ferney (les *OEuvres* disent Tournay), 13 février 1759.

elle vous accable de gloire; mais il vous fallait des malheurs, elle a trouvé l'équilibre en vous rendant sensible.

Les personnes dont vous vous plaignez perdraient bien peu en perdant ce que vous appelez la protection d'un homme caché dans un petit coin du monde, et charmé d'être sans influence et sans liaisons. Les lois ont seules ici le droit de protéger le citoyen et le sujet.

M. Grasset est chargé des affaires de mon libraire. J'ai vu M. L... chez un exilé, M. May, que j'ai visité quelquefois depuis sa disgrâce, et qui passait ses dernières heures avec ce ministre.

Cette lettre est spirituelle et philosophique, avec une pointe de persiflage qui en fit la fortune. La politesse, les compliments, l'admiration se mêlent à l'épigramme et l'atténuent sans lui enlever son aiguillon. On devine le premier mouvement de Voltaire. Mais une rupture avec Haller compromettait la tranquillité, peut-être la sûreté de son séjour en Suisse; il le savait estimé, respecté par ceux mêmes qui le jalousaient, le contrecarraient et s'efforçaient d'amoindrir son influence, et cette considération fut plus puissante à l'adoucir que les conseils de modération et de stoïcisme donnés par le grand naturaliste à cet heureux. Après une dizaine de jours de recueillement et d'hésitation, le poëte se décide à écrire de nouveau. Il le fera avec une exquise civilité, mais répondra par une leçon à la leçon d'abnégation chrétienne qu'il n'avait pas demandée et dont il se serait bien passé.

J'ai été persuadé, monsieur, qu'ayant été commissaire du Conseil pour policer et encourager l'Académie de Lausanne, vous étiez plus à portée que personne d'étouffer ce scandale, et qu'un mot de votre part à M. Bonstetten pourrait suffire... Daignez vous souvenir, monsieur, de la satisfaction que vous demandâtes de la rapsodie de ce fou de La Mettrie ; ce n'était qu'une impertinence qui ne portait aucun coup, une saillie d'ivrogne qui ne pouvait nuire à personne, pas même à son auteur, tant il était décrié et sans conséquence. Mais ici, monsieur, ce sont des gens de sens rassis, des ministres, des gens de lettres qui se servent des prétextes de la religion pour colorer les injures les plus noires. Permettez-moi donc du moins d'agir, lorsqu'on m'outrage d'une façon dangereuse, comme vous en avez usé quand on vous offensa d'une façon qui n'était qu'extravagante. J'ai tout lieu de croire que des magistrats de Berne, ayant eu la bonté de m'avertir de ce complot, le Conseil ayant ordonné que le libelle fût saisi, les seigneurs curateurs ayant voulu que l'Académie en rendît compte, cet infâme ouvrage demeurera supprimé; mais j'avoue, monsieur, que j'aimerais mieux vous en avoir l'obligation qu'à personne : on aime à être l'obligé de ceux dont on est l'admirateur. Si, dans l'enceinte des Alpes que vous avez si bien chantées, il y a un homme sur la loyauté duquel j'ai dû compter, c'est assurément l'illustre M. de Haller[1]...

Si l'on n'a pas oublié avec quelle anxiété et quelles angoisses, presque avec quel désespoir, Haller s'était vu le but des extravagances de La Mettrie, et quelle importance il avait attachée à démontrer, sans grande urgence, sa parfaite innocence, l'on conviendra qu'il était moins fondé qu'aucun autre à s'étonner d'une sensibilité dont il avait donné lui-même de si étranges preuves, et que l'argument dut produire sur lui quelque impression. En tout cas, il ne se pressa pas de répondre, car la lettre suivante est du 15 mars, trois

1. *Biographie d'Albert de Haller* (seconde édition, Paris, Delay, 1845), p. 89, 90. Lettre de Voltaire à Haller; 26 février 1759. Cette lettre et les suivantes n'ont été reproduites jusqu'ici dans aucune édition des *OEuvres* de Voltaire.

jours moins d'un mois après avoir reçu l'épître de l'auteur de *Zaïre*. Il commencera par faire remarquer à celui-ci qu'il n'est point un homme public, s'il l'avait été, et que c'était bien à tort qu'il lui supposait quelque droit d'intervenir dans ces débats. Quant à la publication qui l'afflige tant, il pense que M. de Voltaire s'en exagère singulièrement la nature et la portée.

...Je ne voudrais pas, lui dit-il, que vous appelassiez libelle ce qu'on vient d'imprimer à Lausanne, et ce que j'ai lu depuis.
Il y a des disputes littéraires, il y a quelques apologies de la religion, de la Suisse et de Calvin; il y a trop de véhémence, surtout dans les premières pièces, vis-à-vis d'un homme tel que vous; mais le mot libelle a un autre sens.
C'était un libelle que le livre de La Mettrie : il prétendait m'avoir vu et connu; il me prêtait, sous ce prétexte, des conversations et des connaissances honteuses pour un homme de mon âge et de ma profession. C'était d'un bout à l'autre une calomnie personnelle. Je ne m'adressai pourtant ni au roi, ni à des ambassadeurs, ni aux chefs de Berlin; je me contentai de prier un ami commun de faire révoquer par cette tête légère des mensonges qu'il eût fallu démentir, si M. de La Mettrie ne les avait désavoués; dès lors, ce qui aurait été une anecdote aurait été une extravagance, et je n'ai jamais songé à flétrir l'indigne abus qu'on avait fait de la liberté d'écrire.

Cette distinction est subtile. Mais il faut tenir compte de l'appréciation du principal intéressé, au moins pour le plaindre d'être sensible. Certes, tout n'est pas libelle dans la *Guerre littéraire*, si tout en est intentionnellement malveillant; mais trop souvent la dispute y prend un caractère diffamatoire, et alors n'a rien de bien différent du libelle. Haller convient qu'il y a « trop de véhémence » dans ces attaques, dont on n'était plus à connaître l'auteur. En somme, à quoi avaient abouti ces écrits virulents, si ce n'avait été à déconsidérer trois collègues, trois supérieurs même, avec lesquels des représentations discrètes eussent été assurément préférables pour le bien de la religion et le respect que l'on doit à ses prêtres? Leresche était jeune, impétueux, il manquait de cette aménité, de cette indulgence que donne l'âge. Mais cette aménité, cette indulgence lui manqueront toujours. Le docteur Tissot, de concert avec le colonel, son frère, avait acheté Monrion, laissé libre par le départ de Voltaire, et ils y vivaient tous deux dans l'intimité la plus douce. En novembre 1772 (onze ou douze ans après l'époque où nous nous trouvons), le colonel, qui avait longtemps servi en Hollande, eut l'idée, à l'occasion de l'anniversaire du prince d'Orange, de donner une fête brillante qui se prolongea plusieurs jours et fit du bruit dans le pays. Leresche se crut, en conscience, obligé de tonner dans un sermon contre un tel scandale et d'en signaler énergiquement l'inconvenance et le danger.

On comprend l'impression que cette sortie dut produire sur deux hommes respectables, honorés, à cheveux blancs. « Après avoir consacré vingt ans à mériter l'estime de mes concitoyens, écrivait le docteur à Haller précisément, je ne devais pas m'attendre à être montré au doigt en chaire ! Heureusement, il n'était pas au pouvoir de M. Leresche de me nuire non plus qu'à mon frère; ce n'est que lui-même qu'il a diffamé. » Haller, fidèle à son caractère conciliant, essayera de calmer les deux frères. « Je suis fâché du chagrin que vous a fait le sermon de M. Leresche, répondait-il à son ami ; il aurait pu distinguer une fête d'avec une débauche ; mais, et surtout de nos jours, je ne crois pas votre honneur, ou celui de monsieur votre frère, attaqué bien dangereusement. » Ce qui ressort de tout cela, c'est que Leresche avait étalé plus de zèle que de discernement et de vraie charité, et que, bien que ce ne pût être son avis, il était sorti de la voie et de l'esprit de l'Évangile. Les Tissot firent des démarches inutiles pour obtenir une sorte de réparation du pasteur, qui ne voulut rien entendre. Cependant le bailli, qui avait été sollicité d'intervenir, réussit à la longue à amener une réconciliation entre le médecin et l'ecclésiastique. Pour le colonel, il ne se sentit pas la force d'oublier ; il préféra s'éloigner et alla s'établir à Genève[1].

Quant à Voltaire, auquel il faut revenir, que répondra-t-il à la lettre de Haller ? S'impatientera-t-il de ces définitions, au fond desquelles il y a peu de bienveillance et une médiocre envie de lui donner satisfaction ?

Vous croyez avoir raison et moi aussi, répliquait-il, à la date du 22 mars, avec une douceur, un parti pris d'amabilité qui dut embarrasser Haller ; c'est ainsi qu'on est fait ; mais comme je sais mieux que vous ce qui se passe dans mon âme, et c'est la seule chose que je sais mieux que vous, je vous proteste, je vous jure, que je n'ai pas été un instant altéré de toutes ces misères de prêtraille et de typographie dont il a été question ; je suis venu à bout de ce que je voulais, c'est à ceux qui se sont attiré cette mortification à être aussi sages qu'ils sont ennuyeux... Je vous crois philosophe ; et j'imagine que je le suis en étant parfaitement libre et

---

[1]. Eynard, *Essai sur la vie de Tissot* (Lausanne, 1839), p. 241.

m'étant rendu aussi heureux qu'on puisse l'être sur la terre. Il ne manque à mon bonheur que de pouvoir vous rencontrer et vous témoigner mes sentiments. J'aurais eu beaucoup plus de plaisir à vous entretenir de physique et à m'entretenir avec vous qu'à vous parler de toutes ces pauvretés. Vous devez les mépriser autant que je les dédaigne. Je vous souhaite autant de plaisir dans votre terre que j'en ai dans les miennes, et me flatte qu'un homme qui a autant d'estime pour vous que j'en ai doit avoir quelque part à vos bontés, le tout sans cérémonie.

Cette lettre est exempte de toute amertume, affectueuse, presque tendre. Et pourtant, indépendamment de la résistance polie mais manifeste que l'on opposait à toutes ses avances, l'on avait envers lui des torts qui s'aggraveront encore dans la suite. On eût dû lui garder le secret d'une correspondance de nature intime, qui n'était pas faite pour circuler de main en main. Haller, comme le père Menoux, eut la faiblesse de communiquer ces lettres qui, certes, lui font honneur, et où il a le beau rôle. Mais Voltaire ne pouvait tarder à en être instruit, et il en fut choqué à juste titre. « On dit que Haller se repent beaucoup d'avoir montré mes lettres et les siennes; il a raison de se repentir[1], » mandait-il à son ami Bertrand. Mais il n'en fera rien paraître. Quant à Haller, moins pressé de poursuivre un commerce qui le gênait, il aurait attendu au 11 août pour répondre à une lettre écrite du 22 mars. Il est fort à penser, en somme, que cette date est fautive. A moins d'une absence, d'une maladie qui interrompent forcément tous rapports, quand

---

1. Voltaire, *OEuvres complètes* (Beuchot), t. LVIII, p. 65. Lettre de Voltaire à Bertrand; 30 mars 1759.

on a remis à plus de quatre mois pour s'exécuter, l'on sent que l'on n'a plus de motif de rompre le silence, et l'on se tient coi. D'ailleurs la lettre de Haller n'est guère qu'une réponse, alinéa par alinéa, à celle de Voltaire, et doit avoir été conséquemment écrite dans un délai assez bref.

Si par philosophe vous entendez un homme qui s'applique à se rendre meilleur, à surmonter ses passions et à éclairer un esprit révolté dès sa première jeunesse contre le joug de l'autorité, je ne refuserai pas ce caractère. Mais, de tous les effets de la philosophie, celui que j'ambitionnerais le plus, ce serait la tranquillité d'un Socrate à l'égard d'un Aristophane ou d'un Anytus. Exposés de tous côtés aux médisances et aux jugements injustes, nous ne pouvons être heureux qu'à force d'insensibilité. J'avouerai avec vous que le tempérament influe beaucoup, et qu'une certaine irritabilité dans les nerfs ne nous permet pas de commander aux premiers mouvements.

En effet, monsieur, il serait plus réjouissant de parler de philosophie. Tout ce qui suit sans choix les lois du Créateur est d'un ordre parfait et d'une régularité admirable. Il n'y a que la liberté qui ait introduit le mal.

Vous ignorez apparemment que je suis cultivateur, et que je me plais à lutter contre les mauvaises qualités du terroir; j'éprouve tous les jours qu'elles résistent à l'industrie de l'homme, mais qu'elles lui cèdent à la fin : ce sont des victoires innocentes que j'aime à remporter. Un marais desséché sur lequel je ferais une récolte, une colline couverte d'épines qui rendrait de l'esparcette par mes soins, voilà les conquêtes que j'aime à faire...

Il était cultivateur! que ne le disait-il! Le moyen, dès lors, de ne pas s'entendre? Et cette commune passion ne devait-elle pas être un trait d'union entre ces deux grandes intelligences faites pour se rendre justice et s'admirer?

... Je suis très-aise [1], s'écrie Voltaire, que vous soyez aussi des nôtres, que vous donniez dans les bucoliques. Tout ce que nous avons de mieux à faire sur la terre, c'est de la cultiver; les autres expériences de physique ne sont que jeux d'enfants en comparaison des expériences de Triptolème, de Vertumne et de Pomone; ce sont là de grands physiciens. Notre semoir, qui épargne la moitié de la semence, est très-supérieur aux coquilles du jardin du roi. Honneur à celui qui fertilise la terre; malheur au misérable, ou couronné, ou encasqué, ou tonsuré, qui la trouble!

Éclairez le monde et desséchez les marais; il n'y aura que les grenouilles qui auront à se plaindre. J'ai voulu faire taire d'autres grenouilles qui coassaient, je ne sais pourquoi. Cette affaire impertinente est heureusement finie; il ne fallait pas qu'elles importunassent un homme qui a six charrues à conduire, des maisons à bâtir, et qui n'a pas de temps de reste. J'en aurai toujours quand il faudra vous prouver que je vous estime et même que je vous aime, car je veux bien que vous sachiez que vous êtes très-aimable.

C'est la dernière lettre qui nous soit parvenue de cette étrange correspondance, et, probablement, est-ce la dernière qui se soit échangée entre eux. Le savant Bernois ne faisait rien pour qu'elle se continuât, et il ne se préoccupa peut-être pas suffisamment de ne point affliger un homme si aisé à blesser. Il avait montré leurs lettres, c'était déjà un tort; l'on comprend que le chagrin de Voltaire ne diminua point, lorsqu'il[1]

---

1. Cette lettre, dont l'auteur de la *Biographie de Haller* a supprimé le début, commence ainsi : « J'ai l'honneur de vous renvoyer, monsieur, la lettre que vous avez bien voulu me confier. C'est le malheur des gens oisifs de s'occuper profondément de ces misères qu'on oublie au bout de deux jours. Le monde ne se soucie guère si un curé de village a eu part ou non à une sottise. » Étienne Charavay, *Catalogue de lettres autographes*, du mardi 12 mars 1872, p. 21, n° 151. Tout cela est assez énigmatique. Il nous semble que ce curé de campagne ne peut être que Leresche.

sut qu'elles avaient été publiées. « On a imprimé mes lettres que M. de Haller avait fait courir. Il a oublié apparemment cet article dans les principes de l'irritation[1]. » Et encore Voltaire ne savait pas que c'était Haller qui les avait publiées, « afin, nous dit son biographe, que ses lettres ne fussent pas dénaturées. » Voltaire n'avait pas intérêt, tant s'en faut, à ce qu'elles vissent le jour ; et il aurait été assez tôt de recourir à la publicité le jour où, par impossible, celui-ci se serait passé semblable fantaisie.

L'une des habiletés du poëte, c'est de ne point admettre, sauf dans l'intimité, qu'il ait le dessous auprès des puissances. En réalité, il n'avait pas trouvé auprès de MM. de Berne l'appui sérieux qu'il se croyait en droit d'attendre contre Grasset. On avait quelque peine à envisager la contrefaçon, qui ruinait et enrichissait tout ensemble la librairie, comme chose si damnable ; et, pourvu qu'il ne s'agît point d'attaques contre la religion ou contre le respect dû au souverain, on tolérait ce brigandage avec une encourageante indulgence, surtout à Genève et à Lausanne qui commençaient à accaparer cette honnête industrie, le privilége presque exclusif jusque-là des Pro-

---

1. Voltaire, *OEuvres complètes* (Beuchot), t. LVIII, p. 290. Lettre de Voltaire à M. Bertrand ; 7 janvier 1760. Voltaire équivoque sur la célèbre théorie de l'Irritabilité, dont Haller disait, avec une juste confiance : « A l'aide de mes travaux, le vieux terme d'*irritabilité* s'est attaché à mon nom, et la force qu'il désigne est comptée, par les savants, au nombre des découvertes modernes des Allemands. Je ne m'en attribue rien ; je sais ce que je dois à mes devanciers et combien de chemin il me reste à faire. » La lettre de Haller et la réponse de Voltaire parurent à la suite d'une édition encadrée du *Précis de l'Ecclésiaste et du Cantique des cantiques*. (Liége, 1759.)

vinces-Unies. A ce compte, le crime de Grasset n'était que le crime de tous les marchands de livres du temps, et l'on conçoit que l'indignation, la colère du poëte fussent médiocrement partagées par autres que par ses amis. Pourtant l'on chercha, à Berne et à Lausanne, à le satisfaire, tout en n'accordant, en réalité, que le moins que l'on pût. Le libelle fut condamné, et le libraire censuré. Mais l'auteur de la *Henriade* était plus exigeant et plus difficile à contenter, et il fut loin de trouver que ce fût assez : il eût voulu le bannissement de Grasset de Lausanne, comme il l'avait obtenu de Genève, en 1755[1].

Ces chiffonneries étaient de nature à affaiblir le goût du poëte pour Lausanne et ses aimables habitants. M. de Brenles soupçonne dans l'esprit de son ami un commencement de désaffection et lui manifeste ses craintes. Voltaire de répondre qu'il n'est pas capable d'une telle inconstance, qu'il méprise souverainement ces misères, et que « ses petits ermitages, appelés châteaux, » n'auront point la préférence sur la ville de Lausanne, à qui il devait les jours les plus heureux[2]. Mais son parti était pris, et sûrement depuis longtemps. Tout charmant que fût ce coin de la Suisse, ce n'était après tout qu'un exil, et l'on ne perdait pas de vue, un seul instant, ce Paris dont on n'aurait demandé qu'à affronter les boues.

1. Voltaire, *OEuvres complètes* (Beuchot), t. LVI, p. 695. Lettre de Voltaire à Polier de Bottens; aux Délices, 5 août 1755.
2. *Ibid.*, t. LVIII, p. 30, 31. Lettre de Voltaire à M. de Brenles; Ferney, 8 février 1760.

VIII

BETTINELLI. — ACQUISITION DE FERNEY. — FRÉDÉRIC
POÈTE SATIRIQUE. — M. DE CHOISEUL.

Ainsi, bien qu'il se gardât d'en parler à ses amis de Lausanne, Voltaire avait un instant songé à acheter une maison en Lorraine et à y prendre pied de cette façon. Le comte de Fontenoi possédait un château appelé Champignelle, qu'il lui aurait cédé volontiers pour trois cent mille livres. Mais ce n'était pas l'unique terre du duché qui s'offrît à lui; et mesdames de Mirepoix et de Boufflers n'auraient pas demandé mieux, de leur côté, de lui vendre Craon. Il est vrai que Champignelle ne rapportait que six mille livres de revenu; il est encore vrai que la terre de Craon était substituée, ce qui aurait rendu le marché difficile[1]. Mais, à défaut de ces causes d'abstention, Voltaire n'était pas aussi libre qu'il le croyait de faire une mauvaise affaire qui l'eût implanté en Lorraine. Nous avons, à cet égard, des détails peu connus et qui éclairent une situation sur laquelle, si l'on ne se fait point illusion, on s'ef-

1. Voltaire, *OEuvres complètes* (Beuchot), t. LVII, p. 605. Lettre de Voltaire à la comtesse de Lutzelbourg; aux Délices, 20 septembre 1758.

force de donner le change. Des démarches avaient été faites auprès de Stanislas, qui les aurait accueillies avec plus de faveur, s'il n'eût pas deviné le but secret de ce fin renard.

J'étais à Lunéville, rapporte un personnage qui ne va pas tarder à entrer en scène... Et, un jour, en présence du roi de Pologne, la conversation tomba sur Voltaire; il venait d'écrire.à ce prince, qu'il avait cinq cent mille francs qu'il désirait de placer dans l'acquisition d'une terre en Lorraine, pour aller mourir, disait-il, dans le voisinage de son Marc-Aurèle; mandant en même temps au père Menoux, son ami et le mien, ces propres paroles lues et copiées par moi : *Mon âge et les sentimens de religion, qui n'abandonnent jamais un homme élevé chez vous, me persuadent que je ne dois pas mourir sur les bords du lac de Genève*[1]...
Stanislas ne demandait pas mieux de le ravoir à sa cour, et l'amour qu'il avait pour la Lorraine lui faisait désirer aussi d'attirer dans le pays les cinq cent mille livres de Voltaire. Mais je ne me fie pas à lui, disait Stanislas; je sais qu'il voudrait bien s'ouvrir une porte pour rentrer en France, c'est ce qui lui fait jouer la religion avec Menoux. Cependant, s'il était raisonnable, je le verrais avec plaisir; mais comment s'en assurer[2]?

Cette arrière-pensée du roi de Pologne est d'une candeur comique. Ce ne sera pourtant pas le motif

---

1. Nous maintenons la traduction de Suard, bien qu'il ne s'astreigne pas, comme il le déclare, à une scrupuleuse littéralité, nous contentant de restituer ce qu'il a cru devoir supprimer par une convenance qui n'existe plus, ces trois lignes béates, entre autres, adressées au père Menoux, et dont ni Menoux ni Stanislas ne furent dupes.
2. Saverio Bettinelli, *Opere* (Venezia, 1801), t. XXI, p. 23. Lettere a Lesbia Cidonia sopra gli epigrammi del Diodoro Delfico, lettera III. Cette Lesbia était une comtesse Pauline Suardo Grismondi, et Diodoro Delfino le nom sous lequel l'abbé Bettinelli était désigné à l'académie des Arcades.

qu'il alléguera auprès de la cour de France; car la débonnaire majesté sait bien qu'en dehors du gouvernement de sa propre personne, elle n'est guère libre de prendre la moindre détermination sans en demander et en obtenir l'agrément de son auguste gendre. Aussi en fait-elle écrire au ministre par M. de Lucé, chargé d'affaires de France à Lunéville, le frère de M. de La Galaizière. Voici la dépêche datée de Commerci, où était le prince, à la date du 15 juillet.

... M. de Voltaire, Monseigneur, est dans le dessein d'acquérir une terre en Lorraine et de venir s'y établir. Le roi de Pologne m'a fait l'honneur de m'en parler, et ce prince paroît assez disposé à le recevoir dans ses États, espérant qu'il s'y comportera avec sagesse et circonspection. Dans le cas où est Sa Majesté d'être presque entièrement privée de la vue, un homme tel que M. de Voltaire lui seroit d'une grande ressource pour la distraire de l'ennui où sa situation la plonge souvent. Cependant elle ne lui accordera pas la permission qu'il désire, qu'elle ne sache auparavant si le roi, son gendre, l'approuvera. Si vous me faites l'honneur, Monseigneur, de me faire part des intentions de Sa Majesté à cet égard, je les ferois connoître au roi de Pologne.

La réponse de M. de Choiseul, qui venait de succéder à l'abbé de Bernis, n'était pas encourageante, et, bien que l'on fît semblant d'en laisser le tout au duc de Lorraine, cela était aussi concluant que possible, et l'on ne s'y méprit point à Commerci.

... Quant au projet du sieur de Voltaire de former un établissement en Lorraine par l'achat d'une terre dans ce duché, Sa Majesté le connoît assez pour pouvoir se décider par elle-même, et je suis persuadé qu'elle ne fera rien là-dessus qui ne soit agréable au roi[1]...

1. Comte d'Haussonville, *Histoire de la réunion de la Lorraine à*

Il est bien à regretter que cette réponse soit sans date. Nous avons tout lieu de croire qu'on la fit attendre, puisqu'elle n'était pas encore parvenue en Lorraine au départ de Bettinelli, qui se trouvait au plus tôt aux Délices vers le 20 novembre[1] (1758). Mais l'auteur de *Mérope* avait renoncé à ces projets bien auparavant, et il ne nous semble pas qu'il ait été instruit de la négociation dont il avait été l'objet à Versailles : « J'ai été sur le point, écrivait-il à Tronchin, d'acheter auprès de Nancy une très-jolie terre ; ce qui aurait assuré à mes héritiers un fonds plus solide que des papiers sur le roi et sur la Compagnie des Indes. Le marché était très-avantageux, et c'est pour cela qu'il a manqué[2]. » L'on nous donne cette lettre à la date inadmissible du 2 septembre[3]; mais, à celle du 15 octobre, nous le trouvons déterminé à entrer en marché de la terre de Ferney[4]. Bettinelli, lui aussi, ne précise pas l'époque de son séjour aux Délices ; mais, quand

la France (Lévy, Paris, 1859), t. IV, p. 530, 660. M. le comte d'Haussonville a recueilli ces deux pièces diplomatiques aux Archives des affaires étrangères. Collection Lorraine.

1. Choiseul, rappelé par une lettre de Bernis du 3 novembre, ne quitta Vienne que le 15 du même mois ; et il est présumable qu'il ne répondit pas dès le débotté à cette lettre déjà ancienne, mais qui n'avait rien de bien pressé, puisque l'on ne voulait point entendre à des arrangements qui auraient eu pour but de rapprocher de Paris ce terrible homme.

2. Voltaire, *Lettres inédites* (Didier, 1857), t. I, p. 533. Lettre de Voltaire à Tronchin de Lyon ; Délices, 2 septembre 1758.

3. Voltaire, *Œuvres complètes* (Beuchot), t. LVII, p. 605. Lettre de Voltaire à la comtesse de Lutzelbourg ; 20 septembre 1758.

4. *Ibid.*, t. LVII, p. 617. Lettre de Voltaire à M. Fabry, maire de Gex; Fernex, 15 octobre 1758. Cette lettre est datée de Fernex, qu'il appellera bientôt Ferney, et qui ne lui appartient pas encore.

il y vint, quoique récente, l'acquisition de Ferney n'était plus à faire. La relation de l'abbé est curieuse, bien qu'il n'ait pas toujours compris cette finesse, cette raillerie surtout, qu'il appréhendait au point que, sans les instances du roi de Pologne, il eût brûlé la demeure du poëte. En effet, la rencontre était rude et l'abord terrible pour ceux qui n'étaient pas au fait de cette pétulance, de cette vivacité d'épileptique que mitigeait aussitôt un rire doux et caressant. Laissons la parole à l'Italien qu'on reçut avec de grandes démonstrations qu'il ne tint qu'à lui de prendre pour des épigrammes, comme il n'y était que trop porté.

Lorsque j'arrivai aux Délices, il était dans son jardin; j'allai vers lui, et lui dis qui j'étais... « Quoi! s'écria-t-il, un Italien, un jésuite, un Bettinelli! c'est trop d'honneur pour ma cabane. Je ne suis qu'un paysan, comme vous voyez, ajouta-t-il, en me montrant son bâton qui avait un hoyau à l'un des bouts et une serpette à l'autre : c'est avec ces outils que je sème mon blé, comme ma salade, grains à grains; mais ma récolte est plus abondante que celle que je sème dans les livres pour le bien de l'humanité. » Sa singulière et grotesque figure fit sur moi une impression à laquelle je n'étais pas préparé. Sous un bonnet de velours noir qui lui descendait jusque sur les yeux, on voyait une grosse perruque qui couvrait les trois quarts de son visage; ce qui rendait son nez et son menton encore plus saillants qu'ils ne sont dans ses portraits. Il avait le corps enveloppé d'une pelisse de la tête aux pieds; son regard et son sourire étaient pleins d'expression. Je lui témoignai le plaisir que j'avais de le trouver dans un si bon état de santé, qui lui permettait de braver ainsi la rigueur de l'hiver. « Oh! vous autres Italiens, me répondit-il, vous vous imaginez que nous devons nous blottir dans des trous, comme les marmottes qui habitent au sommet de ces montagnes de glace et de neige; mais vos Alpes ne sont pour nous qu'un spectacle et une belle perspective. Ici, sur les bords de mon lac Léman, défendu contre les vents du nord, je n'envie point vos lacs de Côme et de Guarde. Dans ce lieu solitaire, je représente Catulle dans sa petite île de Sermione; il y faisait de belles élégies, et je fais ici de bonnes géorgiques[1]. »

Xavier Bettinelli n'était pas le premier venu. C'était un des meilleurs poëtes et des lettrés les plus distingués de l'Italie contemporaine. Il avait composé des tragédies, des poëmes, des épigrammes, des poésies légères, restreignant son vol à mesure que l'imagination, combattue par un goût plus sûr et plus exigeant, perdait de sa force et de sa fougue ; phénomène très logique, bien qu'on s'étonne un peu que l'homme qui débute par des épopées finisse par des épigrammes et de petits vers. Il était venu avec l'aîné des princes de Hohenlohe et était allé loger au collége Louis-le-Grand. Il n'était pas demeuré complétement inaperçu et perdu dans la foule, puisque (c'est lui-même qui nous l'apprend) dans cette nuée d'épigrammes et de chansons qui couraient la ville, il ne laissa pas de s'en trouver quelques-unes à son adresse. « J'avoue, dit-il, que ma vanité en fut médiocrement flattée ; et je pris le parti, pour me dérober à ce genre de renommée, de regagner la frontière et d'aller faire une visite à Voltaire, qui m'y avait invité[2]. » Nous avons interrogé les sottisiers du temps, et nous n'avons rien rencontré qui s'appliquât de près ou de loin à Bettinelli, dont nous n'entendons point suspecter la

---

1. Saverio Bettinelli, *Opere* (Venezia, 1801), t. XXI, p. 24, 25. Lettera III.
2. *Ibid.*, t. XXI, p. 16. Lettera II.

sincérité, bien qu'il soit douteux que son importance, dans un pays si peu au fait des littératures étrangères, ait dû lui attirer de si glorieuses avanies.

Toutefois, sa situation auprès du jeune prince l'avait introduit dans la meilleure société, et il s'était frotté à des gens de plus d'une sorte. Il était reçu chez M. le Dauphin, et il était même dans son antichambre quand celui-ci, tenant à la main un exemplaire du livre de l'*Esprit*, se dirigea vers l'appartement de sa mère pour lui montrer les belles choses que son maître d'hôtel faisait imprimer. L'abbé rencontrait Helvétius, s'il n'était pas des habitués de la rue Sainte-Anne, chez madame de Grafigny, la tante de sa femme ; et il s'attendait à la trouver très-engouée d'une œuvre qui d'ailleurs faisait un bruit énorme. « Croiriez-vous bien, me dit-elle un jour, qu'une grande partie de l'*Esprit*, et presque toutes les notes, ne sont que des balayures de mon appartement ; il a recueilli ce qu'il y a de bon de mes conversations, et il a emprunté à ma livrée une douzaine de bons mots. » Cela est un peu fort, bien que Helvétius passât pour faire parler les gens, tirer d'eux ce qu'ils avaient de moelle, et faire de tout cela une moisson qu'il appropriait à son usage.

Bettinelli arrivait aux Délices presque à titre d'ambassadeur, mais il lui fallut tout aussitôt renoncer à ce caractère.

Je lui présentai alors la lettre que le roi de Pologne m'avait remise pour lui ; au premier regard, je vis bien qu'il devinait l'objet de ma visite, et que quelque épigramme (l'abbé en voyait partout) allait tomber sur ma royale commission. « Oh! mon cher, s'écria-t-il en prenant la lettre de mes mains, restez avec nous; on respire ici l'air de la liberté, l'air de l'immortalité. Je viens d'employer une assez grosse somme d'argent pour acheter un petit domaine près d'ici (Ferney); je ne songe plus qu'à y terminer ma vie loin des fripons et des tyrans... » Ce peu de mots du rusé vieillard me firent comprendre qu'il n'y avait plus de négociation à entamer, et me dépouillèrent tout d'un coup des honneurs de l'ambassade[1].

L'abbé, qui redoutait fort cette moquerie faite homme, trouva un Voltaire constamment souriant, constamment aimable, lisant ses poésies pour lui en dire les choses les plus flatteuses. Il commençait à se demander où étaient les griffes, et si l'on n'avait pas indignement calomnié le grand homme. Tronchin ne négligea rien pour le détromper à cet égard.

Il se disait quelquefois mourant, d'autres fois il était redevable à Tronchin de la vie et de la santé; mais en même temps il se moquait de la médecine et du médecin. Tronchin, de son côté, n'était guère content de son malade. Lorsque j'annonçai à cet habile homme que j'allais partir : « C'est fort bien fait, me dit-il, il est vraiment étonnant que depuis que vous êtes ici, il ne vous ait pas fait essuyer quelques-unes de ses boutades accoutumées : *Nemo sic impar sibi*, dice, *Partez, mon père, bien peu d'honnêtes gens peuvent se vanter d'une telle égalité d'humeur voltairienne*[2].

Le philosophe et le jésuite se séparèrent les meilleurs amis du monde, et entretinrent dans la suite

---

1. Saverio Bettinelli, *Opere* (Venezia, 1801), p. 25, 26. Lettera III. Comme on le voit, quand Bettinelli avait pris congé de Stanislas, la réponse du duc de Choiseul était encore à venir.

2. Ces deux lignes en italique sont en français dans le texte.

une correspondance pleine d'aménité. Bettinelli se rendit à Marseille, de là à Nîmes, repassa par Gênes en Italie, et arrivait à Parme en 1759. Il regagnait ensuite sa bien-aimée Vérone, cette Florence de l'État vénitien, comme il l'appelle. Un climat délicieux, une situation charmante, les beaux-arts et les belles-lettres en honneur, sans qu'il fût besoin de les encourager et de les protéger, un amphithéâtre romain, un théâtre moderne digne de Rome, c'était plus qu'il n'en fallait pour mériter et déterminer ses préférences. « Tout cela m'a fixé ici, écrivait-il à Voltaire, et m'y fait trouver les agréments nécessaires à mon état... Votre Histoire, dont vous me fîtes présent, est toujours auprès de moi ; les Bossuet, les Bourdaloue, les Pétau, se trouvent quelquefois un peu gênés dans ce voisinage, mais les Montesquieu, les Buffon, les d'Alembert n'en sont que plus à leur aise, ainsi que plusieurs Italiens anciens et modernes[1]. » On sent là un esprit modéré, répondant par un sourire ou le silence à ces saillies téméraires et malsonnantes comme l'auteur de la *Henriade* n'en laissait que trop échapper. Il aurait bien voulu rendre à Vérone l'hospitalité qui lui avait été accordée de si bonne grâce aux Délices. Mais on ne lui laissa pas cet espoir. « Si j'étais moins vieux, lui répondait-on, si j'avais pu me contraindre, j'aurais certainement vu Rome, Venise et votre Vérone ; mais la liberté suisse et anglaise, qui a toujours fait ma passion, ne me

---

1. Laverdet, *Catalogue d'autographes* du samedi 23 novembre 1861, p. 14, n° 70. Lettre de Bettinelli à Voltaire ; Vérone, 10 novembre 1759.

permet guère d'aller dans votre pays voir les frères inquisiteurs, à moins que je n'y sois le plus fort. Et comme il n'y a pas d'apparence que je sois jamais ni général d'armée, ni ambassadeur, vous trouverez bon que je n'aille point dans un pays où l'on saisit, aux portes des villes, les livres qu'un pauvre voyageur a dans sa valise[1]...»

Voltaire n'allait plus songer qu'à s'étendre dans ce coin privilégié de la Suisse, qu'à s'y créer un chez-soi digne d'un roi et où les rois ne l'iraient pas troubler. Sa première lettre écrite de Ferney est datée du 20 novembre; mais l'achat définitif est des premiers jours du mois. Nous l'avons vu, plein d'enthousiasme, apprendre à ses amis son acquisition des Délices; la joie sera la même, son empressement à leur faire connaître son agrandissement le même; il l'écrira à Cideville en entremêlant tout cela de citations d'Horace[2]; il l'écrira à Thiériot-*Trompette*, comme il lui arrive de l'appeler, avec tous les détails qu'il veut que l'on sache à Paris[3]. On se demande ce qu'il roulait dans sa tête et pourquoi cette acquisition nouvelle. Nous ne sommes pas pourtant au bout de cette fureur d'acheter et de bâtir, et voilà un quatrième château qui vient compléter son système de défense, car il tient à avoir le pied sur plus d'un pays. Nous voulons parler du comté de Tournay que le pré-

---

1. Voltaire, *OEuvres complètes* (Beuchot), t. LIX, p. 355. Lettre de Voltaire au R. P. Bettinelli à Vérone; mars 1761.

2. *Ibid.*, t. LVII, p. 634, 635. Lettre de Voltaire à Cideville; Ferney, 25 novembre 1758.

3. *Ibid.*, t. LVII, p. 642, 643. Lettre de Voltaire à Thiériot; Ferney, 6 décembre 1758.

sident de Brosses lui cédait à vie. Mais laissons-lui exposer les motifs et énumérer les raisons très-raisonnables de ces apparentes folies.

Après avoir pris le parti, écrit-il à Tronchin de Lyon, de rester auprès de votre lac, il fallait soutenir ce parti ; mais vous savez qu'à Genève il y a des prêtres comme ailleurs. Vous n'ignorez pas qu'ils ont voulu me jouer quelques tours de leur métier ; ils ont continuellement répandu dans le peuple que j'étais venu chercher un asile dans le territoire de Genève, et ils ont feint d'ignorer que j'avais fait à Genève l'honneur de la croire libre et digne d'être habitée par des philosophes. J'ai opposé la patience et le silence à toutes les manœuvres ; j'ai pris une belle maison à Lausanne, pour y passer les hivers ; et enfin je me vois forcé d'être le seigneur de deux ou trois présidents, et d'avoir pour mes vassaux ceux qui osaient essayer de m'inquiéter. J'ai tellement arrangé l'achat de Tournay, que je jouis pleinement et sans partage de tous les droits seigneuriaux et de tous les priviléges de l'ancien dénombrement.

La terre de Ferney est moins titrée, mais non moins seigneuriale : je n'y jouis des droits de l'ancien dénombrement que par grâce du ministre ; mais cette grâce m'est assurée... les deux terres, l'une compensant l'autre, me produisent le denier vingt ; et le plaisir qu'elles me donnent est le plus beau de tous les deniers... Enfin je me suis rendu plus libre en achetant des terres en France que je ne l'étais, n'ayant que ma guinguette de Genève et ma maison de Lausanne. Vos magistrats sont respectables ; ils sont sages ; la bonne compagnie de Genève vaut celle de Paris. Mais votre peuple est un peu arrogant et vos prêtres un peu dangereux[1].

Voltaire nous dit là nettement sa pensée : il est Suisse et bien Suisse ; mais, au besoin et d'un bond,

1. Voltaire, *Lettres inédites* (Paris, Didier, 1857), t. I, p. 537, 538. Lettre de Voltaire à Tronchin de Lyon ; Délices, 13 décembre 1758.

il est dans Ferney, il est en France, et il se moque de messieurs de Genève. Est-il inquiété par le ministère, les Délices sont genevoises, il s'y réfugie jusqu'à ce que l'on se soit entendu et que le danger ait disparu. Cela est élémentaire, mais n'explique point l'acquisition de Tournay. Dans celle-ci, comme dans toutes les choses de ce monde, il y eut du hasard. Si l'on fut tenté, ce ne fut pas par l'aspect florissant des lieux ; le château était en ruines et la terre en mauvais état.

> Vous souvenez-vous, écrit-il à d'Argental, que, quand je me fis Suisse, le président de Brosses vous parla de me loger dans un château qu'il a entre la France et Genève? Son château était une masure faite pour des hiboux; un comté, mais à faire rire; un jardin, mais où il n'y avait que des colimaçons sans blé, et des étables sans vaches. Il y a de tout actuellement, parce que j'ai acheté son palivre coûté par bail emphytéotique, ce qui, joint à Ferney, compose une grande partie du pays qu'on peut rendre aisément fertile et agréable. Ces deux terres touchent presque à mes Délices. Je me suis fait un assez joli royaume dans une république[1]...

Ce pauvre comté, ce comté à faire rire, permettait de porter le titre de comte de Tournay, qui s'alliait à ravir au titre de gentilhomme ordinaire de la chambre du roi ; et, quoi qu'on dise, on ne dédaignera pas plus de le porter dans les grandes occasions que les pelisses de martre zibeline, ce glorieux témoignage d'estime et d'admiration d'une auguste souveraine. A Thiériot, qui ignorait encore ces importantes transactions, et dont la lettre s'était croisée avec celle qui l'instrui-

---

[1]. Voltaire, *OEuvres complètes* (Beuchot), t. LVII, p. 647, 648. Lettre de Voltaire à d'Argental ; aux Délices, 19 décembre 1758.

sait de l'achat de Ferney, il répondait avec une joie qu'il ne cherchait pas à contenir : « Vous vous trompez, mon ancien ami, j'ai quatre pattes au lieu de deux ; un pied à Lausanne, dans une très-belle maison pour l'hiver; un pied aux Délices près de Genève, où la bonne compagnie vient me voir : voilà pour les pieds de devant. Ceux de derrière sont à Ferney et dans le comté de Tournay, que j'ai acheté, par bail emphytéotique, du président de Brosses[1]. »

Mais il n'est pas encore seigneur de Ferney, les signatures ne sont pas échangées, qu'il ne fait pas difficulté de prendre en main les intérêts de ses futurs vassaux et leur défense contre les persécutions du curé de Moens, qui a déclaré « qu'il les poursuivrait à toute outrance. » Les chemins ont éveillé sa sollicitude. Un vassal de Ferney, un Genevois, M. Mallet, a gâté la voie en faisant construire sa maison; et, la maison bâtie, ne s'est point inquiété des dégâts : le poëte prétendra qu'il contribue largement aux réparations nécessaires. Le reste de la route était continuellement sous les eaux, les communications se trouvaient fréquemment interrompues, et c'était là un tort considérable dont se ressentaient également tous les habitants du pays. « N'est-il pas de l'intérêt de mes paysans qu'ils travaillent à leur propre chemin? Je suis d'autant plus en droit de le demander, que je leur fais gagner à tous, depuis deux mois, plus d'argent qu'ils n'en gagnaient auparavant dans une année... Je me chargerai, si on ordonne des corvées,

---

1. Voltaire, *OEuvres complètes* (Beuchot), t. LVII, p. 651. Lettre de Voltaire à Thiériot; aux Délices, 24 décembre 1758.

de donner aux travailleurs un petit salaire[1]. » Comme on le voit, nous ne sommes pas en présence d'un roi fainéant. Il se trouve aux prises avec le directeur du domaine, à propos du centième denier; et c'est tout aussitôt une succession de lettres dont il accable M. de Chauvelin, et à la séduction, à la câlinerie desquelles il est bien difficile de répondre par un refus[2]. Ne le plaignons pas, il est dans son élément, et tous ces tracas entrent dans son hygiène.

Voltaire, aux Délices, se voyant à la tête de six juments, avait acheté un bel étalon danois, auquel on ne pouvait reprocher que la somme des années; mais c'était sans doute le pire des défauts pour ce qu'on attendait de lui, et le poëte se vit complétement déçu dans ses espérances de progéniture. Il ne se rendit à cet égard qu'après s'être longtemps et opiniâtrément gendarmé contre la plus manifeste évidence. Il y a là-dessus des légendes saugrenues que nous nous garderons bien de répéter, et le genevois Huber reproduisit même un de ces épisodes grotesques dans un petit tableau de genre, exquis de vérité, de finesse, voire de délicatesse, dont le marchand ne voulait pas moins de dix ou douze louis[3]. L'essai n'était pas encourageant. Mais le poëte était obstiné; l'ambition lui était venue avec les grandeurs, et, loin de se rebuter,

---

1. Voltaire, OEuvres complètes (Beuchot), t. LVIII, p. 1, 2, 3. Lettre de Voltaire à M. Fabry; Ferney, 3 janvier 1759.

2. *Voltaire à Ferney* (Paris, Didier, 1860), p. 384, 385, 386, 388. Lettres de Voltaire à M. de Chauvelin (Jacques-Bernard), intendant des finances; des 3 et 9 février, 14 et 26 mars 1759.

3. Grimm, *Correspondance littéraire* (Paris, Furne, 1829), t. IV, p. 38, 39, 40.

il forma le dessein de créer à ses frais un établissement de haras. Et ce n'était pas une idée en l'air, ainsi qu'en enfantent les imaginations vives, sans y donner d'autres suites. Il écrivait au marquis de Voyer, intendant des écuries du roi :

Mon sérail est prêt, monsieur, il ne me manque que le sultan que vous m'avez promis. On a tant écrit sur la population, que je veux au moins peupler le pays de Gex de chevaux, ne pouvant guère avoir l'honneur de provigner mon espèce... Mon seul objet, monsieur, est de seconder vos vues pour le bien de l'État ; je n'ai nul besoin du titre glorieux de garde-étalon du roi, pour avoir quelques franchises qu'on dit être attachées à ce noble caractère... Au reste, monsieur, pour me faire respecter de tous les palefreniers et de toutes les blanchisseuses du pays de Gex, je voudrais, sous votre bon plaisir, prendre le titre pompeux de directeur ou de lieutenant des haras dans toute l'étendue de trois ou quatre lieues. Un jésuite missionnaire portugais raconte qu'un mandarin lui ayant demandé à Macao quel était un homme qui venait de lui parler assez fièrement, le jésuite lui répondit : C'est celui qui a l'honneur de ferrer les chevaux de l'empereur de Portugal, roi des rois : aussitôt le mandarin se prosterna[1].

La réponse de M. de Voyer est aimable et spirituelle. « Je ne me serois jamais cru dans le cas, lui disait-il, de parler de haras à l'auteur d'*Alzire;* mais puisque les haras font un point dans le *tout*, et que c'est Voltaire qui m'y invite, je profite de l'occasion pour entrer dans quelques détails. » Il s'en faut de beaucoup qu'il soit à même de soutenir, comme il le souhaiterait (et c'est

---

1. Voltaire, *Lettres inédites* (Paris, Didier, 1857), t. I, p. 284, 285. Lettre de Voltaire au marquis de Voyer ; Ferney, 5 mai 1759. Date fautive, puisque la réponse du marquis est du 31 janvier.

pour lui un véritable désespoir), ces établissements d'une si incontestable utilité ; et l'une des conséquences de son impuissance sera de ne satisfaire qu'en partie à la requête du poëte. « La première fois, ajoute-t-il, que j'enverrai des chevaux en Bresse, j'en désignerai un pour vous ; M. le comte de *Grangeac*, notre inspecteur, aura ordre de vous l'envoyer. Ce comte de *Grangeac* a un fils capitaine de cavalerie ; ce fils est un bon sujet, et, s'il le mérite, je lui destine par la suite la place de son père. Vous voyez par là l'impossibilité où je suis de vous accorder la seconde chose dont vous me parlez [1]... » L'auteur de la *Henriade* regretta un peu ce titre, qu'il postulait en badinant ; mais on lui promettait un étalon, et c'était bien l'important. Il ne tardait pas à être indemnisé d'ailleurs de ce refus par une faveur plus sérieuse. Il brûlait d'obtenir le brevet de Ferney, et était en instance auprès de M. de Choiseul qui, voulant sans doute racheter ses torts secrets, acquiesça à tout ce qu'on lui demanda avec la grâce et la facilité inhérentes à son caractère.

Si j'avais pu deviner, s'écrie Voltaire, enivré et désespéré tout à la fois, que M. le duc de Choiseul pousserait ses bontés, que je vous dois, jusqu'à parler de moi dans la chambre du roi, j'aurais, moi, poussé l'insolence jusqu'à demander dans le brevet l'insertion des droits de Tournay ; cela n'aurait rien coûté, et cette grâce si naturelle était tout aussi facile que l'autre. Ma modestie m'a perdu, je n'ai pas eu la témérité de parler de moi ; je n'ai demandé les droits de Ferney que pour ma nièce ; Tournay ne regardait que moi,

1. Marquis d'Argenson, *Mémoires* (Jannet), t. V, p. 74, 75, 76. Lettre du marquis de Voyer à Voltaire ; aux Ormes, le 31 janvier 1759.

et je me suis tu. Maintenant que mon brevet pour Ferney est obtenu, je n'ai pas l'insolence d'en demander un second pour Tournay. Figurez-vous quel plaisir ce serait d'avoir deux terres entièrement libres, et comme cela irait à l'air de mon visage[1]...

Vraiment il faut plaindre le solitaire des Délices, qui s'est perdu par trop de modestie et de discrétion, et qui aurait été si heureux pourtant de faire coup double; mais on le connaîtrait peu, si l'on pouvait croire qu'il se soit résigné. Ce brevet qu'il n'a pas, qu'il se mord les doigts de n'avoir pas demandé, il l'aura ou le ministre dira pourquoi. Cette lettre à d'Argental, où joies et regrets sont formulés avec la même plaisante vivacité, est à la date du 3 juin; Voltaire, n'y tenant plus, peut-être quelques minutes après avoir dépêché ces lignes, se ravisait, avec la soudaineté de son organisation si mobile, et griffonnait cette autre épître à M. de Chauvevelin, où il lui peignait tous ses regrets (pourquoi ne pas dire ses remords?) d'avoir été si réservé.

Je n'ai pas, dit-il, après avoir énuméré toutes les conséquences graves pour lui d'une omission qui va l'entraîner dans des procès sans issue, je n'ai pas, en vérité, le courage de demander au roi un second brevet; mais je suis persuadé qu'un mot de vous vaudrait une patente. Si vous aviez la bonté de dire à MM. de Faventines, Drouet ou autres, que le roi m'a accordé un brevet de franchise de tous droits à Ferney, et que vous regardez ce brevet comme une conséquence des droits que M. de Brosses m'a transmis à Tournay; si enfin vous pouviez leur remontrer que, la chose étant litigieuse, on doit pencher du côté de la faveur; si du moins vous daigniez exiger d'eux un délai pendant lequel il se

---

1. Voltaire, *OEuvres complètes* (Beuchot), t. **LVIII**, p. 107. Lettre de Voltaire à d'Argental; 3 juin 1759.

pourrait, à toute force, que je fusse assez insolent pour demander un petit mot de confirmation pour Tournay, je vous aurais la plus sensible obligation du monde[1].

Nous avons parlé plus haut de la facilité du duc de Choiseul; mais Voltaire s'était fait recommander auprès du ministre par la favorite à laquelle il n'avait pas hésité à s'adresser, car il ne craint pas de frapper à toutes les portes et d'importuner son monde. Il comptait sur ses belles paroles pour se faire absoudre, et il n'avait pas tort.

Je ne veux pas mourir, écrivait-il au duc de La Vallière, sans avoir envoyé une ode pour madame de Pompadour. Je veux la chanter fièrement, hardiment, sans fadeur; car je lui ai obligation. Elle est belle, elle est bienfesante, sujet d'ode excellent. Elle a eu la bonté de recommander à M. le duc de Choiseul un mémoire pour mes terres, terres libres comme moi, terres dont je veux conserver l'indépendance comme celle de ma façon de penser... Je me suis fait, ajoutait-il, un drôle de petit royaume dans mon vallon des Alpes; je suis le vieux de la Montagne, à cela près que je n'assassine personne... Savez-vous bien, monsieur le duc, que j'ai deux lieues de pays, qui ne rapportent pas grand'chose, mais qui ne doivent rien à personne[2]?

Que l'on ne dise pas que ces détails soient oiseux et puérils; ils peignent, mieux que tous les portraits, cette nature si étrangement mobile, qu'en moins d'une seconde elle aura changé de projet; si opiniâtre, qu'elle reviendra, malgré l'obstacle, cent et cent fois

---

1. *Voltaire à Ferney* (Paris, Didier, 1860), p. 390. Lettre de Voltaire à M. de Chauvelin; à Lausanne, 3 juin 1759.
2. Voltaire, Œuvres complètes (Beuchot), t. LVIII, p. 127. Lettre de Voltaire au duc de La Vallière; aux Délices (1759).

à la charge, et par tous les chemins, sans se rebuter, sans déserter jamais le champ de bataille.

La correspondance de Frédéric et du poëte se continuait toujours. L'on se faisait des caresses ou l'on se disait des duretés ; mais il y avait comme un besoin de communiquer, de se retrouver, au moins par la pensée, chez ces deux esprits si différents, qui ne se ressemblaient que par leur commune supériorité, par l'amour des belles-lettres et leur haine mutuelle pour les religions et les prêtres. Jusqu'à Rosbach, l'auteur de la *Henriade*, du reste comme toute l'Europe, estimait que le Salomon du Nord ne saurait échapper à son sort, et à ses yeux, comme aux yeux de Frédéric même, il ne s'agissait plus que de décider la façon la plus digne de finir. A cet égard, ils ne pouvaient être d'accord : le premier était résolu à tomber en héros de roman ; le second, qui n'était poëte, s'il l'était, que dans ses vers, et qui, au fond, avait le positivisme un peu étroit d'un bourgeois de Saint-André-des-Arts, ne voulait pas entendre à un dénoûment qui aurait fait pâlir ceux de ses tragédies. Heureusement pour « Luc », sinon pour nous, M. de Soubise changeait le dénoûment : le roi de Prusse était sauvé. L'était-il pour plus d'un jour ? C'était une tout autre question, et, vraisemblablement, tôt ou tard le nombre, en dépit de l'ineptie de nos généraux, finirait par l'accabler. Quoi qu'il en soit, et de quelque côté que tournât la fortune, il ne négligeait pas d'en informer son ancien chambellan, de ce ton dégagé, sarcastique, supérieur aux événements, qui n'est pas exempt, toutefois, d'une visible affectation. Voici comment il s'exprimait sur la bataille de Zorndorf ou de Custrin, gagnée par lui, non sans une grande perte des siens :

> Je suis fort obligé au solitaire des Délices de la part qu'il prend aux aventures du Don Quichotte du Nord : ce Don Quichotte mène la vie des comédiens de campagne, jouant tantôt sur un théâtre, tantôt sur l'autre, quelquefois sifflé, quelquefois applaudi. La dernière pièce qu'il a jouée était *la Thébaïde;* à peine y resta-t-il le moucheur de chandelles. Je ne sais ce qui arrivera de tout ceci; mais je crois, avec nos bons épicuriens, que ceux qui se tiennent sur l'amphithéâtre sont plus heureux que ceux qui se tiennent sur les tréteaux [1].

Avec une telle infériorité de forces, il n'était pas permis de faire de fautes. Frédéric se laisse surprendre dans son camp, à la journée de Hochkirch (14 octobre), et perd dix mille hommes de ses troupes, avec le maréchal Keith et le prince Maurice d'Anhalt. Mais, grâce à des prodiges de sang-froid, de résolution et d'habileté, il réussit une fois de plus à échapper à l'enlacement de ses ennemis. « Nous sommes encore debout, écrivait-il à Voltaire quelques jours après [2]. »

Mais un coup terrible le frappait à l'heure où il aurait eu besoin de toute la possession de soi-même, et venait arracher un cri de douleur à cette âme bronzée, peu tendre, dont la sensibilité n'était pas, assurément, la vertu dominante. Le jour de la victoire de Custrin, s'éteignait cette sœur héroïque, cette margrave de Bayreuth, dont le grand cœur égalait l'intelligence,

---

1. Voltaire, *OEuvres complètes* (Beuchot), t. LVII, p. 609. Lettre de Frédéric à Voltaire; de Ramenau, 28 septembre 1758.

2. *Ibid.*, t. LVII, p. 625. Lettre de Frédéric à Voltaire; novembre 1758.

et qui méritait d'assister au triomphe final de son frère. « Il y a des malheurs réparables par la constance et par un peu de courage, écrivait Frédéric à Voltaire; mais il y en a d'autres contre lesquels toute la fermeté dont on veut s'armer et tous les discours des philosophes ne sont que des secours vains et inutiles. Ce sont de ceux-ci dont ma malheureuse étoile m'accable dans les moments les plus embarrassants et les plus remplis de ma vie [1]. » Bien qu'à un certain instant cette princesse originale ait écrit des Mémoires qui sont loin d'être à la louange du Salomon du Nord comme du reste de la famille, elle méritait cette tendresse et ces regrets par son attachement sincère, son admiration, son dévouement pour ce frère au sort duquel son bonheur et sa vie étaient attachés. Aussi Frédéric aurait-il voulu perpétuer le souvenir de ses vertus et de son affection dans une œuvre impérissable comme sa douleur. Il s'adressa, dans un tel but, à l'auteur de la *Henriade*, qui ne pouvait décliner une pareille tâche, et envoyait bientôt après une ode commençant par ce vers :

Ombre illustre, ombre chère, âme héroïque et pure [2]...

dans laquelle il faisait entrer « les langueurs, les tourments, ministres de la mort », et qui ne satisfit que médiocrement celui à la requête duquel il l'avait composée. « Il faut, lui mandait Frédéric, que toute l'Europe

1. Voltaire, *OEuvres complètes* (Beuchot), t. LVII, p. 628. Lettre de Frédéric à Voltaire; du 6 novembre 1758.
2. *Ibid.*, t. LVII, p. 638. Lettre de Voltaire à Frédéric; décembre 1758.

pleure avec moi une vertu trop peu connue. Il ne faut point que mon nom partage cet éloge; il faut que tout le monde sache qu'elle est digne de l'immortalité; et c'est à vous de l'y placer... En un mot, je ne mourrai content que lorsque vous vous serez surpassé dans ce triste devoir que j'exige de vous [1]. » Au fond, Voltaire était peu content de son travail, et il ne se révolta point contre des critiques qu'il sentait méritées. Il se remit à l'ouvrage et accoucha d'une autre ode que l'on accueillit avec plus de faveur [2]. « J'ai reçu cette ode qui vous a si peu coûté, qui est très-belle, et qui certainement ne vous fera pas déshonneur. C'est le premier moment de consolation que j'ai eu depuis cinq mois. Je vous prie de la faire imprimer et de la répandre dans les quatre parties du monde [3]... »

Malgré tout, une certaine contrainte régnait dans ce commerce épistolaire; chacun avait ses griefs et n'arrivait pas à les oublier. Après ce service, le ton se modifia sensiblement et reprit son abandon premier, sa cordialité d'autrefois. « J'en viens à l'article qui doit vous toucher le plus, et je vous donne toute l'assurance de ne plus songer au passé et de vous satisfaire; mais laissez auparavant mourir en paix un homme que vous avez cruellement persécuté, et qui,

---

1. Voltaire, *OEuvres complètes* (Beuchot), t. LVIII, p. 17. Lettre de Frédéric à Voltaire; à Breslau, 23 janvier 1759.
2. *Ibid.*, t. XII, p. 460 à 466. Ode sur la mort de S. A. S. madame la princesse de Bayreuth.
3. *Ibid.*, t. LVII, p. 55. Lettre de Frédéric à Voltaire; à Breslau, le 2 mars 1759. — Voir également les lettres des 21 mars et 22 avril de la même année. Voltaire corrige, ajoute des strophes; Frédéric loue, critique, donne son avis, tout en se moquant de son outrecuidance.

selon toutes les apparences, n'a plus que peu de jours à vivre[1]. » Demander de la pitié à Voltaire, et pour Maupertuis ; car c'était de lui qu'il s'agissait ! « Votre Majesté me traite comme le monde entier, s'écrie celui-ci ; elle s'en moque quand elle dit que le président se meurt. Le président vient d'avoir à Bâle un procès avec une fille qui voulait être payée d'un enfant qu'il lui a fait. Plût à Dieu que je pusse avoir un tel procès[2] !...» Il faut s'attendre à toutes les inventions de la part de Voltaire ; sa haine n'a ni équité ni scrupules, et ne songe qu'à frapper et à porter des coups mortels. Mais, ici, il ne fait que médire. Les mœurs de l'illustre président[3] n'étaient rien moins que rigides, et durent scandaliser de bons Suisses qui ne demandaient point que l'on remontât jusqu'à celles des patriarches.

Le poëte finissait sa lettre par une boutade qui indique la note entre ces deux personnages si étranges : « Je mourrai bientôt sans vous avoir vu. Vous ne vous en souciez guère, et je tâcherai de ne m'en point soucier. J'aime vos vers, votre prose, votre esprit, votre philosophie hardie et ferme. Je n'ai pu vivre sans vous et avec vous. Je ne parle point au roi, au héros, c'est l'affaire des souverains ; je parle à celui qui m'a enchanté, que j'ai aimé, et contre qui je suis toujours fâché. » A la rigueur, cela est plus

---

1. Voltaire, *OEuvres complètes* (Beuchot), t. LVIII, p. 47. Lettre de Frédéric à Voltaire ; à Breslau, le 2 mars 1759.
2. *Ibid.*, t. LVIII, p. 63. Lettre de Voltaire à Frédéric ; aux Délices, 27 mars 1759.
3. Dieudonné Thiébaud, *Souvenirs de vingt ans de séjour à Berlin* (Paris, Didot, 1860), t. II, p. 370, 371.

flatteur que blessant, et le roi de Prusse n'a pas trop
à se formaliser ; mais, parfois, l'amertume l'emporte
et s'écarte du respect dû à l'auguste correspondant,
et le Salomon du Nord relève cet étourneau sexagé-
naire avec une indulgence paterne où se mêle, il est
vrai, le persiflage et la moquerie. « Mais êtes-vous
sage ? lui dit-il en un curieux *post-scriptum*. Ap-
prenez, à votre âge, de quel style il convient de
m'écrire. Comprenez qu'il y a des libertés permises
et des impertinences intolérables aux gens de lettres
et aux beaux esprits. Devenez enfin philosophe,
c'est-à-dire raisonnable. Puisse le ciel, qui vous a
donné tant d'esprit, vous donner du jugement à
proportion [1] ! » Si Voltaire confesse à son royal ami le
charme qu'il exerce sur lui, malgré tant de motifs de
rancune, Frédéric n'hésite pas à faire le même aveu,
avec cette nuance de scepticisme, qui n'était pas seulement dans son esprit : « Je sais bien que je vous ai
idolâtré, tant que je vous ai cru ni tracassier ni méchant ; mais vous m'avez joué des tours de tant d'espèces..... N'en parlons plus ; je vous ai tout pardonné
d'un cœur chrétien. Après tout, vous m'avez fait plus
de plaisir que de mal. Je m'amuse davantage avec
vos ouvrages que je ne me ressens de vos égrati-
gnures [2]... » Au fond, cela pouvait passer pour des
caresses, des caresses de lion en belle humeur ; et le
poëte s'autorisait de ce mélange de brusqueries et de

---

1. Voltaire, *OEuvres complètes* (Beuchot), t. LVIII, p. 112. Lettre
de Frédéric à Voltaire ; à Reich-Hennersdorf, le 10 juin 1759.

2. *Ibid.*, t. LVIII, p. 139. Lettre de Frédéric à Voltaire ; du
Ringswormeck, 15 juillet 1759.

louanges pour chanter à l'unisson, bien qu'il arrive à son interlocuteur de s'en formaliser et de le rappeler, comme tout à l'heure, au respect dû à la majesté royale.

Dans la mauvaise comme dans la bonne fortune, il fallait que le monarque prussien troussât des vers, qui n'étaient pas tous excellents. Ses soucis du moment, ses inquiétudes de l'avenir, des revers qui eussent accablé une organisation moins bien trempée, devaient le porter à la satire; il soulageait ainsi son cœur par l'âcreté de sa verve et la dureté implacable de l'épigramme. L'on comprend que, lorsqu'il triomphe, il ne soit pas plus silencieux et qu'il n'y ait de changé que le mode, la moquerie remplaçant l'amertume, le persiflage substitué à cette misanthropie farouche des mauvais jours. Il a vu fuir devant lui les troupes des Cercles et les Français, qu'il appelle, à cause de cet accouplement : « les tonneliers », et il accable les uns et les autres de petits vers qui n'ont rien d'attique, comme on s'y attend bien. Tout naturellement, il enverra son *Congé des cercles et des tonneliers* à Voltaire, qui se croira obligé de trouver cela des plus plaisants et d'en rire avec lui :

> Héros du Nord, je savais bien
> Que vous avez vu les derrières
> Des guerriers du roi très-chrétien,
> A qui vous taillez des croupières...
> Nos blancs-poudrés sont convaincus
> De tout ce que vous savez faire[1]...

---

1. Voltaire, *Œuvres complètes* (Beuchot), t. LVIII, p. 81. Lettre de Voltaire à Frédéric; mai 1759. Ce *Congé des cercles* est daté de

Nous citons ces vers, parce que l'on s'est étayé surtout de cette tirade d'une médiocre convenance pour accuser le poëte du manque complet de patriotisme. Il faut bien répondre à une inculpation grave en tous les temps, mais qui serait infiniment plus accablante depuis qu'il y a une patrie. Ce sentiment de la patrie, si vif dans l'antiquité, avait dû faire place, sous un régime despotique, au dévouement chevaleresque pour le prince, dévouement qui eut aussi sa grandeur et son héroïsme, car il faut être juste envers tout le monde. Le pays ne s'appartient plus : il était le souverain ; il est devenu la propriété, la chose d'un seul ; il y a consenti, il s'est incliné devant ce seul homme dans les mains duquel sont ses destinées. C'est ce seul homme que l'on sert, pour lequel on meurt et qui est la patrie. Il récompensera, il châtiera ; c'est le roi, c'est le maître. Il n'est plus question ni de peuple ni de nation. On dira les *revenus* du roi, les *troupes* du roi, les *sujets* du roi, la *gloire* du roi ; le monarque dira : mes *villes*, mes *provinces*, mes *peuples*[1]. Si un grand vassal lève l'étendard de la révolte, la patrie n'y est pour rien, c'est contre lui seul qu'il est félon. Et, quand il voudra rentrer en grâce, il n'aura d'arrangements à prendre qu'avec le maître qui consentira à oublier le passé, s'il est clément ou s'il manque de puissance. Turenne, Condé ne se sont jamais cru de torts envers la patrie ; encore

---

Freyberg, le 6 novembre 1757. Frédéric, à ce qu'il paraîtrait, ne fit passer ce chef-d'œuvre au poëte que le 11 avril 1759, avec un boisseau d'autres pièces.

1. Sénac de Meilhan, *Le Gouvernement, les Mœurs et les Conditions en France avant la Révolution* (Paris, Poulet-Malassis), p. 82.

moins le prince Eugène, qui va offrir aux ennemis des services que l'on dédaigne.

Cet amour ombrageux de la patrie ne renaîtra chez nous qu'avec la chute de la monarchie absolue, qu'au moment où le pays rentrera violemment en possession de lui-même. Et il sera un signe des temps. Ces Émigrés, en marchant en armes contre le pays, au secours de leur roi prisonnier, est-ce qu'ils ne pensaient pas obéir au plus pur, au plus généreux sentiment? Et, s'ils firent fausse route, ils ne le comprirent que bien plus tard, ceux qui le comprirent. Le peuple, qui n'avait pas, lui, ces intérêts de fortune qui portaient nombre de gentilshommes pauvres à aller demander à l'étranger une place au soleil qu'ils désespéraient d'obtenir jamais chez eux, le peuple était-il plus patriote, dans le sens positif et rigoureux du mot? Pour lui, moins que pour les autres, ce mot-là n'a de sens. S'il chérit le prince, il le suivra de son amour et de ses vœux, il lui donnera son sang. S'il est désaffectionné, s'il souffre, s'il est pressuré, les revers de son maître seront presque une revanche à ses misères : non-seulement il ne se passionnera plus pour sa gloire, mais il battra des mains aux prouesses de l'ennemi; il devra payer, il le sait, ces désastres dont il est pourtant fort innocent, ce qui ne l'empêchera pas d'applaudir, en dilettante, aux coups bien portés. Et c'est ce que constatera avec une profonde tristesse le maréchal de Belle-Isle, après nos défaites, dans une lettre au duc de Choiseul. « L'entousiasme des protestans (pour Frédéric) ne me surprend pas, dit-il; mais je suis toujours en colère quand je vois les mêmes effets et le même esprit dans la moitié de ce qui habite Paris [1]. »

Quant aux écrivains, quant aux philosophes, sans être aussi détachés qu'ils le paraissent, ils font assez volontiers ce que nous avons vu faire à Voltaire ; ils font extérieurement bon marché de la patrie par politesse, par pure civilité et sans soupçonner qu'ils commettent un crime de haute trahison. Buffon, à cet égard, n'a guère moins de scrupules, et cette aisance à se désintéresser en apparence de la patrie a été relevée éloquemment par un moderne, bien fait d'ailleurs pour comprendre les nuances et en tenir compte. « Ce qui fâche un peu dans ce commerce d'admiration mutuelle, ce n'est pas seulement l'apothéose de Catherine, déjà tant louée par Voltaire, c'est de voir Buffon invoquer une nouvelle descente du Nord vers le Midi sous l'étendard moscovite, et pour accomplir, dit-il, *la réhabilitation de cette partie croupissante de l'Europe*[2]. » Mais Buffon croyait-il dire autre chose qu'une fadeur ; et, s'il avait pu deviner qu'un jour le Moscovite foulerait le sol de Paris même et ferait paître son cheval jusque dans le jardin du roi, peut-on douter que le madrigal n'aurait été d'un goût bien différent ?

1. Bibliothèque nationale. Manuscrits. F. F., n° 7137. *Correspondance de l'abbé de Bernis et de M. de Choiseul*, 1757-1758, t. IV. Lettre du maréchal de Belle-Isle au duc de Choiseul ; Versailles, 16 septembre 1758.

2. Villemain, *Tableau de la littérature au dix-huitième siècle* (Didier, 1852), t. II, p. 215. — Buffon, *Correspondance inédite* (Paris, Hachette, 1860), t. II, p. 112. Lettre de Buffon à Catherine II ; au jardin du roi, le 14 décembre 1781.

Encore une fois, tout cela n'est que pure rhétorique chez Voltaire comme chez Buffon et les autres; car D'Alembert aurait aussi à se reprocher avec Frédéric quelques flatteries de ce genre. Au fond, l'on ne souhaitera pas, même alors, que l'ennemi soit le plus fort; et l'on s'empressera d'écrire à son banquier de Berlin pour faire donner, après Rosbach, à ces mêmes « blancs-poudrés, » prisonniers et dépouillés, tout l'argent dont ils pourraient avoir besoin [1]. Voltaire aime trop ce Paris si charmant, si malin, qui l'a tant applaudi et qui lui a fait tant de misères, pour n'être pas attristé de nos revers, en dépit de ces petites lâchetés de plume. « Le roi de Prusse, mande-t-il à Thiériot en décembre 1757, m'écrit toujours des vers en donnant des batailles; mais soyez sûr que j'aime encore mieux ma patrie que ses vers, et que j'ai tous les sentiments que je dois avoir [2]. » Il écrivait, cinq jours auparavant, à d'Argental : « Je ne m'intéresse à aucun événement que comme Français, je n'ai d'autre intérêt et d'autre sentiment que ceux que la France m'inspire; j'ai en France mon bien et mon cœur [3]. » Voilà ce qu'il pense, voilà ce qu'il sent. Soyons plus ou moins indulgents, plus ou moins sévères à l'égard de ces boutades, de ces plaisanteries qu'il n'aurait pas dû se permettre et qu'il expie assez par le doute qu'elles peuvent laisser sur ses véritables sentiments. En réa-

---

1. Longchamp et Wagnière, *Mémoires sur Voltaire* (Paris, 1826), t. I, p. 66. Additions au *Commentaire historique*.
2. Voltaire, *OEuvres complètes* (Beuchot), t. LVII, p. 399. Lettre de Voltaire à Thiériot; Délices, 7 décembre 1757.
3. *Ibid.*, t. LVII, p. 385. Lettre de Voltaire à d'Argental; aux Délices, 2 décembre 1757.

lité, il est demeuré Français, et, s'il plaisante sur les héros de Rosbach, il est intérieurement humilié, et la revanche serait prompte, si cela dépendait de lui[1].

Ce *Congé des cercles et des tonneliers* ne sera point la seule et dernière malice rimée du Juvénal de Sans-Souci; et les satires succéderont aux satires contre des ennemis qu'atteindront plus sûrement ses armes. Ainsi c'était, une fois, une Épître sur *le Hasard*, dédiée à sa sœur Amélie, dans laquelle il se montrait peu galant et peu courtois à l'endroit de madame de Pompadour qu'il traitait même avec le dernier mépris.

> L'indigne rejeton d'un financier proscrit
> Devint l'heureux objet dont son cœur se nourrit;
> Toujours plus amoureux, et resserrant ses chaînes,
> En ses mains de l'État Louis remet les rênes.
> Ce d'Amboise en Fontange est l'atlas des Français;
> A son bureau se vend et la guerre et la paix.
> Pompadour ne fait point filer le fils d'Alcmène,
> C'est l'indolent Bourbon que l'habitude enchaîne;
> Et ces charmes divins, que nous n'aurions connus
> Qu'en quelque temple obscur, sous les lois de Vénus
> Décident à présent des destins de l'Europe[2].

[1]. Cette religion de la patrie, qui devait bientôt en France s'exalter jusqu'à la frénésie, ne trouve, à cette même époque, qu'athées en Allemagne; et les grands esprits du temps se font gloire de secouer ce préjugé suranné. Herder n'est plus qu'un « citoyen du monde. » Lessing déclare n'avoir « aucune notion de l'amour de la patrie. » Schiller, dans un distique célèbre, donne à ses compatriotes le conseil de se borner à être hommes; et Fichte revendique dans ses *Traités du temps* les droits du « cosmopolitisme » contre les prétentions du sentiment national. *Revue des Deux Mondes* (1ᵉʳ novembre 1870), t. XC, p. 10. Hillebrand, la *Société de Berlin* de 1789 à 1815.

[2]. *Œuvres de Frédéric le Grand* (Berlin, Preuss), t. XII, p. 60, 61. *Épître sur le Hasard*, à ma sœur Amélie. Corrigée à Pretzschendorf, le 7 janvier 1760. Dans sa lettre à Voltaire du 12 mars 1759, Frédéric dit de cette pièce : « Une vieille épître que j'ai faite il y a

C'était, une autre fois, une Ode au prince Henri, une seconde au prince Ferdinand, ou bien encore une Épître à milord Maréchal, qui ne brillaient, aucune, ni par la décence ni par l'atticisme. Mais cela répondait à l'amertume et à la passion dont on était plein.

Frédéric n'avait eu rien de plus pressé que d'envoyer ces trois pièces, comme tout ce qu'il composait, à l'auteur de la *Henriade*, qui n'aurait eu, lui, qu'à remercier, si une circonstance étrange ne lui eût donné à réfléchir. Voltaire crut s'apercevoir que le paquet qui renfermait ces poésies némésiennes avait été ouvert. Ouvert par qui? On sait qu'alors les gouvernements ne se faisaient pas scrupule de pénétrer dans les secrets confiés à la poste, et que c'était, de leur part, un procédé si usuel, qu'il fallait être un allobroge ou un Quesnay pour s'en indigner [1]. Au moins était-il prudent de ne dépêcher ou de ne recevoir rien qui pût éveiller des défiances déjà trop alertes. Le poëte, très-aisé d'ailleurs à prendre alarme, disposé à tout croire et à tout craindre, pensa qu'avec la réputation bien connue d'avoir jusqu'ici corrigé les vers du roi de Prusse, il ne manquerait pas de se voir attribuer ces derniers. Avant de dire le parti que lui dictera l'appréhension de voir M. de Choiseul au fait par un autre des terribles confidences de son correspon-

---

un an; » et Voltaire dit, dans sa réponse du 30 mars : « Il me paraît, par la date, que Votre Majesté s'amusa à faire des vers quelques jours avant notre belle aventure de Rosbach. »

1. L'économiste Quesnay disait, en voyant l'intendant des Postes porter au roi les extraits des lettres décachetées : « Je ne dînerais pas plus volontiers avec l'intendant qu'avec le bourreau. » Alphonse Jobez, *La France sous Louis XV* (Paris, Didier), t. V, p. 193.

dant couronné, citons encore, puisque nous avons cité les vers à l'adresse de la favorite, cet échantillon de l'Ode au prince Ferdinand, qui justifiera et les perplexités du poëte et la résolution extrême à laquelle il s'arrêta.

> O nation folle et vaine,
> Quoi! sont-ce là ces guerriers,
> Sous Luxembourg, sous Turenne,
> Couverts d'immortels lauriers;
> Qui, vrais amants de la gloire,
> Affrontaient, pour la victoire,
> Les dangers et le trépas?
> Je vois leur vil assemblage
> Aussi vaillant au pillage
> Que lâche dans les combats....
> Quoi! votre faible monarque,
> Jouet de la Pompadour,
> Flétri par plus d'une marque
> Des opprobres de l'amour,
> Lui qui détestant les peines
> Au hasard remet les rênes
> De son empire aux abois,
> Cet esclave parle en maître,
> Ce Céladon sous un hêtre
> Croit dicter le sort des rois!.....
> Qu'il soutienne ses oracles
> A force de grands miracles;
> Mais déjà l'ennui l'endort :
> Il ignore dans Versailles
> Que par le gain des batailles
> Du monde on fixe le sort[1].

Pour échapper à toute supposition de complicité, Voltaire pria le résident de France à Genève de venir

---

1. *OEuvres de Frédéric le Grand* (Berlin, Preuss), t. XII, p. 8 à 13. Ode au prince Ferdinand de Brunswick, sur la retraite des Français en 1758.

chez lui, et lui montra le paquet qui avait été vraisemblablement décacheté avant d'arriver à destination. L'avis de celui-ci fut qu'il n'y avait à faire autre chose, dans une aventure où il y allait de la tête, que de le retourner au ministre de France. « En toute autre circonstance, ajoute Voltaire, je n'aurais point fait cette démarche; mais j'étais obligé de prévenir ma ruine¹... » Il se trouvait incontestablement dans le cas de légitime défense; et tant pis pour Frédéric, s'il n'avait point pris plus de précautions pour éviter que des tiers ne missent le nez dans leurs confidences! Tout citoyen suisse que l'on fût, on était et on voulait demeurer sujet du roi de France. Aussi, dans l'accusé de réception, le destinataire insistait-il sur le peu de sûreté qu'il y aurait pour tout autre qu'un prince à rimer de pareils vers. « Il y a dans cette ode un certain endroit dont il n'appartient qu'à vous d'être l'auteur. Ce n'est pas assez d'avoir du génie pour écrire ainsi, il faut encore être à la tête de cent cinquante mille hommes². » A cela Frédéric de répondre : « Je me sers de toutes mes armes contre mes ennemis; je suis comme le porc-épic qui, se hérissant, se défend de toutes ses pointes... » L'aveu ne manque assurément pas de franchise; mais que dire des lignes qui suivent? « Il semble qu'on ait oublié dans cette guerre-ci ce que c'est que les bons procédés et la bienséance. Les nations les plus policées font la guerre en bêtes féroces. J'ai honte de

---

1. Voltaire, *OEuvres complètes* (Beuchot), t. XL, p. 122. Mémoires pour servir à l'histoire de M. de Voltaire, écrits par lui-même.
2. *Ibid.*, t. LVIII, p. 62. Lettre de Voltaire à Frédéric; aux Délices, 27 mars 1759.

l'humanité ; j'en rougis pour le siècle[1]. » Est-ce candeur, est-ce cynisme ? Cette guerre impie, qui l'a provoquée ? Est-ce l'Europe menacée ou bien une ambition déréglée, effrénée, sans souci du juste et de l'injuste, surexcitée par l'amour de la conquête, à laquelle la force seule saurait donner des bornes ? Quant aux mauvais procédés, aux manques de bienséance qui indignent à ce point, de quel côté viennent-ils ? Lequel du roi de France ou du roi de Prusse s'oublie jusqu'à rimer contre un prince ennemi des vers (mauvais ou bons, ce n'est pas la question), où la majesté royale, le caractère sacré du souverain auraient dû être au moins respectés ; car Frédéric croyait en son droit divin, et, tout philosophe qu'il était, ne supposait pas que les peuples fussent créés pour une autre fin que celle du troupeau que mène, selon son bon plaisir, un berger trop souvent impitoyable.

Tout cela ne l'empêche point de se défendre, comme le fera Voltaire en pareil cas, du triste métier de satirique. Il n'ambitionne pas l'affreuse gloire de Pétrone, « il ne veut point se souiller dans la fange de son fumier[2]. » Certes, dans cette longue guerre, sa fière attitude, ses efforts désespérés, ses défaites même, qui le trouvent inflexible, sont d'un héros, et nous ne sommes pas d'humeur à amoindrir à plaisir cette grande figure. Mais, comme l'a dit Voltaire, il y a deux hommes en Frédéric, Alexandre et l'abbé Cotin, César et

---

1. Voltaire, *OEuvres complètes* (Beuchot), t. LVIII, p. 69. Lettre de Frédéric à Voltaire ; Bolkenhain, 11 avril 1759.

2. *Ibid.*, t. LVIII, p. 93. Lettre de Frédéric à Voltaire ; à Landshut, le 18 mai 1759.

Pradon. Il se battra comme un lion, mais il ne pourra pas se défendre de composer de mauvais vers contre le Bien-Aimé, comme il appelle Louis XV, et la favorite, qui ne le lui pardonnera pas. Était-ce digne? non, à coup sûr. Ce qui était plus grave, c'est que l'on provoquait ainsi des ressentiments implacables; et quand, à bout de forces, réduit aux dernières extrémités, l'on se retournera vers la France comme plus facile à fléchir, on rencontrera une muraille de glace, une volonté arrêtée de n'entrer en aucun arrangement avec l'auteur de l'Épître *sur le Hasard*. « Il m'a passé par les mains des choses bien extraordinaires depuis peu, écrivait vers ce temps Voltaire au banquier Tronchin. Je vous réponds de la plus implacable animosité entre le roi de France et le roi de Prusse. On fera plutôt la paix avec les Anglais, à quelque prix que ce soit, qu'avec lui. Il faut que ce prince soit écrasé, ou qu'il écrase [1]. »

Le philosophe de Sans-Souci trouvait assez ridicule cette sorte d'effroi inspiré par une satire comme le poëte en avait tant composé contre des puissances d'un autre ordre, il est vrai. « Vos lettres m'ont été rendues sans que housards, ni Français, ni autres barbares, les aient ouvertes. L'on peut écrire ce que l'on veut, et très-impunément, sans avoir *cent cinquante mille hommes*, pourvu qu'on ne fasse rien imprimer. Et souvent on fait imprimer des choses plus fortes que je n'en ai jamais écrit ni n'en écrirai, sans qu'il en arrive le moindre mal à l'auteur; témoin

---

[1]. Voltaire, *Lettres inédites* (Paris, Didier, 1857), t. I, p. 542. Lettre de Voltaire à Tronchin de Lyon; Délices, 2 mai 1759.

votre *Pucelle*[1]. » Le soupçon vint pourtant à Frédéric d'une indiscrétion de la part de Voltaire, auquel il le laissa entendre dans une des lettres trop nombreuses qui ne nous sont pas parvenues, et ce dernier dut le rassurer de son mieux. « Comment avez-vous pu imaginer que je pusse jamais laisser prendre une copie de votre écrit adressé à M. le prince de Brunswick? Il y a certainement de très-belles choses; mais elles ne sont pas faites pour être montrées à ma nation. Elle n'en serait pas flattée; le roi de France le serait encore moins, et je vous respecte trop l'un et l'autre pour jamais laisser transpirer ce qui ne servirait qu'à vous rendre irréconciliables... Soyez dans un parfait repos sur cet article. Ma malheureuse nièce, que cet écrit a fait trembler, l'a brûlé, et il n'en reste de vestige que dans ma mémoire, qui en a retenu trois strophes trop belles[2]. » Mais le philosophe de Sans-Souci ne goûta que médiocrement l'excessive prudence de madame Denis. « Votre nièce a fait éclater le faste de son zèle, en faveur de sa nation ; elle m'a brûlé comme je vous ai fait brûler à Berlin, et comme vous l'avez été en France[3]. » Le rapprochement était plaisant ; mais le fait eût été véritable, qu'il ne pouvait être pris pour une revanche, et Voltaire n'eût pas été homme à donner quittance sur un tel à-compte.

Le duc de Choiseul, esprit prompt, inventif, apte aux

---

1. Voltaire, *OEuvres complètes* (Beuchot), t. LVIII, p. 208. Lettre de Frédéric à Voltaire ; à Landshut, le 18 avril 1759.

2. *Ibid.*, t. LVIII, p. 99. Lettre de Voltaire à Frédéric ; 19 mai 1759.

3. *Ibid.*, t. LVIII, p. 112. Lettre de Frédéric à Voltaire ; à Reich-Hennersdorf, le 19 juin 1759.

grandes affaires, mais appartenant à son époque par sa légèreté, son insouciance, sa profonde immoralité, jugea que le mieux encore était d'accepter le combat sur le même terrain : il était alors, en effet, plus aisé de trouver en France un homme de lettres qu'un général capable de tenir tête au Salomon du Nord. « Il paya le roi de Prusse en même monnaie, dit Voltaire, et m'envoya une ode contre Frédéric, aussi mordante, aussi terrible que l'était celle de Frédéric contre nous. » Cette ode, véritable chef-d'œuvre de verve et de fiel, est un historique peu charitable de la vie intime et politique du « tyran des rives de la Sprée. » Tout y est raconté, ses trahisons à l'égard de ses alliés, l'envahissement en pleine paix de la Saxe, la sauvage occupation de Dresde, ses odieux procédés envers une princesse infortunée; son caractère, ses penchants, sa ridicule passion des vers, ses faiblesses, son courage équivoque, au moins en une rencontre, ses vices honteux, tout cela trouve sa place dans cette philippique, qui rappelle, avec plus de correction et de goût, les *Philippiques* de La Grange-Chancel. Cette némésienne, qui ne comptait pas moins de vingt strophes, finissait par celles-ci, closes elles-mêmes par un dernier vers qui n'était que trop significatif :

> Par tes vers, par ta politique,
> Et par ton orgueil despotique
> Déjà trop semblable à Denis,
> Héritier de ses artifices,
> De son génie et de ses vices,
> Crains la disgrâce de son fils.
>
> Que pourrait alors ta faiblesse?
> Sur une indocile jeunesse

> Régner alors par la terreur;
> Et retrouver dans ce délire
> Quelque apparence de l'empire
> Que tu perdis par ta fureur!
>
> Jusque-là, censeur moins sauvage,
> Souffre l'innocent badinage
> De la nature et des amours.
> Peux-tu condamner la tendresse,
> Toi qui n'en as connu l'ivresse
> Que dans les bras de tes tambours[1]?

A ces allusions aux faiblesses d'un roi trop voluptueux l'on ripostait par de plus terribles à l'égard d'abominations dont la rumeur publique chargeait l'agresseur. Si Voltaire ne nous donne point le nom de l'auteur de cette pièce virulente, qui était pourtant un de ses protégés, c'est qu'on ne jugea pas à propos de le lui dire, et qu'il en était réduit aux conjectures. M. de Choiseul fit plus et se déclara bravement le coupable. « Je ne lis pas les feuilles de Frelon, écrivait une année après Voltaire à d'Argental. J'ignore s'il loue ou s'il blâme les œuvres de *Luc;* mais, entre nous, je soupçonne M. le duc de Choiseul de s'être servi de lui pour répondre à certaine ode de *Luc* contre le roi. Cependant M. le duc de Choiseul m'écrivit qu'il l'avait faite lui-même. Tant mieux, si cela est; j'aime qu'un ministre soit du métier, et j'admire sa facilité et sa promptitude[2]. » En réalité, l'on s'était adressé à un homme dont on savait la verve et qui avait donné

---

1. Palissot, *Le Génie de Voltaire apprécié dans tous ses ouvrages* (Paris, 1806), p. 327 à 330. Ode au roi de Prusse.
2. Voltaire, *Œuvres complètes* (Beuchot), t. LVIII, p. 440. Lettre de Voltaire à d'Argental; aux Délices, 13 juin 1760.

la mesure de son talent, bien que les *Philosophes* et la *Dunciade* fussent encore à naître, et c'est lui-même qui nous apprend le choix que l'on fit de lui pour éteindre le feu de l'ennemi. « Le duc de Choiseul fit venir Palissot à Versailles, et lui donna l'ordre, au nom du roi, de répondre à Frédéric, de manière à lui faire perdre l'envie de répandre son ode. Palissot ne pouvait qu'obéir[1]... » Si D'Alembert, Diderot et les encyclopédistes avaient su ces détails, ils auraient compris davantage la protection dont le ministre couvrait, quelques mois plus tard, l'auteur de la comédie des *Philosophes*, sans s'en indigner moins, il est vrai.

Signalons, en passant, un fait assez plaisant et à peu près ignoré, car on ne connaît guère la pièce de Palissot que par ce que nous en a transmis Voltaire, qui ne s'est pas cru obligé de pousser jusqu'à l'abnégation la fidélité de citation. La quinzième strophe débutait ainsi :

> Abjure un espoir téméraire :
> En vain la muse de Voltaire
> T'enivra d'un coupable encens...

Il ne fit pas scrupule de la remplacer tout entière par une autre de sa façon :

> Cependant celui dont l'audace...

qui ne ressemble en rien à celle qu'il jugeait convenable d'écarter. Il voulait bien accorder dans ses *Mémoires* l'hospitalité à ces noirceurs qui le vengeaient aussi,

---

[1]. Palissot, *Le Génie de Voltaire apprécié dans tous ses ouvrages* (Paris, 1806), p. 325, 326.

mais après en avoir, cela va sans dire, éliminé les traits malins qui pouvaient le concerner [1].

Le ministre, nanti de cette pièce peu tendre, la fit passer à Frédéric, le prévenant qu'on était résolu à en user en tout avec lui comme il en userait lui-même avec la cour de France. La menace produisit son effet, et, des deux parts, l'on se tint coi. « Le duc de Choiseul, ajoute Voltaire, en me faisant parvenir cette réponse, m'assura qu'il allait la faire imprimer, si le roi de Prusse publiait son ouvrage, et qu'on battrait Frédéric à coups de plume comme on espérait le battre à coups d'épée [2]. » Le poëte, qui ne s'était pas raccommodé pour se brouiller à nouveau, attendait de la générosité du ministre de n'être pas trahi. M. de Choiseul tint parole et fut discret, ce qui pourtant lui était peu habituel.

[1]. Ces sortes d'ouvrages, en passant de main en main, ne laissaient pas de subir de notables changements, car chacun se croyait autorisé à y mettre du sien ; et Palissot, qui se constituera plus tard l'éditeur de Voltaire, ne semble pas supposer que cette altération sensible de son texte soit du fait de l'auteur de la *Henriade*. Mais cela ne saurait modifier en rien nos présomptions à cet égard.

[2]. Voltaire, *OEuvres complètes* (Beuchot), t. XL, p. 124. Mémoires pour servir à l'histoire de la vie de M. de Voltaire, écrits par lui-même.

IX

NÉGOCIATIONS SECRÈTES. — LES ŒUVRES DU PHILOSOPHE
DE SANS-SOUCI. — LE THÉATRE DE TOURNAY.

Depuis la mort de la margrave de Bayreuth, la princesse de Saxe-Gotha s'était chargée de faire tenir les lettres qu'on s'adressait à tour de rôle. « Ce n'est certainement pas par vos mains, madame, écrivait à cet égard Frédéric à la duchesse, que doit passer ma correspondance avec V.; cependant, dans ces circonstances présentes, j'ose vous prier de lui faire parvenir ma réponse, à laquelle je ne mets aucune adresse[1]. » La princesse se prêtait d'ailleurs à cet échange avec une parfaite bonne grâce. « Que Votre Majesté ne balance pas à me charger des ordres qu'elle voudra donner à notre auteur; il s'y attend, sire, et je me sens trop flattée de pouvoir vous prouver mon zèle pour n'en pas rechercher les occasions avec ardeur et empressement[2]. » Mais ce commerce épis-

---

1. *OEuvres de Frédéric le Grand* (Berlin, Preuss), t. XVIII, p. 170. Lettre de Frédéric à la duchesse de Saxe-Gotha; Sagon, 22 septembre 1759.

2. *Ibid.*, t. XVIII, p. 171. Lettre de la duchesse de Saxe-Gotha à Frédéric; Gotha, 15 novembre 1759.

tolaire n'avait pas lieu sans intermittences et sans temps d'arrêt; et l'on n'était rien moins que sûr de faire parvenir à destination ce que l'on s'écrivait mutuellement. Ainsi, le roi n'avait pas reçu un paquet du poëte, à la date du 29 août, qui devait contenir des choses d'une haute importance, auxquelles il répondait à tout hasard :

> Je ne sais rien, lui mandait-il, de ce que vous avez voulu me faire savoir; mais, pour faire la paix, voilà deux conditions dont je ne me départirai jamais : 1° de la faire complétement avec mes fidèles alliés; 2° de la faire honorable et glorieuse. Voyez-vous! il ne me reste que l'honneur. Je le conserverai au prix de mon sang.
>
> Si on veut la paix, qu'on ne me propose rien qui répugne à la délicatesse de mes sentiments. Je suis dans les convulsions des opérations militaires; je suis comme les joueurs qui sont dans le malheur et qui s'opiniâtrent contre la fortune. Je l'ai forcée de revenir à moi plus d'une fois, comme une maîtresse volage. J'ai affaire à de si sottes gens, qu'il faut nécessairement qu'à la fin j'aie l'avantage sur eux[1].

Voilà qui est d'un grand cœur; mais la paix ne se fait pas sans concessions et sans cessions. En dépit de tant d'assurance, Voltaire ne doute pas que les choses ne tournent mal pour le Salomon du Nord. « Chassé de Dresde et de la moitié de ses États, écrivait-il à la comtesse de Lutzelbourg, entouré d'ennemis, battu par les Russes, et ne pouvant remplir son coffre-fort épuisé, il faudra probablement qu'il vienne faire des vers avec moi aux Délices; à moins que, par un nouveau miracle, il ne s'avise de battre toutes les armées

---

1. Voltaire, *OEuvres complètes* (Beuchot), t. LVIII, p. 183. Lettre de Frédéric à Voltaire; 22 septembre 1759.

qui l'environnent¹... » Mais c'est ce qui devait arriver, et le poëte en fut pour l'espoir d'offrir une hospitalité princière à celui au nom duquel il avait été si durement, si inhumainement traité à Francfort. Bientôt après, en effet, Frédéric se chargeait lui-même de lui apprendre la fin de la campagne que venaient de clore l'évacuation de la Bohême par les Autrichiens et la retraite de Daun, qu'il s'efforçait de rendre aussi ardue que possible. Mais il n'était pas sans comprendre tout ce qu'avaient d'éventuel, de terriblement précaire cette vie d'expédients, cette nécessité journalière de faire des miracles, et il appelait la paix de tous ses vœux; car nous le savons déjà, il avait horreur de la guerre, et tous ces désastres étaient la suite de l'insatiable ambition de ses ennemis : « Qu'ils prescrivent des bornes à leurs vastes projets, s'écrie-t-il; que si ce n'est la raison, que l'épuisement de leurs finances, et le mauvais état de leurs affaires les rendent sages, et que la rougeur leur monte au front en apprenant que le ciel, qui a soutenu les faibles contre l'effort des puissants, a accordé à ces premiers assez de modération pour ne point abuser de leur fortune et pour leur offrir la paix². » Tout cela aurait été mieux à sa place dans une ode que dans une lettre intime à l'adresse d'un sceptique qui le connaissait trop pour ne pas sourire à ce superbe appel à la puissance céleste, dont tôt ou tard l'aide est acquise au faible contre le fort, à la

---

1. Voltaire, OEuvres complètes (Beuchot), t. LVIII, p. 193. Lettre de Voltaire à madame de Lutzelbourg; 6 octobre 1759.
2. Ibid., t. LVIII, p. 239. Lettre de Frédéric à Voltaire; Wilsdruff, le 19 novembre 1759.

vertu contre la violence et presque la barbarie[1]. Il finissait en exhortant l'auteur de la *Henriade* à s'employer pour la paix, comme c'est du reste le refrain invariable de la plupart de ses lettres de ce temps.

Ce dernier ne demandait pas mieux : il était autorisé par M. de Choiseul à lui écrire, et il aurait bien voulu que cette correspondance amenât quelque résultat. Il supplie d'Argental d'aller à une des audiences du mardi, de sonder le ministre et de savoir ce qu'il pensait d'un homme qui avait grand désir de lui plaire, de le servir, et comme son obligé et comme citoyen.

Quelquefois, quand on veut, sans compromettre la dignité de la couronne, arriver à un but désiré, on se sert d'un capucin, d'un abbé Gauthier[2], ou même d'un homme obscur comme moi, comme on envoie un piqueur détourner un cerf, avant qu'on aille au rendez-vous de chasse. Je ne dis pas que j'ose me proposer, que je me fasse de fête, que je prévienne les vues du ministère, que je me croie même digne de les exécuter; je dis seulement que vous pourriez hasarder ces idées et les échauffer dans le cœur de M. de Choiseul[3].

Le 24 novembre, dans une dernière lettre à d'Ar-

---

1. Dès 1757, Frédéric écrivait à sa sœur, avec laquelle il pouvait cependant se dispenser de ces grands mots : « Depuis la ligue de Cambrai, il n'y a point d'exemple d'une conspiration pareille à cet infâme triumvirat (l'Autriche, la France et la Russie) formé contre moi. Cela est affreux et fait honte à l'humanité et aux bonnes mœurs. » *OEuvres de Frédéric le Grand* (Berlin, Preuss), t. XXVII, p. 297. Lettre de Frédéric à la margrave de Bayreuth ; Leitmeritz, 13 juillet 1757.

2. Voltaire, *OEuvres complètes* (Beuchot), t. XX, p. 94. *Siècle de Louis XIV.*

3. *Ibid.*, t. LVIII, p. 243. Lettre de Voltaire à d'Argental (à vous seul); novembre 1759.

genital, il revient à ses insinuations premières. M. de Choiseul lui a fait l'honneur de l'assurer qu'il était content de lui; c'était assez pour l'engager à pousser plus avant. La France allait à un abîme, et il était plus que temps de l'arrêter. Nous étions en passe de perdre nos colonies, et l'on ne voyait pas trop comment nous nous indemniserions sur le continent: « *Luc* voudrait bien la paix. Y aurait-il si grand mal à la lui donner et à laisser à l'Allemagne un contre-poids? *Luc* est un vaurien, je le sais; faut-il se ruiner pour anéantir un vaurien dont l'existence est nécessaire[1]? » Voltaire a une assez étrange façon de prendre en main la cause de ses amis, et Frédéric aurait écouté aux portes que c'était pour le coup qu'il eût trouvé que l'on mettait par trop de côté le respect qui lui était dû. Mais cette épithète de vaurien ne l'eût pas aussi indigné qu'on pourrait le croire, et c'est un personnage qu'il songera à jouer, comme il le déclarera à Voltaire lui-même.

Celui-ci raconte que M. de Choiseul lui écrivait des lettres conçues de telle sorte, que le roi de Prusse pût se hasarder à faire quelques ouvertures de paix, sans que l'Autriche, incessamment en éveil, eût lieu de prendre ombrage du ministère de France; et que Frédéric lui en écrivait de pareilles, sans risquer davantage de déplaire à la cour de Londres. Ce va-et-vient de correspondances sournoises, communiquées sous le sceau du secret, se trouve confirmé dans une lettre à d'Argental datée du 11 janvier 1760: « A l'égard de *Luc*, je n'ai fait autre chose qu'envoyer à

---

1. Voltaire, *OEuvres complètes* (Beuchot), t. LVIII, p. 223. Lettre de Voltaire à d'Argental ; aux Délices, 24 novembre 1759.

M. le duc de Choiseul les lettres qu'il m'écrivait pour lui être montrées. Je n'ai été qu'un bureau d'adresse. »

La correspondance du roi de Prusse et de son ancien chambellan était, en effet, des plus actives. Toutes ces lettres roulaient sur un thème constamment le même : la paix. Le 30 novembre, Voltaire envoyait à M. de Choiseul un gros paquet de *Luc*, dont il y avait sans doute quelque lumière à tirer. Il nous a dit quelles étaient ses précautions en prévision des hussards du prince Hildbourghausen. Dans ces lettres d'une incontestable curiosité, le roi de Prusse n'est plus le roi de Prusse; c'est la cousine de Mlle Pertriset[1], ou Mlle de Pestris ou Pertris, à Gotha par Nuremberg[2], ou bien encore le chevalier Pertriset; c'est aussi le banquier de la demoiselle, avec lequel les comptes sont difficiles à arranger. « J'ai reçu la lettre par laquelle Votre Altesse Sérénissime daigne m'instruire que Mlle Pestris approuve mes démarches auprès de son banquier, écrivait le poëte à la duchesse de Gotha, le 25 décembre 1759. Je crois qu'il ne tient qu'à lui de s'accommoder avec ses créanciers. Il m'a écrit par un correspondant; j'avoue, madame, que je ne m'entends point du tout à ces sortes d'affaires. Je ne fais que rapporter des paroles, avec simplicité et fidélité, pour le bien de deux ou trois familles[3]... » Les créanciers de la demoiselle sont, avec les Français, les

---

1. *Voltaire à Ferney* (Paris, Didier, 1860), p. 212. Lettre de Voltaire à la princesse de Saxe-Gotha; 29 avril 1759.

2. *Ibid.*, p. 222. Du même à la même; 22 octobre 1759.

3. *Ibid.*, p. 223, 224. Du même à la même; aux Délices, 25 décembre, et n'a pu partir que le 29 (1759).

Autrichiens, les Suédois et les Russes. Comme nous venons de le dire, les lettres de ce banquier, si importantes pourtant, n'arrivaient pas toujours ou n'arrivaient qu'après s'être plus ou moins fait attendre. Voltaire est prévenu qu'il y a en route un paquet d'importance; huit jours se passent dans les perplexités, il se décide à écrire qu'il n'a rien reçu. Mais, comme ce n'est que trop l'ordinaire, sa lettre partie, le paquet lui est remis. « Le paquet de ce banquier, que Votre Altesse Sérénissime protége, arriva deux heures après que je l'eus informé que je ne l'avais pas reçu. Les affaires qu'il discute avec les créanciers de nos quartiers sont un peu épineuses : je les ai vivement recommandées au syndic de Genève [1]... » Ce syndic est, plus que probablement, M. de Choiseul.

Tout n'allait pas à souhait; Mlle de Pertris n'était accommodante qu'en paroles, et il était peu aisé, en réalité, de tirer quelque chose d'elle ou de son banquier, ce qui était tout un. « Si mon petit commerce avec la personne que vous savez trouve quelques épines, il me vaut bien des fleurs de la part de Votre Altesse Sérénissime. Je la crois un peu coquette. Ce n'est pas vous, madame, assurément que je veux dire, c'est la belle dont Votre Altesse Sérénissime favorise les beautés et les prétentions. Elle a fait part de ses amours à un confident qui n'a pas le cœur tendre, et je crois que son amant pourrait être un peu refroidi... J'ai de la peine avec la coquette; je sais bien qu'elle est faite pour

---

1. *Voltaire à Ferney* (Paris, Didier, 1860), p. 225. Lettre de Voltaire à la princesse de Saxe-Gotha; 4 janvier 1759.

séduire et qu'avec tant de beauté on n'attend pas d'elle beaucoup de bonne foi. Je souhaite qu'on respecte ses caprices et qu'elle ne s'en repente pas [1]... » Ce confident qui n'a pas le cœur tendre, c'est l'Angleterre, c'est M. Pitt. Dans une lettre du 22 décembre, à l'adresse de d'Argental, le poëte fait allusion à un essai d'entente entre la France et l'Angleterre, dont il attribue l'initiative au duc de Choiseul.

Cette situation ne laissait pas d'être piquante, et ce rôle d'intermédiaire officieux et mystérieux eût passionné un homme plus détaché, plus désintéressé des choses de ce monde que ne l'était le solitaire des Délices. Cependant, ce personnage était bien modeste, et, certes, l'on méritait mieux. Pour peu que nous nous reportions aux premières tentatives du poëte pour se rendre utile, et que l'on se souvienne de ses efforts auprès du cardinal Dubois afin d'être employé d'une façon quelconque; pour peu qu'on le suive pas à pas dans la mission ingrate qui lui fut assignée durant son séjour d'un mois en Prusse (1743), et que M. Amelot ne se pressa point de récompenser; pour peu que l'on joigne aux services antérieurs ceux de l'heure actuelle, services sous le manteau, services obscurs, dont n'a garde, sans le reconnaître autrement, de ne point profiter la diplomatie officielle; on se demande comment cette nature ambitieuse, cet esprit vif, lumineux, retors, doué de toutes les qualités qui font l'homme politique, sentant sa force, son aptitude innée aux grandes affaires, put se résigner avec autant de bonne

---

[1]. *Voltaire à Ferney* (Paris, Didier, 1860), p. 228, 229. Lettre de Voltaire à la duchesse de Saxe-Gotha; 26 janvier 1760.

grâce à n'être, comme il le dit, qu'un bureau d'adresse; et cela sans témoigner la moindre amertume d'être si peu apprécié de gens faits pour deviner en lui d'autres facultés que celles d'aligner des vers et d'imaginer des tragédies. Mais cette organisation aussi souple qu'obstinée savait s'arranger d'un minimum d'avantages, lorsqu'il lui demeurait démontré que c'était tout ce que pouvaient rendre les conjonctures présentes. Il ne marchandera ni les flatteries ni les caresses à l'ami de la favorite, au ministre tout-puissant. Il ne verra que l'intérêt public, il n'aspirera qu'à la paix, dont le pays a tant besoin, et il attendra tout, malgré la triste situation de nos affaires, des lumières « et de la belle âme de M. le duc de Choiseul[1]; » car il n'est question, à ce moment, que de « la belle âme » du ministre. La belle âme revient à tout propos. « Il me semble, écrit-il encore à son ange gardien, que sa belle âme était faite pour la vôtre[2]. » Ce sera aussi « révérence parler, une bien aimable créature[3]. » Mais nous sommes, de vieille date, familiarisés avec ces sortes d'hyperboles, qu'innocentent ici les grâces fraîchement obtenues à l'égard de Ferney et de Tournay. La reconnaissance est une trop belle et trop rare vertu pour qu'on ne lui passe point quelques exagérations et quelque excès. Toutefois, M. de Choiseul est moins alerte à tenir la plume que le Salomon du

1. Voltaire, *OEuvres complètes* (Beuchot), t. LVIII, p. 274. Lettre de Voltaire à d'Argental; aux Délices, 31 décembre 1759.

2. *Ibid.*, t. LVIII, p. 284. Du même au même, 22 décembre 1759.

3. Voltaire, *Lettres inédites* (Paris, Didier, 1857), t. I, p. 295. Du même au même; aux Délices, 1er février 1760.

Nord; et l'auteur de la *Henriade* de s'en plaindre avec des intonations d'amoureux. « *Luc* est plus fou que jamais; je suis convaincu que s'il voulait nous aurions la paix. Je ne désespère encore de rien; mais il faudrait que M. le duc de Choiseul m'écrivît au moins un petit mot de bonté. Cela n'est-il pas honteux que je reçoive quatre lettres de *Luc* contre une de votre aimable duc [1]? »

Mais, durant cela, se perpétrait dans Paris une de ces manœuvres souterraines qui peignent bien le peu de convenance et de sérieux d'un gouvernement dénué de toute énergie comme de tout sens moral. Nous voulons parler de la publication occulte des *OEuvres du philosophe de Sans-Souci*, publication dont le principal but était de compromettre le roi de Prusse qui se passait tout, la plume comme l'épée à la main. Quels étaient les indiscrets ou les traîtres? A qui attribuer ces révélations d'une inopportunité flagrante? Le recueil avait été imprimé en Prusse, durant le séjour de l'auteur de la *Henriade* (1750 et 1752), et tiré, chaque fois, à petit nombre, en vue d'un chiffre fort restreint, mais cependant assez notable, d'amis et de confidents, pour que l'on demeurât plus qu'hésitant dans l'indication d'un coupable. Ce coupable, on a voulu que ce fût Voltaire [2]. A moins que ce dernier eût poussé la prévoyance jusqu'à se faire faire par ses secrétaires

---

[1]. Voltaire, *OEuvres complètes* (Beuchot), t. LVIII, p. 333. Lettre de Voltaire à d'Argental; 17 mars 1760.

[2]. *Opere del conte Algarotti* (Venezia, 1794), t. XVI, p. 333, 334. Lettre de Formey à Algarotti; Berlin, le 5 avril 1760. — *OEuvres de Frédéric le Grand* (Berlin, Preuss), t. XIX, p. 168. Lettre du marquis d'Argens au roi de Prusse; Berlin, 18 mai 1760.

une copie d'un livre qui ne lui avait vraisemblablement pas été donné pour lui être repris, il nous semble que le résident Freytag, en lui redemandant les *poéshies* du roi son maître, rendait impossible, sans s'en douter, toute trahison de ce genre, et, partant, protégeait le poëte contre toute accusation ultérieure. Nous ne croyons pas, pour notre compte, à cette culpabilité de Voltaire, qui poussait alors de tout son pouvoir à une entente que cette manœuvre n'était pas faite pour accélérer. Mais nous dirons, non sans stigmatiser comme ils le méritent de pareils actes, qu'il n'aurait fait en cela que combler l'arriéré de ses revanches, surtout si le philosophe des bords de la Sprée n'avait pas été étranger à la publication de l'*Histoire universelle* de Jean Néaulme, ainsi que l'en soupçonna son ancien chambellan. Qui fournit les éléments de cette édition à intentions perfides : c'est, encore un coup, ce qui est resté un mystère. Mais ce qui n'est plus un mystère, c'est la complicité, la coopération active du ministre français, dont la haine pour Frédéric était toujours la même : ce dessous de carte nous est révélé par une curieuse lettre de Choiseul au directeur de la librairie, à la date du 10 décembre 1759.

Il est important, monsieur, lui disait-il, que le ministre du roi ne soit point compromis ni soupçonné d'avoir toléré l'édition des œuvres du roi de Prusse. Ainsi, en cas que M. Darget vienne m'en parler, je l'assurerai fort que je n'ai nulle connaissance de cette impression, et que je vais prendre les ordres du roi pour empêcher qu'elle s'exécute en France. En attendant que je voie M. Darget, j'espère que l'édition sera faite et que tout sera dit...

On était en guerre avec le roi de Prusse, qui avait

d'ailleurs rimé les choses les plus odieuses contre Louis XV et madame de Pompadour; en laissant imprimer, sans s'y opposer, un ouvrage qui ne pouvait que nuire à son auteur, l'on ne sortait pas de son droit, et l'on trouvait plus d'une excuse dans les inqualifiables procédés de l'ennemi. Mais on avait de la pudeur, et, sans renoncer à la vengeance, on voulait qu'elle fût ignorée. En un mot, comme on était faible et qu'on n'avait pas de principes, l'on se faisait hypocrite. Et rien n'est plus curieux que les recommandations du ministre à M. de Malesherbes pour dérouter son monde et sauver les apparences.

On ne peut le tolérer (le recueil) qu'en prenant les plus grandes précautions pour qu'il paraisse imprimé en pays étranger, et il ne faut pas perdre de vue cette considération, en exigeant des corrections.

Par cette considération, je n'en ai proposé que de deux sortes : les unes qui peuvent être faites sans qu'on s'en aperçoive en lisant le texte. Comme ces changements n'ont pour objet que des impiétés du premier ordre ou des traits sur des puissances, on n'a pas à craindre que le roi de Prusse se plaigne qu'on a altéré son texte, et le public ne pourra pas le deviner... Mais, en faisant des retranchements, j'ai évité soigneusement de rien substituer au texte. Ce serait une infidélité condamnable.

Les autres corrections sont des suppressions de noms propres qu'on suppléera par des points ou des étoiles. Ce n'est point là non plus ce qu'on appelle une infidélité. C'est peut-être même un égard pour le roi de Prusse[1].

Disons que c'est de la reconnaissance que Frédé-

---

1. Sainte-Beuve, *Causeries du Lundi* (Paris, Garnier, 1851), t. III, p. 114, 115. Lettre du duc de Choiseul à M. de Malesherbes; à Marly, le 10 décembre 1759.

rie devra au ministre de France pour le soin qu'il prend de cette édition expurgée et pour l'écart intelligent et chrétien qu'il fait des passages malsonnants et scabreux de son œuvre. « On voit, remarque finement Sainte-Beuve, auquel nous sommes redevable de la découverte de cette étrange pièce, on voit que le ministre qui chassa les jésuites de France savait pratiquer au besoin l'escobarderie, et altérer sous main un texte en disant que ce n'était pas une infidélité. » Ces petites manœuvres n'annoncent-elles pas, autant et plus que d'autres indices plus curieux, une société sur sa pente et de laquelle il n'y a rien à attendre de viril, encore moins d'héroïque? Quant à Voltaire, à la date du 26 janvier, il n'avait pu encore, nous dit-il, se procurer les poésies du philosophe de Sans-Souci, qui, s'il fallait l'en croire, prenait philosophiquement son parti sur cette petite noirceur de ses ennemis. « Je ne sais, écrivait-il à l'auteur de la *Henriade*, qui m'a trahi et qui s'est avisé de donner au public des rapsodies qui étaient bonnes pour m'amuser, et qui n'ont jamais été faites à intention d'être publiées. Après tout, je suis si accoutumé à des trahisons, à de mauvaises manœuvres, à des perfidies, que je serais bien heureux que tout le mal qu'on m'a fait, et que d'autres projettent de me faire, se bornât à l'édition furtive de mes vers[1]. » On voit que Frédéric ne soup-

---

1. Voltaire, *OEuvres complètes* (Beuchot), t. LVIII, p. 321. Lettre de Frédéric à Voltaire; à Freyberg, 24 février 1760. Et il disait à la princesse de Gotha, à la date du 8 mai : « Je ne sais pas même encore actuellement qui accuser du larcin qu'on m'a fait. » *OEuvres de Frédéric le Grand* (Berlin, Preuss), t. XVIII, p. 185.

çonnait guère que la trahison vînt de Voltaire, auquel, dans la même lettre, il disait :

> Malgré tous ces écrits dont vous êtes le père,
> Un laurier manque encor sur le front de Voltaire.
>   Après tant d'ouvrages parfaits,
>   Avec l'Europe je croirais,
>   Si par une habile manœuvre
>   Ses soins nous ramenaient la paix,
>   Que ce serait son vrai chef-d'œuvre.

Toute cette lettre est des plus curieuses, car elle traite de plus d'une matière. Le poëte, en prenant souci des affaires de ses amis, n'oublie pas les siennes ; il rend service, c'est bien le cas qu'en échange on lui rende justice, et il demande justice des iniquités de Francfort. Frédéric, sentant, de son côté, que ce n'est pas le moment de décourager le zèle en déclinant toute réparation, répondra avec une parfaite candeur : « Vous me parlez de détails d'une affaire qui ne sont pas venus jusqu'à moi. Je sais que l'on vous a fait rendre, à Francfort, mes vers et des babioles ; mais je n'ai ni su ni voulu qu'on touchât à vos effets et à votre argent. Cela étant, vous pouvez le redemander de droit, ce que j'approuverai fort ; et Schmid n'aura sur ce sujet aucune protection à attendre de moi. » On est surpris qu'il ne soit question que de Schmid. Et Freytag ? d'où vient qu'il ne soit fait aucune mention du chef d'emploi et que Schmid seul ait l'honneur d'être cité ? Hélas ! par la meilleure et la pire des raisons. Cinq ou six semaines avant cette lettre de Frédéric, le poëte écrivait à la duchesse de Gotha : « Freytag doit être bien étonné d'être trépassé d'une mort naturelle[1]. » Mais restait Schmid qui, dans la pensée de l'auteur de la *Henriade*, devait tôt ou tard acquitter, avec sa propre dette, la dette du résident prussien.

Si Frédéric utilisait le zèle de Voltaire, il avait recours à plus d'un expédient. Il adressait, précisément à cette époque, à la duchesse de Gotha le baron Cocceji, son aide de camp, pour la prier de lui trouver quelqu'un que l'on pût envoyer en France sans inspirer le moindre soupçon. Il s'agissait de remettre une lettre au bailli de Froulay, ambassadeur de Malte près notre cour, qui se chargerait de faire passer les propositions secrètes qu'on se décidait à formuler[2]. Ce fut un jeune homme, M. d'Edelsheim, qui fut désigné et dépêché au bailli. Les offres dont il était porteur n'étaient pas de nature à s'imposer, quoi qu'on en eût; et madame de Gotha, à laquelle elles furent communiquées, le fit observer, bien qu'avec ménagement, à son royal correspondant. Mais l'on n'était pas seul, on n'était pas le maître. « Je conviens, madame, qu'il y a bien des choses à redire à cette lettre; mais songez qu'il a fallu la concerter, et que je ne suis que l'organe de ceux qui ont bien voulu consentir à cette démarche; cela donnera toujours lieu à quelque ouverture. La plus grande difficulté sera de faire parler ces gens. Ce qu'ils me font dire par V. sont des es-

---

1. *Voltaire à Ferney* (Paris, Didier, 1860), p. 228. Lettre de Voltaire à la duchesse de Saxe-Gotha; aux Délices, 15 janvier 1760.
2. *Œuvres de Frédéric le Grand* (Berlin, Preuss), t. XVIII, p. 174. Lettre de Frédéric à la duchesse de Saxe-Gotha; Freyberg, 16 janvier 1760.

pèces d'énigmes. Je ne suis point Œdipe, et je crains quelque malentendu qui pourrait nous éloigner trop de notre compte [1]. »

L'envoyé secret fut assez bien accueilli. On lui fit entendre que tout pouvait dépendre des dispositions plus ou moins conciliantes de l'Angleterre. Toutefois, on déclarait nettement qu'ayant appris que le roi de Prusse se proposait d'indemniser le roi de Pologne aux dépens des biens des princes ecclésiastiques d'Allemagne, qu'il prétendait séculariser, le roi très-chrétien n'y donnerait jamais son consentement [2]. Voltaire, dans une lettre qui ne nous est pas parvenue, conseillait quelques sacrifices; il indiquait notamment l'abandon de Clèves, un pays habité par de pauvres gens qui avaient la réputation d'être tant soit peu béotiens. Mais cette considération n'eut guère d'effet sur Sa Majesté prussienne, qui rétorqua l'argument par un autre non moins concluant.

> Vous en revenez encore à la paix. Mais quelles conditions! Certainement les gens qui la proposent n'ont pas envie de la faire. Quelle dialectique que la leur! céder le pays de Clèves, parce qu'il est habité par des *bêtes!* Que diraient ces ministres, si on demandait la Champagne, parce que le proverbe dit : Nonante neuf moutons et un Champenois font cent bêtes [3]?

A la bonne heure. Mais enfin, si l'on croyait pouvoir demander des sacrifices au roi de Prusse, si l'on

---

1. *Œuvres de Frédéric le Grand* (Berlin, Preuss), t. XVIII, p. 176. Lettre de Frédéric à madame de Gotha; Freyberg, 5 mars 1760.
2. *Ibid.*, t. V, p. 39. Histoire de la guerre de Sept ans.
3. Voltaire, *Œuvres complètes* (Beuchot), t. LVIII, p. 351. Lettre de Frédéric à Voltaire; Freyberg, 3 avril 1760.

réclamait quelque indemnité en faveur de l'électeur de Saxe, était-il équitable que l'on fît payer les frais de la guerre à ceux qui ne l'avaient pas voulue et en avaient le plus souffert, par l'unique raison qu'ils étaient les plus faibles et se trouvaient dans l'impossibilité de s'y refuser? L'auteur de la *Henriade* n'eut pas de peine à démontrer l'iniquité de pareilles combinaisons.

... Ressouvenez-vous de celui qui a dit autrefois :

> Et quoique admirateur d'Alexandre et d'Alcide,
> J'eusse mieux aimé choisir les vertus d'Aristide [1].

Cet Aristide était un bon homme; il n'eût point proposé de faire payer à l'archevêque de Mayence les dépens et dommages de quelque pauvre ville grecque ruinée. Il est clair que Votre Majesté a encouru les censures de Rome, en imaginant si plaisamment de faire payer à l'Église les pots que vous avez cassés. Pour vous relever de l'excommunication majeure, je vous ai conseillé en bon citoyen de payer vous-même. Je me suis souvenu que Votre Majesté m'avait dit souvent que les peuples de... (Westphalie, sans doute) étaient des sots. En vérité, sire, vous êtes bien bon de vouloir régner sur ces gens-là. Je crois vous proposer un très-bon marché, en vous priant de les donner à qui les voudra [2].

Cette correspondance entre l'auteur de la *Henriade* et l'auteur de l'*Anti-Machiavel* est la chose la plus étrange et la plus plaisante. On s'y fait des gentillesses, on s'y dit de gros mots à deux lignes de distance, sans que gentillesses et gros mots tirent à consé-

---

1. Vers de l'*Epître à mon Esprit*, de Frédéric. Voltaire ne cite que de mémoire et modifie un peu ce distique sans en altérer le sens.
2. Voltaire, *OEuvres complètes* (Beuchot), t. LVIII, p. 359, 360. Lettre de Voltaire à Frédéric; 15 avril 1760.

quence. Dans la lettre du 3 avril que nous venons de citer, Frédéric, répondant à une lettre du poëte qui n'a pas été retrouvée, et où ce dernier lançait quelque trait acéré contre un ennemi mort, lui donnait en vers et en termes énergiques des conseils de générosité et de mansuétude.

> Laissez en paix la froide cendre
> Et les mânes de Maupertuis[1];
> La vérité va le défendre,
> Elle s'arme déjà pour lui.
> Son âme était noble et fidèle;
> Qu'elle vous serve de modèle.
> Maupertuis sut vous pardonner
> Ce noir écrit, ce vil libelle
> Que votre fureur criminelle
> Prit soin chez moi de griffonner...
> Hélas! si votre âme est sensible,
> Rougissez-en pour votre honneur,
> Et gémissez de la noirceur
> De votre cœur incorrigible.

Et Voltaire de répondre avec une fureur qu'il ne cherche pas à contenir :

Je ne songe moi-même qu'à mourir, et mon heure approche; mais ne la troublez pas par des reproches injustes et des duretés qui sont d'autant plus sensibles que c'est de vous qu'elles viennent. Vous m'avez fait assez de mal; vous m'avez brouillé pour jamais avec le roi de France, vous m'avez fait perdre mes emplois et mes pensions; vous m'avez maltraité à Francfort, moi et une femme innocente, une femme considérée, qui a été traînée dans la boue, et mise en prison; et ensuite, en m'honorant de vos lettres, vous corrompez la douceur de cette consolation par des reproches amers. Est-il possible que ce soit vous qui me traitiez

---

[1]. Maupertuis était mort à Bâle, le 27 juillet.

ainsi, quand je ne suis occupé depuis trois ans qu'à tâcher, quoique inutilement, de vous servir sans aucune vue que celle de suivre ma façon de penser [1]?

On croirait qu'après une sortie aussi indécente, si on considère à qui elle s'adresse, tout devait être dit entre le Salomon du Nord et l'Apollon de la France. Mais une étrange, une incompréhensible chaîne attache ces deux hommes l'un à l'autre, et les retient, à l'heure même où l'emportement, les mauvais procédés sembleraient les séparer pour jamais. Frédéric, tout piqué qu'il soit, fera pourtant la part de chacun, et, avant de dire son fait au poëte, il conviendra qu'il n'est pas sans péché, tout le premier.

Je n'entre pas dans la recherche du passé. Vous avez eu sans doute les plus grands torts envers moi. Votre conduite n'eût été tolérée par aucun philosophe. Je vous ai tout pardonné, et même je veux tout oublier. Mais si vous n'aviez pas eu affaire à un fou amoureux de votre beau génie, vous ne vous seriez pas tiré aussi bien chez tout autre. Tenez-le-vous donc pour dit, et que je n'entende plus parler de cette nièce qui m'ennuie, et qui n'a pas autant de mérite que son oncle pour couvrir ses défauts. On parle de la servante de Molière, mais personne ne parlera de la nièce de Voltaire [2].

Cette injonction de ne plus lui rompre la tête de « cette nièce qui l'ennuie » est risible, et l'on s'associe volontiers à son impatience. Voltaire abuse par trop de madame Denis et de « sa cuisse [3] » demeurée en si piteux

---

1. Voltaire, OEuvres complètes (Beuchot), t. LVIII, p. 364. Lettre de Voltaire à Frédéric; au château de Tournay, 21 avril 1760.
2. Ibid., t. LVIII, p. 404. Lettre de Frédéric à Voltaire; à Meissen, le 12 mai 1760.
3. Ibid., t. LVII, p. 514, 534. Lettre de Voltaire à d'Argental;

état par le fait du résident et de son farouche associé ; et, avant cette sommation royale, le lecteur en avait assez et trop de cette redite impitoyable, dont, avec son vif sentiment du ridicule, l'auteur de *Candide* aurait dû comprendre plutôt le côté burlesque.

M. d'Edelsheim s'était empressé de rapporter la réponse de la France au roi de Prusse, qui le renvoya tout aussitôt à Londres pour la communiquer aux ministres de la Grande-Bretagne (mars 1760). L'ambassadeur anglais à La Haye, M. York, fut chargé de dire à notre représentant en Hollande, M. d'Affry, que l'on était disposé à faire la paix, pourvu que nous acceptassions pour article fondamental des préliminaires l'entière conservation de Sa Majesté prussienne. Frédéric mentionne le fait comme s'il n'y eût été pour rien, et comme si cette condition n'eût été de la part de son alliée qu'un prétexte pour prolonger les hostilités. La France, dont tout le souci était d'obtenir de l'Angleterre la restitution d'une partie, sinon de la généralité de ses colonies, fit répondre qu'elle ne demandait pas mieux que de traiter de ses différends avec cette puissance, mais que n'ayant point été en guerre avec le roi de Prusse, elle ne pouvait pas confondre les intérêts de ce prince avec ceux de Sa Majesté Britannique. En somme, à Londres comme à Versailles, l'on souhaitait médiocrement la paix [1].

M. d'Edelsheim, qui avait laissé ses malles à Paris, re-

---

des 7 mars et 4 avril 1758. — T. LVIII, p. 98. Lettre de Voltaire à Frédéric, 19 mai 1759.

1. *OEuvres de Frédéric le Grand* (Berlin, Preuss), t. XVII, p. 186. Lettre de Frédéric à la duchesse de Saxe-Gotha ; Meissen, 8 mai 1760.

tourna en France par la Hollande, et alla au débotté rendre visite au bailli de Froulay, qui crut devoir lui conseiller de ne pas trop se hâter de s'éloigner, dans l'espoir que les négociations pourraient être reprises. Mais, le lendemain, il était éveillé par une escouade de police et se voyait écrouer à la Bastille où, le même jour, du reste, le ministre se transportait. M. de Choiseul s'empressa de tranquilliser le prisonnier, en lui assurant qu'il n'avait pas trouvé d'autre expédient pour converser avec lui sans éveiller les soupçons incessants de l'Autriche, qui le faisait espionner. A en croire le roi de Prusse, toute cette comédie n'aurait eu d'autre but que de se saisir des papiers de M. d'Edelsheim, dans lesquels on comptait trouver des instructions qui eussent édifié sur les desseins de son maître. Mais ces prévisions auraient été déçues et il ne s'y serait rencontré qu'un créditif dont l'émissaire, le Mercure, comme l'appelle Frédéric, n'avait pas eu occasion de faire usage. Quoi qu'il en soit, M. d'Edelsheim, relâché dès le lendemain, eut ordre de quitter la France sans délai, par la voie de Turin[1].

Toute apparence de conciliation s'était évanouie. Frédéric avait enfin mandé à l'auteur de *Mérope* qu'il allait se mettre à être un vaurien. « Voilà une belle nouvelle qu'elle m'apprend là (Votre Majesté)! s'écriait le poëte dans sa lettre du 15 avril citée plus haut. Eh! qui êtes-vous donc, vous autres maîtres de la terre? je vous ai vu aimer beaucoup ces vauriens de Trajan,

---

[1] OEuvres de Frédéric le Grand (Berlin, Preuss), t. V, p. 40. Histoire de la guerre de Sept ans. — T. XVIII, p. 190. Lettre de Frédéric à la duchesse de Gotha ; Neustadt, 22 novembre 1760.

de Marc-Aurèle et de Julien ; ressemblez-leur toujours, mais ne me brouillez pas avec M. le duc de Choiseul, dans vos goguettes. » Cette crainte que l'on se méprenne à Versailles sur son rôle d'entremetteur bienveillant, indiquée ici, se retrouve, un mois après, plus nettement accusée dans une lettre à d'Argental. « A propos, j'ai toujours peur d'avoir fait quelque sottise entre M. le duc de Choiseul et *Luc*. Je tâche cependant de ne me point brûler avec des charbons ardents. Je me flatte que M. le duc de Choiseul n'est pas mécontent de ma conduite, et qu'il n'a que des preuves de mon zèle et de ma tendre reconnaissance pour ses bontés. Seriez-vous assez aimable pour m'assurer qu'il me les continue? On parle ici beaucoup de paix. J'ai eu chez moi le fils de M. Fox, jadis premier ministre, qui n'en croit rien [1], » et M. Fox avait raison. Frédéric, furieux d'avoir vu ses tentatives repoussées, écrivait à Voltaire, trois jours après, en termes plus violents que dignes :

> C'est à présent que je dois déployer toutes les voiles de la politique et de l'art militaire. Ces filous, qui me font la guerre, m'ont donné des exemples que j'imiterai au pied de la lettre. Il n'y aura point de congrès à Bréda, et je ne poserai les armes qu'après avoir fait encore trois campagnes. Ces polissons verront qu'ils ont abusé de mes bonnes dispositions, et nous ne signerons la paix, que le roi d'Angleterre à Paris, et moi à Vienne. Mandez cette nouvelle à votre petit duc [2]...

---

1. Voltaire, *OEuvres complètes* (Beuchot), t. LVIII, p. 385, 386. Lettre de Voltaire à d'Argental ; 27 avril 1760. Ce M. Fox était le frère aîné du célèbre orateur mort en 1806.

2. *Ibid.*, t. LVIII, p. 391. Lettre de Frédéric à Voltaire ; au camp de Porcelaine, à Meissen, le 1er mai 1760.

Ce ne fut pas sa faute si les choses ne tournèrent pas aussi mal pour ses ennemis, et la paix que nous accepterons plus tard ne sera déjà que trop désastreuse. A l'entendre, il n'avait dépendu que de nous que tout s'aplanît; il néglige de dire grâce à quelles concessions de son fait. Voltaire est d'un autre avis. « Je crois, écrivait-il à la duchesse de Gotha, mon commerce fini avec le chevalier Pertriset. J'ai pris la liberté de lui dire tout ce que j'avais sur le cœur; mon âge, mon ancienne liberté, les malheurs auxquels il s'expose m'ont autorisé et m'ont peut-être conduit trop loin. Il ne tenait certainement qu'à lui de s'arranger très-bien avec son oncle; mais il aime mieux plaider [1]. »

Si l'auteur de la *Henriade* prenait un vif intérêt aux événements qui troublaient depuis trop longtemps l'Europe et s'intriguait avec l'emportement de sa nature pour faire cesser un massacre et des conquêtes dont les peuples, victorieux ou défaits, sont toujours les victimes, le négociateur, on s'en doute bien, n'avait pas absorbé tout l'homme; l'on était encore, comme par le passé, maçon, agriculteur, jardinier, historien, poëte tragique, et comique et satirique. On présidait à ses plantations et à la construction de ce Ferney qui devait être un but de pèlerinage pour les touristes de toutes les nations du globe; on surveillait ses haras naissants, comme plus tard l'on devait encourager l'immigration des Genevois au profit du village que

---

1. *Voltaire à Ferney* (Paris, Didier, 1860), p. 236. Lettre de Voltaire à la duchesse de Saxe-Gotha; 14 mai 1760.

l'on groupait autour de ses domaines. En somme, c'étaient là les distractions de cette existence absorbée par la philosophie et les lettres. Venaient les occupations sérieuses, les véritables travaux de cette infatigable intelligence à laquelle il fallait plus d'un intérêt et plus d'un but. Depuis une année ou deux, nous le voyons amassant péniblement les matériaux d'une histoire du czar Pierre et adressant lettres sur lettres au comte de Schovalow pour éclairer, autant que faire se pourrait, les points obscurs ou mal définis de ce règne si étrange, où la barbarie et la civilisation semblent marcher côte à côte. L'on a soixante-cinq ans sonnés; et le temps semblerait passé de ces pages d'amour et de délire qui s'appellent des tragédies; l'on en rougit, mais, quelque confusion qu'on en ait, l'on s'est donné corps et âme à un de ces sujets tendres, emportés, pathétiques, qui, comme émotion, peuvent affronter la comparaison avec cette *Zaïre* de si attendrissante mémoire. Et, depuis deux ans, on retranche, on reprend à nouveau cette chevalerie qui fera verser tant de larmes et qui sera le dernier grand succès de l'auteur d'*Alzire* et de *Mérope* au théâtre.

Marmontel, qui le visitait alors, en compagnie de Gaulard, receveur général des fermes de Bordeaux, le fils d'un ancien ami de Voltaire, nous a fait une relation des plus curieuses de la vie que l'on menait aux Délices et à Tournay. Quelque infinies que soient ces relations des voyageurs s'arrêtant aux Délices, et à Ferney plus tard, toutes apportent des détails nouveaux. Il y a le tempérament de celui qui raconte;

mais il y a surtout la physionomie de celui qu'on veut peindre, qui varie à toutes les minutes. Pour les autres, pour un Montesquieu, un Buffon, les derniers arrivés ne peuvent que répéter et copier leurs devanciers; avec Voltaire, le touriste de la dernière heure, s'il est observateur, est assuré d'ajouter quelque trait inédit à cette figure de Protée. Marmontel n'indique pas l'époque de son apparition aux Délices; mais elle est annoncée par une lettre de l'auteur de *Mahomet* à madame de Fontaine. « Nos jardins sont charmants, nous allons jouer la comédie dès que Lécluse aura fait des dents à notre première actrice. Le duc de Villars prétend qu'il jouera les rôles de père. Marmontel arrive avec Gaulard, receveur général; voilà l'état des choses [1]. » Ce Lécluse, ancien acteur forain, présentement chirurgien-dentiste, était un de ces aventuriers qui ne se bornent point à un métier, et qui, grâce à leur savoir-faire, se glissent un peu partout. Celui-ci, étant venu exercer quelque temps à Genève, fut appelé aux Délices pour donner des soins à madame Denis, et plut par ses saillies, sa bonne humeur et son extravagance, à Voltaire, qui en amusa sa compagnie comme d'un bouffon, tout en le traitant extérieurement avec politesse et même avec amitié.

Les deux survenants trouvèrent le poëte au lit, et mourant, comme d'habitude; mais il sembla tout aus-

---

1. Voltaire, *OEuvres complètes* (Beuchot), t. LVIII, p. 420. Lettre de Voltaire à madame de Fontaine; aux Délices, 28 mai 1760. Marmontel n'arriva pourtant que quinze jours plus tard, comme le poëte le dit lui-même dans une lettre à d'Argental du 13 juin : « Marmontel est ici avec un Gaulard très-aimable et très-doux... » *Ibid.*, t. LVIII, p. 440.

sitôt oublier qu'il était agonisant et avait à peine le souffle.

« Mon ami, me dit-il, que je suis aise de vous voir, surtout dans le moment où je possède un homme que vous serez ravi d'entendre. C'est M. de Lécluse, le chirurgien-dentiste du feu roi de Pologne, aujourd'hui seigneur d'une terre auprès de Montargis, et qui a bien voulu raccommoder les dents irraccommodables de madame Denis. C'est un homme charmant. Mais ne le connaissez-vous pas ?—Le seul Lécluse que je connaisse est, lui dis-je, un acteur de l'ancien Opéra-Comique. — C'est lui, mon ami, c'est lui-même. Si vous le connaissez, vous avez entendu cette chanson du *Rémouleur* [1] qu'il joue et qu'il chante si bien. » Et à l'instant voilà Voltaire imitant Lécluse, et avec ses bras nus et sa voix sépulcrale, jouant le *Rémouleur* et chantant la chanson :

> Je ne sais où la mettre
> Ma jeune fillette ;
> Je ne sais où la mettre,
> Car on me la ch...

Nous rions aux éclats, et lui, toujours sérieusement : « Je l'imite mal, c'est M. de Lécluse qu'il faut entendre. Et sa chanson de la *Fileuse !* et celle du *Postillon !* et la querelle des *Écosseuses avec Vadé !* c'est la vérité même [2]... »

On laissa Voltaire se lever, on se mit à table, et M. de Lécluse, aiguillonné par les louanges les plus flatteuses, donna au dessert un plat de son métier, dont il fallut paraître charmé ; « car Voltaire ne nous aurait point pardonné de faibles applaudissements. » La promenade dans les jardins fut employée à parler

---

1. *Le Rémouleur d'Amour*, espèce d'opéra comique en un acte de Lesage, Fuzélier et d'Orneval, donné à la foire Saint-Germain, au jeu des marionnettes de La Place, en février 1722.
2. Marmontel, *Œuvres complètes* (Belin, 1819), t. I, p. 220. *Mémoires*, liv. VII.

de Paris, du *Mercure*, des publications nouvelles, du théâtre, de l'*Encyclopédie*, de Le Franc de Pompignan que Voltaire accablait alors, son médecin lui ayant ordonné pour exercice, « de courre, une heure ou deux, tous les matins, le Pompignan. » Et il chargea Marmontel d'assurer leurs amis que, chaque jour, on recevrait de lui quelque nouvelle folie; ce à quoi il ne se montra, comme on verra, que trop ponctuel.

Après la promenade, M. Gaulard fit sa partie d'échecs et le laissa gagner. Puis le théâtre revint sur le tapis, et Marmontel ne tarit point sur la transformation qui s'était opérée dans le talent de mademoiselle Clairon, louant tout en elle, le naturel, une diction enchanteresse, un pathétique auquel on n'était pas parvenu encore, sur notre scène du moins. « Eh bien, mon ami, lui dit le poëte avec transport, c'est comme madame Denis ; elle a fait des progrès étonnants, incroyables. Je voudrais que vous la vissiez jouer Zaïre, Alzire, Idamé ! le talent ne va pas plus loin. » Et Voltaire le disait comme il le pensait, sans croire surfaire le mérite de son incroyable nièce.

Parmi les Genevois que Marmontel rencontra aux Délices, il se plaît à citer le chevalier Huber et le libraire Cramer, tous les deux de relations charmantes, avec de l'esprit sans prétention à l'esprit. Le dernier ne jouait pas trop mal la tragédie et donnait la réplique à madame Denis, ce qui l'avait mis fort en faveur auprès de Voltaire. Quant à Huber, c'était, on le sait déjà, un dessinateur habile, les ciseaux à la main (il ne fera de la vraie peinture que plus tard), découpant dans toutes les postures, sans y voir, en causant et riant, avec une telle prestesse, une telle sûreté qu'on eût dit, selon l'expression heureuse de Marmontel, qu'il avait des yeux au bout des doigts. Les traits du poëte étaient si bien logés dans sa mémoire, qu'il le représentait, absent comme présent, dans toutes les attitudes, rêvant, écrivant, s'agitant. On cite à cet égard des choses incroyables. Il donnait à mordre à son chien, d'autres disent à son chat (mais chien ou chat, cela ne fait que peu à l'affaire), une tranche de fromage, et en la retirant des dents de l'animal par des soubresauts calculés, il arrivait à faire reproduire à cet artiste d'un nouveau genre les traits osseux de l'auteur de la *Henriade*, auquel ce talent si incongrûment appliqué donnait de l'humeur, sans que Huber arrivât jamais, il est vrai, à résipiscence.

Voltaire voulut faire voir à ses visiteurs son château de Tournay, qui n'était qu'à un quart de lieue de Genève, et ils s'y rendirent un après-dîner, en carrosse.

Tournay est une petite gentilhommière assez négligée, mais dont la vue est admirable. Dans le vallon, le lac de Genève, bordé de maisons de plaisance, et terminé par deux grandes villes, au delà et dans le lointain une chaîne de montagnes de trente lieues d'étendue, et ce mont Blanc chargé de neiges et de glaces qui ne fondent jamais, telle est la vue de Tournay. Là, je vis ce petit théâtre qui tourmentait Rousseau, et où Voltaire se consolait de ne plus voir celui qui était encore plein de sa gloire. L'idée de cette privation injuste et tyrannique me saisit de douleur et d'indignation. Peut-être qu'il s'en aperçut; car plus d'une fois, par ses réflexions, il répondit à ma pensée; et sur la route, en revenant, il me parla de Versailles, du long séjour que j'y avais fait, des bontés que madame de Pompadour lui avait autrefois témoignées. « Elle vous aime encore, lui dis-je; elle me l'a répété souvent; mais elle est faible, elle n'ose pas ou ne peut pas tout ce qu'elle veut; car la malheureuse n'est plus aimée, et peut-être elle porte envie au sort de madame Denis, et voudrait bien être aux Délices. — Qu'elle y vienne, dit-il avec transport, jouer avec nous la tragédie. Je lui ferai des rôles, et des rôles de reines; elle est belle, elle doit connaître le jeu des passions[1]. — Elle connaît aussi, lui dis-je, les profondes douleurs et les larmes amères. — Tant mieux! c'est là ce qu'il nous faut, » s'écria-t-il comme enchanté d'avoir une nouvelle actrice. Et en vérité l'on eût dit qu'il croyait la voir arriver. « Puisqu'elle vous convient, lui dis-je, laissez faire; si le théâtre de Versailles lui manque, je lui dirai que le vôtre l'attend[2]. »

Les trois jours qu'ils passèrent aux Délices s'écoulèrent comme des instants. Voltaire fut plein d'amabilité pour ses hôtes. Il les quitta à peine; et, comme ils devaient partir au point du jour et avaient comploté avec madame Denis, Huber et Cramer, de prolonger jusque-là le plaisir de se trouver et de causer ensemble, il prétendit être de la partie et, malgré leurs instances, il n'y eut pas moyen de le faire se coucher. Il leur fit lecture de quelques chants de *Jeanne*; ce qui fut pour eux une succession d'enchantements; « car si Voltaire, en récitant les vers héroïques, affectait, selon moi (c'est Marmontel qui parle), une emphase trop monotone, une cadence trop marquée, personne ne disait les vers familiers et

---

1. Ici l'auteur des *Incas* met du sien. Voltaire savait à quoi s'en tenir sur le talent dramatique de la favorite, à laquelle il avait vu jouer *Alzire* sur le théâtre des cabinets.
2. Marmontel, *OEuvres complètes* (Belin, 1819), t. I, p. 224. *Mémoires*, liv. VII.

comiques avec autant de naturel, de finesse et de grâce; ses yeux et son sourire avaient une expression que je n'ai vue qu'à lui. »

L'auteur de *Mérope*, devant les énergiques manifestations du Consistoire, avait dû renoncer à ces solennités théâtrales, le délassement le plus doux de son existence laborieuse. Mais ce n'avait été, dans son for intérieur, qu'un ajournement plus ou moins long. L'acquisition de Tournay, qui le transformait en seigneur de paroisse, allait le mettre à même de jouer la comédie à la barbe de la vénérable compagnie dont les censures n'avaient aucun moyen de l'atteindre. Son théâtre n'était qu'un théâtre de Polichinelle, grand comme la main. Mais qu'importe? « Nous y tînmes hier (24 octobre) neuf en demi-cercle, assez à l'aise. Encore avait-on des lances, des boucliers, et on attachait des écus et l'armet de Mambrin à nos bâtons vert et clinquant, qui passeront, si l'on veut, pour pilastres vert et or. Une troupe de râcleurs et de sonneurs de cor saxons, chassés de leur pays par *Luc*, composaient mon orchestre. Que nous étions bien vêtus! Que madame Denis a joué supérieurement les trois quarts de son rôle! Je souhaite en tout que la pièce soit (*Tancrède*) jouée à Paris comme elle l'a été dans ma masure [1]. » Il est enchanté de son théâtre, sur le compte duquel il ne tarit point. « Je ne suis point mécontent, mande-t-il à madame de Fontaine, dix jours après, de la masure de Tournay; j'y ai bâti au moins le plus joli

---

[1]. Voltaire, *Œuvres complètes* (Beuchot), t. LVIII, p. 213, 214. Lettre de Voltaire à d'Argental; aux Délices, 24 octobre 1759.

des théâtres, quoique le plus petit [1]. » Mais, quelque petite qu'elle fût, il fallait bien que la salle contînt la foule accourue de Genève, en dépit de l'anathème dont étaient frappés ces divertissements réprouvés. « Je vais jouer Zopire; j'ai deux cents personnes à placer [2]. »

Il semblerait qu'il eût dû proportionner jusqu'à la taille de ses acteurs aux dimensions exiguës de la scène. Mais fait-on toujours ce que l'on veut? Un grand acteur se présente (grand, vous savez dans quel sens?), faudra-t-il l'évincer parce qu'il dépasse de la tête le reste de la troupe? Assurément non, et c'est ce qui fera que, sur ce théâtre microscopique, l'on aura un acteur haut de six pieds et un pouce, le secrétaire de Catherine II, le Genevois Pictet, que Voltaire appelle son *cher géant* [3]. « Je voudrais, mandait-il au banquier Tronchin, que vous vissiez le grand Pictet de Warembé, haut de six pieds, sur notre théâtre de huit, relevé encore d'un panache d'un pied et demi. Mais, pour obvier à toutes ces difficultés, je vous avertis que la scène est dans un entresol [4]. » La troupe est excellente. Tout le monde a du talent à faire mourir d'envie le tripot parisien. Cette amoureuse, cette ingénue, par exemple, qui a tous les dons : « Ah! l'étonnante

---

1. Voltaire, *OEuvres complètes* (Beuchot), t. LVIII, p. 223. Lettre de Voltaire à madame de Fontaine; 5 novembre 1759.

2. *Ibid.*, t. LIX, p. 72. Lettre de Voltaire à d'Argental; 8 octobre 1760.

3. *Ibid.*, t. LIX, p. 2021. Lettre de Voltaire à mademoiselle Clairon; 19 septembre 1760.

4. Voltaire, *Lettres inédites* (Paris, Didier, 1857), t. I, p. 543, 544. Lettre de Voltaire à Tronchin de Lyon; 15 août 1759.

actrice que nous avons trouvée! s'écrie l'enthousiaste impresario, quelle Palmire! Vingt ans, beauté, grâce, ingénuité, et des larmes véritables, et des sanglots qui partent du cœur! Pauvres Parisiens, que je vous plains! vous n'avez que des Hus [1]. » Non content d'avoir immolé la pauvre artiste de la Comédie-Française, on dira encore qu'auprès de cette Palmire jeune, naïve, charmante, à voix de sirène, Gaussin n'est qu'une statue [2]. Madame Rilliet, car il s'agit d'elle, aurait été exigeante, si elle n'eût pas été satisfaite du compliment [3]. L'emploi de confidente était tenu par mademoiselle de Bazincourt, excellente dans ce rôle si utile, s'il est un peu effacé, mais qui lui échappait bientôt [4].

Mais tout pâlit, s'efface devant la Zaïre de la troupe, devant madame Denis. Nous l'avons déjà dit. Mais il faut, mais on ne saurait trop le redire. « Si vous voulez, écrit le poëte à M. Borde, faire un petit pèlerinage vers le 18 septembre, vous trouverez à Tournay, sur un théâtre de marionnettes, deux ou trois acteurs qui valent bien ceux de Lyon; et surtout une actrice qui ne

---

1. Voltaire, OEuvres complètes (Beuchot), t. LIX, p. 50. Lettre de Voltaire à d'Argental; 27 septembre 1760.
2. Ibid., t. LIX, p. 70, 71. Lettre de Voltaire à Thiériot; 8 octobre 1760. Il y a eu deux demoiselles Hus. La mère, auteur d'une comédie, Plutus rival de l'Amour, et qui débutait vers ce temps (janvier 1760) à la Comédie-Française, dans les rôles de caractère, mais sans succès. Et sa fille, élève de Clairon, qui s'était révélée, le 26 juillet 1751, à l'âge de 15 ans, dans le rôle de Zaïre.
3. Lucrèce-Angélique de Normandie, alors madame Rilliet et qui épousera M. de Florian, après la mort de madame de Fontaine, en 1772.
4. Voltaire, OEuvres complètes (Beuchot), t. LIX, p. 35. Lettre de Voltaire à Thiériot; 23 septembre 1760. — Lettres inédites (Paris, Didier, 1857), t. I, p. 316. Lettre de Voltaire à M. de Chenovières; aux Délices, 11 novembre 1760.

cède, je crois, à aucune de Paris. Vous verrez si le népotisme m'aveugle[1]. » Là, il ne dit que la moitié de sa pensée. « Non, vous ne vous imaginez pas, mande-t-il à d'Argental, quel talent madame Denis a acquis. Je voudrais qu'on pût compter les larmes qu'on verse à Paris et chez nous, et nous verrions qui l'emporte[2]. » — « J'aurais donné, lui dit-il encore, une de mes métairies pour que mademoiselle Clairon fût là[3]. » Il ne saura s'empêcher d'en parler à mademoiselle Clairon elle-même. « Celle qui vous imita parfaitement hier, dans *Alzire*, c'est madame Denis. » Mademoiselle Clairon, qui n'avait que trente-six ans, talent à part, ne pouvait être flattée outre mesure d'être comparée à cette grosse réjouie de cinquante ans. Cette opposition ridicule lui revint; et comme elle aussi était haute et princesse ailleurs qu'au théâtre, elle ne cacha pas son dépit, et Voltaire, qui ne voulait pas se fâcher avec elle, pour mériter son pardon, dut se défendre comme d'une impiété d'avoir prétendu comparer « personne » à mademoiselle Clairon[4].

Quoi qu'il en soit, l'on s'indemnisait d'une trop longue abstinence, en jouant assidûment la comédie pour une galerie dont Genève formait le noyau, mais qui se grossissait de touristes attirés par la célébrité

---

1. Voltaire, *OEuvres complètes* (Beuchot), t. LIX, p. 7. Lettre de Voltaire à M. Borde; 5 septembre 1760.

2. *Ibid.*, t. LIX, p. 45. Lettre de Voltaire à d'Argental; 24 septembre 1760.

3. *Ibid.*, t. LIX, p. 114. Lettre de Voltaire au même; 1er novembre 1760.

4. *Ibid.*, t. LIX, p. 73. Lettre de Voltaire à mademoiselle Clairon; 8 octobre 1760 (?).

et l'illustration du poëte. Tel jour, l'intendant de Bourgogne apparaîtra avec un cortége de proconsul. L'on n'en mit pas un plus gros pot-au-feu, nous dit Voltaire, mais l'on était cinquante-deux à table [1]. Antérieurement, notre ambassadeur à Turin, M. de Chauvelin, et sa femme, étaient venus sangloter à ses tragédies et prendre leur part de gigantesques truites, ne pesant pas moins de vingt livres (à dix-huit onces la livre), comme cela était mentionné tout au long dans la *Gazette de Cologne* [2].

Dans une lettre à madame de Fontaine, citée plus haut, Voltaire, tout en annonçant l'arrivée de Marmontel, parlait, comme d'un fait très-prochain, de la visite du duc de Villars, qui, toutefois, ne se montrera aux Délices qu'en septembre 1760. Le duc était fort heureux d'être le fils de son père; c'était, au fond, un assez triste personnage, dont les vices n'avaient pu qu'enlaidir avec l'âge. Né en 1702, il avait alors cinquante-huit ans. Son extérieur était celui d'un homme épuisé et usé par les plaisirs, du reste, très-grand seigneur par le ton, les manières, la politesse. Il tenait du maréchal le gouvernement de Provence, et menait à Aix un train de prince. Marmontel était allé l'y saluer et avait été reçu avec une affabilité qui ne le désarma point, car il est on ne peut plus dur envers lui dans ses Mémoires. M. de Villars était un amateur frénétique du théâtre; il avait, dès son plus

---

1. Voltaire, *OEuvres complètes* (Beuchot), t. LIX, p. 88, 89. Lettre de Voltaire à Thiériot; 19 octobre 1760.
2. *Ibid.*, t. LIX, p. 255, 256. Lettre de Voltaire à madame d'Epinai; aux Délices, 26 novembre 1759.

jeune âge, joué la comédie à Vaux-Villars[1]. Ses prétentions étaient grandes à bien déclamer les vers, et il donnait ses avis en homme qui connaissait sa compétence en telle matière. Si Voltaire lui fit un jour ce compliment équivoque, mais qu'en tout cas dut atténuer l'accent : « Monseigneur, vous avez joué comme un duc et pair », il ne lui épargne pas d'ordinaire l'éloge même le plus outré. « M. le duc de Villars s'habille pour jouer à huis clos Gengiskan; la Denis se requinque; deux grands acteurs, par parenthèse[2]. » Et ailleurs : « Il vaut mieux que tous vos comédiens de Paris[3]. » Ce huis clos était commandé par le rang du personnage, et Villars, s'il consentait à se mêler à ces ébats tragiques, ne le faisait « qu'en chambre », pour ne pas compromettre sur des planches la dignité du gouverneur de Provence.

Les journées s'écoulaient comme des instants. Toute la bonne société de Genève, comme on l'a dit, était sur la route des Délices, sans se souvenir ou se soucier des défenses du vénérable Consistoire, habitué à être plus écouté. Le silence de celui-ci avait si bien enhardi que l'on s'aventura à jouer la comédie à Saint-Jean même. Mais on se trompait étrangement en comptant sur une longanimité absolue. Et nous lisons, sur les Registres de la compagnie, à la date du 20 octobre 1760, un rappel à la vigilance, où Voltaire et son théâtre sont très-catégoriquement dénoncés.

---

1. Voir le tome Ier de ces études, *la Jeunesse de Voltaire*, p. 208.
2. Voltaire, *OEuvres complètes* (Beuchot), t. LIX, p. 55. Lettre de Voltaire à la comtesse d'Argental; 1er octobre 1760.
3. *Ibid.*, t. LIX, p. 75. Lettre de Voltaire à madame du Deffand; 10 octobre 1760.

Rapporté que dans le public on est fort surpris que le Consistoire ne fasse aucune démarche pour reprimer l'indécence que commettent plusieurs personnes de l'un et de l'autre sexe de cette ville qui sont acteurs dans les comédies qui se représentent dans notre voisinage, faisant observer qu'il importe d'autant plus d'y pourvoir que, outre le théâtre établi en terre étrangère, le sieur de Voltaire fit représenter hier une pièce à Saint-Jean, territoire de la République, contre la promesse qu'il avait faite au mois d'août 1755 que cela n'arriverait plus [1].

Le 17 du mois suivant, un second rapport venait compléter le premier. On s'était enquis dans l'intervalle, on s'était procuré des renseignements plus circonstanciés sur les agissements de cette Babylone au petit pied qui appelait le feu du ciel. La correspondance de cette époque n'est guère remplie que de détails relatifs au théâtre et aux acteurs des Délices. Mais n'allez pas vous figurer que l'on songe à braver Genève, son Magnifique Conseil et le vénérable Consistoire. Il ne s'agit que d'oublier, de s'étourdir, de se « dépiquer des malheurs publics [2]. » D'ailleurs, il faut bien distraire et recevoir ses hôtes, et il en vient, comme on l'a dit déjà, de tous les bouts du monde, gens de toutes conditions, prêtres, philosophes, magistrats, militaires, ambassadeurs, satrapes. Il a été question plus haut de l'apparition de l'intendant de Bourgogne. Cet intendant était le frère du terrible premier avocat-général, et il s'était fait accompagner du jeune Omer Joli de Fleuri, son neveu. Voltaire

---

1. *Recueil d'extraits des Registres du Consistoire de Genève*, p. 422.
2. Voltaire, *OEuvres complètes* (Beuchot), t. LIX, p. 58. Lettre de Voltaire au marquis de Charvelin; aux Délices, 3 octobre 1760.

se vengera du père en faisant pleurer le fils [1]. Point de temps d'arrêt, point de repos, point de relâche. « Quand je vous ai envoyé des bribes pour *Tancrède*, imaginez-vous, madame, qu'on m'essayait un habit de théâtre pour Zopire, et un autre pour Zamti... Je vais jouer le père de Fanime dans deux heures, et je vous avertis que je vais faire pleurer [2]. » Enfin ce sera une ardeur, une fougue, une furie. Il en compromettra sa santé, il y risquera ce qui lui reste de vie. « Voilà pourquoi je n'écris pas de ma main, dit-il à son ange gardien, à la date du 1er novembre, c'est que je suis dans mon lit, après avoir joué hier vendredi au soir le bonhomme Mohadas assez pathétiquement. » (Le jour même du foudroyant rapport.) Mais tout cela n'était pas fait pour adoucir et désarmer les austères gardiens de la pureté des vieilles mœurs, dont le réquisitoire présent n'était rien moins que tendre.

On a vu d'abord l'amour du théâtre envahir les artisans et le peuple. Ce sont des maîtres à danser, des barbiers et perruquiers, des tailleurs, des merciers, des quincailliers[3], qui se livrent à ces divertissements et affrontent les censures ecclésiastiques. Mais l'arrivée de Voltaire, ses relations avec la meilleure société genevoise, l'influence naturelle d'un grand renom et d'une grande fortune, avaient boule-

---

1. Voltaire, *OEuvres complètes* (Beuchot) t. LIX, p. 91. Lettre de Voltaire à Duclos; à Ferney, 22 octobre 1760.

2. *Ibid.*, t. LIX, p. 78. Lettre de Voltaire à madame d'Argental; 13 octobre 1760.

3. *Recueil d'extraits des Registres du Consistoire de Genève*, p. 145. Rapport du professeur Pictet, du 14 janvier 1746.

versé les imaginations et inspiré à ce monde si formaliste une passion telle du plaisir, que l'on ne se reconnut plus. Sans doute l'action ne fut pas générale, mais elle fut considérable, considérable surtout au point de vue de la condition et du rang. Il se produisit alors un phénomène d'ailleurs des plus ordinaires : le peuple, qui s'était vu si impitoyablement admonesté à la moindre infraction, compara ces rigueurs à l'apparente indulgence dont on en usait envers les hautes classes coupables des mêmes délits, et se plaignit de cette inégalité dans une police qui, en telle matière, n'aurait pas dû avoir deux poids et deux mesures. Mais ces murmures ne pouvaient déplaire et venaient donner plus de corps aux sollicitations et aux récriminations des pasteurs. Toutefois, les opinions varièrent sur les procédés à employer. Les tempéraments violents, et il y en a dans toutes les assemblées, opinaient pour appeler les délinquants au sein du Consistoire même; de plus tolérants penchaient pour qu'ils fussent cités devant les pasteurs de leur quartier; d'autres plus conciliants encore demandaient que, sans faire allusion aux personnes, l'on se bornât à exposer à « nos seigneurs » les faits, les conséquences et les remèdes, afin de prendre pour l'avenir telles précautions qu'il conviendrait.

On représentera qu'il est contre la décence publique et bien affligeant pour tous les citoyens que des personnes destinées par leur naissance, leur éducation et leur talent au gouvernement de l'État se produisent sur un théâtre presque public pour mériter des éloges de vrais comédiens, et que de jeunes dames qui devroient donner des exemples de modestie osent se mettre au rang des comédiennes... que si l'ordre des personnes qui ont représenté semble rassurer, sur une partie des inconvénients, leur exemple peut être suivi par gens de tout état et sans principes ; qu'ainsi la société a un intérêt pressant à ce que les conducteurs de l'église et de l'État s'unissent à s'opposer à des plaisirs aussi dangereux qui causent depuis longtemps beaucoup de murmures parmi nous. Que le moyen de couper le mal par la racine paroît devoir être : 1° d'intimer au Sr Voltaire une défense expresse de jouer et de permettre que l'on joue dans sa maison de Saint-Jean aucune pièce de théâtre, soit par représentation publique ou par répétition ; 2° qu'il plaise au Magn. Conseil de rendre un arrêt de défense plus étendu que les précédents et qui interdise expressément à toutes personnes de cet État de représenter aucune pièce de théâtre tant sur le territoire de cette ville que sur les terres étrangères qui sont dans notre voisinage (17 novembre 1760)[1].

Le Magnifique Conseil, en réponse à ces représentations, déclarait avoir pris la communication en très-bonne part et ajoutait qu'il était résolu, par les mesures les plus effectives, de faire respecter et observer les lois de l'État (24 décembre 1760). Mais la chose devenait plus difficile à réaliser. Que faire, quand les lois ont été distancées par les mœurs ; et comment alors les appliquer dans leur gothique rigidité ? Si le clergé se faisait encore illusion, la résistance de Covelle contre ses arrêts, résistance qui, en fin de compte, triomphera insolemment de ses poursuites, ne devait pas tarder à démontrer trop éloquemment que sa puissance temporelle, à Genève comme ailleurs, était à son déclin, et que l'heure était proche où sa seule arme serait la persuasion, comme la conscience son

---

1. *Recueil d'extraits des Registres du Consistoire de Genève*, p. 423

unique champ clos. Quant à Voltaire, qui ne pouvait être directement atteint dans ses châteaux de Tournay et de Ferney, il eût pu redouter qu'on le prît par famine. Cet arrêt, que l'on implorait du Magnifique Conseil et par lequel on interdirait aux nationaux de représenter aucune tragédie ou comédie, même sur les terres en dehors de l'État, eût été le coup de mort pour son théâtre. Mais c'était s'aliéner les personnages les plus marquants et les plus influents de Genève, « destinés par leur naissance, leur éducation et leurs talents au gouvernement de l'État; » et l'on paraît en être demeuré là, à l'indignation grande des gens austères qui croyaient tout perdu, et aussi de l'artisan, du menu peuple, qui était fondé à signaler cette différence dans l'application et la pratique de la loi.

X

LE FRANC DE POMPIGNAN ET SON DISCOURS. — LES QUAND
MÉMOIRE AU ROI. — LE PAUVRE DIABLE.

Il a été fait allusion plus haut à une guerre à outrance dont l'outrecuidant Pompignan était l'objet et la victime; mais il ne va pas être question du seul Pompignan, et la mêlée sera générale. L'heure avait sonné de donner preuve de vie à des belligérants qui, sans doute, s'étaient figuré que le vieux lion avait perdu ses griffes. Les Encyclopédistes n'avaient pas été modestes dans leur succès : leurs écrits contre la religion, contre la société constituée, bien qu'un sujet d'effroi pour les gens qui, sans être dévots, prévoyaient les conséquences de ces incessants efforts, avaient été tolérés, soufferts; M. d'Aguesseau, en dépit des cris d'alarme, avait soutenu le livre, qui, à ses yeux comme aux yeux mêmes des esprits les moins favorables à ses auteurs, était une œuvre prodigieuse, d'une valeur incontestable dans sa partie scientifique et littéraire. Mais, si cette protection n'avait fait qu'encourager l'audace des libres penseurs, elle avait, par contre, surexcité l'indignation et le zèle du clergé qui s'était bien promis de contraindre le ministre à abandonner ce livre des ténèbres au légitime châtiment qu'il avait encouru. La coupe était pleine et devait déborder. L'apparition de l'*Esprit*, d'Helvétius, vint offrir aux violents l'occasion de mesurer leurs forces et de s'assurer de la portée de leurs coups. L'ouvrage était supprimé, le 6 février 1759, par arrêt du parlement, et condamné aux flammes : l'exécution avait lieu quatre jours après. « On lui a donné pour compagnons de son sort, nous dit Grimm, plusieurs petits ouvrages fort obscurs qui sont dans le public depuis un grand nombre d'années et que personne n'a honorés d'un regard [1]. On a aussi compris dans cet arrêt le poëme de la Religion naturelle, dont les maximes devraient être gravées en lettres d'or sur la porte de nos temples et de nos palais de justice [2]. » Si Voltaire se préparait à mêler sa voix grinçante à toutes ces clameurs, on voit qu'il n'était pas sans y avoir un intérêt direct. Il prenait, toutefois, assez philosophiquement cette brûlure ; mais il emplissait ses arsenaux pour la terrible campagne qui allait commencer.

Omer Joli de Fleuri lançait le même jour contre l'*Encyclopédie* un réquisitoire foudroyant, moins ridicule que ne le prétend le poëte. « On ne peut se dissimuler, s'écriait-il, qu'il n'y ait un projet conçu, une

---

1. *Le Pyrrhonisme du sage, la Philosophie du bon sens, Lettres semi-philosophiques, les Etrennes des esprits forts, Lettre au père Berthier sur le Matérialisme.*

2. Grimm, *Correspondance littéraire* (Paris, Furne, 1829), t. II, p. 293, 294. On a dit, page 131 de ce volume, que le poëme de *la Religion naturelle* fut condamné par arrêt du 23 janvier. Cette date est celle de la dénonciation au parlement ; l'arrêt est bien du 6 février, comme nous l'indiquons ici.

société formée pour soutenir le matérialisme, pour détruire la religion, pour inspirer l'indépendance et nourrir la corruption des mœurs ! » Et les sept volumes, abandonnés par le chancelier qui avait retiré le privilége, « afin de n'avoir pas la honte de voir juger et condamner ce qu'il avait revêtu du sceau de l'autorité suprême, » étaient remis aux mains d'examinateurs peu tendres, sur l'avis desquels la cour, ouï M. le procureur-général, ordonnerait ce qu'il appartiendrait. On ne saurait être plus sombre ni plus menaçant [1].

Nous n'avons pas à reprendre le procès et à décider entre Genève et Rome, entre un parlement intolérant et un troupeau de philosophes non moins intolérants. Mais, ce qui est de notre sujet, ce qui est en même temps un incident historique des plus curieux et un témoignage singulier de l'incertitude des jugements, c'est l'enquête qui avait suivi la publication des sept volumes de l'*Encyclopédie*, surveillés, épluchés de près par des examinateurs dont les sympathies pour l'œuvre et les écrivains n'étaient pas telles qu'ils dussent prendre aisément le change. Boyer, l'ancien évêque de Mirepoix, qu'on a vu figurer à un certain moment dans ce récit, à l'apparition du livre, se jeta aux genoux du roi et lui dit, les larmes aux yeux, qu'on ne pouvait plus lui dissimuler que la religion était en grand péril, et que son clergé s'en reposait sur sa piété pour faire face au danger. M. de Lamoignon, qui avait succédé à M. d'Aguesseau, et « qui était un magistrat aussi religieux qu'aucun évêque du royaume et que l'était l'évêque

---

1. Barbier, *Journal* (Paris, Charpentier,) t. VII, p. 128, 129; février 1759.

de Mirepoix lui-même, » envisageant la situation avec plus de lumière et de sang-froid, objecta, comme son prédécesseur, qu'il fallait aviser sans pour cela ruiner quatre familles de libraires, sans entraver des engagements pris pour des sommes considérables avec les souscripteurs, enfin sans enlever au public un ouvrage qui, expurgé, pouvait être d'une incontestable utilité. M. de Malesherbes fut chargé par son père d'en conférer avec M. de Mirepoix. Laissons lui raconter ses entrevues, ses rapports avec le digne prélat et les conséquences des tentatives qui eurent lieu pour obvier au mal.

Il me dit qu'on avait trompé les censeurs nommés par M. d'Aguesseau, en insérant dans les articles de médecine, de physique, ou d'autres sciences profanes, des erreurs qui ne pouvaient être aperçues que par un théologien.

Je lui offris de faire censurer tous les articles, sans exception, par des théologiens qu'il choisirait lui-même.

Il accepta ma proposition avec joie, et me nomma les abbés Tamponnet, Millet et Cotterel, qui étaient ceux en qui il avait le plus de confiance.

Les tomes II, III, IV, V, VI et VII de l'*Encyclopédie* ont été censurés en entier par ces trois docteurs. Il n'y a pas un seul article dont le manuscrit n'ait été paraphé par un des trois.

C'est cependant le livre qui a été regardé par tous les dévots, et nommément par les confrères des trois censeurs, comme un répertoire d'impiétés.

Quand leurs confrères leur en faisaient des reproches, ils étaient confus et ne savaient que répondre. Ils finissaient par avouer qu'ils ne comprenaient pas eux-mêmes comment ils avaient pu approuver les articles qu'on leur citait[1], et qu'ils en

---

1. Cependant c'étaient des esprits très-retors, très-subtils, Tamponnet surtout, qui disait ou auquel on faisait dire : « Je me ferais

avaient jugé autrement sur le manuscrit que sur l'imprimé.

Pour l'évêque de Mirepoix, il ne dit plus rien quand il vit que ses bons amis étaient compromis, et lorsque je lui en parlai, il me répondit avec douleur que c'étaient de vertueux ecclésiastiques, qui n'avaient sûrement pas eu mauvaise intention [1].

Les Encyclopédistes échappaient ainsi aux poursuites des molinistes. Mais c'était une raison pour éveiller l'ardeur des jansénistes et du parlement, qui avait saisi avec empressement une occasion d'afficher pour les intérêts et la défense de la religion plus de zèle que le clergé lui-même. Ces condamnations, ces rigueurs étaient faites pour atterrer les philosophes et les tenants de l'*Encyclopédie*, qui craignirent un instant que les mesures ne s'étendissent à chacun d'eux en particulier. Mais on veillait sur eux aux Délices. L'on avait frémi de colère à ces recherches, à ces clameurs de l'ennemi, et l'on espérait bien, sans le secours d'aucun bras, châtier ce troupeau de Zoïles. Comme Médée, sans trop de superbe, on pouvait dire et on le prouvera : « Moi seul! et c'est assez. » Dès le 19 février, Voltaire écrivait à D'Alembert pour lui demander des renseignements et des notes sur ses futures victimes, les victorieux de l'heure présente, sur Berthier, sur l'abbé Cavayrac, sur cet Abraham Chau-

---

fort de trouver une foule d'hérésies dans le *Pater noster*. » Ne croyons pas à ce mot, qui nous vient de Voltaire ; mais, pris comme une simple saillie, il peint bien un homme habitué à cette sorte d'analyse finassière et sophistique à laquelle rien n'est impossible. Et cette anecdote de M. Malesherbes n'en serait que plus singulière et plus curieuse.

1. Malesherbes, *Mémoire sur la liberté de la presse* (Paris, Pillet, 1827), p. 91, 92.

meix, qui avait attaché le grelot, et qui, plus qu'aucun des siens, devait payer cher son court triomphe[1]. D'Alembert ne fait pas attendre sa réponse, et donne satisfaction à son ami sur toutes ses questions, avec les commentaires qu'il estime devoir être propres à son entière édification. Les livres de ceux-ci, leurs articles du *Journal de Trévoux*, eussent été de suffisantes lumières, si l'on n'eût pas voulu punir l'écrivain dans l'homme et faire de la personnalité à outrance. Les matériaux s'amassaient, le répit que l'on donnait à l'ennemi ne faisait qu'irriter une fureur qui n'avait pas besoin d'excitants; et l'on pouvait s'attendre à de terribles coups, quand le volcan sortirait impétueusement de son cratère.

Ce fut le P. Berthier qui reçut la première bordée. Élevé chez les Jésuites, Voltaire s'était piqué de reconnaissance. « Il y a longtemps, écrivait-il en 1749 au P. Vionnet, que je suis sous les étendards de votre Société. Vous n'avez guère de plus mince soldat, mais aussi il n'y en a point de plus fidèle [2]. » Nous l'avons vu renouveler, en 1754, ces protestations amicales dans sa lettre au P. Menoux. En maintes occasions, il avait manifesté pour la célèbre Compagnie un respect tout filial; il n'aurait demandé qu'à vivre en bonne intelligence et en parfait accord avec elle. Si tous les PP. eussent été des Porée, des Tournemine, des Asselin, il est à croire que l'on n'en fût point venu à une rupture

---

1. Voltaire, *OEuvres complètes* (Beuchot), t. LVIII, p. 38, 39. Lettre de Voltaire à D'Alembert; à Tournay, 19 février 1759.

2. *Ibid.*, t. LV, p. 375. Lettre de Voltaire au père Vionnet; Paris, le 14 décembre 1749.

éclatante. Certes, les rédacteurs du *Journal de Trévoux* auraient manqué à leur mission en ne surveillant pas avec un soin scrupuleux les publications dont Paris était infesté, et en n'indiquant pas, le cas échéant, les assertions téméraires, malsonnantes, et condamnables au point de vue de la doctrine. Mais tout cela pouvait se faire avec plus ou moins d'onction et de charité; et les journalistes de Trévoux ne gardèrent pas toujours suffisamment cette modération qui sied si bien à la vérité et à ses défenseurs. Nous ne déciderons pas si la tâche, comprise ainsi, était au-dessus des forces d'un polémiste; nous nous bornerons à constater les résultats de ces attaques vives sur une organisation aussi chatouilleuse, aussi irritable que celle de l'auteur de la *Henriade*.

Voltaire eut longtemps, nous dit D'Alembert, à se louer d'eux, et durant tout ce temps leur donna des témoignages publics et multipliés de sa reconnaissance. Ils eurent enfin, par cette fatalité qui les poursuivit dans les dernières années de leur trop long règne, le malheur ou la sottise d'attaquer dans leur *Journal de Trévoux* et ailleurs cet homme illustre, et de l'attaquer non-seulement comme écrivain, mais, ce qui était le plus propre à lui nuire, comme ennemi de la religion et de l'État. Ce procédé fit taire à l'instant toute la reconnaissance de leur ancien disciple, qui se vengea de ses anciens maîtres, devenus ses ennemis, par des épigrammes en vers et en prose, telles qu'il les savait faire... [1].

Mais D'Alembert perd de vue ici que la critique des bons PP. devait, avant tout, se porter sur l'ortho-

---

1. D'Alembert, *OEuvres complètes* (Belin, 1821), t. III, p. 567. Éloge de Crébillon.

doxie des œuvres, dont le côté littéraire était pour eux le moindre côté, et qu'ils ne purent être coupables que d'un zèle outré et de trop d'emportement. Le P. Berthier, la tête et le bras du *Journal de Trévoux*, qu'il dirigeait depuis 1745, allait être le point de mire de ses traits les plus acérés. Il avait engagé le fer par une censure un peu pointilleuse du *Panégyrique de Louis XV*, ce qui lui avait attiré une piquante réplique dans la préface de la seconde édition de l'ouvrage. Les choses s'aggravèrent à l'occasion de l'*Essai sur l'histoire générale*, et, à dater de ce moment, le P. Berthier put être assuré qu'il s'était acquis un ennemi aussi violent qu'infatigable. Le Jésuite avait, après tout, le tempérament du journaliste. Il était infatigable, lui aussi, faisait seul la besogne de quatre, avait beaucoup lu, beaucoup retenu, et n'était pas moins entreprenant, moins hardi que ses devanciers, nous dit un homme qui les connaissait bien[1].

Un beau jour, circulait dans Paris une *Relation de la maladie, de la confession, de la mort et de l'apparition du jésuite Berthier*, que le P. Berthier eut l'étrange fortune de lire, de son vivant, puisqu'il ne devait mourir que vingt-deux ans après, à Bourges. Nous n'oserions assurer que cette lecture lui fut particulièrement agréable, bien que cela fût étourdissant de verve, de malice et de pis encore. Cette plaisante satire paraissait en un in-8° de trente pages, sans nom d'auteur. Mais qui pouvait méconnaître la main diabolique qui l'avait écrite? On l'a vu pour Maupertuis, et on va

---

[1]. Bibliothèque de Caen. Manuscrits. De Quens. R. M., p. 203. — Ailleurs, R. J., p. 128, 129.

le voir pour Pompignan : avec Voltaire l'on n'en était pas quitte pour une balafre, et les coups succédaient aux coups, sans qu'il les comptât, avec une prodigalité dont la galerie, sinon le patient, n'avait point à se plaindre. Après le récit de la mort de Berthier, vient une *Relation du voyage du frère Garassise, neveu de frère Garasse, successeur de frère Berthier*, dans laquelle on se montre plus déchaîné encore et plus incisif que dans la première pièce. Le poëte a rompu à jamais avec la Société, à qui il ne ménagera ni les vérités dures ni même les calomnies : il la poursuivra sans pitié, sans miséricorde. Mais cette facétie de la mort du P. Berthier et de son apparition allait pâlir devant une facétie autrement terrible, et qui devait servir de pendant à la *Diatribe du Docteur Akakia*, la plaisanterie poussée à sa dernière puissance. Remarquons que, cette fois encore, Voltaire ne fut pas l'assaillant, qu'il fut provoqué, et qu'il ne fit que répondre à des allusions qui, bien que s'en prenant à plus d'un, l'avaient très-nettement mis en cause ; et l'on sait, à cet égard, son sentiment et sa morale. « Dans toute guerre, l'agresseur seul a tort devant Dieu et devant les hommes [1]. »

Il a été question de Le Franc de Pompignan à propos d'*Alzire* et de *Zoraïde* (1735). L'auteur de *Didon*, enivré de ce premier succès, n'avait plus, dès lors, entrevu d'horizon à son avenir. Dans son for intérieur, il était destiné à être le premier poëte de son siècle ; et il avait en estime médiocre les tragédies de M. de Vol-

---

1. Voltaire, *OEuvres complètes* (Beuchot), t. LIX, p. 43. Lettre de Voltaire à Palissot ; Ferney, 24 septembre 1760.

taire, qui, tout en renfermant de belles parties, ne seraient jamais que des tragédies de M. de Voltaire[1]. Si cela signifie quelque chose, à coup sûr, ce n'est pas là un compliment. Malgré un conflit, occasionné par une question d'antériorité qui fut tranchée en faveur d'*Alzire*, l'on n'en vint pas à une rupture; toute la colère de Le Franc s'était reportée sur d'ignorants, sur d'ingrats histrions. Les deux poëtes, qui étaient d'ailleurs exposés à se rencontrer chez M. de La Popelinière, leur ami commun, se firent ostensiblement le meilleur accueil. On sait la politesse de Voltaire envers ceux qui l'attirent le moins, ses façons caressantes, ses procédés exquis, dont il ne se départira que le jour où il aura été provoqué, outragé. Nous avons deux lettres de lui à Le Franc, qui donneront la mesure du ton envers un confrère dont la vanité est formidable, et qui, d'ailleurs, ne demande pas d'avis. Voltaire en donnera pourtant; mais ce sera encore un prétexte raffiné à des compliments et des louanges qui seront encaissés comme chose due. «Tous les hommes, monsieur, ont de l'ambition, lui écrivait-il trois ans après ce petit nuage, et la mienne est de vous plaire, d'obtenir quelquefois vos suffrages, et toujours votre amitié... Avec quel homme de lettres aurais-je donc voulu être uni, sinon avec vous, monsieur, qui joignez un goût si pur à un talent si marqué? Je sais que vous êtes non-seulement homme de lettres, mais un excellent citoyen, un ami tendre. Il manque à mon bonheur

---

[1]. Laverdet, *Catalogue d'autographes* du 23 novembre 1861, p. 76, n° 348. Lettre de Le Franc de Pompignan à Thiériot; Montauban, 28 juillet 1737.

d'être aimé d'un homme comme vous [1]. » Cela est charmant, sinon sincère ; et encore, pourquoi ne le pas croire sincère? Voltaire ne demande pas mieux d'être bien avec toute la terre et d'avoir des amis ; à part l'intérêt qu'il y a, c'est l'être social par excellence. Il voudrait n'avoir qu'à sourire, et quand il rugit, ce n'est point sa faute, mais la vôtre.

Le Franc, comme on le voit, n'avait pas trop lieu d'être mécontent ; on l'avait loué outre mesure de sa dissertation sur le *Pervigilium Veneris ;* il saura reconnaître le procédé, et enverra aux châtelains de Cirey une Épître sur *les gens qu'on respecte trop dans ce monde,* et qui sera reçue comme un bienfait. « Je me flatte que nous ne serons pas toujours à six ou sept degrés l'un de l'autre, et qu'enfin je pourrai jouir d'une société que vos lettres me rendent déjà chère. J'espère aller dans quelques années à Paris. Madame la marquise du Châtelet vient de s'assurer une autre retraite délicieuse ; c'est la maison du président Lambert : il faudra être philosophe pour venir là. Nos petits maîtres ne sont point gens à souper à la pointe de l'île, mais M. Le Franc y viendra [2]. » Dans cette même lettre, Voltaire donne des éloges au *Mahomet II* de La Noue, qui n'est pas écrit pourtant avec l'élégance continue de *Didon.* « Je m'intéresse fort à son succès ; car, en vérité, tout homme de lettres qui n'est pas un fripon est mon frère. J'ai la passion des beaux-

---

[1]. Voltaire, *Œuvres complètes* (Beuchot), t. LIII, p. 299, 300. Lettre de Voltaire à M. Le Franc ; à Cirey, le 30 octobre 1738.

[2]. *Ibid.*, t. LIII, p. 560, 561. Du même au même ; à Cirey, le 14 avril 1739.

arts, j'en suis fou. Voilà pourquoi j'ai été si affligé quand des gens de lettres m'ont persécuté ; c'est que je suis un citoyen qui déteste la guerre civile, et qui ne la fais qu'à mon corps défendant. » Ces quelques lignes sont trop caractéristiques pour être omises. Oui, Voltaire aime les lettres d'un sincère amour ; il aime ceux qui les cultivent, et sa protection leur est acquise. Il les soutiendra de son crédit et de sa bourse, et ce ne sera pas sa faute s'ils n'arrivent pas et ne demeurent point d'honnêtes gens. Il faut bien l'en croire encore, lorsqu'il déclare qu'il déteste la guerre civile et qu'il ne la fait que contraint et forcé. Dans de pareilles luttes, comme nous pensons l'avoir déjà remarqué, le vainqueur ne revient pas du combat sans quelques blessures ; et il aura perdu un temps précieux qui ne pouvait pas être plus stérilement employé pour son art et pour sa gloire. Nous n'avons que ces deux uniques lettres de Voltaire à Pompignan ; nous ne pourrions dire au juste quand ce commerce s'interrompit et qui le fit s'interrompre. Si Voltaire passait les trois quarts de sa vie à Cirey, auprès d'Émilie ; les charges ne tardaient pas à appeler Le Franc dans sa province, où allait commencer pour lui une autre existence.

Le poëte n'avait pas disparu, tout au contraire, et la toge n'avait donné que plus d'autorité et de prestige aux vers petits et grands que l'on daignait laisser tomber de sa plume. On avait été un bel esprit, un écrivain d'un mérite incontestable, à Paris ; dans la province, l'on passa à l'état de grand homme. On ne desserrait pas les lèvres que l'on ne fût acclamé par une assistance toujours enthousiaste ; les académies de Montauban et de Toulouse, les journaux du lieu semblaient s'être donné le mot pour faire perdre terre à un orgueil qui n'avait jamais été médiocre. En 1758, Sainte-Palaie laissait un fauteuil vacant; Le Franc se présenta, assuré à l'avance que l'on s'empresserait d'élire un personnage qui ne pouvait qu'honorer l'illustre assemblée. Mais, malgré son titre de président d'une cour souveraine, il dut prendre son parti sur un ajournement qui n'avait rien d'hostile et dont l'Académie voulait bien l'indemniser, deux ans plus tard, à la mort de Maupertuis. En effet, il obtenait l'unanimité des suffrages, et il n'allait tenir qu'à lui de retourner triomphant dans sa province, après une consécration faite pour imposer silence à l'envie, si tant est qu'il eût à Montauban des envieux de sa gloire. Mais l'ambitieux s'arrête-t-il jamais dans ses visées de grandeur? Le Franc s'était imaginé qu'il avait été, de toute éternité, destiné à l'éducation des Enfants de France. Il savait le Dauphin très-religieux, et ne douta point qu'un discours de réception où il tonnerait contre l'incrédulité, contre la philosophie, qu'il relèverait par des allusions diaphanes à l'adresse de l'*Encyclopédie* et des gens de lettres attelés à cette grande entreprise, serait pour lui un coup de partie et déciderait le choix du roi auprès duquel il se croyait appuyé.

Ce fut le lundi 10 mars 1760, que Le Franc de Pompignan fut reçu et prononça, en séance publique, une pièce oratoire qui sera redevable à Voltaire de son immortalité. Au moins, le récipiendaire ira droit au but, sans circonlocutions ni détours. Ses paroles seront provocantes, agressives; c'est en ennemi ouvert de la philosophie qu'il se pose, et il ne négligera rien pour s'aliéner des écrivains qui, de leur côté, auront bonne mémoire et ne lui feront pas grâce. Ce morceau trop fameux n'est, d'un bout à l'autre, qu'un lieu commun, mais relevé par une force d'expression, une chaleur, une conviction indignée, de nature à produire une vive sensation sur un auditoire qui n'était pas composé des seuls amis des philosophes, et dans lequel plus d'un, effrayé, épouvanté de la fièvre des esprits, se demandait déjà où l'on allait, et quelle serait la fin de toutes ces audaces. Ces déclamations virulentes furent donc accueillies avec une faveur marquée, et, disons-le, leur succès fut complet. Dupré de Saint-Maur, qui répondait au nouvel élu en qualité de directeur, lui fit de son mieux les honneurs de l'Académie. Il n'eut garde d'oublier, dans ses compliments, son frère, l'évêque du Puy. Il les compara, le poëte à Moïse, le prélat à Aaron. « Tout retrace en vous, dit-il, l'image de ces deux frères qui furent consacrés, l'un comme juge, l'autre comme pontife, pour opérer des miracles dans Israël. » Fréron cite ce passage sans commentaires. Nous nous trompons; la comparaison lui paraît « tout à fait neuve. » Nous ne le contredirons point; mais on ne pouvait rendre de pire service au pauvre Saint-Maur que de reproduire cette burlesque et ridicule flatterie. Quoi qu'il en soit, fier comme Artaban, Le Franc fut admis à remettre son discours au roi, qui lui dit : « Je vous promets de le lire. » Ce n'était pas, à ce qu'on assure, une simple politesse. « Sa Majesté l'a lu, en effet, et le jour même elle demanda à un seigneur de sa cour comment il

trouvait le discours : —*Un peu long*, Sire, répondit-il.
—*Il est vrai*, reprit le roi, *que j'ai employé vingt minutes à le lire, et qu'il a dû être plus long à l'Académie ; mais c'est un excellent ouvrage, selon moi, peu fait, au reste, pour être applaudi par les impies et les esprits forts.* Que pourrais-ajouter, Monsieur, à un suffrage aussi brillant et aussi flatteur [1] ? »

Le roi était satisfait, Pompignan était bien de l'avis du roi. Tout était donc pour le mieux dans le meilleur des mondes possibles. Mais si *Candide* et Pompignan trouvaient qu'il n'y avait qu'à se frotter les mains, ce n'était pas tout à fait le sentiment de ceux au détriment desquels il avait si brillamment exercé son éloquence. Et peut-être ces derniers n'étaient pas tellement accablés qu'ils ne pussent se relever un jour ou l'autre. « Je ne sais si ce début de M. Le Franc est d'un très-grand homme, écrivait Grimm à son illustre correspondant ; mais, à coup sûr, il n'était pas d'un homme sage. Il était aisé de prévoir que, quand même les philosophes n'iraient pas à la messe ni à confesse, cela ne les empêchait pas d'avoir une plume à la main, et qu'ils pourraient bien être tentés de s'en servir contre un grand homme qui les insultait gratuitement ; il fallait considérer encore qu'en mettant les philosophes, par un excès de générosité, dans le cas de ne pouvoir répondre aux imputations sans se rendre odieux aux sots et à la populace, on les invitait, pour ainsi dire, à se servir du ridicule, et, si par hasard l'agresseur avait fait sa sortie contre eux dans le dessein

---

1. L'*Année littéraire* 1760, t. II, p. 277 ; à Paris, ce 30 mars 1760. — *Mémoire présenté au roi*, par M. de Pompignan, p. 17.

de devenir sous-gouverneur des Enfants de France, rien n'éloignait plus de cette place que d'être le plastron de cinquante plaisanteries amères. Ces réflexions ne se sont pas offertes à M. Le Franc de Pompignan, ou sont venues trop tard [1]. » Voltaire, et il n'avait pas eu tort, avait pris pour lui le plus gros des amabilités adressées aux philosophes et aux gens de lettres de cette époque de perdition. « Il m'a désigné injurieusement, disait-il à Duclos. Il ne fallait pas outrager un vieillard retiré du monde, surtout dans l'opinion où il était que ma retraite était forcée; c'était, en ce cas, insulter au malheur, et cela est bien lâche. Je ne sais comment l'Académie a souffert qu'une harangue de réception fût une satire [2]. »

Mais, au moment où le poëte écrivait ces lignes à celui qui lui avait succédé dans la charge et les appointements d'historiographe, il n'était plus en droit de se plaindre. Il s'était fait justice, s'il n'avait pas dépassé même et de beaucoup la mesure d'une revanche légitime. L'enivrement de Le Franc, qui était sorti de l'Académie « triomphant et enflé de sa vaine gloire, » nous dit Marmontel, durait encore dans tout son épanouissement, lorsqu'une petite brochure de sept pages in-12, sans date, sans lieu d'impression, se glissa au milieu de Paris, et, en moins de rien, se trouva dans toutes les mains et dans toutes les mémoires. Cela était intitulé : « les *Quand, notes utiles sur un discours*

---

1. Grimm, *Correspondance littéraire* (Paris, Furne), t. II, p. 396; 15 mai 1760.
2. Voltaire, *OEuvres complètes* (Beuchot), t. LVIII, p. 453. Lettre de Voltaire à Duclos; à Tournay, 20 juin 1760.

prononcé devant l'Académie française, le 10 mars 1760. » On ne peut pas tout citer, mais on ne peut pas davantage ne pas citer quelques passages de cette satire mordante, aiguë, incisive comme un poignard, qui n'était pourtant que le début d'une kyrielle de facéties sur un moule commun.

Quand on a l'honneur d'être reçu dans une compagnie respectable d'hommes de lettres, il ne faut pas que la harangue de réception soit une satire contre les gens de lettres : c'est insulter la compagnie et le public...
Quand on ne fait pas honneur à son siècle par ses ouvrages, c'est une étrange témérité de décrier son siècle.
Quand on est à peine homme de lettres, et nullement philosophe, il ne sied pas de dire que notre nation n'a qu'une fausse littérature et une vaine philosophie...
Quand on prononce devant une académie un de ces discours dont on parle un jour ou deux, et que même quelquefois on porte au pied du trône, c'est être coupable envers ses concitoyens, d'oser dire, dans ce discours, que la philosophie de nos jours sape les fondements du trône et de l'autel. C'est jouer le rôle d'un délateur, d'oser avancer que la haine de l'autorité est le caractère dominant de nos productions; et c'est être délateur avec une imposture bien odieuse, puisque non-seulement les gens de lettres sont les sujets les plus soumis, mais qu'ils n'ont même aucun privilége, aucune prérogative qui puisse jamais leur donner le moindre prétexte de n'être point soumis. Rien n'est plus criminel que de vouloir donner aux princes et aux ministres des idées si injustes sur des sujets fidèles, dont les études font honneur à la nation : mais heureusement les princes et les ministres ne lisent point ces discours, et ceux qui les ont lus une fois ne les lisent plus.

Le Franc, nous l'avons dit, succédait à Maupertuis, à ce Maupertuis auquel on n'avait pas pardonné, et dont le récipiendaire avait dû faire l'éloge. L'on ne sut pas résister à la tentation de faire coup double et de marier le mort au vivant.

Quand on succède à un homme bizarre, qui a eu le malheur de nier dans un mauvais livre ces preuves évidentes de l'existence de Dieu, tirées des desseins, des rapports et des fins de tous les ouvrages de la création, sur les preuves admises par les philosophes, et seules preuves consacrées par les pères de l'Église; *quand* cet homme bizarre a fait tout ce qu'il a pu pour infirmer ces témoignages éclatants de la nature entière; *quand* à ces preuves frappantes qui éclairent tous les yeux il a substitué ridiculement une équation d'algèbre, il ne faut pas dire, à la vérité, que ce raisonneur était un athée, puisqu'il ne faut accuser personne d'athéisme, et encore moins l'homme à qui l'on succède; mais aussi ne faut-il pas le proposer comme le modèle des écrivains religieux : il faut se taire, ou du moins parler avec plus d'art et de retenue.

La brochure finissait par un conseil charitable, s'il n'était pas précisément dicté par la charité, mais qui trouvait son application immédiate.

Quand on est admis dans un corps respectable, il faut, dans sa harangue, cacher sous les voiles de la modestie l'insolent orgueil qui est le partage des têtes chaudes et des talents médiocres.

Nous avons dit que ces *Quand* en un instant inondèrent tout Paris. Il aurait été bien étrange que D'Alembert eût été le seul à ne les pas recevoir; il lui en vint en droiture de Genève, et, à ce propos, il écrivait au solitaire des Délices une lettre dans le même goût et qui ne devait rassurer que de reste ce dernier sur la solidité de son incognito. « Ne sauriez-vous point, par hasard, qui m'a fait ce présent-là ? Ce ne saurait être vous, car depuis quatre jours tout le monde veut ici que vous soyez mort; on vous désignait même, à quatre lieues d'ici (à Versailles), l'ancien évêque de Limoges pour successeur [1]. Votre éloge aurait été fait par un prêtre, et cela eût été plaisant ; j'aime pourtant mieux ne pas entendre votre éloge sitôt, dût-il être fait par le P. Berthier ou par M. de Pompignan [2]. » En effet, le bruit de la mort de Voltaire avait couru et s'était répandu dans toute la ville ; mais on sut vite à quoi s'en tenir, son notaire, le jour même ou le lendemain de la nouvelle, ayant reçu de ses lettres [3]. Ce n'était point la première fois que ses amis avaient été contristés par de semblables rumeurs. En 1753, à la date du 29 décembre, d'Argenson notait sur son journal : « On dit le grand poëte *Voltaire* mort subitement à Colmar [4]. » Mais Voltaire pouvait bien être l'auteur de ces bruits, comme cela semblerait résulter d'une farce assez plaisante dont il se constitue l'historien dans une lettre à Son Altesse Sérénissime de Saxe-Gotha. « Il faut que je lui conte qu'un vieux baron de Lorraine, dévot comme un sot, s'est avisé de m'écrire, toutes les postes, pour me convertir. Je lui ai fait répondre que j'étais mort. Il prie Dieu pour le repos de mon âme [5]. »

1. Jean-Gilles de Coetlosquet, ancien précepteur des enfants de France. Il fut élu à la mort de l'abbé Sallier, en 1761.
2. Voltaire, Œuvres complètes (Beuchot), t. LVIII, p. 358. Lettre de D'Alembert à Voltaire ; à Paris, 14 avril 1760.
3. Matter, *Lettres, pièces rares ou inédites* (Amyot, 1846), p. 422. Lettre de La Condamine à Formey ; Paris, 11 mai 1760.
4. Marquis d'Argenson, *Mémoires* (Jannet), t. IV, p. 163.
5. Voltaire, *Lettres inédites* (Paris, Didier, 1857), t. I, p. 467. Lettres de Voltaire à la duchesse de Saxe-Gotha ; à Colmar, le 12 janvier 1754.

L'auteur de *la Henriade*, qui, cette fois, ne voulait pas qu'on le crût mort, s'empressa de rassurer ses amis. Il écrivit à Collini, à Mme de Fontaine, à la marquise du Deffand, à Thiériot, à d'Argental pour leur mander que petit bonhomme vivait encore [1]. « Mon cher et digne philosophe, répondait-il au compliment de D'Alembert, j'avoue que je ne suis pas *mort*, mais je ne peux pas dire que je suis en vie. Berthier se porte bien, et je suis malade; Abraham Chaumeix digère, et je ne digère point; aussi ma main ne vous écrit pas, mais mon cœur vous écrit; il vous dit qu'il est sensiblement affligé de voir des fanatiques réunis pour accabler les philosophes, tandis que les philosophes divisés se laissent tranquillement égorger les uns après les autres. C'est grand dommage que Jean-Jacques se soit mis tout nu dans le tonneau de Diogène [2]... »

Ces dernières lignes ont trait à la comédie des *Philosophes*, de Palissot, dont les représentations autorisées, encouragées par la cour, allaient être le plus violent défi aux encyclopédistes et aux libres-penseurs (2 mai 1760). « Il m'a paru, écrit Fréron, qui reconnaissait cependant qu'il s'y rencontrait quelques traits trop forts et trop durs, et des personnalités que l'auteur retrancha lui-même à la seconde représentation ; il m'a paru qu'en tout c'était l'ouvrage d'un homme de beaucoup d'esprit et d'un bon citoyen [3]. » On sait ce

---

1. Voltaire, *OEuvres complètes* (Beuchot), t. LVIII, p. 366, 373, 380, 382.
2. *Ibid.*, t. LVIII, p. 376. Lettre de Voltaire à D'Alembert ; 25 avril 1760.
3. *Année littéraire* 1760, t. III, p. 216 ; à Paris, ce 6 mai 1760.

qui fut enlevé et ce qui survécut à une émonde peu rigoureuse. Mais cette œuvre « d'un bon citoyen » ouvrait la porte à cette comédie malsaine, malhonnête, à laquelle le Gilles d'Athènes, comme Voltaire appelle Aristophane, a donné son nom; et nous verrons bientôt une farce non moins impudente, pour nous servir encore des expressions de Voltaire, mais lancée de l'autre camp, faire plisser la lèvre à ceux qui avaient ri de si bon cœur à la pièce de Palissot.

Revenons à Le Franc et à la terrible guerre qui allait lui être faite de plus d'un côté à la fois, car ce fut à qui lancerait sa javeline plus ou moins empoisonnée; et, dans la difficulté de rendre à chacun ce qui lui était dû, l'on a trouvé plus simple d'en laisser le tout à l'auteur des *Quand*. Ces facéties, malheureusement pour celui à l'adresse duquel elles vont, sont toutes excellentes; elles emportent toutes le morceau. Voltaire, cela va sans dire, n'avoue aucun de ses enfants. « Je ne sais pas pourquoi on me fourre dans toutes ces querelles, moi laboureur, moi berger, moi rat retiré du monde dans un fromage de Suisse. Je me contente de ricaner, sans me mêler de rien, il est vrai que je ricane beaucoup; cela fait du bien, et soutient son homme dans la vieillesse[1]. » Il ricane, mais c'est par hygiène, par pur régime. « Je veux rire; je suis vieux et malade, et je tiens à la gaieté, un remède plus sûr que les ordonnances de mon cher et estimable Tronchin. Je me moquerai, tant que je

---

1. Voltaire, *Lettres inédites* (Paris, Didier, 1857), t. II, p. 306. Lettre de Voltaire à Thiériot; 29 mai 1760.

pourrai, des gens qui se sont moqués de moi ; cela me réjouit, et ne fait nul mal. Un Français qui n'est pas gai est un homme hors de son élément [1]. » Mais, en dépit de ses dénégations, la paternité se trahissait dans cette seule phrase d'une lettre à Thibouville : « Je n'ai point fait les *Quand;* mais il me prend envie de les avoir faits [2]. »

Bientôt aux *Quand* succédaient les *Si*, qui s'attachaient à relever, phrase par phrase, les assertions malveillantes de Pompignan contre les gens de lettres et les philosophes. Après ces *Si* venaient les *Pourquoi*. Au moins ces *Si* et ces *Pourquoi* ne sont pas de Voltaire. Ils sont de l'abbé Morellet, l'un des quatre théologiens de l'*Encyclopédie* [3], l'auteur d'écrits sur l'économie politique qui firent du bruit en leur temps, et que Voltaire appelle l'abbé *Mords-les*, à cause de la nature mordante, incisive, voire quelque peu hargneuse de son esprit. « J'imaginai, nous dit l'abbé, qu'il fallait *faire passer* M. de Pompignan *par les particules*. Je fis les *Si*, et ensuite les *Pourquoi*, et ensuite un petit commentaire sur une traduction en vers de la *Prière universelle* de Pope, petit symbole de déisme que M. de Pompignan avait publié plusieurs années auparavant, mais qui formait un contraste assez piquant avec le beau zèle qu'il venait de montrer

---

1. Voltaire, *OEuvres complètes* (Beuchot), t. LVIII, p. 461. Lettre de Voltaire à Palissot; aux Délices, 23 juin 1760.

2. *Ibid.*, t. LVIII, p. 412. Lettre de Voltaire au marquis de Thibouville ; à Tournay, 20 mai 1760.

3. *Ibid.*, t. LVII, p. 579. Lettre de D'Alembert à Voltaire ; à Paris, ce 30 juillet 1758. Les trois autres étaient Yvon, l'abbé de Prades et Mallet.

contre l'Académie[1]. » Le procédé était tout trouvé : le public était fait à ces plaisanteries ; on l'en abreuva jusqu'à la nausée. « On dit qu'il y a des *Pourquoi*, des *Oui*, des *Non* nouveaux qui sont aussi bons que les *Que*, écrivait Voltaire à Thiériot ; je les attends aussi, il faut que j'aie toutes les pièces du procès[2]. » Ces *Pourquoi*, on vient de le dire, sont de Morellet ; mais ces *Oui* et ces *Non*, aussi bien que les *Que*, les *Pour*, les *Qui*, les *Quoi* que l'on fait endosser tour à tour à un sieur F., un Arnould, un Mathieu Ballot[3], un Jacques Ayard, enfin au cabaretier Ramponneau, de joyeuse mémoire, sont de petites pièces en strophes de quatre vers demeurées à l'actif du philosophe des Délices et qui lui appartiennent bien par le tour et la malice[4].

Et nous ne sommes pas au bout. Voici les *Car*, les *Ah! ah!* à l'adresse de « *Moïse* Le Franc de Pompignan, » Moïse, selon l'intelligente flatterie de Dupré de Saint-Maur. Il fallait si bien couvrir le personnage

---

1. Morellet, *Mémoires* (Paris, L'Advocat, 1821), t. 1, p. 85, 86.
2. Voltaire, *OEuvres complètes* (Beuchot), t. LVIII, p. 431. Lettre de Voltaire à Thiériot ; 9 juin 1760.
3. Ce Ballot, dont on use avec ce sans-gêne, était un petit avocat d'un esprit fin et pénétrant, nous dit Marmontel, mais un personnage grotesque, trivial, d'un caractère tantôt haut et tantôt bas, amalgame assez bizarre de qualités et de vices, qui, dans une circonstance fameuse, servit d'aide à Vaucanson pour découvrir la plaque de la cheminée de madame de La Popelinière. Voltaire avait quelques rapports avec lui. Il l'appelait Ballot *l'Imagination*, et lui reconnaissait du jugement et du goût.
4. « Vous m'envoyez, mon ancien ami, d'autres bêtises qui ne sont pas de Rességuier, mais de Le Franc et de Fréron ; et moi je vous envoie des *Que* qui m'ont paru plaisants... » T. LVIII, p. 417. Lettre à Thiériot ; à Tournay et non *Tournet*, 26 mai 1760.

de ridicule qu'il n'osât désormais se présenter nulle part, qu'il ne sût où se cacher ; mais c'était le moindre côté de la tâche. On n'avait rien fait tant que l'on n'aurait pas prouvé à toute la terre que Le Franc était un faux honnête homme, un faux dévot, n'ayant d'autre mobile que son ambition, son désir d'arriver, se servant de la religion comme d'un instrument, sans se préoccuper des démentis que son passé pouvait donner au présent. Ainsi, l'auteur de *Didon* n'aurait pas toujours envisagé les choses sous les mêmes aspects, et il aurait blâmé et réprouvé, à un certain moment, là où il ne trouve plus qu'à louer ; ce qu'on n'avait pas manqué déjà de constater dans les *Si*, et ce qu'on rappellera dans les *Pourquoi*.

Pourquoi l'auteur du discours dit-il, en 1760, que le roi s'exagère les malheurs de ses sujets ; que cela seul suffit pour les adoucir ; que les Français, chers à leurs maîtres, ne peuvent jamais être malheureux ; après avoir dit, en 1756, au roi lui-même : Sire, toutes les espèces d'impôts sont accumulées sur vos sujets... ils y succombent... ils sont traités plus impitoyablement que des forçats... on exerce sur eux des vexations horribles... ayez pitié d'un peuple épuisé... sortez de cette enceinte de palais somptueux, de ce concours de courtisans fastueux... vous verrez un empire qui sera bientôt désert ; les terres sont semées dans les larmes, et moissonnées dans l'affliction... vos sujets ont la certitude accablante d'être longtemps malheureux. *Pourquoi* cet homme est-il ainsi en contradiction avec lui-même ? Ce n'est pas que la situation des peuples soit devenue meilleure, mais c'est que la sienne a changé.

C'était une trouvaille que ce discours d'un accent si généreux, si osé de forme et d'idée, qui, aux yeux d'un gouvernement despotique, ne devait avoir rien de bien différent de la révolte et de l'insolence; et rappeler cette philippique qui avait valu quelques mois d'exil à l'avocat général de la cour des aydes [1], était déjà un assez mauvais tour joué au pauvre Pompignan. Mais on n'était pas gens à reproduire un texte sans l'escorter de commentaires ; et de quels commentaires ! « Ne dites plus au roi, lui recommandait-on dans les *Car*, ne dites plus au roi, dans un libelle de supplique, qu'il « traite ses sujets comme « des esclaves, » *car* alors ce n'est plus une supplique, et il ne reste que le libelle : et lorsqu'on est coupable d'un libelle si insensé, on a beau faire sa cour au père Desmarets, jésuite, le père Desmarets, jésuite, ne vous fera jamais entrer dans le conseil. »

Donc, l'auteur de *Didon* n'est pas un grand citoyen, un magistrat austère qui, à l'occasion, ne reculera pas devant la perspective de mécontenter la cour, d'irriter le souverain, pour peu que la conscience et le devoir commandent. C'est un intrigant, qui s'est transformé avec les circonstances, qui, dans sa province, a trouvé avantageux, au moyen de quelques phrases sonores, de se conquérir la gratitude et la reconnaissance des peuples. Maintenant, on veut faire fortune à la cour, l'on rêve la haute direction de l'éducation des Enfants de France, et l'on accommode son langage à ses nouvelles visées. Tout cela était sans doute fort innocent; encore ne faudrait-il point, en requérant des rigueurs inflexibles contre les plus

---

[1]. *OEuvres posthumes du duc de Nivernais* (Paris, Maradan, 1807), t. I, p. 90, 91. Réponse de M. de Nivernais à l'abbé Maury ; le jeudi 27 janvier 1785.

inoffensifs et les plus dévoués sujets du roi, fonder sa grandeur future sur la délation, la diffamation et le mensonge. Ainsi, cet homme si intègre n'est plus, il n'a jamais été qu'un ambitieux, un politique dangereux, ne reculant devant rien pour se frayer un chemin. S'il n'était que cela ! Mais l'ambitieux, l'intrigant est doublé de l'hypocrite, du faux dévot, de l'impie !

Quand, lui disait Voltaire, on a traduit et outré même la *Prière* du déiste, composée par Pope; *quand* on a été privé six mois entiers de sa charge en province pour avoir traduit et envenimé cette formule du déisme; *quand* enfin on a été redevable à des philosophes de la jouissance de cette charge, c'est manquer à la fois à la reconnaissance, à la vérité, à la justice, que d'accuser les philosophes d'impiété; et c'est insulter à toutes les bienséances, de se donner les airs de parler de religion dans un discours public, devant une académie qui a pour maxime et pour loi de n'en jamais parler dans ses assemblées.

Cela ne pouvait demeurer sans réponse. Il ne s'agit plus de plaisanteries, il s'agit de faits circonstanciés que l'on envenime peut-être, mais qu'il est difficile, dans leur généralité, d'admettre de pure invention. Le Franc sentit la gravité de l'accusation ; il comprit alors, mais bien tard, qu'il s'était attiré par trop de zèle, si c'était du zèle, des ennemis bien dangereux, dont un seul pouvait s'appeler légion. Il avait cru faire une campagne agressive, et il lui fallait se défendre, se défendre d'une inculpation d'impiété.

Il y a vingt-deux ans[1] (c'est lui qui parle) que je traduisis

---

1. C'était donc en 1738.

en françois la *Prière universelle* de *Pope*. J'avois appris depuis quelque tems la langue angloise, et je vivois beaucoup avec plusieurs Anglois, gens de lettres et de mes amis, que leur goût pour nos provinces méridionales avoit attirés à Montauban, où je remplissois alors une charge d'avocat général à la cour des aydes.

Cette traduction fut un jeu de société. J'avois soutenu que je ferois une traduction exacte et fidèle de la *Prière universelle*... en suivant pas à pas les quatrains de l'original, et sans y employer un seul vers de plus. J'en vins à bout au gré de mes Anglois. Je leur en donnai une copie, et ils l'emportèrent à Londres.

Au bout de deux ans ou environ, je reçus une lettre de M. le chancelier d'*Aguesseau*, accompagnée d'un exemplaire de ma traduction, imprimée *in-4°*, à Londres, chez les frères *Vaillant*. Ce fut le premier avis que j'eus de la publication de ce poëme. Le chef de la justice me faisoit des reproches assez vifs d'avoir traduit cet ouvrage. Mes sentimens sur la religion, qui n'ont varié dans aucun tems de ma vie, me firent abandonner sans peine tout ce que j'eusse pu alléguer pour justifier *Pope* à certains égards....

D'ailleurs les motifs qui m'avoient fait traduire la *Prière universelle* étoient si simples, si innocens que je ne pouvois m'avouer coupable pour avoir composé cette version [1]. J'exposai naïvement à M. le chancelier ce qui s'étoit passé. Ce grand magistrat en fut si satisfait, qu'il m'écrivit une seconde lettre remplie de politesse et de bontés, etc. Ainsi finit cette affaire, aussi agréable pour moi dans le dénouement, qu'elle m'avoit affligé dans le début.

On avait prétendu qu'il avait été privé de sa charge d'avocat général (qu'il exerçait, lorsque lui écrivit M. d'Aguesseau), et de celle de président de la même cour obtenue après la mort de son père et de son oncle qui en avaient été successivement titulaires.

1. Pompignan donna une rétractation très-ample de sa traduction dans le *Journal des savants*; septembre 1741, p. 543 et suivantes.

Rien de tout cela n'était exact, et c'était là une invention diabolique conçue dans un but qu'on ne devine que trop [1].

Voilà, s'écrie-t-il, comme on ose blesser la vérité dans les choses capitales, attaquer ma réputation, calomnier le chef d'une compagnie souveraine : étrange satisfaction d'un méchant homme, qui, après avoir exhalé tout ce que l'envie et l'imposture ont de plus noir, ne se dérobe à de justes châtimens qu'à la faveur des ténèbres dont il est environné ! Mais par où et comment me suis-je attiré l'insulte violente qu'on me fait ? Quel savant, quel homme de lettres ai-je offensé dans mes écrits ?... C'est mon discours à l'Académie françoise qui m'a valu ce tissu de calomnies et ce débordement d'injures. On me fait un crime d'avoir élevé une voix pour la religion dans une compagnie littéraire. Les catholiques seroient-ils plus gênés sur ce point que les protestans ? Le premier règlement de la Société royale de Berlin portoit qu'une de ses classes devoit s'appliquer à *l'étude de la Religion et à la conversion des infidèles...* Mais où l'anonyme a-t-il appris qu'il soit défendu de parler de religion dans l'Académie françoise ? Il n'est pas permis sans doute et il ne seroit pas convenable d'y discuter des matières théologiques. Les matières d'État n'y doivent pas être traitées non plus. S'ensuit-il de là que dans l'éloge d'un ministre ou d'un négociateur, ce fût manquer au gouvernement que de louer et de circonstancier des opérations déjà consommées, des négociations finies, des traités exécutés et publics ? Enfin, où l'anonyme a-t-il trouvé que venger la religion, contre les esprits forts, ce fût traiter des matières de religion ?... Du reste, je n'ai point déféré au trône ni à l'académie les incrédules et les esprits forts, je ne suis l'ennemi de personne ; je ferois

---

[1]. Voltaire dit ceci, dans une lettre à madame d'Épinai, 13 juin 1760 : « ... Le fait est que le pédant chancelier d'Aguesseau lui refusa, de ma connaissance, les provisions de sa charge pendant six mois, en 1739, pour avoir mal traduit la *Prière du déiste* ; je le servis dans cette affaire, et il m'en a récompensé dans son beau discours à l'Académie. »

du bien à ceux même qui me font du mal, et je hais autant la persécution et le trouble que j'aime la soumission et la paix.

Cette profession de foi, de tolérance, d'amour de la paix venait un peu tard, et, convenons-en, différait sensiblement du discours de réception. Après s'être fait assez étourdiment et bien gratuitement l'assaillant, le successeur de Maupertuis, auquel il ressemblait fort par le contentement absolu de soi et une vanité sans limites, allait, comme lui, se voir aux prises avec un ennemi implacable qui n'abandonnerait plus sa proie. Qu'allait faire Pompignan? Courberait-il la tête sous l'orage et irait-il chercher l'oubli dans sa province ; ou bien se redresserait-il audacieusement et essayerait-il de faire sentir ce dont un homme comme lui était capable? Ce pauvre Paris, si vieux, si blasé, mais si léger, si prompt à se rattraper à tout ce qui devait le sortir, ne fût-ce que pour un moment, de sa torpeur et de son ennui, attendait palpitant la suite de l'aventure ; et, disons-le, les rieurs n'étaient pas pour le poëte sacré. C'était la question du jour, et les correspondances qui allaient à l'étranger n'y portaient pas d'autres nouvelles. « Vous avez vu, monseigneur, écrivait Favart au comte Durazzo, dans ces libelles, que M. de Voltaire reproche à M. Le Franc sa traduction de l'épître de Pope qu'il taxe d'impiété, ses remontrances du parlement de Grenoble qu'il traite de séditieuses, et qu'il l'accuse d'avoir varié dans ses principes par intérêt personnel. M. Le Franc, piqué au vif de ses assertions, a fait un mémoire justificatif, actuellement sous presse à l'imprimerie royale ; il va, dit-on, poursuivre cette affaire avec la plus grande chaleur, et ne se flatte pas moins que d'expulser son adversaire de l'Académie. On dit, à cette occasion, que si l'on rayoit M. de Voltaire du nombre des Quarante, ce seroit ôter le chiffre, et qu'il ne resteroit plus que le zéro. MM. Duclos et D'Alembert et beaucoup d'autres seroient sans doute compris dans la réforme, comme encyclopédistes. En ce cas, on prendroit des capucins pour recruter l'Académie française[1]. »

La réponse du comte est à reproduire, parce qu'elle est l'expression de ce que l'on pensait de cette levée de boucliers à l'étranger. « Je suis fâché que M. Le Franc fasse une querelle sérieuse d'une plaisanterie un peu vive de M. de Voltaire ; le premier qui a tort est toujours le plus coupable, et s'expose au retour d'une vengeance plus violente que l'injure. Si M. Le Franc n'avoit attaqué ni insulté personne dans sa harangue, il jouiroit en paix des honneurs de l'Académie, qu'il a bien mérités, mais qu'il me paroît n'avoir pas assez estimés. Après que votre parlement et votre clergé se sont abaissés tour à tour, il ne restoit plus qu'à vos gens de lettres de se dégrader et de se déchirer à l'envi. Nos Allemands ne sont peut-être pas si bêtes de n'avoir ni philosophes ni académiciens à ce prix[2]. » Ainsi, aux yeux des indifférents, aux yeux des étrangers, Pompignan était l'agresseur, il avait pro-

---

1. Favart, *Mémoires et Correspondance littéraires* (Paris, 1808), t. I, p. 46. Lettre de Favart au comte Durazzo ; 22 mai 1760.
2. *Ibid*., t. I, p. 44. Lettre du comte Durazzo à Favart ; Vienne, 14 juin 1760.

voqué, insulté les gens de lettres et les philosophes dans sa harangue, il avait le tort, qu'il expiait, hélas ! chèrement, d'avoir, pour s'attirer la bienveillance et les faveurs de la cour, dénoncé, outragé une classe d'écrivains qui, en mauvaise odeur auprès des puissances, maniait déjà l'opinion à son gré et devenait tous les jours plus menaçante. Que Pompignan songeât à faire expulser Voltaire et les encyclopédistes de l'Académie, ce pouvait être là le rêve d'un cerveau exalté, d'un esprit que l'humiliation, le ridicule avaient rendu furieux, presque enragé. Mais le ministre, dans le seul but de donner cette satisfaction à l'auteur des *Poésies sacrées*, ne se fût pas exposé, de gaieté de cœur, aux conséquences d'un coup d'État qui eût ameuté contre lui tout Paris.

Pompignan, arraché par le plus maussade des réveils à son fugitif triomphe, essaya d'opposer des digues à ce torrent déchaîné, et crut un instant qu'avec de l'activité et d'énergiques démarches il en viendrait à bout. « Ce petit écrit, raconte le chansonnier Collé, qui entend parler des *Quand*, a mis M. de Pompignan au désespoir, et madame Dufort, à présent sa femme[1], a encore été plus outrée que lui ; il a fait l'impossible pour en arrêter le débit, et ses soins à cet égard n'ont fait qu'en multiplier les éditions. On mesure la fureur où il doit être par l'or-

---

1. Mademoiselle de Caulincourt, mariée en premières noces à Grimod Dufort. Voltaire disait à cet égard : « Quoique Le Franc ait épousé la veuve d'un directeur des postes, il ne peut empêcher qu'on ne me donne, tous les ordinaires, une liste de ses ridicules. » *OEuvres complètes* (Beuchot), t. LVIII, p. 549. Lettre à Marmontel ; 13 auguste 1760.

gueil qu'il a ; et ceux qui le connaissent prétendent que sa colère ne doit pas avoir de bornes[1]. » Le Franc présenta au roi un Mémoire dans lequel, entre autres énormités, il osait dire : « Toute la cour a été témoin de l'accueil que me firent Leurs Majestés. Il faut que l'univers sache aussi qu'Elles ont paru s'occuper de mon Ouvrage, non comme une nouveauté passagère ou indifférente, mais comme d'une production qui n'étoit pas indigne de l'attention particulière des Souverains[2]. » L'apparition de l'illustre poëte à la cour et la réception qui lui fut faite appelaient une description pompeuse en tout point à la hauteur de ce grand événement. Une lacune aussi regrettable dans l'histoire de sa vie eût été presque un malheur public ; mais bientôt on put lire la *Relation du voyage de M. le marquis Le Franc de Pompignan, depuis Pompignan jusqu'à Fontainebleau*[3], adressée au procureur fiscal du village de Pompignan. Comme on ne peut pas tout citer, nous passerons par-dessus les incidents qui précédèrent l'audience que lui accordèrent Leurs Majestés. C'est Pompignan qui parle ou que l'on fait parler.

1. Collé, *Journal historique* (Paris, 1807), t. II, p. 341 ; avril 1760.
2. *Mémoire présenté au roi*, par M. de Pompignan, le 11 mai 1760, p. 17.
3. Pompignan s'exprime ainsi sur l'accueil qui lui fut fait dans sa ville natale à son retour de Paris, où il était allé solliciter : « Je partis enfin pour aller prendre possession de ma charge, je fus reçu à Montauban avec des honneurs si extraordinaires, que le souvenir s'en conservera longtems dans cette ville et dans le reste de la province. » *Mémoire présenté au roi*, p. 9. Avec de pareils accès de vanité l'on rend la tâche aisée à l'ennemi, qui n'a guère qu'à transcrire sans y mettre trop du sien.

Quand j'arrivai à Orléans, je trouvai que la plupart des chanoines savoient déjà par cœur les endroits les plus remarquables de mon discours. Je me hâtai d'arriver à Fontainebleau, et j'allai le lendemain au lever du roi, accompagné de Fréron, que j'avois mandé exprès. Dès que le roi nous vit, il nous adressa gracieusement la parole à l'un et à l'autre. M. le marquis, me dit Sa Majesté, je sais que vous avez à Pompignan autant de réputation qu'en avait à Cahors votre grand-père le professeur. N'auriez-vous point sur vous ce beau sermon de votre façon qui a fait tant de bruit? J'en présentai alors des exemplaires au roi, à la reine, à M. le dauphin. Le roi se fit lire à haute voix, par son lecteur ordinaire, les endroits les plus remarquables. On voyoit la joie répandue sur tous les visages ; tout le monde me regardoit en rétrécissant les yeux, en retirant doucement vers les joues les deux coins de la bouche, et en mettant les mains sur les côtés, ce qui est le signe pathologique de la joie. En vérité, dit M. le Dauphin, nous n'avons en France que M. le marquis de Pompignan qui écrive de ce style.

Allez-vous souvent à l'Académie? me dit le roi. Non, sire, lui répondis-je. L'Académie va donc chez vous, reprit le roi (c'était précisément le même discours que Louis XIV avait tenu à Despréaux). Je répondis que l'Académie n'est composée que de libertins et de gens de mauvais goût, qui rendent rarement justice au mérite... Comme nous en étions là, le roi et moi, la reine s'approcha et me demanda si je n'avois pas fait quelque nouveau psaume judaïque. J'eus l'honneur de lui réciter sur-le-champ le dernier que j'ai composé, dont voici la plus belle strophe :

> Quand les fiers Israélites,
> Des rochers de Beth-Phégor,
> Dans les plaines Moabites,
> S'avancèrent vers Achor ;
> Galgala, saisi de crainte,
> Abandonna son enceinte,
> Fuyant vers Samaraïm ;
> Et dans leurs rocs se cachèrent
> Les peuples qui trébuchèrent
> De Bethel à Seboïm.

Ce ne fut qu'un cri autour de moi, et je fus reconduit avec

des acclamations universelles, qui ressemblaient à celles de Nicole dans le *Bourgeois gentilhomme*[1].

Mais l'auteur de *Didon* ne devait pas rencontrer pareil engouement à Paris, ce sanctuaire de l'envie, du dénigrement, des plus détestables passions. Un accueil si différent était de nature à le rendre perplexe, à assombrir son front olympien.

> Qu'as-tu, petit bourgeois d'une petite ville?
> Quel accident étrange, en allumant ta bile,
> A sur ton large front répandu la rougeur?
> D'où vient que tes gros yeux petillent de fureur?
> Réponds donc. — L'univers doit venger mes injures;
> L'univers me contemple, et les races futures
> Contre mes ennemis déposeront pour moi.
> — L'univers, mon ami, ne pense point à toi,
> L'avenir encor moins : conduis bien ton ménage,
> Divertis-toi, bois, dors, sois tranquille, sois sage.
> De quel nuage épais ton crâne est offusqué !
> — Ah ! j'ai fait un discours, et l'on s'en est moqué !
> Des plaisants de Paris j'ai senti la malice;
> Je vais me plaindre au roi, qui me rendra justice ;
> Sans doute il punira ces ris audacieux.
> — Va, le roi n'a point lu ton discours ennuyeux.
> Il a trop peu de temps et trop de soins à prendre :
> Son peuple à soulager, ses amis à défendre,
> La guerre à soutenir; en un mot, les bourgeois
> Doivent très-rarement importuner les rois.
> La cour te croira fou : reste chez toi, bonhomme.
> — Non, je n'y puis tenir; de brocards on m'assomme.
> Les *quand*, les *qui*, les *quoi* pleuvant de tous côtés,
> Sifflent à mon oreille, en cent lieux répétés.
> On méprise à Paris mes chansons judaïques,
> Et mon *Pater* anglais, et mes rimes tragiques,

---

1. Voltaire, *OEuvres complètes* (Beuchot), t. XLI, p. 9, 10, 11.

Et ma prose aux Quarante! un tel renversement
D'un État policé détruit le fondement :
L'intérêt du public se joint à ma vengeance ;
Je prétends des plaisants réprimer la licence.
Pour trouver bons mes vers il faut faire une loi ;
Et de ce même pas je vais parler au roi.

Tel est le début de la satire *sur la Vanité*. Voltaire, en badinant, en se jouant comme un jeune chat, quitte un instant sa victime, pour draper d'autres ennemis qu'il ne perd guère de vue, le gazetier des *Nouvelles ecclésiastiques*, « ce crasseux janséniste, » et le bon père Berthier, à l'exécution duquel nous avons assisté plus haut. Mais, encore un coup, c'était à Le Franc qu'était consacrée cette terrible pièce, il en était le héros; elle avait commencé par lui, c'était par lui qu'elle devait se clore. Il nous semble inutile de recommander les vers qui suivent et qui sont des meilleurs et des mieux frappés de ce maître en satire.

Malheur à tout mortel, et surtout dans notre âge,
Qui se fait singulier pour être un personnage !
Piron seul eut raison, quand, dans un goût nouveau,
Il fit ce vers heureux, digne de son tombeau :
Ci gît qui ne fut rien. Quoi que l'orgueil en dise,
Humains, faibles humains, voilà votre devise.
Combien de rois, grands dieux ! jadis si révérés,
Dans l'éternel oubli sont en foule enterrés !
La terre a vu passer leur empire et leur trône.
On ne sait en quel lieu florissait Babylone.
Le tombeau d'Alexandre, aujourd'hui renversé,
Avec sa ville altière a péri dispersé.
César n'a point d'asile où son ombre repose ;
Et l'ami Pompignan pense être quelque chose !

Ce dernier vers est vraiment foudroyant, et Pompignan ne s'en releva jamais. Le Dauphin, quelles que fussent sa dévotion et sa charité, n'avait pu se défendre de rire, comme tout le monde, aux dépens du vaniteux poëte; ce vers d'un comique si heureux ne lui sortait pas de la tête, et, en une occasion, au moins, il laissa voir ce qu'il pensait de cet homme gonflé d'orgueil, infatué jusqu'à l'idiotisme de son propre mérite. Madame du Hausset, dans ses commérages sans méthode, mais non sans intérêt, rapporte une conversation entre Quesnay et le marquis de Mirabeau sur le Dauphin, sur les espérances et les appréhensions que pouvaient inspirer son éducation, ses sentiments excessifs de piété et son rigorisme. « Ce sont les premiers temps de son règne que je crains, dit Quesnay, où les imprudences de nos amis lui seront présentées avec la plus grande force, où les jansénistes et les molinistes feront cause commune, et seront appuyés fortement de la Dauphine. J'avais cru que M. Du Muy était modéré, qu'il tempérait la fougue des autres; mais je lui ai entendu dire que Voltaire méritait les derniers supplices. Soyez persuadé, monsieur, que les temps de Jean Hus, de Jérôme de Prague reviendront; mais j'espère que je serai mort. J'approuve bien Voltaire de sa chasse aux Pompignans : le marquis bourgeois, sans le ridicule dont il l'a inondé, aurait été précepteur des Enfants de France; et joint à son frère, George, ils auraient tant fait qu'on aurait élevé des bûchers. — Ce qui devrait vous rassurer sur le Dauphin, dit Mirabeau, c'est que, malgré la dévotion de Pompignan, il le tourne en ridicule. Il y a quelque temps que l'ayant rencontré, et trouvant qu'il avait l'air bouffi d'orgueil, il dit à quelqu'un[1] qui me l'a redit: « *Et l'ami Pompignan pense être quelque chose*[2]. » Le pire pour le pauvre homme, c'est que l'anecdote s'ébruita, qu'elle courut bientôt Paris, et ne tarda pas même à parvenir jusqu'aux Délices, où elle fut accueillie avec transport. « Voilà, écrivait Voltaire à Helvétius, à quoi les vers sont bons quelquefois; on les cite, comme vous voyez, dans les grandes occasions[3]. »

Sans cette exécution de Voltaire et des siens, sans ce ridicule jeté sur Pompignan, il est plus qu'à penser que l'auteur de *Didon* entrait comme un coin dans cette société de la reine et du Dauphin, et voyait se réaliser ses rêves d'ambition. Un fait qui démontre, avec son arrogance et son infatuation de lui-même, sa confiance dans le résultat final de ses démarches, c'est l'étrange démêlé qu'il eut avec un homme doux, conciliant, très et trop facile avec les gens de lettres, M. de Malesherbes. Après avoir remis au roi son fameux *Mémoire*, il songea naturellement à le publier. Là n'est pas l'énormité. Mais il fallait que le nom du roi figurât en tête, avec cette déclaration devant laquelle il n'y avait plus qu'à fléchir le genou : « Le manuscrit de ce mémoire a été présenté au roi qui a bien voulu

---

1. Craufurt dit que c'était le président Hénault. Morellet précise la circonstance. Pompignan venait offrir au prince sa voix à l'Académie en faveur de l'abbé de Saint-Cyr, sous-précepteur du prince. *Mémoires* (Paris, 1821), t. I, p. 86.

2. *Bibliothèque de Mémoires sur le XVIIIe siècle* (Éd. Barrière), t. III, p. 93. Mémoires de madame du Hausset. — La Harpe, *Correspondance littéraire* (Paris, Migneret), t. IV, p. 201.

3. Voltaire, *Œuvres complètes* (Beuchot), t. LIX, p. 175. Lettre de Voltaire à Helvétius; 12 décembre 1760.

le lire lui-même, et qui a trouvé bon que l'auteur le fît imprimer. » Dès lors, Le Franc n'avait pas à s'astreindre à la loi commune, et crut pouvoir se passer de censeur. Malgré son caractère bienveillant, M. de Malesherbes se sentit piqué au vif par une pareille outrecuidance, et exigea que l'ouvrage fût soumis à un examen préalable, à moins d'un ordre direct de la cour qui l'en exemptât. Loin de tenir compte de l'avertissement, Pompignan, pour n'en avoir pas le démenti, envoya le manuscrit à la composition ; mais le directeur de la librairie était sur ses gardes : il alla lui-même chez l'imprimeur et fit rompre la planche. Le poëte sacré, devant un pareil oubli de ce qui lui était dû, jeta les hauts cris, menaça du roi, de M. le Dauphin, poussa enfin de telles clameurs, que M. de Malesherbes ne crut pas inutile de répondre à ses accusations par un Mémoire justificatif plein de fermeté où se lisaient ces paroles qui, certes, n'étaient pas sans courage, au moment où elles furent écrites : « De ce que les Encyclopédistes sont répréhensibles, à beaucoup d'égards, il ne s'ensuit pas que leurs adversaires ne doivent être soumis à aucune loi[1]. » Cette petite historiette était à mentionner ; sans justifier le déchaînement dont il fut l'objet, elle révèle ce dont Pompignan eût été capable s'il en fût arrivé à ses fins.

Les plaisanteries allaient toujours leur train. Un jour, c'était un *Extrait des Nouvelles à la main, de la ville de Montauban*, où l'on racontait que les parents du « sieur auteur du Mémoire, » ayant soupçonné quel-

---

1. Sainte-Beuve, *Causeries du Lundi* (Paris, Garnier, 1851), t. II, p. 493.

que dérangement dans sa tête, avaient député en poste un avocat de ladite ville, qui se fit accompagner d'un témoin irréprochable, pour s'assurer de son état.

Il le trouva debout, à la vérité, mais les yeux un peu égarés, et le pouls élevé. Le patient cria d'abord devant les deux députés : *Jéovah, Jupiter, Seigneur* [1].

Je ne suis qu'un avocat, répondit le voyageur; je ne m'appelle point Jéovah. Avez-vous vu le roi? dit le malade. Non, monsieur, je viens vous voir. Allez dire au roi de ma part, reprit le sieur malade, qu'il relise mon mémoire, et portez-lui le catalogue de ma bibliothèque [2]. L'avocat lui conseilla de manger de bons potages, de se baigner et de se coucher de bonne heure. A ces mots, le patient eut des convulsions, et dans l'accès il s'écria :

> Créateur de tous les êtres,
> Dans ton amour paternel,
> Pour nous former tu pénètres
> L'ombre du sein maternel [3].

Eh! monsieur, dit l'avocat, pourquoi me citez-vous ces détestables vers, quand je vous parle raison? Le malade écuma à ce propos, et, grinçant les dents, il dit :

> Le cruel Amalec tombe [4]
> Sous le fer de Josué ;
> L'orgueilleux Jabin succombe
> Sous le fer d'Abinoé.
> Issacar a pris les armes ;
> Zabulon court aux alarmes.

L'avocat versa des larmes en voyant l'état lamentable du patient; il retourna à Montauban faire son rapport juridique, et la famille étant certaine que le malade était *mentis*

---

1. Le quatrième vers de la *Prière universelle* traduite par Le Franc.
2. Le Franc disait, dans son *Mémoire au roi* (p. 10), qu'il consacrait les moments de son loisir à composer une nombreuse bibliothèque, à écrire des vers pour son amusement et de la prose pour l'utilité de ses compatriotes.
3. *Poésies sacrées*, p. 61, liv. I, od. x.
4. *Ibid.*, p. 87, liv. II, cantique III.

non compos fit interdire le sieur Le Franc de Pompignan, jusqu'à ce qu'un bon régime pût rétablir la santé d'icelui[1].

S'il n'en devint pas fou, il n'en fut que plus à plaindre, forcé de se tenir enfermé chez lui pour ne pas se voir montrer au doigt[2], poursuivi par ces chansons, ces brocards, ce dernier ricanement qui résumait et ses torts et la vengeance qu'on en avait tirée :

Ah! ah! Moïse Le Franc de Pompignan, vous vouliez donc faire trembler toute la littérature? Il y avait un jour un fanfaron qui donnait des coups de pied dans le cul à un pauvre diable, et celui-ci les recevait avec respect; vint un brave qui donna des coups de pied au cul du fanfaron; le pauvre diable se retourne, et dit à son batteur : *Ah! ah!* monsieur, vous ne m'aviez pas dit que vous étiez un poltron; et il rossa le fanfaron à son tour, de quoi le prochain fut merveilleusement content : *Ah! ah*[3]*!*

Tout jusqu'au hasard conspirait contre l'infortuné poëte. Un soir (9 novembre 1769), à la comédie, un acteur, comme c'était d'usage, annonçait le spectacle du lendemain : *Didon*, suivie du *Fat puni*, de Pont-de-Veyle. Le *Fat puni!* la comédie n'y avait pas entendu malice; mais il n'en fut pas de même du parterre qui n'eut garde de ne point faire un rapprochement trop indiqué. Le lendemain, on eut soin de changer la pe-

---

1. Voltaire, *OEuvres complètes* (Beuchot), t. XL, p. 150, 151. Extrait des *Nouvelles à la main de la ville de Montauban* en Querci (1er juillet 1760).

2. Marmontel, *OEuvres complètes* (Belin, 1819), t. I, p. 213. *Mémoires*, liv. VII.

3. Voltaire, *OEuvres complètes* (Beuchot), t. XL, p. 351. Les *Ah! ah!* à Moïse Le Franc de Pompignan.

tite pièce; ce n'était que souligner un peu plus une satire dont le seul coupable avait été le hasard[1]. Abreuvé d'amertume, assez intelligent pour sentir, malgré son monstrueux amour-propre, qu'on ne revient pas d'un pareil naufrage, Le Franc se résigna à s'ensevelir dans son château où il mourut, bien des années après, en 1784, sans avoir jamais osé reparaître à l'Académie. Le tour d'*Aaron*-Pompignan n'est pas encore venu, c'est un répit de deux ou trois ans que le terrible poëte accordera à l'évêque du Puy-en-Velai, qui, d'ailleurs, ne perdra rien pour attendre.

Il semblerait qu'au sein de cette vie délicieuse, qu'en présence de ces spectacles grandioses, de ces merveilles de la nature si bien faites pour élever l'âme et la désintéresser des petites passions humaines, l'auteur de *Zaïre*, répudiant les rancunes passées, aurait dû dédaigner et oublier les attaques de la haine et de l'envie, et n'accueillir leurs morsures impuissantes qu'avec ce sourire serein de la supériorité qui a conscience d'elle-même et à laquelle cette conscience suffit. Il n'en est rien, hélas! et jamais ce philosophe, qui se dit séparé du monde par des abîmes, n'a pris plus de part aux événements quelconques qui l'agitent et le troublent. Paris, Paris surtout, n'est pas un instant absent de sa pensée. Il sait mieux ce qui s'y passe que le nouvelliste le plus au fait de la chronique du jour. Il veut pénétrer les secrets de ces salons où

---

1. Voltaire, *OEuvres complètes* (Beuchot), t. LIX, p. 161. Lettre de Voltaire à d'Argental; 29 novembre 1760 : « Que dites-vous de la *Didon* de M. Le Franc de Pompignan, suivie du *Fat puni*? on est bien drôle à Paris. »

se coudoient ses amis et ses ennemis, dans lesquels, en tous cas, il est l'objet incessant des conversations. La distance ne fait qu'accroître l'importance des choses et leur donner une optique fantastique ; il n'y a donc pas trop à s'étonner de ses transports de fureur, quand le courrier, à chaque ordinaire, lui apportait, avec sa correspondance, une de ces brochures trop nombreuses où étaient attaqués lui et les siens ; car, désormais, il allait être le patriarche officiel d'une secte audacieuse pour laquelle les répressions, les arrêts des parlements seraient autant de titres de gloire, autant d'occasions de triomphe. Ainsi, au moment où on le pouvait croire, sur sa parole, complétement absorbé par ses bâtisses, le tracé de ses jardins, ses essais d'agriculture, il trouvait assez de loisirs pour régler ses comptes avec tous les ennemis qu'avait enhardis son éloignement et qui ne le supposaient pas en réalité si près d'eux. On vient de lire cette satire contre Le Franc, qui se clôt par un vers d'un effet si terrible, mais ce n'est rien auprès de cette sorte de danse macabre où sont évoqués, emportés dans un tourbillon fantastique, tous ceux que le poëte impitoyable a voulu livrer à la risée des contemporains et de la postérité. *Le Pauvre Diable* est plus qu'une satire, qu'un chef-d'œuvre de style, de malignité, de verve incomparable : c'est tout un document qui ne nous initiera pas médiocrement à la connaissance des petits secrets des lettres et des gens de lettres de cette étrange époque.

Dans le courant de juillet 1759, Voltaire recevait une épître d'un inconnu, moitié vers, moitié prose, pleine d'admiration et d'enthousiasme, où tout n'était pas banal, et dont l'auteur se recommandait du géomètre D'Alembert. Comme les deux philosophes s'écrivaient fréquemment, il était aisé au solitaire des Délices de s'assurer si cet homme s'était vanté à tort d'une familiarité plus ou moins grande avec l'encyclopédiste. « Connaissez-vous, mon cher philosophe, lui mandait-il, un Siméon La Vallette, ou Siméon Valette, ou Siméon Valet, lequel fait des lignes courbes et de petits vers? Il se renomme de vous; mais j'ai perdu sa lettre. Je ne sais où le prendre : où est-il? et quel homme est-ce[1]? » Après trois mois d'attente, ne recevant point de réponse, ce dernier se présentait lui-même aux Délices, un beau jour, rassuré sur la réception dont il serait l'objet par ce qu'il avait entendu dire des vertus hospitalières du maître. « Votre Siméon Valette, ou Valet, ou La Valette, est chez moi, mon cher philosophe; il s'est fait moine dans mon couvent, mais on ne reçoit pas de moines sans savoir d'où ils viennent et qui ils sont. Cet homme ne donne aucuns renseignements; il paraît assez bon diable, mais je veux au moins savoir qui est ce diable. Où l'avez-vous connu? Qui répond de lui[2]? » D'Alembert, qui avait perdu de vue la demande, se hâta, cette fois, de donner sur ce brave homme tous les détails à sa connaissance, détails qui devaient rassurer le poëte et intéresser son bon cœur. « Le nouveau moine, lui

---

1. Voltaire, OEuvres complètes (Beuchot), t. LVIII, p. 159. Lettre de Voltaire à D'Alembert; aux Délices, 25 août 1759.
2. Ibid., t. LVIII, p. 277. Lettre du même au même; aux Délices, 15 décembre 1759.

répondait-il aussitôt, ou frère laï que vous venez de recevoir, mon cher et illustre maître, m'a été adressé, il y a plusieurs années, par une nièce de mademoiselle Quinault, qui est mariée à Bourges, et qui me le recommanda. Il me parut comme à vous assez bon diable, et d'ailleurs je lui trouvai quelques connaissances mathématiques. Il présenta, quelque temps après, à l'Académie des sciences un traité de gnomonique qu'elle approuva, et qu'il m'a fait l'honneur de me dédier [1]. Depuis ce temps-là il a été errant de ville en ville, et m'a écrit de temps en temps pour m'engager à le placer, sans que j'en aie pu trouver les moyens. Je suis aise qu'il ait trouvé un asile chez vous, et je crois que vous en pourrez tirer quelque secours; au surplus, je ne vous demande vos bontés pour lui qu'autant qu'il s'en rendra digne [2]. »

Cet être nécessiteux mais inoffensif était né à Montauban en 1715, d'un père noble qui avait été proscrit judiciairement, du temps du Système, pour un fait coupable, qu'on n'indique pas et auquel du reste sa famille n'avait eu aucune part. Ce malheureux laissait une femme d'un caractère fort honorable, avec quatre enfants, trois garçons et une fille. L'un de ses fils, demeuré à Montauban, malgré le coup qui avait frappé les siens, y faisait de la peinture avec assez de succès; un second, qui s'était établi en dernier lieu à Moulins, se consolait de leur désastre com-

---

1. *La Trigonométrie sphérique résolue par le moyen de la règle et du compas* (1757), in-8.

2. Voltaire, *Œuvres complètes* (Beuchot). Lettre de D'Alembert à Voltaire; à Paris, ce 22 décembre 1759.

mun en cultivant les Muses. Quant à celui dont il est ici question, il s'était expatrié de bonne heure et s'était arrêté à Chambéri, où il brocantait les tableaux de son frère le peintre, celui de tous qui nous semble, avec la sœur, s'être tiré le mieux d'affaire. Siméon était né avec une inconcevable facilité; et, sans maîtres, il apprit et s'assimila tout ce qu'on peut apprendre, les belles-lettres, la philosophie, les mathématiques, voire le pilotage, qui ne devait pas être une science inutile à un homme si preste à changer de lieu et à passer d'un endroit dans un autre. Il paraîtrait qu'avec un tel bagage de connaissances l'on était propre à tout, et que les difficultés, à première sommation, auraient dû s'aplanir devant cette organisation si bien douée, cet esprit cultivé auquel rien n'était étranger. Eh bien, soit qu'il n'eût pu se soustraire aux influences d'une maligne étoile, soit que l'étendue même de ce savoir s'opposât à toute condensation, à toute aptitude particulière, jusqu'ici Siméon avait eu beau essayer de tout, frapper à toutes les portes, provoquer les encouragements d'un corps savant par un ouvrage vraiment recommandable, ç'avait été en pure perte. Pauvre diable il avait été dès en naissant, pauvre diable il était demeuré, pauvre diable il entrait chez le philosophe des Délices, qui n'était pas homme à le repousser sans pitié, surtout après les notes biographiques que l'illustre géomètre avait un peu tardivement dépêchées.

Cette triste et piteuse odyssée, cette malechance qu'aucun effort n'avait pu ni fléchir ni dompter, frappèrent Voltaire. Après s'être attendri, après avoir secouru cette victime d'un sort implacable, il avait trouvé, dans les aventures qu'on lui racontait d'ailleurs avec une parfaite candeur, un côté plaisant, une face comique, dont eussent singulièrement tiré parti un Scarron ou même un Marivaux. Par une coïncidence étrange, Valette était le compatriote de l'auteur de *Didon;* et cette circonstance sans doute ne contribua pas faiblement à le faire servir de lien, de prétexte aux transitions les plus soudaines, dans une satire où Le Franc allait encore figurer. Tout le début de ce bizarre chef-d'œuvre est consacré aux divers épisodes de son existence précaire, sans cesse en question, qui se heurte à tous les obstacles et à tous les mécomptes.

> Quel parti prendre ? où suis-je, et qui dois-je être ?
> Né dépourvu, dans la foule jeté,
> Germe naissant par le vent emporté,
> Sur quel terrain puis-je espérer de croître ?
> Comment trouver un état, un emploi ?

Il a tout essayé, tout tenté, de l'état militaire, de la magistrature; mais il lui manquait le nerf de la guerre, cet outil sans lequel on ne pouvait servir son pays, l'argent! Il n'avait point d'argent. Aussi, son conseil de lui répliquer cyniquement :

> Tu n'as point d'aile, et tu veux voler ! rampe.

A bout de ressources, ne sachant à quel saint se vouer, il se fera auteur; il chantera Glycère, le vin mousseux, le frontignan, la volupté, tout ce qu'il ne connaît que pour l'avoir rencontré dans les vers anacréontiques de Chapelle et de Chaulieu, passant le jour au lit faute de bas, buvant pour tout nectar de l'eau dans un vieux pot à beurre, et dînant quand cela se trouvait. On donnait *Mérope;* il s'était, après la représentation, replié avec la foule des beaux esprits dans « l'antre de Procope, » au milieu duquel trônait, pérorait, discourait, jugeait un homme à lourde mine « qui sur sa plume a fondé sa cuisine, grand écumeur des bourbiers d'Hélicon; » nous passons les autres titres, et pour cause.

> Cet animal se nommait Jean Fréron [1].
> J'étais tout neuf, j'étais jeune, sincère,
> Et j'ignorais son naturel félon :
> Je m'engageai, sous l'espoir d'un salaire,
> A travailler à son hebdomadaire,
> Qu'aucuns nommaient alors patibulaire.
> Il m'enseigna comment on dépeçait
> Un livre entier, comme on le recousait,
> Comme on jugeait de tout par la préface,
> Comme on jouait un sot auteur en place,
> Comme on fondait avec lourde roideur
> Sur l'écrivain pauvre et sans protecteur.
> Je m'enrôlai, je servis le corsaire ;
> Je critiquai, sans esprit et sans choix,
> Impunément le théâtre, la chaire,
> Et je mentis pour dix écus par mois.
>
> Quel fut le prix de ma plate manie ?
> Je fus connu, mais par mon infamie,
> Comme un gredin que la main de Thémis
> A diapré de nobles fleurs de lis,
> Par un fer chaud gravé sur l'omoplate.
> Triste et honteux, je quittai mon pirate,
> Qui me vola; pour fruit de mon labeur,
> Mon honoraire, en me parlant d'honneur.

1. « Jean » est un nom de baptême de fantaisie ; on le sait, Fréron s'appelait Caterin.

M'étant ainsi sauvé de sa boutique,
Et n'étant plus compagnon satirique,
Manquant de tout, dans mon chagrin poignant,
J'allai trouver Le Franc de Pompignan,
Ainsi que moi natif de Montauban,
Lequel jadis a brodé quelque phrase
Sur la Didon qui fut de Métastase ;
Je lui contai tous les tours du croquant :
« Mon cher pays, secourez-moi, lui dis-je,
Fréron me vole, et pauvreté m'afflige. »

« De ce bourbier vos pas seront tirés,
Dit Pompignan ; votre dur cas me touche :
Tenez, prenez mes cantiques sacrés ;
Sacrés ils sont, car personne n'y touche;
Avec le temps un jour vous les vendrez :
Plus, acceptez mon chef-d'œuvre tragique
De *Zoraid* ; la scène est en Afrique :
A la Clairon vous la présenterez ;
C'est un trésor : allez, et prospérez. »

On a compris que, depuis longtemps, Voltaire a perdu de vue les véridiques aventures de son modèle, et que, pour la plus grande gloire de l'œuvre et le plus grand contentement de ses rancunes, il fait endosser à son hôte un personnage, des haillons, des ridicules et des vices qui ne sont pas les siens, cela soit dit pour la justification du pauvre diable. Ce procédé d'unir le mort au vivant, la fable à la vérité, de gratifier de ses œuvres des auteurs qui, à coup sûr, ne les auraient pas faites, a été, de tout temps, un de ses péchés mignons ; mais ce sera dans la suite l'artifice et le jeu de tous les jours et de toutes les heures. Ceux qui ne sont plus, tels que Desmahis et Vadé, ne pourront protester ; quant aux autres, il ne fera que rire de leur .

indignation ou de leur ébahissement[1]. Du reste, il choisissait son monde et savait d'avance la portée de son audace. Ainsi, Siméon Valette, qui aurait dû être blessé d'un sans-gêne que n'excusait pas sa misère, ne s'était, paraît-il, nullement formalisé de l'assimilation que Voltaire avait faite de lui avec le *Pauvre Diable;* et, malgré ce qui avait pu en rejaillir sur sa personne, il ne se dispensa point des sentiments de reconnaissance et de respect qu'il croyait devoir à celui qui l'avait nourri et abrité[2].

Citons encore Lécluse, qui se trouvait alors aux Délices pour soigner la mâchoire de madame Denis et amuser la société de son jeu et de ses farces; le poëte publiait une prétendue lettre de celui-ci à son curé[3],

---

[1]. Il sera victime à son tour des mêmes licences, et, plus d'une fois, servira de couvert à des publications qui avaient besoin de son nom pour se produire. Voici, entre autres peccadilles de ce genre, une curieuse lettre, datée d'Angleterre et écrite par le coupable même, qui confesse sans grande urgence et sans grande componction ses méfaits. « ... Je ne sçais point si M. Noverre fils vous a fait voir, ainsi que je l'en ai prié, une traduction prétendue d'un discours adressé en forme de lettre au peuple d'Angleterre, concernant l'affaire des danseurs françois. Ce discours, c'est moi qui l'ai fait ; et, quoique, à la sollicitation d'un libraire anglois, il ait été imprimé sous le nom auguste de Voltaire, il ne faut cependant pas être grand Grec pour s'apercevoir qu'il sort d'une jeune facture. Enfin, le livre s'est bien vendu, et plus de la moitié des lecteurs ont cru, et croient encore qu'il est de M. de Voltaire... » *The private correspondance of David Garrick* (London, 1831), vol. II, p. 417, 418. Lettre de M. Roger à M. Patu; Londres, 7 février 1756.

[2]. *Magasin encyclopédique*, mars 1811, t. II, p. 78. Anecdote sur le *Pauvre Diable* de Voltaire et sur le personnage qui en a fait naître l'idée, par Tourlet.

[3]. Voltaire, *Œuvres complètes* (Beuchot), t. XLI, p. 3 à 7. Lettre de M. de Lécluse, chirurgien-dentiste, seigneur du Tilloy, près Montargis, à son curé.

dans laquelle il se plaignait avec amertume que, malgré tous ses mérites, ses dépenses pour faire recrépir l'église du Tilloy et raccommoder les deux tiers de la tribune, qui était pourrie, l'on n'eût pas songé à l'en congratuler par le moindre remercîment, tandis que M. Le Franc de Pompignan, de Montauban, jouissait à moindres frais d'une gloire immortelle ; autre facétie qui venait grossir le chiffre innombrable des persiflages et des brocards, dont on s'était imposé la tâche d'accabler l'auteur du *Discours au roi*. Dans la satire *sur la Vanité*, le poëte finissait par un dernier vers qui aurait suffi à sa vengeance, si quelque chose eût pu l'assouvir. Le vers du *Pauvre Diable*, au sujet des *Cantiques sacrés*, ne réussit guère moins auprès des rieurs :

> Sacrés ils sont, car personne n'y touche,

et a fait proverbe. Mais que dire de l'atrocité de cette tirade sur l'écrivain famélique ? Voltaire s'attardera avec un inconcevable acharnement dans cette immolation des deux Pompignan ; mais Fréron sera l'ennemi, la préoccupation de toute sa vie, l'objet de ses incessantes fureurs. Disons que celui-ci ne négligeait point de se rappeler à son souvenir par quelque trait envenimé. Aussi, les meilleurs coups seront encore pour lui, et nous assisterons bientôt à une exécution que rien ne légitime à notre sens, pas même la violence, la passion, la déloyauté des attaques.

XI

GRESSET. — L'ABBÉ TRUBLET. — L'ÉCOSSAISE.
RELATION D'UNE GRANDE BATAILLE.

Revenons au pauvre diable, qui n'est pas au bout de ses épreuves. Il avait eu foi dans la parole de Pompignan, et s'était hâté de porter à la Comédie française cette *Zoraïde* qui devait faire la fortune du théâtre et celle des artistes. Mais la Dumesnil l'éconduit, la Dangeville lui rit au nez, Grandval le regarde avec superbe, et il n'obtient de Sarrazin que de sonores ronflements. Quel réveil! quel cruel mécompte!

> De vers, de prose, et de honte étouffé,
> Je rencontrai Gresset dans un café;
> Gresset doué du double privilége
> D'être au collége un bel esprit mondain,
> Et dans le monde un homme de collége;
> Gresset dévot; longtemps petit badin,
> Sanctifié par ses palinodies,
> Il prétendait avec componction
> Qu'il avait fait jadis des comédies,
> Dont à la Vierge il demandait pardon.
> — Gresset se trompe, il n'est pas si coupable:
> Un vers heureux et d'un tour agréable

Ne suffit pas; il faut une action,
De l'intérêt, du comique, une fable,
Des mœurs du temps un portrait véritable,
Pour consommer cette œuvre du démon.

Mais est-ce que Gresset n'aurait pas fait le *Méchant*, qui, sans présenter un grand mouvement, a de l'intérêt, du comique, et offrait, quand il parut, une peinture tellement vivante des travers et des vices du temps, que l'on se disait à l'oreille le nom des originaux que l'on avait cru deviner? N'en déplaise à l'auteur de l'*Enfant prodigue* et de *Nanine*, depuis Regnard jusqu'au *Mariage de Figaro*, le *Méchant* est pourtant, avec *Turcaret*, la seule comédie un peu forte de notre répertoire. Voltaire n'aimait pas Gresset. Ses premiers succès mignons l'avaient agacé; il trouvait que l'engouement dépassait de beaucoup le mérite de ces spirituels essais, et que c'était arriver à la renommée avec un bagage par trop mince. « J'ai voulu lire *Vert-Vert*, poëme digne d'un élève du père Ducerceau, et je n'ai pu en venir à bout [1]... » Mais le goût l'emportera sur le parti pris, et il ne se roidira pas contre le plaisir que lui fera ce bijou exquis qui s'appelle la *Chartreuse*. « J'ai lu, écrivait-il à Berger, la *Chartreuse*; c'est, je crois, l'ouvrage de ce jeune homme où il y a le plus d'expression, de génie et de beautés neuves. Mais sûrement cet ouvrage sera bien plus critiqué que *Vert-Vert*, quoiqu'il soit bien au-dessus [2]. »

---

1. Voltaire, *Œuvres complètes* (Beuchot), t. LII, p. 84. Lettre de Voltaire à Cideville; Cirey, ce 20 septembre 1735.

2. *Ibid.*, t. LII, p. 157. Lettre de Voltaire à Berger; 10 janvier 1736.

Le grain d'humeur s'était évaporé, et l'on avait pris son parti bravement sur cette fortune littéraire si vite acquise. « Je n'ai point lu les *Adieux* aux révérends pères, mandait-il à Cideville, quelques jours plus tard ; mais je suis bien aise qu'il les ait quittés. Un poëte de plus et un jésuite de moins, c'est un grand bien dans le monde [1]. » Disons que Gresset adressait alors au poëte d'aimables vers sur le succès de son *Alzire*, qu'on venait de jouer (27 janvier 1736) [2].

Il lui envoyait, en 1740, sa tragédie d'*Edouard III*, qui avait été bien reçue du public ; et Voltaire de répondre de la façon la plus charmante et la plus flatteuse : « Courage, monsieur ! étendez la carrière des arts. Vous trouverez toujours en moi un homme qui applaudira sincèrement à vos talents et qui se réjouira de vos succès. Plus vous mériterez ma jalousie, et moins je serai jaloux [3]... » Cela dut charmer et rassurer Gresset, qui ne donnait son *Méchant* que sept ans après. Voltaire, du reste, est sincère. L'ouvrage a trouvé grâce devant lui. « J'ai lu *Édouard*... J'ai répondu une lettre polie et d'amitié. Je le crois un bon diable [4]. » *Édouard III* lui rappelait les drames historiques de Shakespeare. « Il y a, dit-il, un certain art

---

1. Voltaire, *OEuvres complètes* (Beuchot), t. LII, p. 166. Lettre de Voltaire à Cideville ; Cirey, ce 19 janvier 1736.
2. Gresset, *OEuvres complètes* (Paris, Renouard, 1830), t. I, p. 366. Ces *Adieux*, dont parle Voltaire, sont les *Adieux aux jésuites* adressés au père Marquet, même volume, page 365.
3. Cayrol, *Essai historique sur la vie et les œuvres de Gresset* (Amiens, 1844), t. I, p. 155. Lettre de Voltaire à Gresset ; à Bruxelles, le 28 mars 1740.
4. Voltaire, *OEuvres complètes* (Beuchot), t. LIV, p. 51. Lettre de Voltaire à d'Argental ; 22 mars 1740.

anglais qui ne me déplaît pas [1]. » Mais Gresset ne devait pas s'attendre à être suivi loin et longtemps dans cette voie par un auditoire français. *Sidney* révolta plus qu'il n'intéressa. Et Voltaire n'eut pas à feindre une répulsion très-réelle, et qui fut, à peu d'exceptions près, générale pour cette pièce d'enterrement, comme il la dénomme. Mais le jeune poëte eut le bon esprit de ne pas s'opiniâtrer dans un genre qui, d'ailleurs, n'était pas le sien, et prenait sa revanche avec le *Méchant*, dont le succès ne devait guère plus contenter l'auteur de la *Métromanie* que l'auteur de l'*Enfant prodigue*. La mort de Danchet laissait bientôt une place vacante; elle lui fut donnée (4 avril 1748). Voltaire semble applaudir à ce choix, qui pouvait être moins convenable, et il mandait à d'Argental : « Je serai charmé, en revenant auprès de vous, de me trouver confrère de l'auteur du *Méchant*. Il ne nous donnera point de grammaire ridicule, comme l'abbé Girard, son devancier [2], mais il fera de très-jolis vers, ce qui vaut bien mieux [3]. »

Des scrupules, des goûts plus sédentaires avaient depuis longtemps disposé Gresset à la retraite; il quitte Paris et va se confiner à Amiens, sa ville natale, où il finissait par se marier [4]. Il cherchait l'obscurité et la

---

1. Voltaire, *Œuvres complètes* (Beuchot), t. LIV, p. 62. Lettre de Voltaire à Formont; à Bruxelles, le 1er avril 1740.

2. Il y eut deux élections le même jour. Ce fut le marquis de Paulmi qui fut donné pour successeur à l'abbé Girard.

3. Voltaire, *Œuvres complètes* (Beuchot), t. LV, p. 177. Lettre de Voltaire à d'Argental; à Lunéville, le 14 février 1748.

4. Il épousait, le 22 février 1758, mademoiselle Charlotte-Françoise Galand.

paix, il les rencontra, mais au prix de son talent, qui ne se retrouvera plus. Son *Vert-Vert* lui avait valu l'expulsion des jésuites et l'avait rendu au monde où l'enivrement le retint quelques années. Mais, en dépit des pronostics, c'était un esprit religieux, d'une dévotion un peu étroite, et qui en arriva à haïr les monuments de sa gloire comme autant d'œuvres damnables. Peut-être y eut-il quelque ostentation à faire connaître à l'univers sa résolution de rompre avec le théâtre; et le manifeste qu'il imprima à ce propos (car sa *Lettre sur la Comédie* en est un véritable) fut assez mal reçue du public, ressassé de ces discussions pour ou contre les spectacles, assez stériles au fond, et qui ne ramènent personne.

La voix solitaire du devoir doit parler plus haut pour un chrétien, disait-il, que toutes les voix de la renommée : l'unique regret qui me reste, c'est de ne pouvoir point assez effacer le scandale que j'ai pu donner à la religion par ce genre d'ouvrages, et de n'être point à portée de réparer le mal que j'ai pu causer sans le vouloir...

... Les gens du bon air, les demi-raisonneurs, les philosophes incrédules peuvent à leur aise se moquer de ma démarche; je serai trop dédommagé de leur petite censure et de leurs froides plaisanteries, si les gens sensés et vertueux, si les écrivains dignes de servir la religion, si les âmes honnêtes et pieuses que j'ai pu scandaliser, voient mon humble désaveu avec cette satisfaction pure que fait naître la vérité dès qu'elle se montre[1].

Le parti encyclopédique ne dut pas être plus indulgent que le gros du public pour ce qu'il envisageait

---

1. Gresset, *OEuvres complètes* (Paris, Renouard, 1830), t. II, p. 306, 307, 394. *Lettre sur la Comédie*; Amiens, le 14 mai 1759.

comme une déclaration de guerre, et Gresset put compter sur l'animadversion de la secte. Voltaire, qui d'ailleurs ne pouvait admettre de sang-froid que l'on s'élevât contre le théâtre, bondit de fureur à la lecture de ce qu'il considérait, de son côté, comme la plus ridicule capucinade. « Et ce polisson de Gresset, qu'en disons-nous? Quel plat fanatique! et que les vers de Piron sont jolis[1]! » Depuis quand donc Voltaire trouve-t-il jolis les vers de l'auteur de *Gustave?* Les voici ces vers, qui sont en réalité de Piron, comme le *Pauvre Diable* est du feu cousin Vadé.

> Certain cafard, jadis jésuite,
> Plat écrivain, depuis deux jours
> Ose gloser sur ma conduite,
> Sur mes vers et sur mes amours :
> En bon chrétien je lui fais grâce,
> Chaque pédant peut critiquer mes vers,
> Mais sur l'amour jamais un fils d'Ignace
> Ne glosera que de travers[2].

C'eût été en être quitte à bon compte, et le ressentiment de Voltaire voulait d'autres coups. Nous avons laissé le pauvre diable en face de Gresset et attendant, en disette de secours, du moins un bon avis. Achevons la citation :

> Mais que fit-il dans ton affliction?
> — Il me donna les conseils les plus sages.
> « Quittez, dit-il, les profanes ouvrages;
> Faites des vers moraux contre l'amour;

---

1. Voltaire, *OEuvres complètes* (Beuchot), t. LVIII, p. 130. Lettre de Voltaire à d'Argental; 29 juin 1759.
2. *Ibid.*, t. XIV, p. 427. Epigramme sur Gresset, 1759.

Soyez dévot, montrez-vous à la cour. »
Je crois mon homme, et je vais à Versailles :
Maudit voyage! hélas! chacun se raille
En ce pays d'un pauvre auteur moral ;
Dans l'antichambre il est reçu bien mal,
Et les laquais insultent sa figure
Par un mépris pire encor que l'injure.
Plus que jamais confus, humilié,
Devers Paris je m'en reviens à pied.

Comment Gresset prit-il l'attaque? la dédaigna-t-il ou essaya-t-il d'y répondre? Gaillard raconte qu'en 1774 il fit connaissance à Paris de l'aimable poëte, qui s'y trouvait alors. Le hasard amena un jour la conversation sur le *Pauvre Diable*, et l'auteur du *Méchant*, questionné à ce sujet, eut à s'expliquer sur cette satire où il n'était pas seul mis en cause. Mais il ne la connaissait point. « J'en ai beaucoup entendu parler à « Amiens, dit-il; on dit que je n'y suis pas bien traité; « je ne l'ai point demandée; on ne me l'a point offerte, « et je ne l'ai pas lue. — Voulez-vous la lire? — Vo- « lontiers. » Le lendemain, il la rendit sans un seul mot ni de louange ni de blâme, et comme un papier indifférent, et ceux qui la lui avaient prêtée n'ont pas su ce qu'il en pensait [1]. » Tout cela semble bien invraisemblable, pour ne pas dire plus. Il y avait alors seize ans que le *Pauvre Diable* avait circulé pour la première fois, et Amiens n'était pas en somme au bout du monde. Tout inoffensif, tout calme qu'on nous le présente et qu'il est, l'auteur de *Vert-Vert* était, tout comme un autre, sensible à l'outrage, et, s'il

---

1. Gaillard, *Mélanges littéraires* (1806), t. III, p. 136.

ne céda jamais à la tentation de répondre à la satire
par la satire, ce dont on ne saurait trop le louer, il ne
fut pas pourtant sans accorder à sa rancune quelque
satisfaction. L'on a trouvé dans ses papiers, tracée de
sa main, l'ébauche d'un portrait de Voltaire qui n'est
pas des plus bénignes, comme on en pourra juger.

Voltaire, qui se croit le conquérant de la littérature, n'en est que le Don Quichotte ; il croit toutes les régions de l'esprit humain volcanisées à son nom, comme le rêveur de Cervantes croyait des armées imaginaires subjuguées par sa lame...

Il a recueilli çà et là les résultats des arts, de la morale, des sentiments, de la nature ; il s'approprie tout ce qu'il a pillé ; les ignorants se persuadent que tout ce qu'il étale est son bien. Ceux qui ont voyagé dans le pays de l'esprit ont reconnu l'éternel plagiaire ; à la faveur de quelques surfaces qui imposent beaucoup plus par les mots saillants que par les choses, il a donné pour neuf et comme de lui ce qui était ailleurs et souvent partout. Quoi qu'en disent ses adhérents, il mourra tout entier, mais ce qu'il a de bon ne sera point perdu pour l'esprit humain, puisqu'on l'aura toujours épars dans les différents auteurs auxquels il a fait des emprunts sans compter sa dette [1]...

On rencontre, en cent endroits, les mêmes accusations et les mêmes traits, et souvent avec plus de verve, d'éclat, d'éloquence. Mais ce n'était qu'une ébauche condamnée d'avance à ne jamais voir le jour. Ce qui est à admirer, c'est ce rare parti pris de ne point recourir, pour sa défense ou sa vengeance, à cette arme de l'épigramme que le chantre de *Vert-Vert* aurait incontestablement maniée avec habileté et prestesse.

1. Cayrol, *Essai historique sur la vie et les ouvrages de Gresset* (Amiens, 1844), t. I, p. 76.

Mais passons à l'archidiacre de Saint-Malo et à la petite mention qui est faite de lui dans le *Pauvre Diable.*

L'abbé Trublet, natif de Saint-Malo, comme Maupertuis et La Mettrie, était, à la surface, un bon diable d'abbé, très-civil, très-affable, aimant les lettres et les cultivant avec une véritable passion. Nous disons à la surface, parce qu'on a mis en suspicion sa bonhomie : Rousseau, entre autres, qui le traite de ruseur, de patelin, d'esprit finet et jésuitique, de manière de demi-cafard [1]. Il n'était pas sans prétention, toutefois, et de plus d'un genre. D'Alembert, auquel Voltaire s'était adressé pour sa petite moisson de faits relatifs à ses futures victimes, lui répondait : «J'ai donné à Thiériot le peu d'anecdotes que je savais sur les personnages dont vous me parlez ; j'y ajoute que l'abbé Trublet prétend avoir fait autrefois beaucoup de conquêtes par le confessionnal, lorsqu'il était prêtre habitué à Saint-Malo. Il me dit un jour qu'en prêchant aux femmes de la ville, il avait fait tourner toutes les têtes ; je lui répondis : c'est peut-être de l'autre côté [2]. » Grimm en dit à peu près autant dans un croquis qui ne manque ni de tour ni d'originalité, s'il manque complétement de bienveillance et d'équité, mais auquel peut-être a touché Diderot.

---

1. Rousseau, *OEuvres complètes* (Dupont, Paris), t. XV, p. 427. *Les Confessions*, part. II, liv. x (1760).

2. Voltaire, *OEuvres complètes* (Beuchot), t. LIX, p. 4. Lettre de D'Alembert à Voltaire ; à Paris, 2 septembre 1760. D'Alembert ne se doutait pas alors qu'il lirait, en pleine Académie, l'éloge de l'abbé Trublet.

Sa prétention était d'être fin comme l'ambre; il mettait dans son petit style la recherche que les coquettes mettent dans leur parure; mais son pinceau n'était pas large, et son petit coloris excitait toujours l'idée de mesquinerie et de bassesse. Au reste, la connaissance de sa personne pouvait influer sur la sensation que faisaient ses livres. Il avait la figure ignoble et déplaisante, l'air pauvre et malpropre; il était flagorneur et bas dans ses manières; de sorte que sa personne était beaucoup plus méprisée que ses ouvrages. Avec cette tournure aimable, l'abbé Trublet prétendait avoir eu beaucoup de bonnes fortunes, et cela n'est pas physiquement impossible : il ne s'agit que de savoir à quel étage... l'abbé Trublet prétendait être fin et ingénieux dans ses tournures et jusque dans la manière de placer ses virgules et ses points; il y a dans ses ponctuations une dépense d'esprit effrayante : c'était une bête de beaucoup d'esprit [1].

L'abbé, qui avait des connaissances et de la lecture, aurait été un bon professeur de rhétorique de jésuites, s'il eût été moins passionné à l'égard de Fontenelle et de Lamotte, deux modernes dangereux à citer à la jeunesse, pour laquelle il faut chercher ailleurs des modèles. Tel quel, il était accueilli à merveille dans les meilleurs salons. Son caractère doux, caressant, lui avait acquis de nombreux amis; et ses livres, que nous venons de voir traiter avec un si parfait dédain, avaient leur clientèle d'admirateurs. Maupertuis racontait que les *Essais* de l'abbé avaient une si grande réputation en Allemagne, que les maîtres de poste refusaient des chevaux à ceux qui ne les avaient pas lus. Les jugements que nous venons de reproduire sont plus que rigou-

---

1. Grimm, *Correspondance littéraire* (Furne, 1729), t. VI, p. 385, 386; 4 avril 1760. — Madame Geoffrin disait également que c'était « une bête frottée d'esprit. » Garat, *Mémoires historiques sur le dix-huitième siècle* (Paris, 1829), t. I, p. 326.

reux, et l'abbé valait un peu mieux que ses portraits. Voltaire, qui ne va pas le marchander, commença par la politesse et l'amitié. Il écrivait à la comtesse de Verteillac, qui s'était constituée la patronne de l'archidiacre : « Mes sentiments vous avaient prévenue dans tout ce que vous me dites de l'abbé Trublet, et votre estime pour lui ne fait qu'augmenter celle qu'il m'a inspirée dès longtemps. Mes voyages et ma mauvaise santé ne me permettent guère de me mêler des affaires de l'Académie ; mais je m'intéresse trop à sa gloire pour ne pas souhaiter d'avoir l'abbé Trublet pour confrère. Ce désir que vous augmenteriez en moi, madame, s'il n'était pas déjà très-vif, me procure au moins aujourd'hui le plaisir de vous dire combien j'honore votre ami [1]. »

Qui changea cette bienveillance en inimitié, et auquel des deux faut-il s'en prendre de cette transformation radicale dans les sentiments? Hélas! trop de franchise de la part de Trublet causa tout le mal. Si toutes les vérités ne sont pas bonnes à dire, elles sont encore moins bonnes souvent à écrire. Citons ce passage, qui ne fut pas pris pour un compliment par le chantre de Henri :

On a osé dire de la *Henriade*, et l'on a dit sans malignité :
Je ne sais pourquoi je bâille en la lisant [2].

1. Voltaire, *Pièces inédites* (Didot, 1826), p. 330, 331. Lettre de Voltaire à la comtesse de Verteillac; Lunéville, le 20 août 1749. Ajoutons à cela que, bien avant ce temps, il avait eu des rapports directs avec Trublet, comme l'indique une lettre à l'abbé Moussinot, à la date du 2 août 1738. « P. S. Je vous prie d'envoyer ou de vouloir bien porter ce mémoire à l'abbé Trublet, rue Guénégaud, pour être inséré au *Journal des savants*. » *Voltaire à Ferney* (Paris, Didier, 1860), p. 330.
2. Vers de Boileau sur la *Pucelle* de Chapelain. Despréaux, OEuvres

On a encore appliqué à ce poëme le mot de *La Bruyère* sur l'opéra.

« Je ne sais pas comment l'*opéra*, avec une musique si parfaite et une dépense toute royale, a pu réussir à m'ennuyer, » et l'on a dit : *Je ne sais pas comment la Henriade avec une poésie et une versification si parfaite a pu réussir à m'ennuyer.*

Ce n'est pas le poëte qui *ennuye* et fait *bâiller* dans la Henriade, c'est la poésie ou plutôt les vers[1].

Cette opinion de Trublet, qui, d'ailleurs, résulte d'une antipathie très-accusée pour la poésie et les vers, a fait du chemin, et nous ne savons que trop de gens du sentiment de l'archidiacre de Saint-Malo. Le comte de Maistre a dit de la *Henriade*, dans les *Soirées de Saint-Pétersbourg* : « Quant à son poëme *épique*, je n'ai pas droit d'en parler : car, pour juger un livre, il faut l'avoir lu, et pour le lire il faut être éveillé[2]. » Quoi qu'il en soit du plus ou moins de fondement de cette opinion de Trublet, l'on s'imagine ce que dut penser le poëte de cette profession d'une franchise tant soit peu brutale.

> Vous m'avez endormi, disait ce bon Trublet ;
> Je réveillai mon homme à grands coups de sifflet[3].

---

complètes (édition Chéron, 1861), p. 19, satire III. On s'explique que Trublet n'aimât point les vers. Voilà un vers de Boileau qu'il cite avec un pied de moins, sans en être averti par ce qu'il a d'incomplet et de trébuchant.

1. L'abbé Trublet, *Essais sur divers sujets de littérature et de morale* (Paris, Briasson, 1760), t. IV, p. 232, 233. De la poésie et des poëtes.

2. Joseph de Maistre, *Soirées de Saint-Pétersbourg* (Pelagaud, 1870), t. I, p. 240.

3. Voltaire, *Œuvres complètes* (Beuchot), t. XIII, p. 299. Epître à M. D'Alembert; 1771.

En effet, le réveil fut rude, comme on va voir, et le bon abbé put regretter de n'avoir point gardé pour lui son opinion sur la *Henriade*. Les conseils de l'auteur du *Carême impromptu* n'avaient pas mieux réussi au pauvre diable que ceux de Pompignan; et, après avoir tenté de nouveau la fortune à Versailles, il dut revenir, l'oreille basse, à Paris, où l'attendaient de nouveaux mécomptes.

> L'abbé Trublet avait alors la rage
> D'être à Paris un petit personnage :
> Au peu d'esprit que le bonhomme avait
> L'esprit d'autrui par supplément servait.
> Il entassait adage sur adage;
> Il compilait, compilait, compilait;
> On le voyait sans cesse écrire, écrire
> Ce qu'il avait jadis entendu dire[1],
> Et nous lassait sans jamais se lasser :
> Il me choisit pour l'aider à penser.
> Trois mois entiers ensemble nous pensâmes,
> Lûmes beaucoup, et rien n'imaginâmes.

Au moins l'abbé prit-il la chose avec beaucoup de flegme, de bonhomie et d'adresse; et son attitude, dans une passe au moins difficile, prouve une fois de plus que le bon sens, une finesse pratique, réussissent à sauver des mêmes faux pas où ne manquent point de donner ces esprits superbes qu'aveuglent l'orgueil et un suprême contentement d'eux-mêmes. Il ne jeta pas les hauts cris, ne se redressa pas contre l'outrage; il se

---

1. L'abbé de Voisenon dit, de son côté : « Il a passé trente années de sa vie à écouter et à transcrire. C'est, pour ainsi dire, le chiffonnier de la littérature. » *OEuvres complètes* (Paris, Moutard, 1781), t. VI, p. 172.

contenta de dire modestement, mais avec dignité, que, « s'il avait eu tort au sujet de la *Henriade*, il avait le nouveau tort de persister [1]. » Mais il fut le premier à rire d'un portrait dont la touche était celle d'un maître.

> En entrant dans Paris, raconte un contemporain, *le Pauvre Diable* entra, pour ainsi dire, dans la mémoire de tous les gens de goût... Le lendemain même, M. Suard rencontre l'abbé Trublet sous les guichets du Carrousel : ce bon diable avait aussi retenu la pièce tout entière ; et, ce qu'il savait mieux, c'était les vers sur lui, si sanglants et si gais. Il ne les récitait pas seulement, il les commentait. *Observez bien*, disait-il à M. Suard, *qu'un homme de peu de goût et de peu de talent aurait pu faire le vers composé d'un même mot répété trois fois :*
>
> Il compilait, compilait, compilait,
>
> *mais qu'il n'y avait qu'un homme de beaucoup de talent et de beaucoup de goût qui pouvait le laisser*. Voltaire, qui ne l'a pas ignoré, aurait pu écrire à Trublet, comme Horace à Tibulle :
>
> Albi, nostrorum sermonum candide judex [2].

On le voit, Trublet avait l'esprit équitable ; il n'avait pas davantage de fiel. Le coup de fouet de Voltaire ne l'empêcha pas d'arriver à l'Académie, quelque temps après (13 avril 1761), à la place du maréchal de Belle-Isle. « Vous verrez qu'il n'aura que celle de l'abbé Cotin, » écrivait aussitôt le hargneux poëte à Damilaville [3]. Mais il allait être forcé bientôt de changer de note : Trublet lui envoyait son discours avec une

---

1. D'Alembert, *Œuvres complètes* (Belin, 1821), t. III, p. 652. Éloge de l'abbé Trublet.
2. Garat, *Mémoires historiques sur le dix-huitième siècle* (Paris, 1829), t. I, p. 129, 130.
3. Voltaire, *Œuvres complètes* (Beuchot), t. LIX, p. 343. Lettre de Voltaire à Damilaville ; à Ferney, 19 mars 1761.

belle et flatteuse épître, devant laquelle il fallait bien désarmer.

Votre lettre et votre procédé généreux, monsieur, lui répondait Voltaire, sont des preuves que vous n'êtes pas mon ennemi, et votre livre vous faisait soupçonner de l'être. J'aime bien mieux en croire votre lettre que votre livre : Vous aviez imprimé que je vous faisais bâiller, et moi j'ai laissé imprimer que je me mettais à rire. Il résulte de tout cela que vous êtes difficile à amuser, et que je suis mauvais plaisant; mais enfin, en bâillant et en riant, vous voilà mon confrère, et il faut tout oublier, en bons chrétiens et en bons académiciens... Je suis obligé, en conscience, de vous dire que je ne suis pas né plus malin que vous, et que, dans le fond, je suis bon homme. Il est vrai qu'ayant fait réflexion, depuis quelques années, qu'on ne gagnait rien à l'être, je me suis mis à être un peu gai, parce qu'on m'a dit que cela est bon pour la santé. D'ailleurs, je ne me suis pas cru assez important, assez considérable, pour dédaigner toujours certains illustres ennemis qui m'ont attaqué personnellement pendant une quarantaine d'années, et qui, les uns après les autres, ont essayé de m'accabler comme si je leur avais disputé un évêché ou une place de fermier général. C'est donc par pure modestie que je leur ai donné enfin sur les doigts...

Cela est encore légèrement pointu. Mais la péroraison était des plus amicales et séparait nettement la cause de l'abbé *de gente non sanctâ*.

... C'est de cette retraite que je vous dis très-sincèrement que je trouve des choses utiles et agréables dans tout ce que vous avez fait, que je vous pardonne cordialement de m'avoir pincé, que je suis fâché de vous avoir donné quelques coups d'épingle, que votre procédé me désarme pour jamais, que bonhomie vaut mieux que raillerie, et que je suis, monsieur mon cher confrère, de tout mon cœur, avec une véritable estime et sans compliment, comme si de rien n'était, votre, etc.[1]

Le bon abbé n'en demandait pas davantage. La lettre d'envoi de son discours ne nous est pas parvenue, et sa réponse à la réponse de Voltaire nous la fait regretter. Elle est vraiment et fine, et spirituelle, et d'une parfaite mesure.

Mille grâces, monsieur et très-illustre confrère, de la réponse dont vous m'avez honoré. Elle est aussi ingénieuse qu'obligeante, et ce qui vaut mieux encore, elle est très-gaie. C'est la preuve de votre bonne santé, la seule chose qui vous reste à prouver. Puissiez-vous la conserver longtemps, et avec elle tous les agréments et tout le feu de votre génie! C'est le vœu de vos ennemis mêmes; et s'ils n'aiment pas votre personne, ils aiment vos ouvrages; il n'y a point d'exceptions là-dessus; et malheur à ceux qu'il faudrait excepter[2]!

Le pauvre diable était loin encore d'être au bout de ses tribulations et de ses déboires. Comme il s'était fait folliculaire, il se fit auteur dramatique, mais sans plus de succès, et fut écrasé sous les huées. Ses lamentables transformations ne nous intéressaient qu'au point de vue de la personnalité et de l'allusion; sauf un portrait d'Abraham Chaumeix fait par lui-même, et qui, certes, n'est pas flatté, la satire cesse d'être individuelle; nous n'aurions plus à citer que de beaux vers, et le temps et l'espace nous manquent également. Nous n'avons pas fini, d'ailleurs, avec les en-

---

1. Voltaire, *OEuvres complètes* (Beuchot), t. LIX, p. 403, 404, 405. Lettre de Voltaire à l'abbé Trublet; au château de Ferney, ce 27 avril 1761.
2. *Ibid.*, t. LIX, p. 418. Lettre de l'abbé Trublet à Voltaire; Paris, ce 10 mai 1761.

nemis de Voltaire, et il nous reste encore à raconter la terrible soirée de l'*Ecossaise*. Fréron est le pire, le plus adroit, le plus constamment sur la brèche de ses adversaires, celui dont les attaques auront le don de l'irriter le plus, peut-être, par l'apparente modération qu'il sait mettre dans ses critiques. Tout n'est pas mauvaise foi, exagération, passion, procédés iniques dans les jugements de l'écrivain ; il s'y mêle des appréciations judicieuses, dont, en somme, le mieux aurait été de faire son profit. Mais Voltaire, qui s'y méprendra moins que personne, Voltaire, à qui ces *malsemaines* ont valu plus d'une nuit sans sommeil, qui s'est déjà vengé, mais que dévore une soif inextinguible de vengeance, ne songe qu'à écraser l'insecte qui le harcèle depuis tant d'années avec un acharnement infatigable. Piqué au vif par ce que Fréron avait dit de *Candide*[1] et de la *Femme qui a raison*[2], dans ses feuilles, le philosophe des Délices perdait patience, ce qui ne saurait étonner beaucoup, et publiait, dans le *Journal encyclopédique* du 1er janvier 1760, une lettre où sont énumérés tous ses griefs avec plus d'amertume que de prudence, bien qu'il affectât la plus parfaite sérénité.

J'ai été assez surpris de recevoir, le dernier décembre, une feuille d'une brochure périodique, intitulée l'*Année littéraire*, dont j'ignorais absolument l'existence dans ma retraite... Je me suis informé de ce qu'était cette *Année littéraire*, et j'ai appris que c'est un ouvrage où les hommes les plus célèbres que nous ayons dans la littérature sont souvent outragés..... Je dois dire, en général, et sans avoir personne en vue, qu'il

---

1. *L'Année littéraire* (1759), t. II, p. 203 à 210 ; Paris, ce 6 avril 1759.
2. *Ibid.* (1759), t. VIII, p. 3 à 25 ; Paris, ce 30 novembre 1759.

est un peu hardi de s'ériger en juge de tous les ouvrages, et qu'il vaudrait mieux en faire de bons. La satire en vers, et même en beaux vers, est aujourd'hui décriée, à plus forte raison la satire en prose, surtout quand on y réussit d'autant plus mal qu'il est plus aisé d'écrire en ce pitoyable genre. Je suis très-éloigné de caractériser ici l'auteur de l'*Année littéraire*, qui m'est absolument inconnu. On me dit qu'il est depuis longtemps mon ennemi, à la bonne heure ; on a beau me le dire, je vous assure que je n'en sais rien [1].

A défaut d'exactitude, il aurait fallu que tout cela fût habile, et rien ne l'est moins que ces quelques lignes où l'affectation de dédain frôle la puérilité. L'*Année littéraire* paraissait depuis 1754, et c'est par pur hasard, et parce qu'on la lui dépêche, qu'il en apprend l'existence. Quant à son auteur, il lui était parfaitement inconnu, et il ignorait complétement qu'il fût ou ne fût point son ennemi. Mais, à coup sûr, ce qu'il y a de plus étrange, c'est la dureté avec laquelle l'auteur de la *Diatribe du docteur Akakia* et du *Pauvre Diable* stigmatise la satire en prose comme la satire en vers. Fréron, qui était homme à profiter des avantages qu'on lui offrait, n'eut garde de laisser sans réplique une pareille lettre. Mais cette lettre ne pouvait être de M. de Voltaire, et il n'était nul besoin d'être grand clerc pour démasquer un aussi grossier artifice.

Je ne me flatte pas d'être aussi connu que M. *de Voltaire*, ni même qu'il me fasse l'honneur de me lire ; mais il y a longtems que l'existence de mon *Année littéraire* est parvenue jusqu'à lui. Il s'en est même plaint quelquefois par lettres à diverses personnes, entre autres, il y a cinq ou six ans, à

---

1. *Journal encyclopédique* (Bouillon), 1er janvier 1760, p. 112, 115.

mon ami M. *Morand* le chirurgien, qui est en état de certifier ce que j'avance [1].

Mais il ne résulte pas de cela qu'il soit le moins du monde l'ennemi du poëte.

Si cette lettre venoit de M. *de Voltaire,* continue-t-il, je lui répondrois qu'on l'a trompé, lorsqu'on lui a dit que j'étois depuis longtems son ennemi. Il est trop judicieux pour penser, avec une foule de petits auteurs, qu'un critique est l'ennemi de ceux dont il censure les ouvrages; c'est le refrain ordinaire et pitoyable de l'amour-propre blessé. On auroit dû plutôt dire à M. *de Voltaire* que je suis depuis longtems son ami; car je l'ai beaucoup plus loué que critiqué. Mais je ne suis ni son ami ni son ennemi, n'ayant pas l'honneur de le connoître personnellement; je suis son admirateur, son panégyriste et son critique.

Autre preuve que cette lettre est l'œuvre d'un mauvais plaisant et que M. de Voltaire n'est pour rien dans cette pièce supposée. On lui a fait avancer qu'il ne connaissait pas l'existence de l'*Année littéraire* avant la livraison où il est parlé de la *Femme qui a raison;* on feint qu'en la feuilletant il y a trouvé des injures un peu fortes contre l'auteur d'*Hypermnestre.* Mais ce n'est pas dans la même brochure que se rencontrent les deux critiques, et le compte rendu de la tragédie a précédé de beaucoup l'appréciation de la

1. *Année littéraire* (1760), t. IV, p. 10; à Paris, ce 26 mai 1760. — Voltaire était un peu mieux renseigné, en effet, qu'il ne le dit, et depuis longtemps, sur les sentiments véritables de l'auteur de l'*Année littéraire*, contre lequel nous l'avons vu en mars 1750 (Fréron publiait alors ses *Lettres sur quelques écrits de ce tems*) provoquer les rigueurs du lieutenant de police. Nous renverrons à la troisième série de ces études, *Voltaire à la cour,* p. 389, où se trouve reproduite une lettre fulminante contre le folliculaire.

comédie; d'où il suivrait que M. de Voltaire, auquel on fait afficher une ignorance fort étrange, en tous cas, savait l'existence de l'*Année littéraire* avant la publication de la feuille où Fréron avait dit ce qu'il pensait de la *Femme qui a raison*. Il était, en effet, difficile de répondre à cette argumentation. Mais toutes les preuves de fait ne valaient pas à ses yeux et ne devaient pas valoir, aux yeux du moins sérieux de ses lecteurs, cette dernière raison qui les prime toutes, à savoir que, dans cette pièce, qu'on avait l'audace d'imprimer sous le nom de M. de Voltaire, on chercherait vainement un trait d'esprit. « C'est, remarque-t-il en finissant, la meilleure preuve que je puisse apporter, qu'il n'en est pas l'auteur. » Tout cela est de bonne guerre; si le persiflage est manifeste, il n'est ni outrageant ni grossier, et l'on souhaiterait, en plus d'un cas, à Voltaire, cette modération, cette convenance extérieure. Le poëte, qui se sentit battu, n'était pas homme à le pardonner à son adversaire. Mais il n'en fut ni plus ni moins pour Fréron, car le *Pauvre Diable* et l'*Ecossaise* n'étaient plus à composer ni à publier.

Cette réponse de l'auteur de l'*Année littéraire* est du 26 mai, et Voltaire écrivait, dès le 19, à madame d'Épinai : « Qu'est-ce qu'une comédie intitulée *le Caffé?* » Et, dès le lendemain, il croyait devoir écrire à M. Bertrand : « Pour l'*Ecossaise*, elle n'est pas de moi, ni bien des sottises nouvelles qu'on m'attribue. » Nous savons de quelles sottises nouvelles il entendait parler. Mais cette *Ecossaise* était de M. Hume, le frère de M. Hume l'historien; c'était une comédie anglaise sur la provenance et la nationalité de laquelle la simple lecture édifiait plus que suffisamment. Comme on l'a vu déjà, le pli était pris, et rien pour Voltaire n'était plus simple et plus licite que ces attributions gratuites, sans consentement des intéressés. Des ballots d'*Ecossaise* avaient fait leur entrée dans Paris, on assurait qu'ils venaient de Genève; Fréron ne pouvait être le dernier à apprendre l'existence et l'invasion de ce drame « tout aussitôt prôné par un certain parti, » et qui faisait « une espèce de fortune » dans la capitale. Aussi, dès le 3 juin, consacrait-il au nouveau débarqué un long article qui tenait toute l'étendue de sa feuille. Il commençait par en donner une analyse des plus détaillées, se bornant à suivre l'intrigue pas à pas, sans se permettre la moindre saillie. Cette tâche terminée, il reprendra son rôle d'Aristarque, mais avec cette apparente placidité qui est sa plus grande force et à laquelle se mêle, au bon moment, une pointe bien aiguisée.

La pièce n'est pas bonne, les mœurs en sont extravagantes, c'est un roman assez mal imaginé, un tissu d'invraisemblances, un fatras d'absurdités. Presque tous les rôles, sauf ceux de Lindane, de Monrose et de Murrai, ne tiennent, pour ainsi dire, pas à la pièce. Le sel, la gaieté font complétement défaut. Nul caractère creusé, nul trait approfondi; de la sécheresse partout, et de la trivialité. Peut-être le personnage de Freeport devrait être excepté; mais l'auteur n'en avait su faire qu'un original bizarre, étrange, aucunement comique. Pourtant, au milieu de tout cela, il y avait un germe d'intérêt et de pathétique, et ce canevas, dans une main plus habile, eût pu donner lieu à une pièce agréable. Le journaliste ajoutait que, si les comédiens se proposaient réellement de produire cet embryon sur leur théâtre, comme le bruit en courait, ils feraient bien d'engager l'auteur à tenir compte de ces observations et à supprimer les mauvaises plaisanteries, les pitoyables jeux de mots qui lui étaient échappés. Et il citait ces plaisanteries, ces jeux de mots, qui, en effet, ne sont pas de nature à assurer le succès de la pièce aux yeux des gens de goût.

En tête de l'ouvrage, qui aurait été traduit de l'anglais, figurait le nom de M. Hume; et, dans la préface, on disait que ce M. Hume était le frère du célèbre philosophe. « J'ai fait des informations très-exactes à ce sujet, et j'ai su de plusieurs Anglais établis dans cette capitale, que ces deux messieurs Hume, loin d'être frères, ne sont pas même parents; que le poëte a donné au public trois tragédies qu'il a dédiées depuis peu au prince de Galles; que ce sont les seuls ouvrages dramatiques qu'il ait faits. Ces Anglais m'ont ajouté une particularité : c'est que la princesse de Galles ayant demandé à M. *Hume* s'il ne travailloit pas à quelque comédie, il avoit répondu qu'il n'en composeroit jamais, parce qu'il n'entendoit rien à ce genre [1]. » Il existe plusieurs comédies anglaises portant le titre du *Caffé;* Fielding en a fait une; il y a une farce de ce nom d'un M. Miller; une troisième de M. Ward, *les Amusements du caffé;* une dernière, enfin, d'un anonyme, intitulée *les Usurpateurs,* ou

---

[1]. *L'Année littéraire* (1760), t. IV, p. 108, 109; à Paris, ce 3 juin 1760.

les Politiques du caffé; mais nulles n'ont le plus petit rapport, aucun trait de ressemblance avec le *Caffé*, ou l'*Ecossaise*. D'ailleurs, ignorance complète des mœurs et des lois anglaises, pas le moindre souci des usages et des bienséances de ce peuple si strict et si formaliste. Cette pièce, que l'on donne pour la traduction d'une pièce anglaise, n'est ni de M. Hume, qui déclare n'avoir jamais fait ni devoir faire de comédies, ni d'aucun écrivain anglais, c'est ce qu'il y a de sûr. Mais de qui serait-elle? On l'attribue à M. de Voltaire; est-ce bien supposable? Quelle apparence qu'une aussi médiocre production soit sortie d'une aussi belle plume? En tête de mille raisons qui ne permettent pas de le croire, il y en a une bien décisive, et devant laquelle ne manquera pas de se rendre quiconque a l'honneur de connaître M. de Voltaire.

Le gazetier qui joue un rôle postiche dans l'*Écossaise* est appelé *Frélon*. On lui donne les qualifications d'*écrivain de feuilles*, de *fripon*, de *crapaud*, de *lézard*, de *couleuvre*, d'*araignée*, de *langue de vipère*, d'*esprit de travers*, de *cœur de boue*, de *méchant*, de *faquin*, d'*impudent*, de *lâche coquin*, d'*espion*, de *dogue*, etc. Il m'est revenu que quelques petits écrivailleurs prétendoient que c'étoit moi qu'on avoit voulu désigner sous le nom de *Frélon*; à la bonne heure, qu'ils le croient ou qu'ils feignent de le croire, et qu'ils tâchent même de le faire croire à d'autres. Mais, si c'est moi réellement que l'auteur de la comédie a eu en vue, j'en conclus que ce n'est pas M. *de Voltaire* qui a fait ce drame. Ce grand poëte, qui a beaucoup de génie, surtout celui de l'invention, ne se seroit pas abaissé jusqu'à être le plagiaire de M. *Piron*, qui longtems avant l'*Écossaise* m'a très-ingénieusement appelé *Frélon;* il est vrai qu'il avoit dérobé lui-même ce bon mot, cette idée charmante, cet effort d'esprit incroyable à M. *Chévrier*, auteur infiniment plaisant. De plus, M. *de Voltaire* auroit-il jamais osé traiter quelqu'un de *fripon?* Il connoît les égards : il sçait trop ce qu'il se doit à lui-même et ce qu'il doit aux autres[1].

Aussitôt que l'on est l'ennemi de Voltaire, on sort du bagne, ou l'on est près d'y entrer. L'emportement, la passion l'empêchent de sentir combien ces exagérations blâmables, en le déconsidérant, ont pour effet de diminuer, presque d'effacer, les griefs, les outrages, les iniquités de ces folliculaires, petits et grands, que lui valent sa célébrité et son génie. Fréron, très-renseigné sur tout ce que le poëte écrit ou dit à son sujet, ne laissera pas échapper l'occasion de mentionner une anecdote, où on lui fait faire un voyage qu'on ne saurait appeler que par antiphrase un voyage d'agrément. Il pousse l'art jusqu'à ne pas nommer Voltaire, bien sûr qu'on le comprendra à demi-mot, et que cette réserve lui sera comptée dès ce monde.

Je suis accoutumé depuis longtems au petit ressentiment des écrivains. Il faut que je vous apprenne à ce sujet une anecdote vraie. Un auteur françois très-célèbre, qui s'étoit retiré dans une cour d'Allemagne, fit un ouvrage, dont il ne me fut pas possible de dire beaucoup de bien. Ma critique blessa son amour-propre. Un jour on lui demanda des nouvelles de la France; il répondit d'abord qu'il n'en sçavoit point; par hasard on vint à parler de moi : *Ah! ce pauvre Fréron,* s'écria-t-il d'un air touché, *il est condamné aux galères; il est parti ces jours derniers avec la chaine; on me l'a mandé de Paris.* On interrogea l'auteur sur les raisons qui m'avoient attiré ce malheur; on le pria de montrer la lettre dans laquelle on lui apprenoit cette étrange aventure; il répondit qu'on ne lui avoit écrit que le fait sans lui en expliquer la cause, et qu'il avoit déchiré la lettre. On vit tout d'un

---

1. *L'Année littéraire* (1760), t. IV, p. 113, 114, 115.

coup que c'étoit une gentillesse d'esprit. Je ne pus m'empêcher d'en rire moi-même, lorsque quelques amis m'écrivirent cette heureuse saillie[1].

L'anecdote est vraie, et Jérôme Carré, le traducteur de l'*Ecossaise,* ne la contredit point dans son adresse à *Messieurs les Parisiens.*

Voyez, je vous prie, jusqu'où va sa malice : il dit, p. 115, que le bruit courut longtemps *qu'il avait été condamné aux galères*; et il affirme qu'en effet, pour la condamnation, elle n'a jamais eu lieu; mais je vous en supplie, que ce monsieur ait été aux galères quelque temps, ou qu'il y aille, quel rapport cette anecdote peut-elle avoir avec la traduction d'un drame anglais? il parle des raisons qui *pouvaient,* dit-il, *lui avoir attiré ce malheur.* Je vous jure, messieurs, que je n'entre dans aucune de ces raisons; il peut y en avoir de bonnes, sans que M. Hume doive s'en inquiéter : qu'il aille aux galères ou non, je n'en suis pas moins le traducteur de l'*Écossaise* [2].

1. *L'Année littéraire* (1760), t. IV, p. 115, 116.
2. Voltaire, *Œuvres complètes* (Beuchot), t. VII, p. 20. A Messieurs les Parisiens. Voltaire écrivait à Thiériot le 7 juillet : « Maître Aliboron, dit Fréron, me paraît furieusement bête. Il conte qu'un jour la nouvelle se répandit qu'il était aux galères, et il est assez aveugle pour ne pas voir que c'est une nouvelle toute simple. » Et le 22 du même mois, encore à Thiériot : « Est-il vrai qu'on va jouer l'*Ecossaise*? que dira Fréron? Ce pauvre cher homme prétend, comme vous savez, qu'il a passé pour être aux galères, mais que c'était un faux bruit. Eh! mon ami, que ce bruit soit vrai ou faux, qu'est-ce que cela peut avoir de commun avec l'*Ecossaise*? » Du reste, Voltaire n'en aura pas le démenti, et dans le XVIIIe chant de la *Pucelle,* Fréron fera partie d'une bande de galériens s'acheminant vers Toulon, et composée, comme de juste, de tous les gens de lettres dont le sourcilleux poëte croit avoir eu à se plaindre : l'abbé Guyon, auteur de l'*Oracle des philosophes,* Abraham Chaumeix, Gauchat, Sabatier de Castres, l'abbé Fantin, l'abbé Brezet et La Beaumelle.

Que cela soit plaisant, nous le voulons bien, mais dépasse et de beaucoup les limites de toute défense honnête et permise; et les meilleurs amis de ce philosophe, si peu philosophe aussitôt que sa gloire littéraire est en cause, ne pouvaient que gémir de ce trop complet oubli du respect de soi-même et des autres. Fréron était en droit de procéder contre l'*Ecossaise*, et il ne lui aurait certes pas été impossible d'obtenir, au moins contre les libraires, un châtiment mérité. Mais il sentit qu'un journaliste militant ne devait pas avoir de ces susceptibilités, et qu'après tout le public ne serait pas dupe de ces exagérations. « Je n'ai pas porté plainte contre l'*Ecossaise*, écrivait-il à Favart, parce que je n'y suis pas nommé, que je ne m'y suis pas reconnu, et que tous ceux qui m'ont suivi depuis mon enfance n'y ont point vu le moindre trait qui pût me convenir. Ainsi j'ai pris le parti de mépriser cette satire maussade et brutale... [1]. » Piron avait voulu voir comment le journaliste de l'*Année littéraire* était drapé dans l'*Ecossaise*; Baculard lui avait parlé de la pièce avec enthousiasme, et peut-être l'auteur de la *Métromanie* aurait-il pardonné pour cette fois à l'auteur de *Zaïre* d'avoir réussi. Mais il trouva la satire maladroite et sans nulle proportion avec l'individualité qu'elle prétendait atteindre.

Pourquoi avoir fait de ce pauvre Fréron un pendard formidable? Il n'y a là que du faux et de l'outré, et rien de plaisant. Fréron ne cherche à ôter la vie à personne; il cherche

---

1. Favart, *Mémoires et correspondance littéraire* (Paris, 1801), t. II, p. 377. Lettre de Fréron à Favart; 17 février 1765 (?).

la sienne, et c'est tout en nous déprimant, il est vrai, *ab hoc et ab hac*. Mais cela n'a jamais fait de tort à qui que ce soit ni n'en sauroit faire... Voltaire n'a-t-il point honte de se mettre en frais d'une comédie en cinq actes, pour tomber sur le corpuscule de son pauvre petit adversaire? Hercule lève la massue le plus haut qu'il peut sur la tête d'un pygmée! Il est écrasé, le beau fait d'armes [1]!

Voltaire n'avait pas de ces dédains, et ne diminuait jamais la taille d'un adversaire tant qu'il était debout. Quel effet l'*Ecossaise* avait produit dans le public, c'est tout ce qui le préoccupait. Fréron lui-même avoue que cette satire dialoguée faisait « une espèce de fortune; » le vrai, c'est qu'elle était l'objet de toutes les conversations, et que, grâce à un parti formidable qui avait sa revanche à prendre, elle avait ses grandes et petites entrées dans tous les salons et traînait sur toutes les toilettes. Sans cet accueil, il est à croire que l'on n'aurait jamais songé à la mettre au théâtre. En même temps qu'elle, un peu auparavant même, Voltaire avait composé un *Socrate* en prose, œuvre d'un art et d'une valeur médiocres, dans laquelle on eût vainement cherché le souci des mœurs grecques et de la vérité historique. C'était une comédie toute d'allusions, où les Melitus et les Anytus étaient des messieurs de Paris, dont le public ne serait pas embarrassé de restituer les vrais noms. Il y avait même là trois pédants subalternes protégés par Anytus, Nonoti, Chamos et Bertios, qui, de nécessité absolue, ne

---

1. Piron, *Complément de ses œuvres inédites*, publié par M. Honoré Bonhomme (Sartorius, 1866), p. 93, 94. Lettre de Piron à Baculard; ce mardi 20 mai 1760.

pouvaient s'appeler, dans une traduction française, que Nonotte, Chaumeix et Berthier. Lekain pensa un instant à monter cette comédie, et s'en ouvrit à Voltaire, qui ne crut pas qu'elle pût être jouée. « Cependant, si on le veut absolument, répondit le poëte, il faudra s'y prêter, à condition que l'auteur de *Socrate* la rende plus susceptible du théâtre de Paris [1]. » Il écrivait également à d'Argental, qui devait être de moitié avec Lekain dans le projet, en admettant qu'il ne l'eût pas inspiré au grand acteur : « Vous êtes un homme bien hardi de vouloir faire jouer la *Mort de Socrate;* vous êtes un anti-Anitus. Mais que dira maître *Anitus*-Joly de Fleury? Ce *Socrate* est un peu fortifié depuis longtemps par de nouvelles scènes, par des additions dans le dialogue. Toutes ces additions ne tendent qu'à rendre les persécuteurs plus ridicules et plus exécrables : mais aussi elles ne contribuent pas à les désarmer. Les Fleury feront ce qu'ils firent à *Mahomet;* et ce pantalon de Rezzonico [2] ne fera pas pour moi ce que fit ce bon Polichinelle de Benoît XIV [3]. »

En dernière analyse, on dut renoncer à faire représenter une satire qui s'en prenait à trop forte partie et que la censure aurait, à coup sûr, répudiée impitoyablement. Toutefois, les récentes bontés de la dame pour les *Philosophes* autorisaient à attendre d'elle la même

1. Voltaire, *OEuvres complètes* (Beuchot), t. LVIII, p. 398. Lettre de Voltaire à Lekain; sans date.

2. Carlo Rezzonico, né à Venise, élu pape en 1758. Prit le nom de Clément XIII.

3. Voltaire, *OEuvres complètes* (Beuchot), t. LVIII, p. 413. Lettre de Voltaire à d'Argental; aux Délices, 25 mai 1760.

facilité pour l'*Ecossaise*, et l'on ne songea plus qu'à rendre la pièce jouable. Voltaire, dès l'origine, avait compris qu'à la scène on ne pouvait laisser son nom primitif au personnage de Frélon, et il avait vite trouvé un équivalent. « Il n'y a qu'à donner à Fréron le nom de Guêpe, au lieu de Frélon; M. Guêpe fera le même effet. » Et l'on s'arrêta à ce parti. Le Frélon de l'imprimé fut métamorphosé au théâtre en *Wasp*, qui veut dire frelon. Mais ce n'était pas la seule modification à apporter à la comédie, et, pour plus d'une raison, Voltaire répugnait de toucher au rôle. « Frélon embarrasse fort M. Hume. Il me mande que si on change le caractère de cet animal, il croira qu'on le craint[1]. » Comme toujours, d'Argental, si zélé pour la gloire de son ami, se montre exigeant et désirerait qu'on remaniât ce terrible rôle. Voltaire est de son avis; mais ce serait une pièce nouvelle, ce serait lui en demander plus qu'il n'en peut et voudrait donner. « Cette pièce a été faite bonnement et avec simplicité, uniquement pour faire donner Fréron au diable; elle ne pourrait être supportée au théâtre qu'en cas qu'on la prît pour une comédie véritablement anglaise. Elle ressemble aux toiles peintes de Hollande, qui ne sont de débit que quand elles passent pour être des Indes[2]. » Cependant il fera preuve de bonne volonté et enverra les corrections qu'on a pu obtenir du traducteur de M. Hume[3].

---

1. Voltaire, *OEuvres complètes* (Beuchot), t. LVIII, p. 349. Lettre de Voltaire à d'Argental; 13 juin 1760.
2. *Ibid.*, t. LVIII, p. 467. Du même au même; 27 juin 1760.
3. *Ibid.*, t. LVIII, p. 476. Du même au même; 6 juillet 1760.

Enfin, l'ouvrage est livré au théâtre. Il a été répété, toutes les difficultés sont levées, le jour de la représentation fixé pour le 26 juillet. Le 25, le traducteur de l'*Ecossaise*, M. Jérôme Carré, adressait à *Messieurs les Parisiens* une petite circulaire à laquelle nous avons déjà emprunté un fragment, dans la légitime intention de contre-battre les manœuvres de ses ennemis et d'édifier les honnêtes gens sur ce qui le regarde et concerne la pièce de M. Hume. Il avoue qu'il s'est trompé, qu'il a dit que ce dernier était le frère de M. David Hume : il n'est que son cousin. Mais qu'importe ? En est-il moins l'auteur de l'*Ecossaise* ?

> Il est si vrai qu'il est l'auteur de l'*Écossaise*, que j'ai en main plusieurs de ses lettres, par lesquelles il me remercie de l'avoir traduite : en voici une que je soumets aux lumières des charitables lecteurs :
> *My dear translator*, mon cher traducteur, *you have committed many a blunder in your performance*, vous avez fait plusieurs balourdises dans votre traduction. *You have quite impoverish'd the character of Wasp, and you have blotted his chastisement at the end of the drama...* Vous avez affaibli le caractère de Frélon, et vous avez supprimé son châtiment à la fin de la pièce [1].

Ainsi, il a adouci jusqu'au blâme ce rôle de Wasp, ce qui n'empêche pas M. Fréron de lui vouloir tout le mal possible et d'employer son autorité et son crédit pour empêcher sa traduction d'être jouée. « Lui qui encourageait tous les jeunes gens, quand il était jé-

---

[1]. Voltaire, OEuvres complètes (Beuchot), t. VII, p. 19. A Messieurs les Parisiens

suite, les opprime aujourd'hui[1]. Il a fait une feuille entière contre moi ; il commence par dire méchamment que ma traduction vient de Genève, pour me faire *suspecter* d'être hérétique... Je vous demande, messieurs, votre protection contre lui, disait le même Jérôme en finissant. Recevez ce petit drame avec cette affabilité que vous témoignez aux étrangers. » Tout Paris était sur pied et assiégeait la Comédie française, bien avant l'ouverture des portes. On s'attendait à rire, on s'attendait à du scandale, peut-être à quelque conflit entre le public et les amis de Fréron, s'il en avait; mais, assurément, on ne s'attendait guère au plus piquant, au plus imprévu, au plus invraisemblable des spectacles : Fréron venant assister à cette longue et ignominieuse satire dont il était l'objet et le héros, affrontant et bravant toute une salle qu'il savait hostile, qu'il savait gagnée à ses ennemis. Qu'on appelât cela intrépidité ou impudence, la résolution n'était pas vulgaire, et, quoi qu'on en eût, devait ramener un peu d'intérêt sur le journaliste.

Si Voltaire, au dernier moment, lançait dans le public cette facétie adressée à *Messieurs les Parisiens*, Fréron, de son côté, ne manœuvrera pas avec une habileté moindre. Il va trouver messieurs de la Comédie française, il leur dit qu'il a appris qu'ils avaient résolu de substituer le nom de Wasp à la représentation, il les supplie de n'en rien faire, de conserver celui de Frélon et, bien mieux, de mettre son nom tout au

---

[1]. Fréron a fait ses études, comme Voltaire, au collège Louis-le-Grand. Il n'a pas été plus que lui jésuite.

long, s'ils pensaient que cela pût contribuer au succès de la pièce. « Ils étoient assez portés à m'obliger, dit Fréron avec la même candeur. Apparemment qu'il n'a pas dépendu d'eux de me faire ce plaisir, et j'en suis très-fâché. Notre théâtre auroit acquis une petite liberté honnête, dont on auroit tiré un grand avantage pour la perfection de l'art dramatique[1]. »

Arrivons à cette soirée mémorable. Si tous les écrits, toutes les chroniques du temps l'ont racontée avec plus ou moins de détails et de bonne foi, le récit le plus curieux et aussi le plus plaisant est celui que Fréron nous donne lui-même sous le titre de *Relation d'une grande bataille*. « On m'a envoyé cette relation, monsieur; j'avois d'abord refusé de l'insérer dans mes feuilles; mais, toutes réflexions faites, j'ai cru qu'elle pourroit vous divertir. » Il va sans dire que la *Relation* est de Fréron, et qu'il compte bien qu'à cet égard il ne sera pas pris au mot. Ce morceau est sans doute fort long, mais il doit, de nécessité absolue, trouver ici intégralement sa place. Il en vaut la peine par le fond comme par la forme, ainsi que le lecteur va être à même d'en juger :

Hier samedi, 26 de ce mois, sur les cinq heures et demie du soir, il se donna, au parterre de la Comédie française, une des plus mémorables batailles dont l'histoire littéraire fasse mention. Il s'agissoit du *Caffé* ou de l'*Écossaise*, qu'on représentoit pour la première fois. Les gens de goût vouloient que cette pièce fût sifflée; les philosophes s'étoient engagés à la faire applaudir. L'avant-garde de ces derniers, composée de tous les rimailleurs et *prosailleurs* ridiculisés dans

---

1. *L'Année littéraire* (1760), t. V, p. 215.

l'*Année littéraire*, étoit conduite par une espèce de savetier appelé *Blaise*, qui faisoit le *Diable à quatre* [1]. Le redoutable *Dortidius* [2] étoit au centre de l'armée; on l'avoit élu général d'une voix unanime. Son visage étoit brûlant, ses regards furieux, sa tête échevelée, tous ses sens agités, comme ils le sont lorsque, dominé par son divin enthousiasme, il rend ses oracles sur le trépied philosophique. Ce centre renfermoit l'élite des troupes, c'est-à-dire tous ceux qui travaillent à ce grand Dictionnaire dont la *suspension fait gémir l'Europe*, les typographes qui l'ont imprimé, les libraires qui le vendent et leurs garçons de boutique.

L'aile droite étoit commandée par un *prophète de Boêhmischbroda* [3], le *Calchas* de l'armée, qui avoit prédit le succès du combat. Il avoit sous ses ordres deux régiments de clercs de procureurs et d'écrivains sous les charniers. La gauche, formée de deux brigades d'apprentifs chirurgiens et perruquiers, avoit pour chef le pesant *La M....* [4], cet usurpateur du petit royaume d'*Angola*. Un bataillon d'ergoteurs irlandois, charmés d'obéir à l'abbé *Micromégan* [5], leur compatriote, faisoit l'arrière-garde; ils avoient juré d'user jusqu'au

1. Sedaine, auteur de *Blaise le savetier* et du *Diable à quatre ou la Double métamorphose*.
2. Diderot.
3. Grimm, tout voltairien et encyclopédiste qu'il fût, Grimm dit, à propos de l'*Ecossaise* : « Le gouvernement, bientôt honteux d'avoir permis les *Philosophes*, a voulu donner une marque d'impartialité en permettant la représentation du rôle de Frélon dans la comédie de l'*Ecossaise*; mais ce n'était pas réparer une faute; c'était en commettre deux... La police n'a pas fait le sien (son devoir) en permettant ce scandale. » *Correspondance littéraire* (Paris, Furne), t. II, p. 443 ; 1er octobre 1760.
4. Le chevalier de La Morlière. Mais c'était une erreur. Le chevalier n'était point à la Comédie française le jour de la représentation de l'*Ecossaise*, et ne commandait pas la gauche comme on l'en accuse. Fréron, sur sa réclamation, dut revenir sur tout ce qu'il avait dit à son égard, dans sa lettre XII, du 4 août. *Année littéraire* (1761), t. V, p. 288.
5. L'abbé de Méhégan, Irlandais d'origine, auteur d'un pamphlet contre Fréron, intitulé : *Lettre à M. D*** sur l'Année littéraire* (Paris, 1755).

dernier lobe de leurs poumons pour défendre la charmante *Écossaise*, cette nouvelle *Hélène* qui trouble la littérature et la philosophie. Il y avoit jusqu'à un corps de réserve de laquais et de savoyards en redingotes, et en couteaux de chasse, qui recevoient l'ordre d'un petit prestolet que la secte elle-même méprise et qu'elle emploie, chassé de l'autre parti dès qu'on a connu son peu d'esprit et de talent, dévoré de la rage d'être journaliste et ne pouvant y réussir : chose pourtant si aisée, au rapport des philosophes ses protecteurs [1].

La veille et le matin de cette grande journée, on avoit eu soin d'exercer tous ces nobles combattans, et de leur bien marquer les endroits où ils devoient faire feu, et applaudir à toute outrance. Le sage *Tacite* [2], le prudent *Théophraste* [3], et tous les graves sénateurs de la république des philosophes ne se trouvèrent point à cette affaire ; ils ne jugèrent pas à propos d'exposer leurs augustes personnes. Ils attendoient l'événement aux Tuileries, où ils se promenoient inquiets, égarés, impatiens. Ils avoient donné ordre qu'on leur envoyât un courrier à chaque acte.

Les gens de goût s'avancèrent tranquillement, mais en très-petit nombre, sans commandans, sans dispositions, et même sans troupes auxiliaires ; ils se reposoient sur la justice de leur cause : confiance trop aveugle !

La toile se lève ; le signal est donné ; l'armée philosophique s'ébranle ; elle fait retentir la salle d'acclamations ; le choc des mains agite l'air, et la terre tremble sous les batte-

---

1. Il s'agit de l'abbé de La Porte, ci-devant collaborateur de Fréron : il rédigeait alors l'*Observateur littéraire*.
2. D'Alembert, qui a traduit en effet quelques parties de l'historien romain. M. Ch. Nisard veut que ce soit le président Hénault. Le président, qui était dans sa soixante-seizième année, n'était pas homme à faire le pied de grue aux Tuileries, et n'auroit eu cette chaleur à aucun âge de sa vie. Voltaire écrivait, précisément vers ce temps, à madame du Deffand, sans le nommer, il est vrai : « Les gens de bonne compagnie ne font point de prosélytes ; ils sont tièdes, ils ne songent qu'à plaire ; Dieu leur demandera un jour compte de leurs talents. » *Œuvres complètes* (Beuchot), t. LIX, p. 76. Lettre de Voltaire à madame du Deffand ; 10 octobre 1760.
3. Duclos, d'autres disent d'Argental.

mens de pieds. On fut quelque tems sans dépêcher le courrier, parce qu'on ne sçavoit si le premier acte étoit fini; lorsqu'on en fut certain, le général honora de cet emploi un de ses plus braves aides de camp, Mercure, exilé de l'Olympe et privé de ses fonctions périodiques[1]; il partit plus prompt que l'éclair, arriva aux Tuileries, annonça ce brillant début aux sénateurs assemblés, leur dit qu'on avoit applaudi à tout rompre, même avant que les acteurs ouvrissent la bouche; que le seul mot *wasp* (mot anglais qui signifie *guêpe*) avoit excité des transports d'admiration; que rien n'étoit échappé, et qu'on avoit saisi tout l'esprit, tout le sel, toute la finesse des épigrammes d'*araignée*, de *vipère*, de *coquin*, de *faquin*, de *fripon*, etc., etc., etc. LE SÉNAT, en récompense d'une si heureuse nouvelle, assura le messager, qu'il relèveroit toutes ses pièces tombées, qu'il forceroit le public à les trouver nobles et touchantes, ou du moins qu'il les feroit jouer devant lui. Au second, au troisième, au quatrième actes, nouveaux courriers, nouveaux avantages. Enfin, le foible détachement du Goût fut écrasé par la supériorité du nombre, et les Barbares se virent maîtres du champ de bataille. L'armée victorieuse fit une marche pour se rendre aux Tuileries, où elle déboucha par le Pont-Royal, au bruit des trompettes et des *Clairons* [2]. LE SÉNAT TRÈS-PHILOSOPHIQUE fut dans un instant entouré des vainqueurs couverts de sueur et de poussière. Tous parloient en même tems; tous s'écrioient: *triomphe, victoire, victoire complète.* Les anciens leur imposèrent silence, et, après avoir embrassé deux fois leur habile

---

1. L'auteur d'*Aristomène*, d'*Egyptus*, l'un des collaborateurs actifs de l'*Encyclopédie*, Marmontel, à qui une satire contre le duc d'Aumont, à lui attribuée, avait fait ôter le *Mercure*, et que cette circonstance avait dû également écarter de l'intimité de madame de Pompadour, l'*Olympe*. Ils étaient ennemis, Fréron et lui, de vieille date, et en étaient tous deux venus aux brutalités et aux violences en plein foyer, à la Comédie française (5 novembre 1749). Delort, *Histoire de la détention des philosophes et des hommes de lettres à la Bastille* (Paris, Didot, 1829), t. II, p. 169, 170.

2. Mademoiselle Clairon, dont on connaît l'inimitié pour Fréron, qui la harcelait sans pitié et qui faillira, en 1765, expier au For-l'Évêque une dernière insolence.

général, ils voulurent apprendre de lui-même les particularités de l'action. Le vaillant *Dortidius* en fit le récit d'un style sublime, mais inintelligible. On eut recours au petit prestolet (l'abbé de Laporte), qui fut clair, mais plat. Ses yeux petilloient d'allégresse. Cependant sa joie étoit mêlée d'un peu d'amertume ; il regrettoit qu'on eût mis *Wasp* à la place de Frélon ; il prétendoit que ce dernier nom eût été bien plus plaisant ; il ne concevoit pas pourquoi on l'avoit supprimé ; il sçavoit que l'auteur de l'*Année littéraire* lui-même avoit demandé qu'on le laissât. Le SÉNAT fut très-satisfait de tout ce qu'il venoit d'entendre. Le général lui présenta la liste des guerriers qui s'étoient le plus distingués. Sur la lecture qui en fut faite à haute voix, on ordonna au petit prestolet de l'insérer en entier dans sa première *Gazette littéraire*, avec de grands éloges pour chaque héros ; ensuite, les sénateurs tendirent la main à l'un, sourirent agréablement à l'autre, promirent à celui-ci un exemplaire de leurs œuvres *mêlées*, à celui-là de le louer dans le premier ouvrage qu'ils feroient, à quelques-uns des places de courtier dans l'*Encyclopédie*, à tous des billets pour aller encore à l'*Écossaise* gratis, en leur recommandant de ne point s'endormir sur leurs lauriers, et de continuer à bien faire leur devoir ; ils leur représentèrent qu'il étoit à craindre que la vigilance des ennemis ne profitât de leur inaction pour leur dérober le fruit de leur victoire. Après ce discours éloquent et flatteur, LE SÉNAT les congédia, et invita à souper le général et les principaux officiers. Avant le banquet, on tira un beau feu d'artifice ; il y eut grande chère, un excellent concert de musique italienne, un intermède exécuté par des Bouffons, des illuminations à la façade de tous les hôtels des philosophes. Un bal philosophique qui dura jusqu'à huit heures du matin termina la fête. Les sénateurs, en se retirant, ordonnèrent qu'on eût à s'assembler aux Tuileries sur les six heures du soir, pour chanter un *Te Voltarium*[1].

Assurément ce morceau est curieux. Il est remar-

1. *L'Année littéraire* (1760), t. V, p. 209 à 216. Paris, ce 27 juillet 1760.

quable par une sorte de sérénité qui n'est pas ordinaire. C'est ce qui caractérise la plaisanterie de Fréron, où l'ironie, le sarcasme n'ont ni grande vigueur, ni grand relief. Comparez cela aux fragments que nous avons cités à l'adresse de Pompignan ; supposez que Voltaire eût été Fréron et eût eu à faire jouer leur rôle à Diderot, à D'Alembert, à toute l'Encyclopédie : comme les ficelles se seraient agitées d'une tout autre manière! Et comme tout ce monde ne serait sorti d'une telle fête ni sans déchirures ni sans de notables avaries! L'auteur de l'*Écossaise*, surpris toutefois par l'intrépidité de son attitude, écrivait à d'Argental, à la date du 17 août : « Il faut que notre ami Fréron soit en colère, car il ne peut être plaisant. Je viens de revoir le récit de *la bataille* où il a été si bien étrillé. Le pauvre homme est si blessé qu'il ne peut rire. » Tenons compte aussi des difficultés qu'on lui opposa, des retranchements, des castrations qu'il dut subir, et ne nous étonnons pas à l'excès de la sobriété, du peu de mordant de la moquerie; la faute n'en est pas qu'à lui. On lui avait donné pour censeur Coqueley de Chaussepierre, qui était impitoyable. Il paraîtrait que Fréron, dont le stoïcisme n'était qu'apparent, s'était permis des personnalités et des injures qu'on lui fit supprimer. On eût pu certes lui tolérer quelques vives saillies à titre de représailles ; mais on biffa, raya tout. Il s'efforça bien de plaider sa cause auprès de son juge inconnu, car il ne devait pas savoir à qui il avait affaire; ce fut vainement, on ne voulut rien entendre. Il se décidait à invoquer en dernier ressort l'impartialité bien connue de M. de Malesherbes.

C'est bien la moindre des choses, lui écrivait-il, que je réponde par une gaieté à un homme qui m'appelle *fripon, coquin, impudent...* J'ai recours à votre équité, monsieur; on imprime tous les jours à Paris cent horreurs; je me flatte que vous voudrez bien me permettre un badinage. Le travail de mon *Année littéraire* ne me permet pas de faire de petites brochures détachées; mon ouvrage m'occupe tout entier et ne me laisse point le tems de faire autre chose. Mes feuilles sont mon théâtre, mon champ de bataille; c'est là où j'attends mes ennemis et où je dois repousser leurs coups.

La relation de la bataille finissait par un trait heureux, un *Te Voltarium*, auquel l'auteur devait tenir, car il n'y en a pas deux pareils dans tout le morceau. Mais c'est ce qui ne sera pas souffert. Le censeur a des scrupules. Cette saillie est tout simplement une parodie indécente, une impiété. Le pauvre Fréron, qui n'avait plus qu'à se jeter à l'eau, si on lui portait ce dernier coup, adresse une nouvelle supplique au bienveillant directeur de la librairie, pour qu'il n'exigeât point la suppression de cette plaisanterie, sans laquelle son article n'existait plus.

Je vous prie en grâce, lui disait-il hors de lui, de me la passer. Tout mon article est fait pour amener cette chute, et je suis perdu si vous me la retranchez. Je vous supplie, monsieur, de m'accorder cette grâce. Ce n'est point une supposition en l'air quand j'ai l'honneur de vous dire, monsieur, que j'ai lu le *Te Voltarium* à deux évêques; rien de plus certain et de plus vrai. J'aurai l'honneur de vous les nommer, lorsque j'aurai celui de vous voir; ils n'en ont fait que rire [1].

Ce qui ne laisse pas d'être piquant, c'est la suscep-

---

1. Sainte-Beuve, *Causeries du Lundi* (Paris, Garnier, 1851), t. II, p. 490, 492.

tibilité d'un Chaussepierre opposée à la facilité des deux prélats. Certes, la plaisanterie est innocente; mais ce *Te Voltarium* ne signifie quelque chose que parce qu'il rappelle le *Te Deum*, et cela n'aurait pas dû paraître d'une parfaite convenance à ces évêques dont on ne nous dit pas le nom. En somme, le trait allait à Voltaire, et cela suffisait pour y applaudir sans y trop regarder. Quoi qu'il en soit, M. de Malesherbes, qui entrait dans la peine du malheureux journaliste et ne partageait point les scrupules du censeur, donna son octroi, et le *Te Voltarium* fut conservé à la fureur grande de l'auteur du *Pauvre Diable* et de tous ses amis.

Mais Fréron n'est pas le seul qui ait donné une relation de cette mémorable soirée, et chacun l'a décrite à sa façon. En voici une d'un tout autre ton, qui, pour être plus courte, n'en arrive pas moins au but qu'elle vise.

On commença tard; et quelqu'un demandant pourquoi on attendait si longtemps : C'est apparemment, répondit tout haut un homme d'esprit : *que Fréron est monté à l'Hôtel de ville*[1]. Comme ce Fréron avait eu l'inadvertance de se reconnaître dans la comédie de l'*Écossaise*, quoique M. Hume ne l'eût jamais eu en vue, le public le reconnut aussi. La comédie était sue de tout le monde par cœur avant qu'on la jouât, et cependant elle fut reçue avec un succès prodigieux. Fréron fit encore la faute d'imprimer, dans je ne sais quelles feuilles, intitulées l'*Année littéraire*, que l'*Écossaise* n'avait réussi qu'à l'aide d'une cabale composée de douze à quinze cents personnes, qui toutes, disait-il, le haïssaient et le mé-

1. Voltaire n'invente pas cela. L'anecdote lui vient de D'Alembert, et il ne fait que la copier. On sait que l'on conduisait à l'Hôtel de ville les criminels qui, au moment de l'exécution, déclaraient avoir quelque révélation à faire.

prisaient souverainement. Mais M. Jérôme Carré était bien loin de faire des cabales ; tout Paris sait assez qu'il n'est pas à portée d'en faire : d'ailleurs, il n'avait jamais vu ce Fréron, et il ne pouvait comprendre pourquoi tous les spectateurs s'obstinaient à voir Fréron dans Frélon. Un avocat, à la seconde représentation, s'écria : *Courage ! monsieur Carré ; vengez le public !* Le parterre et les loges applaudirent à ces paroles par des battements de mains qui ne finissaient point. Carré, au sortir du spectacle, fut embrassé par plus de cent personnes. « Que vous êtes aimable, monsieur Carré, lui disait-on, d'avoir fait justice de cet homme, dont les mœurs sont encore plus odieuses que la plume ! Eh, messieurs, répondit Carré, vous me faites plus d'honneur que je n'en mérite ; je ne suis qu'un pauvre traducteur d'une comédie pleine de morale et d'intérêt. »

Comme il parlait ainsi sur l'escalier, il fut barbouillé de deux baisers par la femme de Fréron. « Que je vous suis obligée, dit-elle, d'avoir puni mon mari ! Mais vous ne le corrigerez point [1]. »

Les choses se passèrent un peu différemment. Fréron avait placé celle-ci au premier rang de l'amphithéâtre « pour exciter, nous dit Favart, par sa jolie figure les partisans de son mari contre la pièce. » Elle pensa s'évanouir. « Une personne de ma connaissance, ajoute l'auteur de la *Chercheuse d'esprit*, était auprès d'elle, et lui disait : « Ne vous troublez point, madame, le « personnage de Wasp ne ressemble en aucune façon à « votre mari. M. Fréron n'est ni calomniateur ni déla- « teur. Ah ! monsieur, répondit-elle ingénument, on a « beau dire, on le reconnaîtra toujours [2]. » Fréron, lui, se

---

1. Voltaire, *OEuvres complètes* (Beuchot), t. VII, p. 21, 22. Avertissement de l'*Ecossaise*.
2. Favart, *Mémoires et correspondance littéraires* (Paris, Collin, 1808), t. I, p. 73, 74. Lettre de Favart au comte Durazzo ; 28 juillet 1760.

tenait au milieu de l'orchestre. Il affronta héroïquement les premières scènes. Mais les battements de mains, les cris de fureur, non-seulement de ses adversaires mais encore « de beaucoup d'honnêtes gens neutres » que chaque allusion provoquait aux balcons et dans les loges aussi bien qu'au parterre, commencèrent à le mettre mal à l'aise. M. de Malesherbes, qui se trouvait à côté de lui, le vit plusieurs fois rougir et pâlir devant ces manifestations qui n'avaient rien de sympathique[1]. Ses amis n'étaient pas en grand nombre. Le plus connu et celui qui fut le plus remarqué était l'auteur des *Philosophes*, Palissot, en grande loge, avec un air radieux qui s'obscurcit, il est vrai, à mesure que le succès s'accrut. Cependant Fréron reprenait tout son aplomb et, s'adressant à ceux qui l'entouraient : « N'y-a-t-il pas bien de l'esprit, remarquait-il, à dire de quelqu'un qu'il est un fripon[2] ? »

Si ce récit de l'auteur de l'avertissement de l'*Ecossaise* n'est pas d'une vérité judaïque, la *Relation d'une grande bataille* n'est guère plus exacte, et ce n'est pas là encore que l'historien devra chercher l'élément solide et incontesté d'une narration véridique. À peine le fameux numéro de l'*Année littéraire* a-t-il paru, que les dénégations, les démentis lui arrivent de tous les côtés. L'abbé de Laporte, qui s'était reconnu dans la dénomination de « petit prestolet, » ne se donnera

---

1. Collé, *Journal historique* (Paris, 1807), t. II, p. 373 ; juillet 1760. — Delisle de Sales, *Essai sur le journalisme depuis 1735 jusqu'en 1800* (Paris, Colas, 1811), p. 67.

2. Charavay aîné, *Catalogue d'autographes* du lundi 3 février 1868 (vente Michelin de Provins), n° 146. Lettre de Piron à Baculard d'Arnaud ; 1760.

pas la gêne des circonlocutions et dira carrément à son ancien collaborateur qu'il en a imposé. « Il n'est pas vrai que j'aye assisté à la première représentation de l'*Écossaise;* il n'est pas vrai que j'aye été ce jour-là aux Tuileries; il n'est pas vrai que j'aye cabalé en faveur de cette pièce, comme l'avance ce même *Wasp,* qui *ne le parieroit, mais qui en jureroit*[1]. » D'Alembert ne dédaigna pas davantage d'apprendre au public que l'on se moquait de sa confiance et de sa facilité à tout croire : « Comme je vais, monsieur, assez rarement aux spectacles, je n'ai vu aucune des représentations de l'*Écossaise;* cela n'intéresse guère le public; mais cela suffit pour le détromper, s'il est nécessaire, sur ce qu'on a avancé dans une feuille périodique, que c'est uniquement par prudence et par l'incertitude du succès que je n'ai point assisté à la première représentation. Il n'est point vrai non plus que j'aye appris d'acte en acte le sort de la pièce : si j'avois été fort empressé de le savoir, je me serois placé plus près du lieu de la scène, que n'est l'endroit où l'on prétend que j'étois alors : je n'ai appris le succès qu'avec le public, et après la fin du spectacle[2]. » On s'étonne pourtant que l'ami de Voltaire n'ait pas fait exception en sa faveur, et surmonté sa répugnance à s'enfermer dans une salle de spectacle. Marmontel donne également le démenti le plus formel à Fréron, et déclare qu'il n'a pas assisté à l'*Ecossaise*, ce qui est encore assez extraordinaire. Quant au chevalier de La

1. *L'Observateur littéraire* (année 1760), t. III, p. 286. Lettre XII. A Paris, ce 31 juillet 1760.
2. *Ibid.*, t. III, p. 287, 288. Lettre XII.

Morlière, qui avait été le plus alerte à réclamer, on lui avait attribué des fonctions que ses rapports présents avec l'auteur de *Sémiramis* rendaient d'ailleurs plus qu'invraisemblables.

On s'attendait à ce que le journaliste ferait une analyse épicée de l'*Ecossaise*, et il y avait songé, bien qu'il en eût déjà parlé plus qu'amplement. Dans un premier article, il s'était vu obligé de convenir que le personnage de Freeport était une création originale, et ne s'y était pas résigné sans quelque effort. « Il m'a emprunté, raconte Favart, le théâtre de Goldoni, pour disputer à Voltaire le mérite de l'invention ; il épluche la *Locandiera*, *il Filosofo inglese*, *il Cavaliere e la dama*, et la *Bottega del caffé*; il espère trouver des ressemblances avec l'*Écossaise*[1]. » Il est à croire que l'enquête fut stérile, au moins nous ne voyons point qu'il ait mis son dessein à exécution. Ne voulait-il pas aussi prouver que la *Henriade* n'était qu'une traduction d'une *Henriade* en langue provençale[2]? Mais rien de tout cela n'eut lieu, et la *Henriade* est demeurée à Voltaire, à l'exception du second vers, qui est de l'abbé Cassagne.

Celui-ci, tapi dans ses Délices, avait attendu l'issue de la bataille avec une fiévreuse impatience ; mais il fut vite rassuré. « L'*Ecossaise*, lui mandait D'Alembert, a un succès prodigieux : j'en fais mon compli-

---

1. Favart, *Mémoires et correspondance littéraires* (Paris, Collin, 1808), t. I, p. 77, 78. Lettres de Favart au comte Durazzo ; 1er août 1760.

2. *Ibid.*, t. I, p. 92. Lettre de Favart au comte Durazzo ; 7 septembre 1760.

ment à l'auteur. Hier, à la quatrième représentation, il y avait plus de monde qu'à la première [1]. » Il ne tardait pas à apprendre qu'on la jouait dans toutes les provinces avec le même accueil qu'à Paris. Un mois après, D'Alembert lui dépêchait un nouveau bulletin, qui confirmait les premiers succès : l'*Écossaise* avait été suivie avec une grande affluence jusqu'à la seizième représentation ; il n'y avait nul doute que les comédiens ne la reprissent à l'hiver. Et l'auteur du *Pauvre Diable* de se frotter les mains et de s'écrier, avec le ricanement d'un démon, au souvenir de ces batailles qui avaient toutes tourné à la plus grande gloire de sa verve et de sa malice : « Mon vieux corps, mon vieux tronc a porté quelques fruits cette année, les uns doux, les autres un peu amers ; mais ma séve est passée ; je n'ai plus ni fruits, ni feuilles ; il faut obéir à la nature et ne la pas gourmander. Les sots et les fanatiques auront bon temps cet automne et l'hiver prochain ; mais gare le printemps [2] ! »

1. Voltaire, *OEuvres complètes* (Beuchot), t. LVIII, p. 527. Lettre de D'Alembert à Voltaire ; Paris, ce 3 août 1760.
2. *Ibid.*, t. LVIII, p. 569. Lettre de Voltaire à d'Argental ; 28 auguste 1760.

FIN DE VOLTAIRE AUX DÉLICES.

TABLE

I. — Voltaire en Alsace. — L'Histoire universelle. — L'Abbaye de Senones. — Séjour à Mayence. — Voltaire chez l'Électeur palatin. — Quinze jours au château de Schwetzingen. — Strasbourg. — L'Hôtel de l'*Ours blanc*. — Le professeur Schœpflin. — L'île Jard. — Une hypothèque. — Instincts sédentaires. — Voltaire à Colmar. — La papeterie de Luttenbach. — M. Bellon. — Le château d'Horbourg. — Ménage du poëte. — La gentille Babet. — Les pérégrinations d'un manuscrit. — Présomptions de perfidie. — Jean Néaulme et son édition. — Confrontée avec un manuscrit original. — Procès-verbal des notaires. — Démarches de l'auteur. — Il écrit à la favorite. — Les Jésuites en Alsace. — Le père Aubert et le *Dictionnaire* de Bayle. — Le père Mérat. — Lettre de Voltaire à Menoux. — Spirituelle réponse de celui-ci. — Indiscrétion du missionnaire. — Ressentiment du poëte. — Les PP. Kroust et Ernest. — L'évêque de Porentruy. — L'orfévre Petit-Maître. — Voltaire en est quitte pour la peur. — L'oncle et la nièce. — Épître outrageante. — Magnanimité de Voltaire. — Il fait ses pâques. — Morale relâchée. — Ce qu'on en doit penser. — Voltaire en danger de mort. — Jean-André Dièze. — Anecdote controuvée. — Voltaire condamné aux cloportes. — Départ de Colmar. — L'abbaye de Senones et dom Calmet. — Riche bibliothèque. — Bruits de conversion. — Le crucifix de Voltaire. — Horrible accusation. — Voltaire à Plombières. — Madame Denis et madame de Fontaine. — Le ménage d'Argental. — Constante préoccupation de Maupertuis. — Attitude de Voltaire. — L'épée de Damoclès. — Lettre grotesque au comte de Gotter. — Isolement de Frédéric. — Sa solitude lui pèse. — Une première tentative. — Lettre de Frédéric à Voltaire. — On cherche un successeur au poëte. — Le chevalier Masson. — Complet désenchantement. — Procédé peu équitable du roi de Prusse. P. 1

II. — LES EAUX DE PLOMBIÈRES. — VOLTAIRE A LYON. — PRANGINS. — ACQUISITION DES DÉLICES. — Le président de Ruffey. — *Histoire lyrique des eaux de Plombières pour l'année 1754.* — Procès entre madame de Belesbat et le comte de Lorges. — Sentence en quatrain. — Voltaire quitte les eaux. — Les avoyers de Berne. — Idée d'un établissement en Suisse. — Le cabaret de la *Montagne noire.* — Le margrave et la margrave de Bayreuth. — Cordial souper. — Madame Denis est de la fête. — Affection de Richelieu pour Voltaire. — Piquantes analogies. — Préparatifs de départ. — Scène ridicule. — Une nuit à Dijon. — Curieux récit du président de Ruffey. — Arrivée à Lyon. — Visite au cardinal de Tencin. — Étrange accueil de l'Éminence. — La margrave à Lyon. — Enthousiasme de la population. — Voltaire à l'Académie lyonnaise. — Seconde entrevue avec le cardinal. — Le petit concile d'Embrun. — On se quitte bons amis. — L'anniversaire de l'*Escalade.* — Voltaire s'arrête à Genève. — Le château de Prangins. — Emploi du temps. — Mauvaise humeur de Collini. — Monrion. — Requête au conseil d'État. — Permission d'habiter le territoire. — Autre tableau d'intérieur. — Acquisition de Saint-Jean. — Il s'appellera *les Délices.* — Voltaire dans le ravissement. — Lettre de Vernet. — Réponse du poëte. — Lekain aux Délices. — *Zaïre* devant les syndics. — Théodore Tronchin. — Un sacrifice héroïque. — Beau comme Apollon. — Ses rapports avec Voltaire. — Portrait qu'il fait de l'auteur de la *Henriade.* — Réplique de Tronchin à Tissot. — Une nouvelle tragédie. — Applications possibles. — Guyot de Merville. — Ce que dit de lui l'abbé de Voisenon. — Ancien amant de *Pimpette.* — Avances qu'il fait à Voltaire. — Impitoyablement repoussées. — Fin lamentable de Merville. — Son corps retrouvé près d'Évian. — Mort de Montesquieu. — Le président et le poëte s'aimaient peu. — Mots malveillants échappés à Montesquieu sur Voltaire. — Requête de madame d'Aiguillon. — Mépris de Montesquieu pour les vers. — Il n'aura pas d'épitaphe. . . . . . Page 47

III. — LA PUCELLE. — L'ORPHELIN DE LA CHINE. — LE POÈME SUR LE DÉSASTRE DE LISBONNE. — *Jeanne.* — Madame du Châtelet fait bonne garde. — Procédé indiscret de la duchesse de Wurtemberg. — Résultat inévitable. — Lectures dans Paris. — Le chant de l'âne. — Mademoiselle du Thil. — Le libraire Grasset. — Voltaire cherche à le dissuader de publier son poëme. — Plaisant stratagème. — Lettre du comte d'Argenson à Berrier. — Apparences accusatrices. — Rapport de d'Hemery. — Le marquis de Ximenès. — Ses relations avec madame Denis. — Détournement inqualifiable. — Anxiétés de la nièce de Voltaire. — Le Prieur et l'*Histoire de la campagne de* 1741. — Richer et le chevalier de La Morlière. — Fureur de Voltaire. — Madame Denis rentrée en grâce. — Humeur de M. de Malesherbes. — Grasset aux Délices. — Maubert de Gouvest. — Fragments de Mémoires de Grasset. — Différence des deux récits. — Version du poëte. — Bannissement du libraire. — Première édition de *Jeanne*. — L'*Orphelin de la Chine*. — Infériorité passagère de Lekain. — Plus de paniers. — Démarche inconsidérée de la reine. — Marie Leczinska et la *Religion naturelle*. — Collini à Paris. — Bontés de Voltaire et de madame Denis pour lui. — Représentations aux Délices. — Délibération du Conseil. — Le théâtre à Genève. — Insuffisance des défenses. — Citoyens censurés. — *Polyeucte* joué par des petites filles. — Ironie doucereuse. — Apparentes soumissions. — Le tremblement de terre de Lisbonne. — Argument contre l'optimisme. — Le sermon de *Lisbonne*. — En opposition aux idées de Pope. — Profession de foi de Voltaire. — Jean-Jacques. — Envoi de son discours sur l'*Origine de l'inégalité parmi les hommes*. — Échange de politesses. — Appel du pasteur Roustan. — Récit des *Confessions*. — Inexactitudes volontaires. — Hésitation de Rousseau. — Plaidoyer en faveur de la Providence. — Démarches stériles. — Réponse inattendue. — Enchantement de Rousseau. . . . . Page 93

IV. — MONRION. — VOLTAIRE A BERNE. — D'ALEMBERT. — L'ENCYCLOPÉDIE ET L'ARTICLE DE GENÈVE. — L'hiver à Monrion. — Étiennette Chavane. — Voyage à Berne. — Détachement philosophique. — Voltaire et Marie-Thérèse. — Il est son plus ancien courtisan. — Le singe de Voltaire. — Train du poëte. — Naturel ardent de Collini. — Lettre soustraite. — Voltaire le renvoie. — Charlotte Pictet. — Les deux bonnets. — Jalousie de la nièce. — Insinuation calomnieuse. — Bonté du poëte. — Honorable rétractation de Collini. — Palissot et Patu aux Délices. — Curieuse lettre du dernier à Garrick. — D'Alembert. — Son caractère. — Origine des rapports des deux philosophes. — Griefs chimériques. — L'*Encyclopédie*. — Réelle modestie de Voltaire. — Se dit le garçon de cette grande boutique. — Imperfections de l'œuvre. — Machine de guerre. — Obligation de louvoyer. — Alarmes du pouvoir. — Transformation des esprits. — La religion attaquée. — Déistes et libres-penseurs. — Le Clergé corps de l'État. — Où on veut l'amener. — Voltaire bigot. — L'article *Genève* dans l'*Encyclopédie*. — Les pasteurs sociniens. — Indignation du clergé genevois. — Sérieuse enquête. — Nécessité d'un désaveu. — Une Commission est nommée. — Tronchin chargé d'écrire au philosophe. — Réponse de D'Alembert. — N'est pas des plus concluantes. — Défi de Vernes. — Refus de D'Alembert de trahir le secret d'entretiens intimes. — Paris s'en mêle. — Menaces d'une intervention de la Cour. — Mot de madame Cramer. — Exposé de doctrine. — Une question de fait. — Interpellation de Vernet. — Tirade en faveur de l'art théâtral. — Récit de Rousseau. — Petites contradictions. — Véritable mobile. — *Lettre à M. d'Alembert sur les spectacles.* — Louanges raffinées à l'adresse de Voltaire. — Réplique de D'Alembert. — Il prédit l'avénement du socinianisme à Genève. — Lettre de félicitations du pasteur Sarasin à Rousseau. — Plainte amère de Voltaire contre Jean-Jacques. — Le troisième sacrement de Genève. Page 143

V. — Voltaire cardinal. — L'Olympe et les gens d'esprit. — Les chars assyriens. — L'amiral Byng. — Voltaire fait la guerre aux jésuites sans le savoir. — Le *Pascal*. — Madame de Pompadour. — Idées de réforme. — Le père Pérusseau. — La favorite a recours au père de Sacy. — Commencement d'exécution. — Le duc de La Vallière. — Étrange requête. — Motifs déterminants. — Regrettables scrupules de la duchesse de Châtillon. — Promesse du chapeau à Voltaire. — L'*Ecclésiaste* et le *Cantique des Cantiques*. — Étrange aveu du père de Sacy. — Sécheresse du comte d'Argenson. — Le sonnet irrégulier de Maynard. — La Chèvre aux Ormes. — Mort du marquis d'Argenson. — La société de Lausanne. — Enchantement de Voltaire. — Tolérance du clergé vaudois. — Bienveillance générale. — L'*Olympe* et les *Gens d'esprit*. — Repartie d'une ingénue. — Mademoiselle de Chabot. — Petits commérages de la jeune fille. — Voltaire poursuivi par les sermons. — La comtesse de Nassau et mademoiselle Rieu. — Les lettres d'Aïssé. — Voltaire les annote. — Polier de Bottens — écrit dans l'*Encyclopédie*. — On est effrayé de sa hardiesse. — Procédé peu honnête. — Élie Bertrand. — Encouragements de Voltaire. — Résignation douteuse. — Significatives recommandations. — *Mérope* en opéra. — Ce qu'en pense Voltaire. — Symptômes menaçants. — Excellente position du poëte. — Formidable découverte. — Le marquis de Florian. — Les chars assyriens. — Indifférence de la routine. — La fièvre de l'inventeur. — Insistance auprès de Richelieu. — Froideur de ce dernier. — Ténacité de Voltaire. — La campagne de Minorque. —

Prédiction aventurée. — Elle se réalise. — Défaite des Anglais. — Un couplet de Collé. — Mépris des Anglais pour nos forces de mer. — Byng. — Sa condamnation. —Initiative généreuse de Voltaire. — Lettre de Richelieu. — Billet du poëte à l'amiral. — Exécution de Byng. — Sensibilité de Voltaire. . . Page 193

VI. — Détresse du roi de Prusse. — Voltaire s'entremet. — Négociations repoussées. — Bernis. — La journée de Kollin. — Une Saint-Hubert d'un nouveau genre. — On demande quatre oreilles. — Situation critique de Frédéric. — Retour de tendresse. — Anxiétés de la margrave. — Étonnements ingénus. — Madame de Pompadour et la principauté de Neuchâtel. — Inquiétudes du cabinet de Vienne. — Les chevaliers de Folard et de Mirabeau. — Offres positives. — Honnêteté de la favorite. — Expédient conseillé par le poëte. — Triple but. — Détail rétrospectif. — Contre-mine du maréchal de Saxe. — Ce que dit à ce sujet le comte de Bruhl. — Lettre de Frédéric à Richelieu. — Effort douloureux. — Le colonel Balby déguisé en bailli. — A quoi aboutissent les pourparlers. — Ordres restrictifs du ministre au maréchal. — *Le père La Maraude.* — Tronchin entremetteur. — Épître au marquis d'Argens. — Une amplification de rhétorique. — Vers à la margrave. — Le roi de Prusse aux abois. — Sinistre résolution. — Lettre de Voltaire à Frédéric. — Insuffisance des arguments. — Deux vers héroïques. — Tentatives près du cardinal de Tencin. — Excuses du cardinal. — Voltaire s'en contente. — Insinuations de d'Argental. — Elles échouent. — Préventions à vaincre. — Avances de Marie-Thérèse. — Madame de Pompadour autrichienne. — Le médaillon d'agathe-onyx. — Engouement absolu. — Continuelles perplexités de M. de Kaunitz. — *L'Orphelin de la Chine* à Vienne. — Lettre de Bernis à Tencin. — Inconcevable manque d'égards. — Sentiments pacifiques du ministre. — Dépêches caractéristiques. — Franchise tudesque. — Instructions de Stainville. — Informations précises de la margrave. — Le marquis de Chauvelin. — Un projet de traité. — Plans avortés. — Mort du cardinal de Tencin. — Silence inquiétant de Babet. — Doléances de Voltaire. — Ténacité des illusions. P. 233

VII. — Séjour auprès de l'Électeur palatin. — Voltaire a Lausanne. — Gibbon. — Haller. — Madame d'Épinai à Genève. — La véritable philosophe des femmes. — Chez Voltaire. — Un crayon de madame Denis. — Rapidité du temps aux Délices. — Plaisant dépit de la jeune femme. — Madame du Bocage. — Son caractère estimable. — Feinte indisposition de Maupertuis. —

Accueil charmant du poëte. — Départ pour le Palatinat. — La margrave de Bade-Dourlach. — Belle passion de la princesse pour Voltaire. — Elle fait son portrait au pastel. — Une faveur de Babet. — Le titre de gentilhomme ordinaire confirmé. — Inculpation d'usure. — Peu de fondement de ce commérage. — *Candide* commencé à Schwetzingen. — Charles-Théodore et le *Petit Suisse.* — Retour aux Délices. — La rue du Grand-Chêne. — Les seigneurs baillis de Berne — n'entendent pas plus la plaisanterie que la poésie. — Nouvelle acquisition du poëte. — Descriptions hyperboliques. — Le théâtre de Monrepos. — Mesdames de Gentil, d'Hermenches et d'Aubonne. — Sur le fenil. — Gibbon à Lausanne. — Shakespeare a le dessous. — Ripaille et le duc Amédée. — Extrême susceptibilité de la cour de Savoie. — Étourderie de Gibbon. — Un séminariste houspillé. — Le souffleur en jupons. — Repartie d'une Agnès. — Orosmane manque son coup de poignard. — Les panneaux d'Hermenches. — Joseph Saurin. — Mauvais bruits. — Démarche inconsidérée. — Polier de Bottens compromis. — Preuves irrécusables. — Une page des registres de la classe des pasteurs d'Yverdun. — Témoignage anéanti. — Grasset. — *La Guerre littéraire.* — Mémoire adressé aux recteurs. — Le grand Haller. — Son opinion sur *Zaïre.* — Première lettre à Haller. — Le ministre Leresche. — Piquante réponse. — Leçon pour leçon. — Spécieuse distinction. — Les frères Tissot. — Plus de zèle que de vraie charité. — Procédé blâmable de Haller. — Définition du philosophe. — Commun amour de l'agriculture. — — Aggravation de torts. — Le poëte refroidi. . . Page 281

VIII. — BETTINELLI. — ACQUISITION DE FERNEY. — FRÉDÉRIC, POËTE SATIRIQUE. — M. DE CHOISEUL. — Projets d'installation en Lorraine. — Comique hésitation de Stanislas. — La cour de France consultée. — Réponse tardive et négative. — Voltaire ignore ces pourparlers. — L'*Esprit* d'Helvétius et M. le Dauphin. — Les balayures de madame de Grafigny. — L'abbé désabusé par Tronchin. — L'humeur voltairienne. — Éclectisme de l'Italien. — Achat de Ferney. — Causes déterminantes. — Un comté à faire rire. — Quatre pattes au lieu de deux. — Activité vertigineuse. — L'étalon danois — se meurt de vieillesse. — Légendes saugrenues. — Voltaire fonde un haras. — Réponse aimable de M. de Voyer. — L'inconvénient d'être modeste. — Faveur incomplète. — Supplique adressée à l'intendant Chauvelin. — Confirmation de Tournay. — Reconnaissance de Voltaire envers madame de Pompadour. — Embarras de Frédéric. — La bataille de Custrin. — Le don Quichotte du Nord. — Mort de la margrave de Bayreuth. — Désolation de son frère. — Ode de Voltaire. — Coups de boutoir. — Une querelle à propos de Maupertuis. — Utile *post-scriptum*. — *Congé des Cercles et des Tonneliers*. — Louanges inconvenantes. — Le sentiment de la patrie — s'efface dans les monarchies absolues. — Le Maître. — Plainte amère du maréchal de Belle-Isle. — Madrigal en prose de Buffon à Catherine II. — Vrais sentiments de Voltaire. — L'épître sur le *Hasard*. — Un d'Amboise en Fontange. — Paquet décacheté. — Perplexité du poëte. — Le résident de Genève consulté. — Démarche forcée. — Singulier aveuglement. — Ressentiments implacables. — Plaisante défaite de Voltaire. — Virulente philippique. — M. de Choiseul se l'attribue. — Palissot, l'auteur réel. — La quinzième strophe. — Voltaire lui en substitue une autre. — Menace du duc de Choiseul. — On en tient compte en Prusse. . . Page 327

IX. — NÉGOCIATIONS SECRÈTES. — LES ŒUVRES DU PHILOSOPHE DE SANS-SOUCI. — LE THÉATRE DE TOURNAY. — La duchesse de Gotha intermédiaire entre le roi de Prusse et Voltaire. — Déclaration hautaine. — Étranges déclamations. — Ardente envie d'être employé. — Conseils pacifiques. — Activité des correspondances. — Mademoiselle Pertriset et son banquier. — N'est accommodante qu'en paroles. — Un confident qui n'a pas le cœur tendre. — Services diplomatiques. — On se pique peu de reconnaissance. — La belle âme de M. de Choiseul. — *Œuvres du philosophe de Sans-Souci*. — D'où part la trahison. — Voltaire soupçonné. — Lettres du ministre à M. de Malesherbes. — Instructions peu édifiantes. — Escobarderie. — Mort de Freytag. — Dernière tentative du roi de Prusse. — M. d'Edelsheim à Paris. — Westphaliens et Champenois. — Frédéric veut garder ses bêtes. — Les conditions du poëte. — Mort de Maupertuis. — Réplique furibonde de Voltaire. — La cuisse de madame Denis. — Plaisante injonction de Frédéric. — Pourparlers avec l'Angleterre. — L'Angleterre peu pressée d'en finir. — Impossibilité de s'entendre. — M. d'Edelsheim à la Bastille. — Choiseul l'y visite. — Saisie de ses papiers. — Frédéric parle de devenir un vaurien. — Menaces indécentes. — Multiples occupations. — Marmontel aux Délices. — Aimable réception. — Lécluse et la chanson du *Rémouleur*. — Huber et Cramer. — Promenade à Tournay. — Madame de Pompadour. — Ses secrets chagrins. — Dernière nuit passée avec Voltaire. — Un théâtre de polichinelle. — Le géant Pictet de Warembé et son panache. — Tout le monde a du talent. — Madame Rilliet et mademoiselle de Bazincourt. — Toujours madame Denis. — Légitime dépit de Clairon. — Le duc de Villars — grand acteur.

— Joue en chambre. — Le Consistoire se réveille. — Fondement des griefs. — Incessantes représentations. — Mohadar forcé de garder le lit. — La passion des spectacles à Genève — s'empare des classes élevées. — Murmures du peuple — autorisant les plaintes et les récriminations des pasteurs. — Réponse du Magnifique Conseil aux démarches énergiques du Consistoire. — Promesses de répressions qui ne se sont point réalisées, et pourquoi. . . . . Page 367

X. — LE FRANC DE POMPIGNAN ET SON DISCOURS. — LES QUAND. — MÉMOIRE AU ROI. — LE PAUVRE DIABLE. — L'*Esprit*, d'Helvétius. — Sa condamnation. — Le poëme de la *Religion naturelle* subit le même sort. — Omer Joli de Fleuri. — Suspension de l'*Encyclopédie*. — L'ancien évêque de Mirepoix et ses suppôts. — Curieuse anecdote. — Effroi momentané des philosophes. — Voltaire veille. — *Le Journal de Trévoux*. — Causes de rupture. — Le père Berthier. — Second pamphlet. — Le Franc de Pompignan. — Phase de bienveillance. — Envoi d'une épître à Cirey. — Voltaire véritable homme de lettres. — Élection de Le Franc. — Son discours de réception. — Moïse et Aaron. — Paroles flatteuses du roi. — Court enivrement. — *Les Quand, notes utiles*. — Maupertuis n'est pas oublié. — Bruit de la mort de Voltaire. — Étrange pasquinade. — *Les Philosophes*, de Palissot. — Voltaire ricane. — L'abbé Morellet. — Sa coopération à l'œuvre commune. — Pluie de particules. — Deux discours qui se contredisent. — Le libelle de supplique. — L'agresseur mis en cause. — Traduction de la *Prière universelle*, de Pope. — Les matières académiques. — De Pompignan à Fontainebleau. — Entretien de Le Franc et du roi. — La reine y prend part. — Satire *sur la Vanité*. — Un vers terrible. — Quesnay et le marquis de Mirabeau. — *Et l'ami Pompignan pense être quelque chose!* — A quoi les vers sont bons. — Arrogance de Le Franc. — Il ne veut pas de censeur. — Anecdote caractéristique. — *Extrait des Nouvelles à la main de la ville de Montauban*. — Le malade *mentis non compos*. — *Le Fat puni*. — Le Franc s'ensevelit dans son château. — Constante préoccupation de Paris. — Siméon Valette. — Sa triste histoire. — Un malheureux prédestiné. — Singulière imagination du poëte. — Le *Pauvre Diable*. — Premiers mécomptes. — Jean Fréron. — Compagnon satirique. — *Sacrés ils sont, car personne n'y touche*. — Bizarre sans-gêne de Voltaire. — Lettre de Lécluse à son curé. — Nouvelle facétie contre Pompignan. . . . . Page 407

XI. — GRESSET. — L'ABBÉ TRUBLET. — L'ÉCOSSAISE. — RELATION

D'UNE GRANDE BATAILLE. — Le *Pauvre Diable* et *Zoraïde*. — L'auteur de la *Chartreuse*. — Ses premiers rapports avec Voltaire. — Envoi d'*Édouard III*. — Gresset à l'Académie. — *Lettre sur la Comédie*. — Gresset dévot. — Paternité équivoque. — L'académicien Gaillard. — Portrait peu flatté de Voltaire. — L'abbé Trublet. — Prédicateur à succès. — Son caractère. — Longtemps bien avec Voltaire. — *Casus belli*. — Sentiment de l'archidiacre sur la *Henriade* — partagé par le comte de Maistre. — *Il compilait, compilait, compilait*. — Élection de Trublet. — Avances qu'il fait à Voltaire. — Il rentre en grâce. — L'*Année littéraire*. — Affectation puérile. — Fréron profite de ses avantages. — Le poëte battu. — L'*Écossaise*. — Appréciation médiocrement bienveillante. — Traduite de M. Hume. — Quel M. Hume? — Elle n'est pas de M. de Voltaire. — Fréron aux galères. — Réplique de Jérôme Carré. — Opinion de Piron. — *La Mort de Socrate*. — Nonoti, Chamos et Bertios. — On renonce à la jouer. — M. Guêpe substitué à M. Frélon. — Mécontentement de M. Hume. — *A Messieurs les Parisiens*. — *Relation d'une grande bataille*. — Disposition des troupes. — Dortidius le général en chef. — L'aile droite commandée par un prophète. — La Morlière à la tête de l'aile gauche. — L'abbé Micromégan dirigeant l'arrière-garde. — La réserve aux Tuileries. — La bataille s'engage. — Le Sénat très-philosophique. — Victoire sur toute la ligne. — Coqueley de Chaussepierre. — Désespoir de Fréron. — M. de Malesherbes le prend en pitié. — *Te Voltarium*. — Autre récit. — Jérôme Carré embrassé par madame Fréron. — Émotion de la jeune femme. — Réponse ingénue. — Un instant de faiblesse. — Réclamations énergiques de l'abbé de La Porte, de D'Alembert, de Marmontel et de La Morlière. — Une *Henriade* en langue provençale. — Repos forcé. — Gare le printemps! . . . . Page 457

FIN DE LA TABLE.

Paris. — Imp. Viéville et Capiomont, 6, rue des Poitevins.

www.ingramcontent.com/pod-product-compliance
Lightning Source LLC
Chambersburg PA
CBHW071711230426
43670CB00008B/976